JOSÉ REINA VALENZUELA, RÓMULO E. DURÓN, RAMÓN OQUELÍ Y OTROS

DIONISIO DE HERRERA, EL PRÓCER OLVIDADO

ERANDIQUE

COLECCIÓN

DIONISIO DE HERRERA, EL PRÓCER OLVIDADO
JOSÉ REINA VALENZUELA, RÓMULO E. DURÓN, RAMÓN OQUELÍ Y OTROS

©Colección Erandique
Supervisión Editorial: Óscar Flores López
Diseño de portada: Andrea Rodríguez
Administración: Tesla Rodas
Digitalización y levantamiento de textos: Zona Creativa
Director Ejecutivo: José Azcona Bocock

Primera Edición
Tegucigalpa, Honduras—Agosto de 2024

CONTENIDO

AL RESCATE DEL PRÓCER DIONISIO DE HERRERA

De todos los próceres hondureños, Dionisio de Herrera es el menos conocido. Opacado por el genio militar de Morazán, la sabiduría de Valle y la honradez de Cabañas, de él se dice poco... o nada.

Este libro tiene como objetivo, entonces, rescatar un parte de la obra y vida de quien fuera el primer Jefe de Estado de Honduras. Para ello recurrimos a los ensayos de grandes escritores que ayudaron a perdurar la memoria de don Dionisio: José Reina Valenzuela, Ramón Oquelí, Rafael Heliodoro Valle y Rómulo E. Durón.

De esta forma aprovechamos para realizar un homenaje a esos cuatro grandes escritores, incansables investigadores de nuestra historia. ¡Gracias, queridos MAESTROS, por el legado literario que nos dejaron!

Luchador incansable por la Independencia de Centroamérica, mente ilustrada, honesto, patriota, respetuoso de la leyes, Jefe Supremo de Nicaragua y El Salvador (nombramiento que no aceptó, pues argumentó que su elección no era legal) y diputado, vivió sus últimos días en la pobreza, abatido en su alma por el desmoronamiento de la República Federal.

Este libro, además de grandes ensayos, contiene discursos y cartas que permiten descubrir quién fue realmente Dionisio de Herrera.

"Todo lo he sacrificado por la Patria", escribe el prócer en una de sus cartas. Y, genuinamente, así fue.

Conmovedor es el relato que le hace a su primo, el sabio Valle, en un carta enviada desde Comayagua el 10 noviembre 1826.

"Mi amado José: es en mi poder tu apreciable fechada a 22 de junio sin duda por equivocación, pues me hablas en ella de sucesos muy recientes. Quedo entendido de todo", comienza diciendo.

Y luego inicia la descripción de un atentado del que se salva milagrosamente...

"Vas a horrorizarte. El 3 de este, a las 2 de la mañana me tiraron 5 balazos por las ventanas de mi casa. Por una de ellas escaparon de matar a un soldado. En la otra erraron la puntería y no entró la bala; y en la otra en frente la cual estaba la cama de mi mujer y la mía tiraron 3 tiros, de los cuales, uno rompió mi catre, y los otros rompieron el pabellón de la cama de mi mujer, escapando ella como por milagro, pues hacía medio minuto que se había quitado del lugar por donde había estado sentada con un hijito de pecho".

Los sectores oscurantistas no veían con buenos ojos al hombre que luchaba por llevar a cabo profundas reformas en el país. De allí que, después de ese intento de asesinato, fue perseguido y marginado.

"Es dado a los legisladores de un gran pueblo abreviar el camino y llegar al término de la carrera en un tiempo más corto que el que parecen demandar los obstáculos que se presentan por todas partes y las combinaciones de espíritus pequeños, apáticos, e intereses que causan tantos atrasos a la prosperidad pública como los enemigos de ésta", señala en su discurso como Primer Jefe Supremo de Honduras en la instalación de la Primera Asamblea Ordinaria de Estado.

(Dicho discurso está repetido en este libro, por respeto a las tres fuentes originales que sirvieron para darle forma al tomo que hoy publicamos. El mismo respeto se tiene por la ortografía de la época).

El prócer agrega: "¿Y por qué Honduras ha de caminar con tanta lentitud, teniendo elementos para marchar a par de los primeros Estados? Volved la vista, ciudadanos legisladores, a esa área inmensa comprendida desde el Atlántico al Pacífico. Ella es habitada por hombres que conservan en la mayor parte su inocencia primitiva y que se hallan dispuestos a recibir las mejores impresiones. No han sido corrompidos por vicios destructores ni por revoluciones desastrosas".

Sus enemigos —expone el jurista e historiador hondureño Ernesto Alvarado García—, decían que quería perpetuarse en el poder. ¡A Herrera que era modelo de virtudes republicanas! Que desobedecía la Asamblea, que violaba la ley. Todavía se oyen los gritos de despecho de sus adversarios. ¡Han pasado cien años de su muerte, y aun se escuchan en el espacio gritos de odio, de error y de ignominia!

Así sucede en Honduras, generalmente, con los grandes hombres y mujeres: son atacados con bajeza por aquellos que se sienten amenazados por la luz que irradian las ideas.

En este libro encontraremos el siguiente episodio: "Cuando murió Herrera, el gran patriota centroamericano, el guatemalteco José Francisco Barrundia, escribió: ´Y el hombre opulento y de una alta posición social; el hombre que empleara su importancia política y sus caros talentos en el servicio del país; el que había regido los pueblos y establecido la ley y la justicia, se vió careciendo de un pan, y cual otro Dion siracusano, sin haber sido como él tirano, sino antes bien un gran caudillo de la libertad, se halló reducido a dirigir una pobre escuela de primeras letras´".

Herrera había sido el oráculo de los patriotas. En medio de la enfermedad y la pobreza, su espíritu se reanimaba en los conflictos públicos. Sus consejos eran entonces de una sabia prudencia, pero sus planes eran siempre de decisión y energía. Su alma era reservada, fuerte y llena de recursos para los negocios públicos; ora dulce, sociable, animada y diáfana para sus amigos —expone Barrundia.

Más allá del rostro en el billete de veinte lempiras, del triste parquecito en el centro de Tegucigalpa y escuelas que llevan sus nombres, Dionisio de Herrera debe ser descubierto por las actuales generaciones de hondureños.

Esto incluye a una clase política que, en lugar de adecentarse, continúa demostrando podredumbre. Pero nunca es tarde para poner en práctica los valores éticos de un ser ilustrado. Como lo fue don Dionisio.

ÓSCAR FLORES LÓPEZ
EDITOR COLECCIÓN ERANDIQUE

DIONISIO DE HERRERA
INSIGNE HOMBRE PÚBLICO Y MAESTRO
VOCACIONAL
PRIMER CENTENARIO DE SU MUERTE
13 DE TUNIO DE 1950.

8

JOSÉ REINA VALENZUELA

EL PRÓCER DIONISIO DE HERRERA

PORTADA

Este Ensayo sobre la vida del Prócer Dionisio de Herrera, se publica por Acuerdo de la Sociedad de Geografía e Historia de Honduras, tomado el 13 de Mayo del año en curso, por iniciativa de los Socios, Doctores Jesús Aguilar Paz y Ramón Ernesto Cruz.

Con devoción patriótica hemos intentado seguir los pasos de Herrera, porque su trayectoria es digna de conocerse, de meditarse y de tenerse siempre presente.

Herrera fue el organizador del Estado hondureño. Fue el estadista que recibió en sus manos a un pueblo sin formación política y sin leyes; a un pueblo que acababa de nacer al concierto de las naciones libres en una época que requería la reforma de los viejos sistemas de gobierno y administración, cuando eran pocos los hombres capaces de emprender semejante tarea.

Dionisio de Herrera había sido uno de los principales promotores de los movimientos independentistas en Honduras, y por sus lecturas, por sus observaciones y contactos directos con el pueblo, se había formado una clara idea de lo que este pueblo necesitaba para colocarse, hasta donde fuera posible, en el punto de partida para emprender la lucha por su mejoramiento, su progreso y su prestigio.

Combatido y calumniado, Herrera está limpio de muchas culpas, porque analizada su trayectoria política sin apasionamientos y a la luz de nuevos testimonios documentales, fácilmente se comprenden las razones que tuvo para actuar como lo hizo.

Para nosotros, Herrera es el que con más legítimo derecho puede ostentar el calificativo de PADRE DE LA PATRIA, y es nuestra esperanza que, después de leer estas páginas, los hondureños comprendamos cuán grande fue aquel insigne patriota y nos empeñemos en reconocerle, con actos dignos de su memoria, lo que hizo para robustecer la Nación, acosada por tantas intrigas y subversiones armadas, por la distorsión de las ideas fundamentales sobre la libertad y la democracia que entonces parecían sólo palabras vanas, palabras rebuscadas, porque quizá muy pocos se habían penetrado de su real significado.

Juzgue el lector, por sí mismo, la inmensa obra de Dionisio de Herrera, y asóciese a este homenaje tan modesto, que la Sociedad de

Geografía e Historia de Honduras, tributa a uno de los grandes hombres de Centro América, compañero de Valle, de Morazán y del magnífico Padre Reyes.

Tegucigalpa, D. C., 22 de mayo de 1965.

JOSÉ REINA VALENZUELA

DICTAMEN: EL PRÓCER DIONISIO DE HERRERA

(ESTUDIO BIOGRÁFICO)

Por el DOCTOR JOSÉ REINA VALENZUELA

EI Dr. JOSE REINA VALENZUELA, destacado miembro de la SOCIEDAD DE GEOGRAFIA E HISTORIA DE HONDURAS, ha escrito con buen suceso, la BIOGRAFÍA DEL PRÓCER DIONISIO DE HERRERA, figura de gran relieve y de influencia decisiva, en las primeras décadas de la vida independiente de Centro América y por ende da Honduras.

Ha tenido mucho tino el Dr. Reina Valenzuela al escoger un varón tan ilustre como Herrera, para efectuar su Estudio Biográfico, que hoy gustosamente comentamos, siendo como fue él, un verdadero Santo del Humanismo Hondureño, una síntesis cosmológica en lo moral y un talento luminoso, raro en América, en aquellos tiempos recién iniciados, después de la época del largo período—colonial; más, Dionisio de Herrera había asimilado la ideología de los últimos filósofos europeos, conquistando la maravilla de la serenidad que lo hizo "altivo en los reveses", pero manso y dulce en sus triunfos, practicando en realidad con sus conciudadanos, los principios cristianos de humanidad y conciliación, que parece ser el fuerte moral de este preclaro hijo de Honduras, bajo cuya influencia, en gran parte, se formó el carácter valeroso del águila de Centro América, el General Francisco Morazán.

La vida de Dionisio de Herrera puede enfilarse en cinco fases para su fácil estudio así:

1. Su nacimiento, adolescencia y educación, como período formativo, de 1781 a 1819, fecha de su llegada a Tegucigalpa.
2. Su entrada a la vida pública y su influencia en la política de los primeros tiempos de la independencia Nacional, de 1820 a 1827.
3. Su gran papel de "Conciliador y Pacificador", en Nicaragua, de 1829 hasta antes de 1837 en que puso a prueba su rara

habilidad y serena comprensión humanística del medio social en que le cupo actuar, su médula de estadista y su talento político, "cuyo solo recuerdo es capaz de volver luminosas las almas oscuras", según afirmación que del patricio Herrera hizo el escritor Rafael Heliodoro Valle.

4. Su fase, de guerrero, para lo cual no había nacido él, cuando desesperado al contemplar los atropellos que cometía el nefasto Francisco Ferrera, se lanzó a la Campaña, uniéndose a don Joaquín Rivera, quien planeó organizar la República bajo principios de justicia y de respeto, contrarios a la tiranía que ejercían Ferrera y sus hordas. Comprende el período desde 1837 hasta 1845.

5. Por último, en el ocaso de su vida y lleno de tristeza y amargura, ante la incomprensión de sus paisanos, que habían terminado por destruir la Unión de Centro América, Herrera se entrega con dulzura y con amor, a enseñar al que no sabe, con la ilusión de formar nuevos hombres que repararan los males causados a la patria, por gentes impreparadas e incultas. Abarca esta etapa final los años da 1845 hasta su muerte en 1850.

El autor, Dr. Reina Valenzuela, para emprender el estudio de los cinco aspectos de la vida del prócer Herrera, inicia su magnífico trabajo con un relato histórico—geográfico referente a la formación de la Alcaldía Mayor del Real de Minas de San Miguel de Heredia de Tegucigalpa, desde 1578, la incorporación en 1580, a dicha Alcaldía Mayor, de la Villa de Jerez de la Frontera de la Choluteca, con la cual Honduras tuvo acceso al Golfo de Fonseca, en la costa sur y en cuanto a lo religioso, se incorporó al Obispado de Comayagua hasta 1672, confirmado tal incorporación en 1676, segregándose así definitivamente de Guatemala.

En el aspecto geográfico detalla la jurisdicción de Tegucigalpa de acuerdo con la "Relación Geográfica de la Alcaldía Mayor de Tegucigalpa", escrita por el Alcalde Mayor, Don Pedro Baltazar Ortiz de Letona, el 20 de julio de 1743. En aquellos tiempos se creó la Alcaldía Mayor de Tegucigalpa, por su importancia en el laboreo de las minas que producían considerable cantidad de oro y plata. En esa forma puede decirse que las antiguas tierras Higüeras y Honduras quedaron casi divididas en dos Provincias, lo cual engendró celos y dificultades en los tiempos posteriores de la colonia y aun de la vida independiente del país, notándose como la Geografía ejerce gran influencia en la organización social y política de los pueblos.

En este contrastado ámbito geográfico, de tierras planas con ricas haciendas de ganado y de montañas abruptas, con yacimientos mineros, se formó la sorprendente personalidad del prócer Don Dionisio de Herrera, nacido en Choluteca el 9 de octubre de 1781. Posteriormente la familia de Dionisio de Herrera se trasladó a Tegucigalpa, en donde aprendió las primeras letras, para luego ser enviado a Guatemala, en donde hizo estudios finales en la Universidad de San Carlos de Borromeo, relacionándose continuamente con su primo, el sabio Don José Cecilio del Valle y regresando por último a Tegucigalpa en 1819, ostentando su título de Abogado, lo que le permitió formarse una aureola de hombre entendido en letras, en política y en derecho. Antes de su ingreso a Tegucigalpa estuvo cuatro años en Macuelizo, Nicaragua, ignorándose con precisión su salida de Guatemala, lo cual pudo haber sido por el año de 1815 quizá, aunque el autor nada dice al respecto.

Realmente es digna de encomio la labor desarrollada por el Dr. Reina Valenzuela, en la preparación de tan importante obra, tanto más cuanto que en nuestro raquítico medio no existen archivos debidamente organizados, en donde el acucioso investigador de la historia patria pueda encontrar las fuentes pristinas y legítimas de nuestro acontecer del pasado, habiendo tenido el Dr. Valenzuela, que valerse de sus relaciones amistosas y familiares para adquirir los hallazgos que respaldan su relación biográfica, tanto en su búsqueda en la vieja Valladolid, como Tegucigalpa y fuera del país y aún valiéndose de la tradición popular. Sólo así se explica que haya podido documentar su bello trabajo en forma amplia y verídica, aunque no se puede negar que aún quedan algunas lagunas en la vida del biografiado, que indudablemente con el tiempo podrán aclararse.

Entre esos vacíos admiten nuevas investigaciones las siguientes: fecha de su llegada a Nicaragua, si fue realmente en 1829, como sostienen algunos historiadores o en 1830, como afirma el autor de la obra o bien que haya ido y vuelto a Nicaragua, para concurrir a la Asamblea de Honduras, pues para su elección de Jefe de Estado de

Nicaragua, probablemente fue necesaria su presencia allá; no obstante su elección ha de haberse facilitado por haber sido bastante conocido por personas importantes de aquel Estado en años anteriores, para cuando negociaba en Macuelizo y vendía partidas de ganado a los comerciantes de León y otros lugares; así mismo, no se esclarece la época en que dejó el Gobierno de Nicaragua y se radicó en El Salvador, en donde lo encontramos ya en 1844, antes de iniciar su acción revolucionaria contra la tiranía del célebre antiunionista General Francisco Ferrera, casi el principal autor de la muerte de la federación, por su odio al General Morazán.

Sea como sea, en 1819, Don Dionisio de Herrera se destaca como hombre de ideas emancipadoras en Tegucigalpa, en donde ejercía la Alcaldía Mayor, el Licenciado Don Narciso Mallol, quien colocó en la Secretaría del Ayuntamiento ad honorem, al Abogado Herrera, habiendo sido nombrado posteriormente, Secretario en Propiedad, el 7 de agosto de 1820, cuatro meses después de haber contraído matrimonio con la señorita Micaela Quezada.

El Dr. Reina Valenzuela hace una preciosa descripción de la Tegucigalpa de aquella época en que el Real de Minas desprendía su perfume colonial de buenas costumbres y de principios cristianos auténticos, en cuyo medio adquirió Herrera, fama de hombre que "tenía dotes de organizador y madera de estadista", como afirma el autor. Mallol ofrecía cada vez más, mejores oportunidades a Herrera para neutralizar su campaña por la Independencia, que desarrollaba insistentemente en las célebres tertulias de entonces y por ello fue electo Diputado Suplente de Cortes.

Pronto continuaron las discrepancias con Comayagua, cuyos celos nacieron desde 1578, como dije antes, al ser creada la Alcaldía Mayor de Tegucigalpa y se agrandaron cuando el Gobernador Tinoco de Contreras optó por la anexión a México, después de conocido el Plan de Iguala de Iturbide y verificada dicha anexión de Centro América a México, en Guatemala, el 5 de enero de 1822.

Uno de los puntos falsos en la ideología de Dionisio de Herrera fue el esfuerzo que repetidamente hizo para lograr la separación de Tegucigalpa de Comayagua, algo muy raro en un hombre de su talla y que de consumarse hubiese acarreado mayores dificultades y miserias para nuestra Honduras. Herrera llegó hasta indicar los límites de la nueva Provincia y su apasionamiento en ese sentido fue tan definido que en cartas dirigidas a su amigo el Padre Márquez dio señales claras de sus sentimientos partidaristas.

Como consecuencia de sus trabajos por la división de Honduras en dos Provincias, culminaron estas ideas en la resolución de Gaínza, quien el 22 de enero de 1822declaró a Tegucigalpa independiente de Comayagua y nombró Jefe Político a Don Dionisio de Herrera, tomando éste posesión de su cargo el 3 de febrero siguiente.

El Dr. Reina Valenzuela siempre trata de defender y disculpar a su biografiado de esa falla separatista, pero no puede negarse que ese fue uno de los mayores errores del prócer Herrera, en otros aspectos digno de grandes méritos.

Por otro lado, el Emperador Iturbide nombró al Lic. Don Juan Lindo, Jefe Superior Político interino e Intendente en propiedad de la Provincia de Honduras, cargo del cual tomó posesión el 12 de octubre de 1822. Lindo luchó por la unión, es decir, la unidad de la Provincia de Honduras, pero Herrera continuó en su perjudicial punto de vista, con los consiguientes frutos amargos para la nación. Herrera dentro de su injustificada intransigencia, cuando se le invitaba a la unión, se expresó así: el propósito "no será recibido con gozo por nadie" y de "que sus habitantes, por lo menos pidan todos sus pasaportes para irse a vivir a las Costas del Norte o a cualquier otra parte", todo lo cual con más detalles aparece en la Biografía del Dr. Reina Valenzuela.

Se destaca pues, como lamentable el hecho de que a fines del año de 1822, en Honduras existían cos Jefes de Estado, siendo considerable la lucha entablada entre Lindo y Herrera.

Después de la caída del Imperio de Iturbide, se convocó a un Congreso y electos los Diputados éste se reunió en Guatemala el 24 de junio y el 1° de julio de 1823 decretó, ya como Asamblea Nacional Constituyente, "Que las Provincias de la Capitanía General eran independientes de México, España y de cualquier otra potencia; que formaban una nación soberana que en adelante se llamarían PROVINCIAS UNIDAS DEL CENTRO DE AMERICA".

Por su parte, Herrera continuó aspirando a la división de Honduras y de que Tegucigalpa formase un Estado separado del de Comayagua, con lo que puso a prueba su grave error, perjudicial para el futuro del país. Dichosamente, el Diputado Don Francisco Antonio Márquez nunca hizo eco a las ideas divisionistas de su gran amigo y con fecha 15 de noviembre escribió a la Municipalidad de Tegucigalpa explicándoles la imposibilidad de constituirse esta antigua Alcaldía Mayor, en Estado independiente y les propuso lo ya convenido, de que las legislaturas se reunirían alternativamente en Tegucigalpa y Comayagua y que la primera vez lo decidiría la suerte. Así pues, felizmente, la división de Honduras fue definitivamente descartada.

Por último, se convino que el primer Congreso se reuniría en Cedros, como en efecto se instaló el 29 de agosto de 1824, al cual concurrieron los dos Jefes de Estado, al Lic. Lindo y el Abogado Herrera. El Congreso Constituyente del Estado de Honduras eligió, ya en Tegucigalpa, Jefe del Estado, a Don Dionisio de Herrera y Vice—Jefe al ciudadano José Justo Milla, el 16 de septiembre de 1824, con lo cual se aplacó la intransigencia de Herrera.

El 22 de enero da 1825 el Congreso decretó su traslado a Comayagua y el cierre de sus sesiones que se reanudarían el 15 de febrero próximo y ordenando también el traslado de la Jefatura de Estado a la antigua capital, pero Herrera demoró su viaje, por lo que el Congreso, el 25 de junio le fijó un plazo de 15 días, para su ingreso a Comayagua Mientras tanto, los malos informes enviados al General Arce produjeron mayor efervescencia en las divergencias políticas locales. El 28 de julio, el Jefe Herrera rindió nuevo juramento ante la Asamblea Con la presencia de Herrera en Comayagua, comenzaron las disputas con el Provisor y Gobernador del Obispado, José Nicolas Irías, que tan graves resultados traerían en los próximos años, para la paz del país.

El autor de la obra, hace una preciosa descripción de la vieja capital colonial, la histórica Valladolid, que es digna de especial mención. Reina Valenzuela nos habla de la hermosura de la ciudad, como fruto del largo período del dominio español: sus calles, sus casonas con amplios patios y balcones de hierro; la Plaza Principal con su servicio de agua potable, recuerdo del Obispo, Don Antonio José de Palencia; su hermosa Catedral con su reloj, según se cree traído de Granada; el Palacio Episcopal, el Cabildo, la Casa de Gobierno, la iglesia del Convento de San Francisco, con su cruz al frente, quizá tocada de la leyenda de los viejos tiempos del Padre Verdelete, luego los restos de la Caja Real, su vecino Cuartel Principal y su Sala de Armas. Pero otro lado, la Plaza de La Merced, con su columna al centro, comúnmente nombrado La Picota y muy cerca la Primera catedral y las ruinas del Convento de Los Mercedarios y hacia el centro de la población el Hospital de San Juan de Dios.

A la entrada de Tegucigalpa, la hoy aislada iglesia de San Sebastián, que posteriormente sería el cuartel del jefe de las tropas federales, Coronel José Justo Milla y más lejos la iglesia de San Blas. La entonces extensa ciudad, con sus populosos barrios de las respectivas iglesias, más el de Mexicapa, el Barrio Abajo y el de Corinto con su iglesia de La Caridad. La vida era apacible en esta ciudad colonial, la más grande de la Provincia.

Nuestra Honduras al principio de su vida independiente marchó y dio sus primeros pasos con dificultades y sus hombres faltos de una verdadera experiencia efectuaban actos casi infantiles, aunque como humanista Herrera era autoridad, reforzada con sus conocimientos de su profesión de Abogado, adquirida en la Universidad de San Carlos de Borromeo, más la mundología social de la capital de Guatemala.

Debido a ciertos disturbios, Herrera lanzó el 9 de septiembre de 1825, una proclama a su querido pueblo de Tegucigalpa. Fue Justo Centeno primero, en 1822 y Guadalupe Lagos después, en 1825, quienes promovieron los primeros desórdenes en el Real de Minas de Tegucigalpa. En Comayagua Herrera tendría que luchar en un medio hostil, lo cual no era más que la consecuencia de las anticuadas ideologías de la colonia, que el clero se encargaba de guardar con el fin de seguir gozando de las tradicionales canonjías, todo lo cual nos pinta con claridad meridiana el autor de la obra.

Era de esperarse que ese clima procurara mantenerse ya en la vida independiente del Estado de Honduras. Puede decirse que así como en el orden de la físico—química existe la ley de las masas, también en el orden político—social, es vigente, estableciéndose dos campos bien marcados: el de la aristocracia y el clero y el grupo de ideas avanzadas, que deseaban la prosperidad de los pueblos.

En Comayagua esta lucha aguda estaba representada por el Provisor José Nicolás Irías, por un lado y por el otro bando, por el Jefe de Estado Don Dionisio de Herrera, de suerte que la batalla se había entablado claramente y duró desde 1825, 1826 hasta 1827, en que fue vencido el Jefe de Estado Herrera, capturado y remitido a

19

Guatemala como reo político. Como expresa el Dr. Reina Valenzuela, la disputa se debió a la rivalidad creada desde 1579, entre Comayagua y Tegucigalpa, rivalidad que fue creciendo y se intentó disimular con la resolución de que la legislatura se reuniría "alternativamente en Comayagua y Tegucigalpa y para la primera reunión decidiría la suerte", como antes se dijo. Otras formas poco serias de resolver la rivalidad de ambas poblaciones fueron aquella que no llegó a realizarse y que se refería a que el Congreso se reuniría en Lepaterique y luego en Aguanqueterique, ideas y soluciones estas disparatadas, que daban a conocer la mentalidad de los directores y la tenacidad de un infundado amor propio. Por último, el Congreso fue a dar a Cedros, continuando en Tegucigalpa y finalmente a Comayagua.

Para conocer la ideología y personalidad de Don Dionisio de Herrera, conozcamos algunos párrafos que menciona nuestro acucioso historiador, Dr. Reina Valenzuela, en los cuales varias veces se contradice su biografiado. Hablan a favor de Herrera sus deseos de traer una imprenta, "para dar a conocer por medio de ella, a los buenos y a los malos". También organizó las "Tertulias Patrióticas", con el noble fin de que el pueblo discutiese y más que todo conociese las Leyes del Estado y se entrenase en el estudio de sus problemas, tomando en cuenta la ignorancia densa de la época colonial y sabiendo de la "inocencia primitiva" del pueblo hondureño. Dijo que Honduras tenía un "déficit espantoso en medio de un caos que todo lo oscurece". Refiriéndose a la Constitución expresó que había que "Estudiarla de día y meditarla de noche y que era el deber primero de todo funcionario público".

En carta a su amigo Márquez se quejaba de Honduras, así: "No hay país en el mundo donde haya más apatía, más pereza en los negocios y menos espíritu público que en Honduras. Yo rabio; he hecho el sacrificio de mi salud, de mi reposo, de mis inclinaciones y de mis intereses; pero Honduras necesita de muchas palancas para moverse". Por otro lado se contradecía: "Se han hecho siempre distinguir (los hondureños) por sus talentos, por su carácter y sus virtudes Nada más les falta, para no ser inferiores a los habitantes del Ática y del Lacio, que los medios de ilustrarse y de desarrollar toda la energía de su genio". Hasta donde llegó el amor patrio de nuestro prócer Herrera.

Como utópico se descubre en los siguientes párrafos: "Ved nuestras montañas, ellas son el depósito de todos los minerales. El oro y la plata son, respectivamente entre nosotros, más abundantes que en el Perú y en México. Nuestras inmensas masas de hierro harán buscar al sueco y al vizcaíno otra clase de industria. Brazos, conocimientos y caudales son los agentes que sacaran de las entrañas de la tierra tan grandes e inmensos tesoros". Pero es de afirmar que aun en nuestros tiempos se han expresado juicios tan exagerados.

Otros párrafos muy juiciosos sobre economía del país y como estadista aparecen en el discurso de la instalación de la Primera Asamblea ordinaria del Estado, el 5 de abril de 1826, el cual se estima como un verdadero Programa de Gobierno. Muy líricamente decía: "Ved esos campos en que parece que la naturaleza ha querido ostentar su poder, ya en la variedad de producciones, ya en la fuerza y vigor de la vegetación... No se da un Estado que reúna todas las ventajas y proporciones que el de Honduras. Qué falta, pues, a éste para ser el primero de los de América".

Por otra parte, historiadores notables le rindieron merecidos honores, como lo hizo José Dolores Gámez de Nicaragua: "Fue desde esa fecha, Don Dionisio de Herrera, el hombre querido y respetado del pueblo nicaragüense, el modelo de gobernante virtuoso, que todos se complacían en admirar".

Como una curiosidad en la Biografía del prócer Herrera, según la obra que comentamos elogiosamente, se puede mencionar cómo los sucesos más importantes de su vida se efectuaron los nueves de los meses, así:

9 de octubre de 1781, de su nacimiento.

9 de octubre de 1812, fecha de la emisión de las leyes españolas, las cuales permitieron al Alcalde Mallol recomendar la elección de Herrera, como Diputado suplente a Cortes.

9 de abril de 1820, su matrimonio con la señorita Micaela Quezada.

9 de julio de 1820, el Rey abrió las Cortes, de la cual Herrera era Diputado Suplente.

9 de agosto de 1823, carta a Francisco Antonio Márquez, proponiéndole la separación de Tegucigalpa, de Comayagua.

9 de octubre del mismo año, otra carta al Padre Márquez, hablándole de Valle y Arce como hombres necesarios.

9 de septiembre de 1825, desde Comayagua dirige una proclama al pueblo de Tegucigalpa.

9 de mayo de 1827, Comayagua se rinde a José Justo Milla y Dionisio de Herrera fue hecho prisionero.

9 de abril, el General Morazán, en 1829 sitió la ciudad de Guatemala, cuya rendición permitió que el nuevo Gobierno nombrara a Dionisio de Herrera, el 19 de agosto de ese mismo año, "Conciliador, Mediador y Jefe Provisional de Nicaragua".

9 de enero de 1839, Lino Matute con sus declaraciones al Gobierno salvadoreño, obligado por Ferrera, opacó la ideología de Herrera, perenne enamorado de la Unión de Centro América.

9 de agosto de 1839, Ignacio Vega sustituyó a Herrera, como Diputado, quien decepcionado de la situación política, ya no asistió al Congreso.

9 días después de la muerte de Don Dionisio de Herrera murió su esposa, Doña Micaela Quezada de Herrera. Los nueves pues, han intervenido en la vida del prócer Herrera.

El campo social de aquellos primeros tiempos de la independencia estaba cargado de ideas contradictorias. Puede asegurarse que se habían roto los lazos armoniosos de la jerarquía que debían respetarse entre las autoridades federales y estatales de Honduras, que con Herrera a la cabeza, parecían declarados en franca rebelión contra el Presidente Arce, quien aunque cometió sus errores, tenía derecho a que se respetase su autoridad; pero los celos y el amor propio de los directores de la política agravaban la situación, principalmente entre Herrera y el Provisor Irías, quien se trasladó a Erandique y excomulgó a Herrera, a quien, por otra parte, se llegó a acusarlo de que había suplantado la firma del Ministro Arzú, en nota enviada a Abreu, sobre la disolución de fuerzas que tenía el Jefe de Estado Herrera; asimismo, a éste se había intentado asesinarlo, como consecuencia de la disputa con los reaccionarios que encabezaba el Provisor Irías.

Parece que Herrera era partidario de los empréstitos y en su concepto la independencia y soberanía del Estado iba muy lejos, casi hasta romper los vínculos que naturalmente unían al Estado de

Honduras y la República Federal, sintiéndose demasiado celoso por el mando que ejercían las autoridades federales, pues en mi concepto el Gobierno central tenía derecho de enviar fuerzas a todos los Estados de Centro América, como ocurre en los tiempos modernos en las Repúblicas federadas.

Después de la renuncia del Vice—Jefe José Justo Milla, el Diputado Pablo Irías, hermano del Provisor, pidió nueva elección de Jefe de Estado, alegando que Herrera ejercía el mando en forma interina y provisional, resolviéndolo así la Asamblea, pero Herrera no acató el Decreto y continuó en el mando, por su propia decisión, lo que en el fondo era un golpe de Estado.

Una vez que Irías se retiró a Erandique, la misma Asamblea que parecía que lo acuerpaba, lo declaró fuera de la ley, aun por sus amigos y la Asamblea que primero pidió el retiro del Jefe Herrera, después lo instó para que siguiese en el Gobierno, con lo cual se nota la inconsistencia de los hombres de aquellos tiempos. Esta misma Asamblea incumplió el Decreto del Presidente Arce, de 10 de octubre de 1826, sobre la reunión de un Congreso Extraordinario que se verificaría en Cojutepeque, rebelándose así contra el Gobierno Federal, mientras el Jefe de El Salvador, Prado, pidió que dicho Congreso se reuniese en Ahuachapán.

Mientras habían pasado los movimientos levantiscos de Justo Centeno y Guadalupe Lagos, en Tegucigalpa se derramó la primera sangre, que sería el punto de partida de las estériles revoluciones en que ha vivido la República, lunes y martes, resultando que el 24 de enero de 1827, el cuartel fue atacado por un grupo de revoltosos, pereciendo el barbero Matías Zúniga. Al día siguiente, el 25 de enero, fueron derrotadas las fuerzas de Irías, en Erandique. Ambas derrotas afirmaron el Gobierno de Herrera, pero en cambio, el Gobierno Federal, en vista de la situación, apresuró el envío de tropas, para poner orden en el inquieto Estado de Honduras.

Con la venida del Coronel José Justo Milla, a los Llanos de Santa Rosa de Copán, con fuerzas adecuadas, Herrera se alarmó y procedió al apresto de efectivos bélicos para defender los fueros del Estado, que él creyó se estaban conculcando. Si hubiese habido más cordura, juzgo que pudo arreglarse todo en armonía, pues como dije antes, las autoridades federales tenían derecho de enviar sus batallones a cualquiera de los Estados de la Federación, pero los ánimos estaban tan exaltados que Herrera mandó una pequeña columna de observación a Intibucá, hasta encontrase con las tropas de Milla, dando por resultado que el batallón comandado por Milla, sitió la capital del Estado el 4 de abril y después de incendiada una considerable parte de la población, los sitiados capitularon el 9 de mayo de 1827, Herrera fue preso y a continuación remitido a Guatemala, en donde se le alojó en la propia casa del Presidente José Manuel Arce, lo que indica que éste no tenía rencor al Abogado Don Dionisio de Herrera.

Mientras tanto, el estratega que se forjó bajo el aliento e inspiración de Don Dionisio de Herrera, el General Francisco Morazán, inició su gesta gloriosa, venciendo a Milla en los campos de La Trinidad, el 11 de noviembre de 1827. Puede afirmarse que la campaña del General, Morazán fue una consecuencia de las luchas de Herrera, con Irías, Arce y Milla, campaña que culminó con el sitio de la ciudad de Guatemala, el 9 de abril de 1829, debiendo recordarse que antes, el 9 de octubre de 1828, Antonio de Aycinena había capitulado en San Antonio.

La Asamblea Federal nombró el 25 de junio de 1829 Presidente Provisional de la República, a Don José Francisco Barrundia, quien nombró a Don Dionisio de Herrera, "Conciliador, Mediador y Jefe Provisional de Nicaragua". El 19 de agosto de 1829, Herrera ya había regresado a Honduras, volvió a visitar sus propiedades de Choluteca, a la que no había vuelto desde 1824.

En esta forma termina la segunda fase de la vida política de Herrera, desarrollada en Honduras y llena de peligros y luchas estériles, aunque con el ideal, según Herrera, de defender los derechos de independencia del Estado de Honduras, terminado con su caída y prisión, pero iniciándose la lucha patriótica del genial General Francisco Morazán, quien sostendría la Unión de Centro América hasta su muerte.

El tercer período político de Don Dionisio de Herrera comienza con su nombramiento de "Mediador" en la revuelta Nicaragua, en donde obtendría el mayor de los éxitos y para mí la más victoriosa de sus gestiones, en la cual demostró su habilidad, tenacidad, su bondad y mansedumbre, hasta que obtuvo un triunfo completo sobre los opuestos bandos y contra la reacción religiosa, llevando a todos paz y consuelo, recibiendo frases de profundo reconocimiento por sus servicios en el orden social y humano.

Para realizar semejante empresa Herrera llegó a Chinandega, en abril de 1830, es decir, más de medio año después de haber sido nombrado para tan noble misión, por lo que algunos historiadores afirman que llegó en 1829; sin embargo, su biógrafo, Dr. Reina Valenzuela, prueba que antes estuvo en el Congreso de Honduras. Su elección de Jefe de Estado de Nicaragua, sin estar él al frente de la campaña electoral sólo tiene una explicación, ya mencionada antes, siendo la que se refiere a su conocimiento y relaciones amistosas creadas en sus actividades comerciales, en Macuelizo. En Nicaragua las disputas tuvieron por base, la excitativa de la Asamblea para que el Congreso Federal reformase la Constitución, lo que no se llevó a efecto.

Herrera, en vista de las luchas y controversias que ocurrían en Nicaragua, ¿renunció el 1? de marzo de 1833, renuncia que fue aceptada por la Asamblea, pero prontamente revocada, volviendo Herrera al Gobierno y enfrentándose a los revolucionarios los venció en León, Masaya y Managua.

En Honduras fue electo Jefe de Estado el Señor Justo José Herrera, hermano de Don Dionisio, el 11 de febrero de 1837 y Vice— Jefe el General Trinidad Cabañas. Con el retiro de Herrera de Nicaragua termina su tercer ciclo de actividades políticas, volviendo a El Salvador, no informando el Dr. Valenzuela, la fecha de su gestión final en Nicaragua, pero ya en agosto de 1837 lo tenemos de nuevo en Comayagua y luego en 1838 ocupa su curul en el Congreso, en donde logró dictar un Reglamento de las Primeras Letras y en el primer Boletín del Congreso, el 5 de mayo de 1838 se ordena la impresión del "Semanario Oficial". Con la presencia de Don Dionisio en el Congreso se inicia la cuarta faena de su vida política.

Nuevos sucesos abreviaron la rotura de la Federación Centroamericana, cuando en San Salvador, el Congreso Federal, con fecha 30 de mayo de 1838, emitió el fatídico Decreto siguiente: "Son libres los Estados para constituirse del modo que tengan por conveniente, conservando la forma republicana popular representativa y división de Poderes", con lo cual dicho Congreso traicionó la Constitución y la República Federal de Centro América. En Honduras se convocó a una Constituyente y el Jefe Herrera por enfermedad, depositó el mando el 3 de septiembre del mismo año, en el Consejero José María Martínez, quien inauguró la Constituyente el 7 de octubre de 1838, presidida por los Licenciados Juan Lindo y Dionisio de Herrera, como Presidente y Vice—Presidente, respectivamente.

En San Salvador el Congreso emitió un nuevo Decreto, el 18 de julio del mismo año, tratando de reconstruir la Unión Centroamericana, todo lo cual fracasó en manos de los separatistas. Mientras tanto el ave negra del separatismo, Francisco Ferrera, se subleva en Tegucigalpa. El Congreso, en vista de los sucesos y de las exigencias del General Ferrera, emitió el 28 de octubre de 1838, el Decreto que dio en tierra con los ideales y realidades unionistas del Estado de Honduras, afirmando que el "Estado de Honduras era libre, soberano e independiente", pero no satisfecho el mulato de Cantarranas, enemigo jurado del General Morazán, obliga al Congreso que emita otro Decreto, el 5 de noviembre del mismo año de 1838, más explícito, declarando que "El Estado libre y soberano de Honduras es independiente del antiguo Gobierno Federal, del de los demás Estados y de todo otro Gobierno o potencia extranjera".

En la Jefatura del Estado sucede a Martínez, Lino Matute y a éste Juan Francisco Molina. La Asamblea aprobó su Constitución el 11 de enero de 1839. Con el fin de destruir la obra del General Morazán, héroe de la Unión de Centro América, el Gobierno tiránico de Honduras firma un pacto con Nicaragua en el mismo mes de enero, pero el genio militar del General Morazán logra derrotar al nefasto Ferrera, el 6 de abril de 1839, en el Espíritu Santo. En el Gobierno, Molina es sustituto por Felipe Neri Medina, a quien a su vez le sucede Juan José Alvarado y a éste Don José María Guerrero, autor de la famosa frase, refiriéndose a Nicaragua, de "Que era preciso sacudirse de un amigo que pesaba ya más que el enemigo".

En vista del cuadro triste que presentaban los sucesos políticos del país, Don Dionisio de Herrera decepcionado, no concurrió al Congreso, sustituyéndolo Don Ignacio Vega, el 9 de agosto de 1839. Herrera se refugió en su querida ciudad de Tegucigalpa y después se retiró a Choluteca, en donde fue perseguido por el implacable Ferrera, cuyas hordas destruyeron sus haberes, por lo cual el prócer se vió obligado a huir a San Vicente, El Salvador, a principios de 1840. Ferrera fue electo Presidente de la república, tomando posesión del mando el 1° de enero de 1840, siendo reelecto el 23 de febrero de 1843, después de la muerte del General Morazán y de la celebración del Pacto de Chinandega, el 27 de julio de 1842.

A Principios de 1844 se subleva el pueblo de Texíguat, contra el despótico Gobierno de Ferrera. Don Dionisio, siempre firme en sus ideales democráticos, salió de San Vicente y se incorporó en El Viejo, Nicaragua, al revolucionario Don Joaquín Rivera. Herrera en Danlí firmó una acta en favor de Texíguat, el 1° de Diciembre de dicho año de 1844. El General Guardiola combatió a Rivera y lo derrotó el 20 de diciembre, habiéndolo capturado y después fusilado en Comayagua, el 6 de febrero de 1845, mientras que Don Dionisio se refugió en Nicaragua. Posteriormente Herrera volvió a Danlí y a Texíguat, pero sin éxito alguno en sus gestiones guerreras, por lo cual optó en retirarse nuevamente a San Miguel, El Salvador y desilusionado por los fracasos sufridos, concluyó por abandonar la política, ya que su ideario unionista había sido roto y destruido con el fusilamiento del General Morazán en San José de Costa Rica, el propio 15 de septiembre de 1842; mientras tanto en Honduras imperaba la tiranía del mayor enemigo de la Unión Centroamericana, el "mulato de hierro", Ferrera. Termina así la cuarta jornada de la vida de Don Dionisio de Herrera. El prócer Don Dionisio de Herrera ya en el Salvador, inicia su última fase de hombre culto y de grandes sentimientos patrióticos. Se dedica al magisterio con el fin de inculcar verdadero civismo y nobles ideales a la juventud para formar ciudadanos cumplidores de sus deberes para con la patria.

Con tristeza su biógrafo, el Dr. José Reina Valenzuela, se expresa así: "En aquellas noches cálidas en que rendido de tanto repetir el alfabeto o enseñar las cuatro reglas de la aritmética su espíritu quizá se remontaba al éter insondable para añorar los mejores días de su vida", en el ocaso de su existencia afanosa, entre la melancolía y la pobreza. Antes de su muerte conoció el destino que cupo a los señores Ferrera, Guardiola y Coronado Chávez, quienes emigraron a El Salvador debido a las habilidades políticas del Presidente Juan Lindo, en 1848.

Cansado Herrera de su agotadora labor docente, a fines de 1849 se trasladó a San Salvador, en donde siguió ejerciendo el magisterio. Antes de su muerte hizo su testamento, en el que dejó para la instrucción pública, sus famosos tres pesos, símbolos de su acendrado amor a la cultura nacional y por último, en dicha ciudad expira el 13 de junio de 1850, a la edad de 68 años, 8 meses y 5 días siguiéndole su esposa en el viaje sin retorno, a los nueve días de fallecido, llevándose a la tumba, como dijo Heliodoro Valle, una enorme "cantidad de dolor inédito", quien fuera en este mundo, "síntesis de virtud y de talento" y para mí un Santo del Humanismo Hondureño. Y así la dulce figura de este noble patricio abandona el plano de realidades dudosas, después de haber influido en los acontecimientos históricos del país hasta el día de su muerte, ya que él fue el formador, en gran parte, del hombre epónimo que fue Francisco Morazán.

La influencia del largo período colonial y las nuevas corrientes de reforma social que implantó el General Morazán, han mantenido la pugna entre dos grupos de la población centroamericana, en cuyo seno se formaron los bandos que han mantenido en constante zozobra a estos pequeños países, impreparados para gozar plenamente de su independencia. Si en el pasado ya existían las bajas pasiones y la primitiva ignorancia, cual barro tenaz que urgía del artista para que lo modelara, del estadista que dictase las medidas sabias para su regeneración superante, hoy, a la altura de casi siglo y medio transcurrido desde los albores de nuestra independencia, el cuadro panorámico del ambiente humano ha empeorado, lo que hace quejarse con sobrada razón, al autor del Estudio Biográfico que comentamos, en forma patética, expresando: "Al Contrario, dice, en la mentalidad de los políticos paisanos hierve cual lava volcánica la pasión sectaria; el derecho de asesinar hermanos en nombre de la Patria amparados por la "revolución"; el derecho de robar y saquear las arcas del erario público, que guarda las contribuciones de todos los compatriotas.

"Los matones, los empistolados ignorantes y bárbaros, fueron amos de vidas y haciendas con el aplauso y tolerancia de figurines de imperfecta formación moral y, Honduras, tiene que acreditarles en su haber la culpa de su estancamiento y la responsabilidad de la sangre derramada por una causa sin ideales, sin justicia y sin honor".

Termino este Dictamen, cuya preparación carece de importancia, pero si la tiene: en alto grado, la fuente de donde se tomó, manifestando que he hecho una síntesis total de la obra del Dr. José Reina Valenzuela, con el objeto de reconocer sus méritos, de demostrar que este magnífico trabajo ha venido a arrojar mucha luz sobre los sucesos históricos acaecidos desde fines del siglo dieciocho hasta la mitad del siglo diecinueve, luz que debemos admirar como de gran importancia, pues muchos de sus relatos nos eran desconocidos, motivo por el cual le presento, con entusiasmo, mis más sinceras felicitaciones, por su noble y desinteresado esfuerzo, esperando que otros miembros de nuestra querida Sociedad de Geografía e Historia, imiten su ejemplo, para bien y adelanto de la historia patria.

Tegucigalpa, D. C., 20 de septiembre de 1961.

JESÚS AGUILAR PAZ

DOCTOR JOSE REINA VALENZUELA
Autor del presente estudio.

DICTAMEN EL PRÓCER DIONISIO DE HERRERA

(ESTUDIO BIOGRAFICO),

Por el Dr. JOSE REINA VALENZUELA

Estamos en presencia de la última obra del distinguido historiador Don José Reina Valenzuela.

Día a día la investigación contemporánea enriquecida a la luz de nuevos documentos, presenta nuevos aspectos de hecho y acontecimientos que antes desconocíamos G que teníamos equivocados, eso pasa en esta excelente obra, la mayor parte de los acontecimientos van respaldados por documentos desconocidos e inéditos (muchos de ellos propiedad del autor) y otros en la copiosa bibliografía que consultó. Los treinta y dos capítulos están bien organizados y presentan una serie de informaciones que se relacionan muy bien con el tema, amén de que su lenguaje es elegante y ameno, agregando el autor certeros y bien meditados juicios por lo que la obra reviste mayor seriedad. La obra en si es una gratísima sorpresa, y digna del mayor aplauso, considero debe ser publicada para que nuestra juventud conozca mejor la vida ejemplar altamente cívica y patriótica de nuestro primer Jefe de Estado, Don Dionisio de Herrera.

Se abre este libro con un estudio preliminar sobre lo que era la Alcaldía Mayor de Tegucigalpa a fines del siglo XVIII, excelente y bien tratado marco, escenario en donde se desarrolla la vida y actuación de uno de los más grandes patricios de nuestra patria.

Empieza por hablar de los padres de Herrera: el Teniente de Milicia Don Juan Jacinto de Herrera y Doña Paula Díaz del Valle, del parentesco distinguido de estas familias y sus propiedades y haciendas que poseían al Sur de Honduras; el nacimiento del prócer en Choluteca el 9 de octubre de 1781, sus primeros años y el aprendizaje de las primeras letras en escuela privada, traslado de la familia de Herrera a Tegucigalpa y poco después, el traslado de él a Guatemala, en donde inicia sus estudios en la Universidad de "San Carlos Borromeo", su juventud e inquietudes intelectuales en aquella brillante capital colonial, y la culminación de sus estudios en que se gradúa de abogado, regresando a su patria en donde se dedica al comercio y a atender sus heredades en Macuelizo.

Coincide la llegada de Herrera a Honduras, con las postrimerías del gobierno colonial en Centro América, pues efectivamente los movimientos subversivos habían comenzado en 1811.

Enseguida habla de su biografiado cuando llega a Tegucigalpa, en 1819, y en que se inicia como Secretario interino del ayuntamiento, gobernando el último Alcalde Mayor, Don Narciso Mallol (constructor del Puente de su nombre). Nos presenta el autor un bello cuadro de la Tegucigalpa de 1819, con su iglesia Parroquial (hoy Catedral), sus tres plazas, callejuelas tortuosas, estrechas y oscuras, las casas con sus rejas y aleros las sencillas costumbres de aquella lejana época. Ocurre el matrimonio de Herrera el 9 de abril de 1820 con la Señorita Micaela Quezada. Es por esa época que Herrera se distingue como político y patriota y cuando Mallol lo nombra Secretario del Ayuntamiento con 600 pesos anuales (9 de agosto 1820).

A la llegada de los pliegos de la Independencia de Centro América, el 28 de septiembre de 1821, en que Herrera había jugado importante papel en Tegucigalpa, él fue quien redactó el acta de esta ciudad, fue Jefe y Centro de todo lo actuado por Tegucigalpa en aquella época. Con motivo de la anexión a México, entra Comayagua en dificultades con Tegucigalpa y relata el autor los detalles de tan estériles dificultades, al punto que Herrera abogó por la separación de las provincias. Con la caída de Iturbide en México se reúne la Asamblea Nacional en Guatemala, y esta decreta que Centro América sea una República Federal y sus antiguas provincias quedan constituidas como Estados. Relata después la organización del Estado de Honduras: la primera asamblea constituyente que se instaló en Cedros el 29 de agosto de 1824, la elección de las autoridades supremas de Honduras, siendo Don Dionisio de Herrera y Don José Justo Milla, que son elegidos como Jefe y Vice—Jefe del Estado.

Enseguida relata el autor la labor del primer Jefe de Estado, sus dificultades económicas, políticas y sociales que se le presentan y su éxito en su desarrollo y salvedad de tanto escollo. Traslación del congreso y las autoridades a Comayagua, y la guerra de intrigas y traiciones que allá provoca el Provisor Don Nicolás Irías, las dificultades con el Presidente Arce, hasta cumplir con la invasión de Justo Milla a Comayagua, el incendio de esta ciudad y la deposición de Herrera en el mando y su traslado como prisionero a Guatemala en 1827.

A continuación explica el autor la actitud heroica y valiente del Gral. Morazán en la salvación de la República, y su elección como 29 Presidente Federal. Vuelta de Herrera a Honduras, la pacificación que realiza en el Estado de Nicaragua y su elección como Jefe de aquel Estado, la brillante y fecunda labor que realiza y el reconocimiento a tan altos méritos. Su traslado a El Salvador donde se mantiene alejado de la política por algún tiempo, su regreso a Honduras en 1837, y su labor como Diputado por Nacaome en la Asamblea del Estado.

Viene después la disolución de la Federación, retiro de la asamblea y traslado del prócer a Tegucigalpa y Choluteca respectivamente con el objeto de atender sus propiedades. Su huida a El Salvador, pues el gobierno lo persigue, Herrera se vuelve guerrillero contra el gobierno despótico de Francisco Ferrera de Honduras y su fracaso en tales actividades.

Concluye el biógrafo presentándonos a Herrera pobre, viejo y enfermo como Maestro de Escuela de primeras letras en San Vicente y luego en San Salvador, su enfermedad y muerte en esta última ciudad, el 15 de junio de 1850.

Completa la vida de Herrera, con opiniones de diversos escritores centroamericanos, en que todos son unánimes en considerar a Dionisio de Herrera, como una de las figuras más brillantes y luminosas de Centro América.

No cabe duda que esta obra será de valiosísima importancia para comprender uno de los fenómenos históricos más importantes y difíciles de nuestra historia patria.

Tegucigalpa, D. C., febrero de 1960.

GUILLERMO MAYES h.

I

La Alcaldía Mayor de Tegucigalpa
y la Real Villa de Jerez de la Frontera
de la Choluteca. Don Juan Jacinto Herrera.

El Real de Minas de San Miguel de Tegucigalpa que se supone fundado el 29 de septiembre de 1578, dio origen a la Alcaldía Mayor de su nombre, pues tuvo tan rápido desarrollo que, casi un año después de aquella fecha, el Presidente de la Audiencia, Lic. García de Valverde, reconociendo de cuanta importancia sería la organización civil y militar de este pueblo en cuyas cercanías se beneficiaban abundantes minas de plata, nombró a don Juan de la Cueva Alcalde Mayor, dividiendo así el territorio de Hibueras ú Honduras en dos provincias: la de Comayagua, y la de Tegucigalpa que dependería de Guatemala, Capital del Reino.

Posteriormente, por Real Cédula de 31 de octubre de 1580, se incorporó a la Alcaldía Mayor, la Villa de Xerez de la Frontera de la Choluteca con los pueblos de su jurisdicción desmembrándola de la Provincia de Guatemala y dándole a la de Honduras, las costas en el Golfo de Fonseca del Mar del Sur.

La Villa de Xerez de la Frontera había sido fundada por el Capitán don Cristóbal de la Cueva, lugarteniente de don Jorge de Alvarado, en marzo (?) de 1535 en un sitio que los indios llamaban Choluteca— Malalaco, a la derecha y en las cercanías de un río muy caudaloso "que en tiempo de corriente es muy furioso" y que los indios conocían con aquel nombre.

Según el Cronista—Cosmógrafo don Juan López de Velasco[1] la Villa estaba asentada en un "llano grande" de tierra fértil donde se cultivaba muy bien el maíz y se daba frondoso el algodón y, aunque no se daba trigo, el principal caudal de sus moradores eran las estancias de ganado mayor, "porque menor no lo hay a causa de ser la tierra caliente y falta de yerba menuda, que todo es sabana brava y

[1] López de Velasco, Juan. "Geografía y Descripción Universal de las Indias". Madrid, 1894.

cenagosa y la tierra muy montuosa". Oviedo dice que había en la comarca chorotega "todos los árboles de nísperos, que en aquella lengua se llaman nunozapot que es la mejor fruta de todas las que yo he visto en estas partes ni fuera de ellas". [2]

El pueblo tenía 30 vecinos españoles, con iglesia y cabildo que servía un Alcalde Ordinario aunque no existía organización municipal; no pasaba de 20 casas pero en su jurisdicción había muchos pueblos de indios de los que casi todos eran tributarios doctrinados por clérigos sufragáneos de la iglesia de Guatemala. Los españoles pronto comenzaron a beneficiar las ricas minas de oro y plata que encontraron "en el cerro de San Juan" y a labrar la tierra rica en humus iniciando así la prosperidad de la región.

Entre las estancias de ganado estaba la de GUALACOPE (1561) legua y media distante del entonces pueblo de indios de Guacirope y Cosicana, la cual pertenecía a Esteban Amaya[3] que a su vez sembraba maíz, frijoles y otros mantenimientos; las de Andrés Benítez y Juan Vásquez, la de Juan Rodríguez del Clavo, Defensor de los Indios nombrado por su Majestad, ésta última cercana al pueblo de Coray, la que trabaja "sin perjuicio de los indios de Guacirope y Cosicana" que más bien le ayudaban en el pastoreo del ganado y en la cosecha de los granos, y la de Fernández Montero, qua hacía de Alcalde Ordinario, muy buena con ingenio de azúcar moscabado, por el sitio de Ola, lo que indica que en ella se cultivaba la caña de azúcar.

Todos vivían en paz, pero tentados por la codicia, los españoles comenzaron a repartir los indios que, acostumbrados a vivir en libertad, no quisieron aceptar la esclavitud; protestaron primero, suplicaron después y no habiéndoseles oído en su demanda, optaron por "alzarse" y huir a las montañas desde donde mantenían en constante amenaza el pequeño poblado castellano. Como los indios rebeldes estaban del lado occidental del río lo mismo que la Villa de Jerez, los pobladores hispanos decidieron trasladarla a la margen

---

[2] Fernández de Oviedo y Valdés, Gonzalo. "Historia natural y general de las Indias". XLII, C. IV.
[3] Título de Tierras N° 43. Coray—Gualala. Año de 1585. Archivo Nacional, Tegucigalpa.

izquierda pero, desgraciadamente, sin dejar memoria de la fecha de su traslación.

Las quejas de los indios llegaron al fin a oídos del Monarca; los castellanos negaron las acusaciones pero fueron tan repetidas éstas que en Cédula del 7 de febrero de 1560 el Rey ordenó al Gobernador de Honduras Lic. Ortiz de Elgueta, que visitase "al pueblo o poblado de españoles en los chorrotecas que se llama la nueva Xerez" que le diera un informe de cuantos vecinos había, si éstos trataban bien a los indios, si vivían en orden y en paz "y en los que en ello hallara culpados los castiguéis conforme a justicia".

La paz volvió a reinar cuando la Villa fue incorporada a la Provincia de Tegucigalpa y dejó de formar parte de la de Guatemala cuyas autoridades, por la lejanía, no podían atender adecuadamente a sus necesidades. En lo espiritual, quedó dependiendo de la Diócesis guatemalense hasta el año de 1672 en que el Curato de la Villa de Jerez, fue agregado al Obispado de Comayagua, agregación que fue confirmada en 1676.

Así transcurrieron los años al paso que la villa iba desarrollándose, creciendo la fama de su riqueza minera que atrajo muchas familias, entre éstas a no pocas del Real de Minas de San Miguel Tegucigalpa, las que ya encontramos asentadas y con patrimonio, al alborear el Siglo XVIII.

Conforme a la "Relación Geográfica de la Alcaldía Mayor de Tegucigalpa" hecha por el Alcalde Mayor Don Pedro Baltazar Ortiz de Letona en 20 de julio de 1743, la jurisdicción de ella se extendía en cincuenta leguas de Este a Oeste y sesenta de Norte a Sur, existiendo nueve curatos o Partidos así: Tegucigalpa, Cantarranas, Danlí, Choluteca, Nacaome, Ojojona, Orica, Aguanqueterique y Guascorán.

"El territorio de "Tegucigalpa que es el primero —decía Ortiz de Letona— comprende los Valles de Yeguare, Río Hondo y Amarateca, pueblos de Tegucigalpa, Comayagüela y Támara y los minerales platosos de San Antonio, San Salvador y Santa Lucía; el de Cantarranas los Valles de Talanga, Xacala, Ciria, Yuculateca, Tapale, Guarabrequi, Guaymaca u Moroselí, las villas de negros de Guaymaca, San Juan y San Francisco y los minerales de plata de Suyatal, Cedros, Pelanariz y San Antonio de los Achiotes; el de Danlí, los valles de Jamastrán, Cuscareca y Teopazenti, el pueblo de Teopazenti y el Mineral de Potrerillos que también es de Plata; el de Choluteca, los valles de Oropolí, San Joseph, Colón, Guazaule y los minerales de oro de El Corpus y San Martín; el de Nacaome los valles de Coyolar y Santa Inés, pueblo de Pespire y los minerales de San Carlos que son de oro; el de Ojojona los valles de San Joseph, Quibaripanela, Apacunca y el Coyolar con Salalica y los pueblos de Ojojona, Santa Ana Ula y Lepaterique; el de Aguanqueterique los pueblos de Aguanquererique, Locterique, Curarem, Alugaren y Reytoca; el de Guascorán los pueblos de Guascorán, Langue y Aramecina; y el de Orica los pueblos de Origa, Agalteca, Tatumnbla con el dicho mineral de Santa Lucía, que en suma son veinte y ocho valles, cuatro villas, las tres de negros y la de Choluteca que tiene el título de tal Villa y en que hay Cabildo, Justicia y Regimiento; y veintitrés pueblos de indios con más de ocho minerales de plata corrientes y tres de oro; en toda la jurisdicción hay doce compañías de milicianos con sus cabos de primera plana y además de su manejo compuesta de todos linajes de gentes excepto indios y su vecindario todo consta de cuatrocientos seis personas españolas setecientos cuarenta y dos mulatos, ciento setenta y siete negros y mil trescientos setenta y siete indios tributarios todos de confesión de ambos sexos".[4]

La provincia disfrutaba de variados climas: en la región del Norte, compuesta por los Partidos de Cantarranas y Orica, era templado y seco; en la del centro, donde estaban los Partidos de Tegucigalpa y Ojojona, era frío y agradable y en la del Sur, formada por los de la Choluteca, Nacaome y Guascorán, era caluroso.

En esta última región compuesta de dilatados llanos que daban hasta la mar del Sur para formar bellísimos y espaciosas playas de arenas ardorosas que "causan muchos bochornos" y de tierras fértiles regadas por números riachuelos, a la margen de un gran río que en lenguaje nativo se dice "Choluteca", se alzaba la Real Villa de Jerez de la Frontera, asiento de Cabildo, de las Justicias Reales y de un Regimiento militar, a cuya cabeza estaba a principios del último cuarto del Siglo XVIII, el Teniente de Milicias Don Juan Jacinto de

---

[4] Relación Geográfica de la Alcaldía Mayor de Tegucigalpa, escrita por el Alcalde Mayor Don Baltazar Ortiz de Letona, en 1743. Revista del Archivo y Biblioteca Nacionales. T.XXVI, Nos. 1 y 2, Tegucigalpa, Julio—Agosto,1947.

Herrera, natural de la Villa de Tegucigalpa y "legítimo hijo de Don José Antonio de Herrera y Doña Leocadia Rivera" de las más distinguidas personas de la Provincia.

La zona era rica. Las minas de El Corpus, de Clavo Rico y otras de menor rendimiento daban a la Corona jugosos beneficios y a los vecinos una renta apreciable; la cría de "ganados mayores de todas calidades" y la siembra y cultivo del maíz, frijoles, tabaco, algodón y caña dulce de la cual "se fabrica algún azúcar y otra calidad de dulce de más alto temple que la azúcar que llaman raspaduras" formaban el patrimonio de aquella gente laboriosa y aunque la tierra pudiera dar más, no sembraban sino lo necesario para el consumo pues "no hay puerto de mar a donde conducir las cosechas" ni tampoco a quien venderlas en los poblados que, distantes varias leguas, se tenían como vecinos.

No corría esta suerte la cría de ganado mayor, pues conforme a los datos consignados por el Alcalde Mayor Ortiz de Letona en su "Relación" ya citada, "son como cinco mil novillos que anualmente producen cosa de cuarenta mil reses de todos ganados" de los cuales llevaban los hacendados a vender a Guatemala año con año regulares partidas, como también quesos y cueros de res al natural o curtidos. Además, la región del Sur de la Provincia por aquellos tiempos de 1779 producía "cosa de diez mil libras de tinte añil" cuyos importes empleaban los vendedores en adquirir ropas y otros menesteres para el bien vivir que con todo era modesto, pues la generalidad de las gentes acomodadas vivían en sus "Chacras o haciendas" viniendo a sus casas de la Villa en fechas de excepcional solemnidad o al llamado de las autoridades, porque así, decía Ortiz de Letona, "ahorrando gastos atesoran medios para lucir en sus funciones especialmente en las de hacer el Culto Divino, a que son muy aplicados igualmente que a la paz que es lo que hace célebre a esta jurisdicción...".

En este ambiente vivía el Teniente de Milicias Don Juan Jacinto de Herrera, emparentado con una de las familias más notables de la Villa, como era la de su esposa Doña Paula Díaz del Valle, hija del legítimo matrimonio de Don José Díaz del Valle, noble hijodalgo "de las más distinguidas familias españolas de la Provincia" y de Doña Manuela Díaz del Valle, abuelos paternos de Don José Cecilio del Valle, nacido el 22 de noviembre de 1777 en la Choluteca.

Ambos cónyuges eran acaudalados: Don Juan Jacinto, propietario de la Hacienda de San Francisco de Yeguare, de la cual sacaba anualmente más de cien novillos que llevaba a los mercados de la Metrópoli, poseía también en Tegucigalpa otras propiedades, entre ellas una hermosa casa sobre la cual había fundado una Capellanía de ochocientos pesos a favor del Convento de La Merced.[5]

Doña Paula, había recibido en herencia la Hacienda de Tapatoca, en la cual se ponían cada año tres queseras, y la de Pavana en donde se beneficiaban cinco, contando entre ambas con más de ciento quince vacas, amén de buenas novilladas y otros semovientes.[6]

Cuando los piratas ingleses tomaron Roatán en 1781, el Teniente de Milicias Don Juan Jacinto de Herrera, que se encontraba en su Hacienda de Pavana, se trasladó a Choluteca para organizar un contingente de tropa, de orden del Capitán General Don Matías de Gálvez, asumiendo provisionalmente las funciones de Teniente de Alcalde Mayor; pero habiendo desalojado a los ingleses el 17 de marzo de 1782, no hubo necesidad de que el batallón de milicianos de Choluteca fuese a la costa atlántica a prestar su auxilio. Se puso fin a la guerra con la celebración de un tratado en 1783 en el que se estipuló que los ingleses evacuarían no sólo el continente sino todas las islas que de él dependieran, excepto un pequeño territorio en que se permitiría hacer cortes de madera de tinte y nada más".[7] Así se quedaron con Belice.

---

[5] Demanda instaurada por el Cura de Tegucigalpa, Don Juan Francisco Márquez contra don Juan Jacinto Herrera. Legajo No 78, Letra A. Archivo del Distrito Central. Año de 1796.

[6] Escrito presentado por don Juan Jacinto Herrera al Alcalde Mayor de Tegucigalpa, Año de 1798. Legajo N° 84, Letra A. Archivo del Distrito Central. Tegucigalpa.

[7] Durón, Rómulo E. Bosquejo Histórico de Honduras.

La Casa donde nació el Prócer Herrera. En 1880, era Cabildo Municipal de Choluteca. Foto tomada en ese año.

II

Nacimiento de Dionisio de Herrera.
Traslado de su familia a Tegucigalpa.
Primeros años del Prócer.

Las brisas de octubre refrescan la tierra humedecida por las lluvias y los campos que han rendido su cosecha reverdecen de nuevo; en los graneros se acomodan las mazorcas para los días de escasez; los labriegos de Pavana y Tapatoca "bajan" a la Real Villa de la Choluteca y se unen al alboroto que hay en el pueblo. Es el 25 de octubre de 1781. Las campanas de la iglesia parroquial sueltan al viento sus notas jubilosas y en el amplio corredor de una casona señorial protegido por grandes arcos de elegante estilo, se reúnen algunas personas notables. En brazos de una india hermosa, quizá una esclava, va un niño hacia la iglesia para recibir el sacramento del bautismo y tras ellos, la comitiva que luce elegantes atuendos.

En el atrio espera el Reverendo Padre Fray José Ginés de Mayorga, Predicador Jubilado, Definidor de la Provincia, perteneciente a la Sacra y Real Orden de Nuestra Señora de La Merced, quien ha obtenido el permiso de bautizar, otorgado por el Teniente de Cura Don José Gabriel Xalón. Llegados a la pila bautismal, Don Joseph Tomé, caballero distinguido, Delegado del Real Derecho de Tierras y Teniente de Alcalde Interino, toma al niño en sus brazos como padrino y el Definidor, en el nombre del Padre, del Hijo y del Espíritu Santo, le administra las aguas lustrales del bautismo con el nombre de JOSÉ DIONISIO DE LA TRINIDAD, hijo legítimo de Juan Jacinto de Herrera y de Paula Díaz del Valle, nacido el 9 de octubre de 1781 en la Real Villa de Jerez de la Frontera de la Choluteca.[8]

Por muchos años se creyó que Don Dionisio de Herrera había nacido en Tegucigalpa consignando distintas fechas; ello se debió sin duda a que por ningún lado aparecía la Partida de Bautismo del Prócer y sólo constaba en documentos de la época que Don Juan Jacinto de

---

[8] Partida de Bautismo de Dionisio de Herrera encontrada por el Lic. Juan B. Valladares R. en un expediente de 1820.

Herrera era vecino de la Real Villa de San Miguel de Tegucigalpa y Heredia pero la diligente investigación del Lic. Juan B. Valladares R. se vio premiada al encontrar en un expediente de 1820, en estado casi ruinoso, el documento que prueba que Herrera efectivamente nació en Choluteca. Así se ha aclarado una de las dudas que más inquietaron a nuestros distinguidos historiadores.

Exigencias de su cargo y quizá asuntos de personal interés obligaron a Don Juan Jacinto de Herrera a trasladarse con su familia a Tegucigalpa. Allí vivía cuando nació su tercer hijo, Justo José Vicente Herrera, bautizando en la Iglesia parroquial del Señor San Miguel por el Cura Don Juan Francisco Márquez el 23 de julio de 1786. [9] De esta suerte la niñez de Dionisio de Herrera trascurrió lejos de su tierra natal y debe haber sido tranquila, como lo era la de los hijos de la gente acomodada de aquellos tiempos, sin otros incidentes que los propios de la infancia, bajo la vigilante mirada de una madre amorosa y con el ejemplo de un padre honesto y laborioso.

En la sencillez y austeridad del crisol hogareño, tal como lo exigían las costumbres, el niño Dionisio comenzó a formar su carácter y como en aquel entonces no existían escuelas elementales púbicas, fue como otros niños hijos de familias ricas a la escuela privada para aprender el abecedario y las reglas de la aritmética o quizá concurrió a la Casa Cural de San Miguel Arcángel o al Convento de San Francisco, en donde, entre la explicación de los Diez Mandamientos y el Yo Pecador, el buen cura enseñaba a leer con la Cartilla de San Juan, el Catón y la palmeta.

Triste era el panorama. Pero realmente, que podía esperarse de aquella Villa de Tegucigalpa que, aunque rica por su abundancia de minerales, era escasa en población y estaba distante muchas leguas de León en Nicaragua y de Guatemala, ¿entonces los emporios del saber y de la cultura? Hacía poco que Carlos III le había confirmado el Título de Real Villa y otorgado el privilegio de usar Escudo de Armas, merced que el monarca concedió "por lo distinguida que es aquella población de ricos y abundantes minerales, y ha corresponderle por este motivo la mayor civilidad, distinción y buen gobierno de sus

---

[9] Partida de Bautismo de Justo José Herrera, copia obtenida del valioso archivo del Dr. Antonio R. Vallejo.

vecinos", pero quizá más le hubiera valido la organización de una escuela de primeras letras que el ostentoso escudo; quizá más habría contribuido a "la mayor civilidad, distinción y buen gobierno de sus vecinos" un centro aunque fuese rudimentario, para educar y enseñar a los jóvenes, que el escudo de armas, distintivo nobiliario que seguramente colmó de orgullo a los principales personajes de aquel tiempo.

La Provincia de Honduras, a pesar de haber sido entre las que formaban la Capitanía General o Reino de Guatemala la que más oro y plata dio a España, fue relegada al olvido y recibió un trato injusto de notoria indiferencia. En Comayagua, su capital, a esfuerzos del episcopado se había regularizado el funcionamiento de un centro de estudios, y para fines del siglo XVIII, en el Colegio Seminario o Tridentino se enseñaban y leían las cátedras de Latinidad, Filosofía, Cánones y Matemáticas, pero es evidente que estas materias no satisfacían las aspiraciones de las familias que deseaban para sus hijos otra carrera que la canónica.[10]. Esto explica por qué en el horizonte cultural de la Capitanía General, la Universidad de San Carlos Borromeo fundada en Guatemala por el Obispo Marroquín, era el faro que esparcía destellos de ilustración, pero a causa de la rigidez de sus Constituciones redactadas por el Oidor Don Francisco de Sarasa y Arce en 1681, no podían franquear sus puertas todos los que estaban anhelosos de aprender.

Por otra parte, su plan de estudios resultaba arcaico para el último cuarto del Siglo XVIII cuando ya en España había evolucionado la enseñanza desde en tiempos de Felipe II, por lo que seguramente Don Victoriano Rodríguez, primer biógrafo de Herrera haya dicho que en aquel entonces "no se enseñaba nada de cuanto el hombre necesita saber; pudiendo decirse con verdad, que los Jóvenes se volvían más ignorantes y necios en las aulas, porque en ellas no veían ni oían las cosas que más relación tienen con la vida en sociedad".

Afortunadamente la Universidad de San Carlos acogió con beneplácito la savia renovadora que le inyectó Fray Antonio de Liendo y Goicoechea, el benemérito cartaginés que desafiando el

---

[10] Reina—Valenzuela, José. Sinopsis de la Universidad de Honduras, Artículo I. Revista Tegucigalpa. 1947.

medio, introdujo reformas atrevidas en la enseñanza en tal grado que pasmaron la docta opinión de los catedráticos que antes de él habían dado lustre y gloria a los antiguos claustros de la Real y Pontificia Universidad del Reino de Guatemala.

Nuestro ilustre Ramón Rosa elogiando al reformador se expresa en estos términos: "Goicoechea, de alma grande, de acerado carácter, de talento superior, y de vastos y sólidos conocimientos, formado en la escuela del escolasticismo, escéptico después, y casi positivista por último, fue el más activo reformador del plan de estudios en Guatemala, estableciendo los principios fundamentales y útiles de que las ciencias exactas debían subordinarse a la demostración; las ciencias naturales a los experimentos; las ciencias políticas y morales al bien de los pueblos; y las ciencias filosóficas al examen crítico de la razón humana".[11].

En circunstancias tales era lógico que las familias de posibilidad económica, entre las cuales estaba la de Herrera, volvieran sus ojos hacía la metrópoli en busca de una educación superior para sus hijos. Allá estaba el porvenir; allá se conocían para fines del 700 los nuevos libros que el franciscano costarricense había traído de Europa; allá se difundían las nuevas ideas que abrían surcos de luz en las conciencias y fortalecían los espíritus; hacia allá debía ir el niño Dionisio de Herrera como había ido su primo José del Valle y tantos hijos de distinguidos caballeros que fueron posteriormente hombres notables. Y Herrera partió hacia la metrópoli con el corazón abierto a la esperanza y la mente llena de proyectos generosos.

[11] Rosa, Dr. Ramón. Biografía de José Cecilio del Valle. 1882.

—III—

El viaje a Guatemala. Sus estudios
universitarios y privados.
El medio en que llegó a la adolescencia.
Retrato de Herrera.

Trece años tenía Dionisio de Herrera cuando partió hacia Guatemala. Penoso era el viaje desde Tegucigalpa. Las jornadas de diez a doce leguas diarias haciendo noche en haciendas o en pueblos tan humildes y escasos de todo que sólo la hospitalidad de sus moradores disimulaba la pobreza y la incomodidad. En la alforja peregrina había que llevar la hamaca y la cobija, el totoposte y la panela. Las bestias para el viaje tenían que ser escogidas y el hábil mozo, un verdadero chane.

Había que cruzar extensos valles, altas montañas y caudalosos ríos y al través del imponente panorama que ofrecían los pinares eternos, la tierra fértil y la gente buena, se llegaba a la capital del Reino. Esta larga caminata realizó Herrera para llegar a Guatemala, en donde vivían sus parientes cercanos Don José Antonio Díaz del Valle y Doña Gertrudis su esposa, padres de José del Valle, para cuya educación se habían trasladado de Choluteca desde 1789. En aquel hogar modelo de cristianas y sobrias costumbres viviría el joven Dionisio durante los años de estudios en la Real y Pontificia Universidad de San Carlos.

Llevaba Herrera el testimonio de la Información de limpieza de sangre seguida en julio de 1794 por el Alcalde de Primer Voto de Tegucigalpa Don Mariano Urmeneta a solicitud de su madre, en la cual constaba que procedía de legítimo matrimonio contraído ante la iglesia; que sus padres eran tenidos y reputados en la Provincia como españoles de la primera distinción, limpios de toda raza de mulato, zambo, judío y hereje; que entre los de su familia no hubo ninguno castigado por el Santo Oficio y que muchos de sus ascendientes tuvieron empleos honoríficos así en lo secular como en lo eclesiástico.[12]

---

[12] Durón, Rómulo E., Bosquejo Histórico de Honduras. Tipografía El Comercio. San Pedro Sula, Hond. 1927.

Don Juan Jacinto de Herrera, efectivamente, venía desempeñando desde el año 1793 el cargo de Alcalde Provincial de la Villa de Choluteca, mereciendo elogios del Capitán Don Pedro de Aguiluz y Vásquez, a la sazón Teniente de Gobernador del Partido, por su conducta ejemplar, su celo y su diligencia.[13].

La información aludida le abrió las puertas de la Universidad en donde, a raíz de la reforma de Goicoechea, como se ha dicho, se había pasado de "las abstrusas disertaciones teológicas y controversias metafísicas" al estudio de los textos de Brixia, Leibnicio, Nolet, Duhamel, Heister, Colet, González Coto y otros autores que formaban "un plan de arquitectura integralmente universitaria que edificaba una docencia de talla humanista y que abría la senda a la inquietud por la investigación".[14].

El estudio de las Ciencias Jurídicas que seguía Herrera requería los cursos de Historia Civil, Historia del Derecho, Historia Romana, Derecho de Gentes, Derecho Natural y Canónico, siguiendo los autores clásicos: Heinecio, Covarrubias y Hugo Grocio. En cuanto a la filosofía, se había roto el trazo de las formas cerradas de escuela para darle una especialización ajustada al nuevo pensamiento humanista del reformador.

Pero si bien la Universidad le brindaba tales enseñanzas, Herrera por su parte se empapaba en los libros y escritos que escasamente llegaban a Guatemala procedentes de Europa. Ello le dio oportunidad de conocer las doctrinas políticas sustentadas por los escritores franceses y lo familiarizó con la Revolución de 1789 y con los sucesos de 1793 que culminaron con la caída de Luis XVI y que dieron la representación en el poder de Francia al pueblo, fundándose "el tercer estado" que otorgó el reconocimiento oficial a los sagrados derechos del hombre dando nacimiento a la burguesía moderna frente a la sociedad feudal y aristocrática. Estas lecturas afirmaron en su mente las ideas renovadoras que le colocaron después entre los hombres más cultos y evolucionados de su tiempo.

---

[13] Legajo N° 78, Letra A. Archivo del Distrito Central.
[14] Mata Gavidia, José. Panorama Filosófico de la Universidad de San Carlos al final del Siglo XVIII. Guatemala, 1948.

Cabe entonces afirmar que el estudio y comprensión de las nuevas teorías filosófico—políticas, la atención que puso en las ideas revolucionarias que fluían de Francia y de la América del Norte expuestas en folletos y libros que, no obstante la estricta prohibición del Gobierno colonial, se infiltraban en toda la América Hispana, determinaron en Herrera el amor a la justicia y a la libertad y su devoción por el respeto a la dignidad humana como atributos innatos de la ciudadanía.

Al finalizar Herrera sus estudios de Abogado, era ya un hombre de sólida preparación intelectual[15], cuyo físico describe maravillosamente nuestro ilustre polígrafo Rafael Heliodoro Valle con estas palabras: "Yo creo que está en vuestra memoria su imagen, aquella del Salón de Retratos del Palacio Nacional, en la que Don Dionisio mantiene el desdén que tuvo a la Fama y la dignidad que tuvo en la muerte. Semblante lleno de la anticipada melancolía, que nunca lo abandonó; la cabeza para el busto aislado y suficiente infinito para la luz intelectual, la frente amplia y blanca a la manera de un ala de la meditación; la boca desdeñosa y selecta; la nariz igual a la de Morazán; los ojos siempre escrutando entrañas de infinito o lejanías de ideal; el mentón de mujer; el pelo negro y con las patillas que se usaban entonces; rasado el bigote; el óvalo fino, como que era de prócer, y manos de gran señor; porte que denunciaba el que había nacido para mandar; la complexión robusta, según su propia confesión; ha de haber sido la suya una voz suave porque así es la de todos los fuertes y suaves los ademanes, porque los generales le obedecían con dulzura; y su frugalidad tanta como su elegancia mundana; quitándole la levita y poniéndole tonsura parecería un monje torvo o acaso uno de aquellos héroes que se imponen con la sola presencia y en quienes—según Michelet—la magnanimidad es la virtud fundamental".[16]

---

[15] Me fue imposible encontrar el Tesario que sustentó Herrera, en los Archivos guatemaltecos.

[16] Valle, Rafael Heliodoro. El Prócer Herrera. Discurso pronunciado el 15 de Septiembre de 1914 en el Cabildo Municipal de Comayagüela. Revista de la Biblioteca y Archivo Nacionales. Tegucigalpa. Tomo XII, N° XI.

IV

Los primeros movimientos en favor
de la Independencia de Centro América.

La propagación de las ideas revolucionarias y los levantamientos ocurridos en distintos lugares de América, especialmente en La Nueva España, dieron como resultado algunos conatos de rebelión en Centro América. Tanto el Grito de Dolores dado el 16 de septiembre de 1810 por el Cura Don Miguel Hidalgo y Costilla como el contenido de la constitución de los Estados Unidos de América, repercutieron en la Capitanía General de Guatemala con rapidez sorprendente y fueron adoptados por los hombres de pensamiento, a pesar de las distancias y de la dificultad en las comunicaciones.

A esto hay que agregar los acontecimientos españoles: la insurrección de Aranjuez, la abdicación de Carlos IV en favor de su hijo Fernando VII y la usurpación bonapartista del Trono español, qua dió origen a la organización de una Junta Patriótica de Gobierno que ejercería el poder en nombre del nuevo Rey, iniciándose así la guerra para liberarse de la dominación francesa.

Propicio era el momento político que vivía la Península para dar concreción a las ideas independentistas de sus colonias. España luchaba por su libertad y ningún ejemplo más grande y patético que éste para lograr la independencia de los pueblos hispano—americanos. Ya las colonias inglesas del Norte se habían liberado. ¿Porque no las castellanas del Sur? ¿Acaso no luchaba España para sacudirse el yugo que la sometía a un tutelaje bochornoso? Tales reflexiones levantaron el espíritu del criollo y se alzó en protesta el español de las colonias, se encendieron las mentes de muchos patriotas y "quince meses después de las renuncias de Bayona, se di el primer grito de independencia en Quito, el 10 de agosto de 1809". En el mismo año se insurreccionan los patriotas en Ciudad Real de Chiapas y, a mediados de 1810, el Ayuntamiento de Guatemala pretende negar su reconocimiento al Consejo Supremo de Regencia con el propósito de establecer la autonomía del Reino.

Los patriotas se organizan secretamente pasando de mano en mano las fogosas proclamas de Miranda y de Hidalgo. El Capitán

General Don Antonio González Mollinedo manda que se instalen los Tribunales de Fidelidad para juzgar a todos los que propalen noticias contrarias y subversivas al Gobierno del Rey, así como a los que se llamen insurgentes. En el Partido de San Miguel se encarcela a los primeros patriotas: Justo Zaldívar del pueblo de San Alejo y Valentín Porras, a quienes se confiscan sus bienes.[17]

El 14 de junio de 1810 se publica en todas las Provincias de la Capitanía General un Manifiesto de la Regencia, en el que se reconocen los derechos políticos de los americanos y se les faculta para elegir Diputados a Cortes, correspondiendo un Diputado por cada cabeza de Partido, pero aquellos privilegios son tardíos, y el 10 de septiembre del mismo año, el Capitán General comunica a la Regencia que las proclamas de los patriotas de Caracas, Cartagena, Santa Fe de Bogotá, México y Buenos Aires llegan con profusión a las Provincias del Reino alentando más a los rebeldes en sus propósitos; que de nada había servido el Manifiesto que él había lanzado al pueblo el 22 de mayo, así como tampoco la facultad de elegir Diputados a Cortes como se habían elegido, pues el movimiento de insurrección continuaba incubándose dirigido por mano oculta pero de mucha inteligencia.

El 4 de enero de 1811 el Vicario Capitular de Guatemala dió un Edicto "fulminando anatemas" contra los insurgentes, prohibiendo y mandando a recoger los impresos en favor de la independencia y anunciando que se había suprimido el Tribunal de Fidelidad "por sus bárbaros procedimientos", ordenando a los curas que instruyan a los indios y les hagan saber que desde el mes de octubre de ese año quedaría derogado el aumento de tributos que por la Intendencia se les había impuesto.

Pero todo esfuerzo es vano. El 5 de noviembre de 1811 estalla en San Salvador una conspiración promovida por el Cura Doctor José Matías Delgado, los sacerdotes Nicolás, Manuel y Vicente Aguilar, Don Juan Manuel Rodríguez y Don Manuel José Arce con la mira de apoderarse de tres mil fusiles que estaban guardados en la Casa de Armas y de 2.000 pesos que había en depósito en las Cajas Reales,

---

[17] Monterrey, Francisco J. Historia de El Salvador. Págs. 148—149.

52

una vez conseguido lo cual, darían el Grito de Independencia. El movimiento fracasó, pero el 13 del mismo mes se sublevaron los vecinos de León de Nicaragua contra el Intendente Don José de Salvador y el 22 del mismo mes el Alcalde de Granada Don Juan Argüello, el Regidor Don Manuel Antonio de la Cerda y el Padre Benito Soto, en unión de varios criollos, piden en Cabildo Abierto que sean depuestos todos los empleados españoles, obligándolos a renunciar y a huir hacia Masaya.

Prende la chispa en la Provincia de Honduras. El 1de Enero de 1812 el pueblo de La Plazuela, el de San Sebastián, el de Comayagüela y la reducción de Jacaleapa, reunidos en número de más de cien hombres armados de palos y machetes se presentaron ante el Cabildo para impedir que tomasen posesión de sus cargos los alcaldes electos Don José de la Serra, Don Juan Judas Salavarría y Don José Irribaren, gritando este estribillo:

Si quieren que no haya guerra
y todo sea alegría,
renuncie Salavarría
con su compañero Serra.

Mientras tanto, un tumulto rompió las puertas y penetró a la casa de Don Tranquilino de la Rosa, principal promotor de la desavenencia entre el pueblo y los referidos Alcaldes, pero el tino y buen juicio del Cura de Tegucigalpa, Don Juan Antonio Márquez, salvó la situación, logrando que se depositasen las alcaldías en Don José Manuel Márquez y Don Joaquín Espinoza, Regidores que habían sido electos para el año de 12. Sin embargo, el pueblo logró que se diera libertad a Juan Antonio Duarte Garai, conocido por el apodo de PITORETE, que guardaba prisión porque en una tertulia había dicho: "Viva Francia y muera España".

En julio de 1813 fueron descubiertas por una traición las reuniones de los conspiradores del Convento de Belén en Guatemala. Las juntas eran presididas por Fray Juan Nepomuceno de la Concepción, y a ellas concurrían destacados patriotas, entre ellos Don Francisco Barrundia, Fray Benito Miquelene, Don Manuel Julián Ibarra, el Lic. Don Venancio López, el Dr. José Tomás Ruiz, Don

Joaquín Yúdice y otras personas connotadas. Todos fueron conducidos a prisión y sometidos a causa criminal.

En Costa Rica todo estaba en calma, pues los disturbios populares de enero de 1812 "no pasaron de ser una protesta contra el estanco del tabaco y del aguardiente", según asegura el historiador Don Ricardo Fernández Guardia.

Mientras esto sucedía, Don Dionisio de Herrera permanecía en la metrópoli guatemalteca. ¿Qué reacción produjeron en su ánimo estos conatos de liberación? ¿Qué opinión pudo formarse el Prócer viviendo al lado de Valle que disfrutaba de altos cargos y honores en el gobierno colonial y que, aunque deseaba una patria libre, grande y próspera, opinaba por una espera prudente y provechosa? ¿Qué comentarios escucharía? ¿Herrera en las tertulias de la nobleza metropolitana con la cual tenía contacto?

Aunque estas preguntas son difíciles de contestar parece indudable que Herrera pensó desde un principio con los patriotas de San Salvador y Tegucigalpa; que anheló la libertad de su suelo soñándolo como el Precursor Miranda, sin ataduras al viejo León Ibero, gozando de soberanía y con una organización social basada en la justicia y la equidad. Prueba de ello fue la conducta que observó en Tegucigalpa a partir del año 1820 cuando comenzó su militancia política, trabajando intensamente por la emancipación de la centenaria Capitanía General de Guatemala.

V

Herrera regresa a Honduras y se
dedica al comercio. Su traslado a Tegu—
cigalpa. Sucesos del año 1819.
Herrera en el Ayuntamiento.

Concluidos sus estudios en Guatemala, Don Dionisio emprende viaje de regreso a Honduras para dedicarse al comercio, entonces patrimonio de muy pocas personas. Se sabe, por propia confesión, que durante cuatro años estuvo establecido en Macuelizo, atendiendo sus negocios y que hacía "en diferentes tiempos" viajes a Choluteca con el mismo objeto.[18]

Macuelizo, efectivamente, por los primeros años del Siglo XIX, era un pueblo de mineros en el partido de Nueva Segovia, al que concurrían comerciantes y ganaderos de Honduras, de Nicaragua y de Costa Rica. La explotación de ricas vetas de plata había convertido en pueblo próspero la pequeña aldea que tenía como vecinos los minerales de La Misericordia y de Dolores, en el mismo Partido, por lo que, siendo el poblado más grande, era a la vez el mercado de mayor atracción y movimiento en donde se hacían negociaciones magníficas de ganado para llevar a León, Granada y Heredia, así como de ropas, víveres y otros artículos llevados unos de Tegucigalpa y otros desde Guatemala.

Como centro de operaciones comerciales, Macuelizo reunía por aquel entonces a importantes personajes; en documentos existentes en el Archivo Nacional, así como en expedientes que se conservan en los Juzgados de Tegucigalpa, aparecen los nombres de Don Juan Lindo, más tarde Sub—Delegado del Partido de Nueva Segovia, Don Lucas Reconco, rico hacendado y vecino de Tegucigalpa, Don Julián Avilés, hermano del anterior y quien tenía un comercio de pulpería en el que vendía géneros "y otros menesteres", Don Cornelio Midence, Don Valentín Gallegos, Don Basilio Carrillo y Don Pío Castellón, los tres

---

[18] Expediente matrimonial de Don Dionisio de Herrera con Doña Micaela Quesada presentado al Cura de Tegucigalpa el 24 de marzo de 1820. Rev. del Archivo y Biblioteca Nacionales, Tomo XXVIII, Nos. 7 y 8. Enero y Febrero de 1950.Tegucigalpa, Tipografía Nacional.

últimos vecinos de León de Nicaragua y personas acomodadas y Don Pedro Diez Dobles, rico y vecino principal de la Villa de Heredia en Costa Rica, cuyo principal negocio era el de comprar partidas de ganado para llevarlas a su tierra.

De esta suerte don Dionisio de Herrera, aunque domiciliado en Macuelizo, visitaba constantemente sus haciendas de Pavana, Tapatoca y San Francisco de Yeguare, interesándose no sólo en aumentar el ganado vacuno sino el caballar, como lo hizo en 1818 con la Hacienda de Pavana, a la que llevó 60 potros que había comprado a Don Vicente Fiallos, del pueblo de Somoto, y que trajo desde allá el mozo Blas Zamora, a quien pagó doce pesos y los avíos por su conducción1. [19]

El 6 de diciembre de 1817 tomó posesión como Alcalde Mayor de Tegucigalpa el Licenciado Don Narciso Mallol, nombrado por real título de 25 de abril del año anterior para suceder a Don Simón Gutiérrez, que desempeñaba interinamente estas funciones. Mallol, según descripción que de él hace el ilustre historiador Durón, era de complexión delgada, rostro enjuto y facciones duras, de ojos azules inquietos y de temperamento irritable, pero con una energía asombrosa y un sentido de organización indiscutible.[20]. Había sido trasladado de Quetzaltenango, en donde servía igual empleo, y tomaba posesión del mismo en circunstancias bastante difíciles, pues la propaganda subversiva continuaba exaltando los ánimos de los pueblos como consecuencia de los movimientos de independencia habidos en los años de 11 y 12.

En 1819 hubo gran inquietud: aparecieron cuadrillas de salteadores que cortaban los caminos y amenazaban la conducta (sic) de plata que iba a Guatemala ordinariamente. En marzo de ese año, "frente a Sonsonate había sido hecho prisionero el bergantín "Nuestra Señora de Guadalupe", llamado también El Gallardo, por una fragata pirata y otras cuantas velas que se advirtieron y que se decía eran procedentes de Buenos Aires; y en abril, una fragata de porte alto, un bergantín, una cañonera grande y lanchas armadas" habían capturado

---

[19] Legajo de documentos varios. Archivo Nacional. Tegucigalpa.
[20] Durón, Rómulo E. La Provincia de Tegucigalpa bajo el Gobierno de Mallol. Tipografía Nacional. Tegucigalpa, 1904.

56

dos bergantines y dos goletas del comercio de Nicaragua frente al puerto de El Realejo, asegurándose que tales barcos o eran de piratas ingleses o eran de insurgentes.

El Gobernador Tinoco de Contreras hizo salir de Comayagua 100 hombres el 18 de abril, concentró otros tantos en Choluteca al mando del Teniente de Milicias Don José Justo Herrera y se aprestó a la lucha, que no llegó, porque los piratas no volvieron a presentarse por aquellos rumbos.

Sin embargo, aquellas noticias causaron visibles trastornos en el comercio; los beneficios de las minas de Dolores, Macuelizo y La Misericordia se paralizaron y, como consecuencia, el mercado o "feria" de ganado que ordinariamente se realizaba en el segundo de estos pueblos, suspendió sus transacciones. La situación de incertidumbre y los malos negocios deben haber influido en el ánimo de Herrera para resolver su traslado a Tegucigalpa, en donde fijó su residencia, pues para principios de 1819 sus negocios se mantenían por los créditos; sólo a Don Benito Rodríguez, vecino del pueblo de El Viejo, le dió varias partidas de ganado al precio de cinco pesos cuatro reales por cabeza, en atención a que el señor Rodríguez había tenido negocios con su padre Don Juan Jacinto de Herrera desde 1780 y siempre había pagado en plata sonante y contante, "pero ahora los temores y la amenaza de disolución del orden han rebajado tanto el beneficio particular" que no era posible comerciar de contado teniendo que aceptar "obligaciones" debidamente aseguradas, a cambio de dinero.[21]

Por otra parte, las ideas de Herrera no podían dar fruto en el estrecho ambiente de un pueblo como Macuelizo; ellas necesitaban de un escenario más amplio, y ninguno fue más apropiado que el de la Villa de Tegucigalpa, entonces floreciente, y a cuyo representante le había prestado algunos servicios monetarios en Guatemala en el año de 1800, cuando José Mariano Jáuregui andaba gestionando el restablecimiento de la Alcaldía Mayor, causa que Herrera abrazó con interés.

---

[21] Legajo existente en el Juzgado de Letras Primero de lo Civil de Tegucigalpa, perteneciente al extinto Juzgado de Primera Instancia, conteniendo varias causas de los años de 1817, 18, 19 y 20.

En los últimos meses de 1819, Herrera se encontraba radicado en Tegucigalpa desempeñando la Secretaría del Ayuntamiento en forma provisional y sin remuneración alguna[22] y, según el Censo de Población levantado en 1821, ocupaba la casa de propiedad de la hoy sucesión de Don Manuel de Adalid y Gamero, entre la que ocupa el Señor Doctor Don Ernesto Argueta y la de las Señoritas Matute.[23]

---

[22] Legajo N° 106, Letra A., Año 1820. Archivo del Distrito Central. En él aparece una comunicación enviada al Lic. Mallol el 9 de enero de ese año, solicitándole que informara la cantidad de dinero que había para la obra del puente. Firman la nota, Don Mariano Urmeneta, Felipe Santiago Reyes, Tomás Midence y Dionisio de Herrera como Secretario. En el mismo legajo consta una solicitud presentada por Don Manuel de Jesús Cabrera, natural y vecino de Guatemala, ofreciendo sus servicios como Maestro para una escuela de primeras letras que, según noticias, se proyectaba establecer en la Villa de Tegucigalpa. La solicitud está fechada el 6 de febrero de 1820 y con letra de Herrera tiene esta razón: "Teguciga. y Febrero 6 de 1820. Por presentada y téngase presente pa. su tiempo. Mariano Urmeneta. Dionisio de Herrera. Secretario".

[23] Censo formado de orden del Noble Ayuntamiento de esta Villa de Tegucigalpa, de sus vecinos y habitantes con expresión de sus edades, oficios y notas, y se verá en el estado gral. que va al fin y se comenso en 1 de enero de 1821. La inscripción de Herrera dice: No. 82, Dn. Dionicio Herrera, Secrto. del Ayuntamiento y comerciante Casado, 38 anos de edad. Da. Micaela Quesada, 26 años de edad. Domésticos Dorotea Arrasola, soltera, 35 años de edad, María Santos Alonso, soltera, 19 años de edad, Leonarda Arrasola, 10 años de edad. La calle está descrita así: "Comienza la Calle de Sn. Francisco pasando por la Plaza Grande hasta llegar a la casa de Guillermo Dávila". Revista del Archivo y Biblioteca Nacionales, Tomo XXV, Nos.1 y 2, Julio y Agosto de 1946. Tegucigalpa, Tip. Nacional.

—VI—

La Villa de San Miguel de Tegucigalpa
en las postrimerías de la colonia.
Amoríos de Don Dionisio.
Su matrimonio.

Cuando Don Dionisio de Herrera se estableció en Tegucigalpa, era una pequeña población extendida entre la falda del cerro Sapusuca y las tranquilas aguas del Río Grande sobre el cual lucía orgullosamente la arquitectura de un gran puente de mampostería que había proyectado y estaba construyendo el Alcalde Mayor Lic. Don Narciso Mallol. La Iglesia Parroquial del Arcángel San Miguel, glorioso Patrono de la Villa, era el edificio más hermoso y había sido construido a expensas del Cura Bachiller José Simón de Zelaya en el Siglo XVIII. La población gozaba de un espléndido clima y era famosa por la riqueza inagotable de sus minas de plata. Tenía tres plazas: La Plaza Mayo la de la Merced y la de Los Dolores[24] que estaba poblándose rápidamente.

Su comercio era activo y su principal fuente de riqueza la minería, aunque contaba con magníficas haciendas como las de Archaga, Guadalquivir y El Hato. La vida era tranquila y sólo se alteraban los ánimos en los días de mercado y durante las fiestas religiosas que eran celebradas con toda pompa. En la Plaza Mayor se alzaba el edificio de Los Portales (hoy Palacio del Distrito Central) en donde estaba alojadas las oficinas de la Alcaldía, los Juzgados y el Cepo, teniendo al lado Norte la iglesia de La Concepción y la Casa secular de los ricos de la Rosa y del lado del Sur, la hermosa casa de Don Miguel Joseph Garín.

La principal distracción era la tertulia, los cumpleaños y las procesiones; los hombres concurrían a la cancha de gallos, paseaban a caballo y solían reunirse a conversar para hacer el comentario a la puerta de alguna casa amiga; había buenos comerciantes, carpinteros,

---

[24] "Vicita del Pueblo de Yndios San Miguel Tegucigalpa" hecha por el Lic. D. Narciso Mallol en 1820. Archivo del Distrito Central.

herreros, sastres, albañiles, zapateros y coheteros; buenos músicos, escribanos honestos y tinterillos peligrosos; no faltaban algunos locos que honraban la familia, pero con todo no pasaban de ocho a nueve mil sus habitantes.

Eran los tiempos de una Tegucigalpa encantadora, los tiempos del romanticismo y de las ensoñaciones inenarrables, cuando los mancebos abrigados en sus negras capas de satín, sombrero de alas grandes y camisas con cuellos festonados de ricos encajes, transitaban sigilosos por las estrechas callejas de aquella Villa de San Miguel, apenas alumbradas por la luz languideciente de uno que otro farol colocado en la puerta de la casa de algún rico que se daba el lujo de pagar "por alumbrado de su casa" la respetable suma de dos reales al mes. Tiempos lejanos. Cuando la imponente iglesia parroquial, después del toque de oración y bañada por la luna, proyectaba su negra silueta sobre la fina piedra de los pavimentos, y en el silencio infinito se oían los pasos medrosos de uno que otro transeúnte a quien la "hora de ánimas'" había sorprendido lejos de su morada. ¿Eran acaso rondadores nocturnos que hablaban con las sombras? ¿O eran románticos amantes que cautelosamente se ocultaban "entre el silencio grave de la calleja sola" como decía Ortega, para deslizarse después hacia la alcoba de la mujer amada? ¡Quién sabe! Pero ahora por esas calles, en altas horas de la noche, aún flota el espíritu de las gentes de antaño que enriquece de leyendas la vieja población.

Para el inquieto Don Dionisio este era un escenario pedido de encargo. Joven y apuesto, de modales distinguidos, de bien vestir y de fácil palabra, no tardó en demostrar que era un travieso impenitente. Requirió de amores a varias doncellas con quienes tuvo sus enredos; la Historia apenas sabe que sucumbió en sus brazos la bella Martina Ramírez y que sedujo a una honorable dama cuyo nombre ha quedado en el misterio. Pero al final, su corazón cayó rendido ante las virtudes de la Señorita Micaela Quesada, hija legítima de Don José María Quesada y Doña María Borjas, ya difuntos, que vivía al cuidado y paternal celo de su hermano mayor Don Isidoro Quesada.

Herrera dispuso sentar cabeza, amaba entrañablemente a aquella joven singular y pidió su mano en matrimonio. Gordos eran los pecados que había de confesar al Padre Cura. Su temperamento de conquistador de corazones le había llevado a seducir mujeres hermosas emparentadas muy de cerca con la que había de ser su compañera ante Dios y ante los hombres, y el 24 de marzo de 1820 declaró en el expediente matrimonial que había tenido que ver "con Martina Ramírez, prima hermana de Doña Micaela Quesada" y "con una tía carnal de su prometida", por lo cual, además de la dispensa de las proclamas que la iglesia exigía a los contrayentes, suplicaba "se le dispensara el parentesco de segundo grado igual de afinidad por cópula ilícita", lo cual le fue concedido por el Provisor y Vicario General del Obispado de Comayagua Dr. Don Juan Miguel Fiallos.

Después de esto, el 9 de abril de 1820, en la Iglesia Parroquial del Señor San Miguel, bendijo el matrimonio de Don Dionisio y Doña Micaela el Padre Comendador Fray Ignacio González con permiso previo del Cura Don José Francisco Pineda, siendo padrinos Don Miguel Bustamante, Don Francisco Juárez y Don Francisco Morazán, primo hermano legítimo de la desposada.[25]

Herrera aportó al matrimonio ocho mil pesos en dinero, efectos mercantiles y plata copela y Doña Micaela diez onzas de oro acuñado que él le dio en arras y cuatrocientos pesos en monedas de cobre que le tocaron en herencia de una casa que era de sus padres y que el Lic. Valladares Rodríguez asegura ser "la misma que hoy pertenece a los herederos del Doctor Presentación Quesada, situada frente al Jardín de Italia y que tiene más probabilidades de ser el techo que cobijó el primer aliento de Francisco Morazán".[26].

La vida conyugal hizo olvidar a Don Dionisio sus conquistas amorosas; fue el marido modelo y hombre de hogar preocupado por la educación y el porvenir de sus hijos legítimos que fueron: Julián, María Manuela, José Dionisio, Mariano, Esteban, Miguel, José María, Dolores y José Antonio.[27]

---

[25] Expediente matrimonial de Dionisio de Herrera con Micaela Quesada, presentado al Cura de Tegucigalpa el 24 de marzo de 1820.

[26] Valladares Rodríguez, Lic. Juan B. "Donde Nació Morazán?", Revista TEGUCIGALPA, Octubre de 1947.

[27] Testamento de Dionisio de Herrera. Copia suministrada gentilmente por la Srta. María Antonia Écheverría, de la Sociedad de Geografía e Historia de Honduras.

Preocupábale también la suerte de su suelo querido, cuyo porvenir veía preñado de incertidumbre. Al estudio de sus problemas dedicó largas horas viendo compensados sus desvelos el memorable 28 de septiembre de 1821.

Durante el matrimonio adquirió las haciendas de "Hato Nuevo" y "El Guayabo", por compra en el Estado de Honduras, las que agregadas a la mitad de la Hacienda de Pavana en Choluteca que constaba de diecisiete y media caballerías y recibida como herencia de su difunta madre Doña Paula Díaz del Valle, formaban su patrimonio.

VII

Herrera es nombrado Secretario
del Ayuntamiento y elegido Diputado
Suplente a Cortes.

No tardaron en hacerse visibles las cualidades de Herrera. Nuestros antepasados tuvieron mejor espíritu analítico que nosotros, aún viviendo en los primeros lustros del siglo XIX cuando escasamente se disponía de unos cuantos libros y la imprenta se dedicaba, en lo general, a publicar novenas y uno que otro comentario atrevido. Ese espíritu analítico o más bien ese donde selección de valores, se puso en evidencia cuando los miembros del Ayuntamiento de la Villa de San Miguel de Tegucigalpa, convinieron en que Dionisio de Herrera además de hombre estudioso, tenía dotes de organizador y madera de estadista. Le habían estudiado bien; le habían seguido los pasos uno a uno y se interesaban por escuchar sus polémicas durante las reuniones que había diariamente en la casa de Selva o en la esquina del edificio de Los Portales frente a la plaza, en donde su voz reposada de timbre ameno, comenzaba a tener sonoridades de doctrina y mucho de evangelio.

No obstante su juventud, Herrera pensaba con gran juicio; sus polémicas no eran vanas conclusiones de filosofía política, sino crítica de la realidad, planteamiento de problemas de tipo social, económico y político que le impulsaban con profunda convicción, a buscar el medio de organizar un nuevo sistema de administración. Hablaba ya el lenguaje de la revolución cuando analizaba la situación de las Provincias de la Capitanía General, de la grave tensión que se había creado en la Madre Patria, del cambio repentino del autócrata Fernando VII al promulgar la Constitución de la Monarquía dictada en 1812, actitud que, según él, no se había inspirado en los deseos del Rey hacia sus vasallos, sino en un lógico plan defensivo y previsor que fue adoptado con rapidez al estallar el 1° de enero de 1820 el levantamiento encabezado por Riego, en el corazón mismo de España.

Herrera no estaba equivocado y deseaba que sus amigos y compatriotas tampoco lo estuvieran, pero no podía libremente predicar tales conceptos; se limitaba a exponerlos en tertulias reducidas, a comentarlos con su entrañable amigo el Presbítero Francisco Antonio Márquez con quien canjeaba frecuentemente "papeles importantes" en que se noticiaba el movimiento de independencia de las provincias de Sur América, así como lo mucho que se hacía en los Estados Confederados del Norte y en México, en donde los movimientos del Cura Hidalgo se habían proseguido sin interrupción por otros patriotas.

Mallol, que sospechaba de los sentimientos de Herrera, quiso neutralizarlo ya que no podía reducirlo ni por la fuerza ni por el convencimiento, pues lo primero, habría sido contraproducente porque Don Dionisio en poco tiempo había ganado el favor popular y lo segundo, era un imposible precisamente porque no se trataba de un mediocre o de un político improvisado. Pensó el Alcalde Mallol que, entre más cerca lo tuviera era más fácil anular su acción y, con este pensamiento, el 7 de Agosto de 1820, lo nombró Secretario del Ayuntamiento con el sueldo de seiscientos pesos anuales.[28]

Por ese entonces la libertad de imprenta era vigilada. por un tribunal de censura conforme a la nueva Constitución, lo que permitió que en Guatemala se editaran dos periódicos: "El Editor Constitucional" dirigido por el Doctor Pedro Molina, y "El Amigo de la Patria", por el Licenciado José Cecilio del Valle, cuyo prospecto vio la luz pública el 6 de octubre de 1820. Ambas publicaciones propugnaban por la independencia con distinto criterio: el Doctor Molina con encendido patriotismo predicaba la urgencia de una transición violeta, la ruptura total con España y el nacimiento inmediato de una nueva nacionalidad desligada del régimen y de las normas tradicionales de gobierno; Valle, más reposado, más calculador y mejor conocedor del medio —y no por ello con menos patriotismo que Molina pero sí más sabio que aquel insigne Prócer— buscaba como base de un nuevo sistema, como respaldo para una nueva nación, el estudio de los problemas económicos que, como el de vías de comunicación para crear un patrimonio que con su riqueza

---

[28] Documentos del Archivo del Distrito Central, Letra A. Legajo 1820. Tegucigalpa.

fuera capaz de sostener la nueva nación, eran de vital y primaria importancia; buscaba la difusión de las ideas innovadoras por medio de la educación del pueblo mismo y la solución de otros problemas que tendrían que enfrentarse inevitablemente, al desligarnos del gobierno colonial.

Herrera sabía bien que se planteaban estas dos tendencias y que se trazaban dos rutas para llegar a la independencia; conocía que con una, estaban varios hombres de pensamiento, pero apegados al tradicionalismo que soñaba con un régimen monárquico constitucional desligado de España y asentado en América; con la otra, hombres igualmente ilustrados, proclamaban la organización de un régimen republicano al modo de Estados Unidos del Norte o ajustado a las ideas de Santander. Sin embargo, sabía también que los primeros, pretendían desnaturalizar el pensamiento de Valle, que era sensato pero que no podía prosperar por el único obstáculo de la espera. Colocado en el sitio de elegir, se decidió por el segundo.

Y esta decisión, no fue de extrañarse. ¿Se había logrado en la Confederación del Norte la creación de la República con largas esperas? ¿No había sido la violencia quien había logrado la ruptura con la vela Albión? ¿Acaso en Francia los principios de Libertad, Igualdad y Fraternidad no habían costado ríos de sangre y horas de angustia? Si el panorama de América era tenebroso y todo parecía envuelto en las llamas de la revolución, más tétrico se ofrecía el porvenir encadenados a la colonia y, para Herrera que se había dado cuenta durante sus andanzas de comerciante, de la miseria del pueblo, de las injusticias que con él se cometían y del desamparo en que se debatía, no encajaba la idea de una larga espera ni era razonable una demora que podría segar toda esperanza de liberación.

Él tenía fe en que aquellos hombres miserables podían llegar a ser, bien orientados, el conglomerado vital el material sagrado con que iba a formarse la nación, para lo cual se necesitaba moldearlo en los crisoles de la nueva doctrina, pero una vez emancipado de las viejas cadenas. No opinaba como Valle que esperaba civilizar primeramente y después, como consecuencia de ella, en la instrucción popular sobre lo que era la nueva situación. ¿Y, podrá preguntarse, en que basaba Herrera este pensamiento? Seguramente, en el hecho de que no todos los que iban a ser ciudadanos tenían capacidad para opinar y decidir acerca de su mejor destino y en que, siendo él, hombre honesto y patriota de verdad, confiaba en que todos los dirigentes del movimiento emancipador, lo eran también.

Entre tanto, el Licenciado Don Narciso Mallol, empeñado en que Herrera figurara en todo cuanto diera la impresión de que era un monárquico convencido, le preparaba nuevos honores: le designó Secretario en la elección de Escrutadores y Compromisarios de la Parroquia de Tegucigalpa verificada el 20 de agosto de 1820ly le postuló como Diputado Suplente a Cortes junto con Don Esteban Milla que era el propietario, resultando electos ambos el 20 de Noviembre del mismo año[29].

Pero tales honores no daban al futuro Prócer más que la oportunidad de proseguir su labor independentista, la que supo llevar a término sin ese alarde de patriotismo, sin ese afán de exhibicionismo con que suelen hacerse visibles algunas "basuras encumbradas" por los de por los predios hondureños; Herrera supo trabajar en silencio pero sin convertirse en el conspirador que por una idea noble, con la mente fija en el advenimiento quienes ambicionaba una estructura política capaz de ofrecerles la felicidad.

---

[29] Vallejo, Dr. Antonio R., Documentos Justificativos de la Historia Social y Política de Honduras. Tomo I.

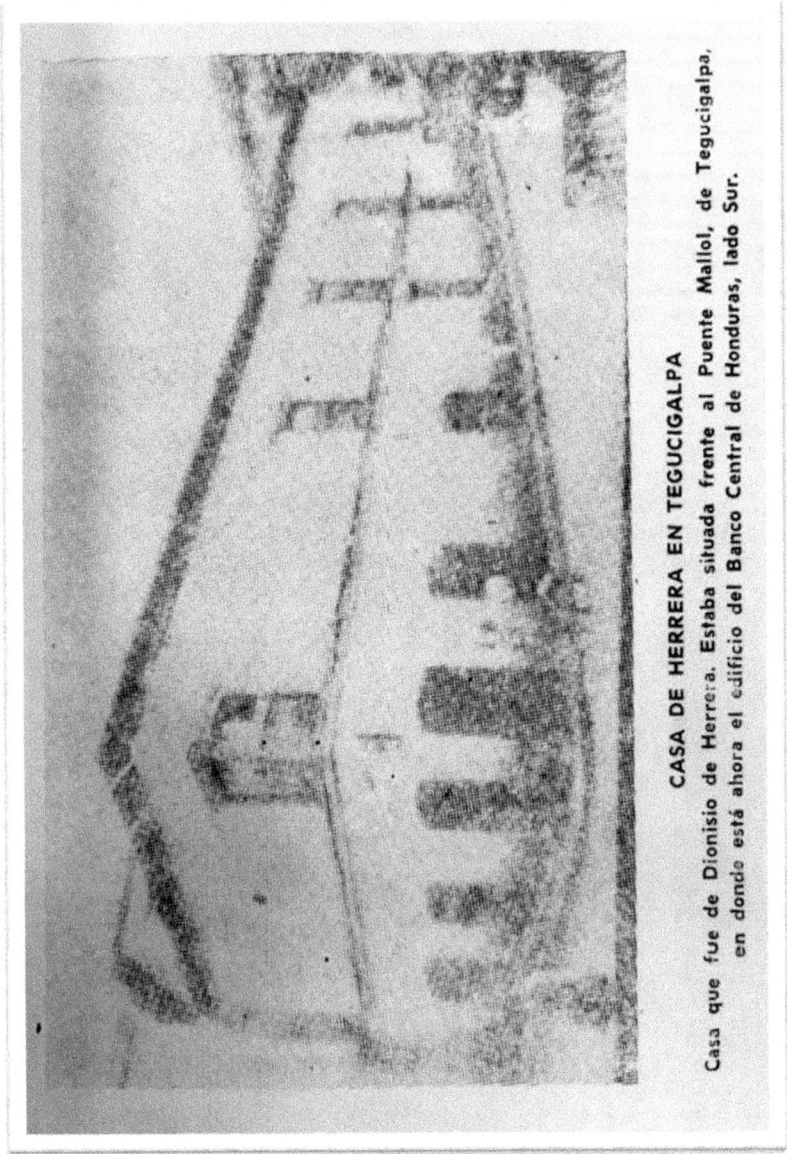

CASA DE HERRERA EN TEGUCIGALPA

Casa que fue de Dionisio de Herrera. Estaba situada frente al Puente Mallol, de Tegucigalpa, en donde está ahora el edificio del Banco Central de Honduras, lado Sur.

VIII

Herrera y Mallol. El Plan de
Iguala. Sucesos en las Cortes Españolas.

Graves discordias se habían suscitado entre Comayagua y Tegucigalpa por asuntos de jurisdicción. Preocupado Mallol por el giro que tomaban las cosas, solicitó al Capitán General para que, mediante el trámite necesario, se concediese nuevamente a Tegucigalpa la independencia del gobierno político que en Comayagua ejercía Don José Tinoco de Contreras, Intendente y Gobernador de la Provincia de Honduras. Pero si bien éste parecía ser el remedio a tanto disturbio, su aplicación, estaba aún lejana y mientras tanto las autoridades de la capital habían procedido a instalar la Diputación Provincial para cumplir con el Artículo 325 de la Constitución de la Monarquía.

Tegucigalpa que ya esperaba la orden que le emancipara de la tutela de Tinoco, al ser notificada de aquel acto, se opuso a él y desconoció la legalidad de aquella elección, argumentando "que la erección de Honduras en provincia nueva correspondía a las atribuciones de las Cortes y los electores no tenían facultades para la elección que habían hecho..."

Esta pugna no era otra cosa que el resultado de la prédica constante de los independientes a cuya cabeza figuraba Herrera; éstos no dejaban pasar oportunidad para activar sus trabajos que consistían en enviar cartas a las principales cabezas de Partido, a los pueblos más importantes de la Provincia y a los personajes más connotados, remitiéndoles proclamas, periódicos y comentarios estimulantes con el fin de avivar el sentimiento de independencia y estimular la división entre las autoridades. Estas maquinaciones no eran desconocidas ni por el Intendente ni por el Alcalde Mayor pero, eran tan hábiles las maniobras que lejos de unirse para actuar de acuerdo y aniquilar al enemigo común, se distanciaban más y recelaban uno de otro.

Tanto Tinoco como Mallol sabían que en casa de Herrera, en la de Mariano Urmeneta y en la de Felipe Santiago Reyes, se reunían los insurgentes con el pretexto de fomentar el interés por las letras y las artes siendo en realidad otro el propósito; estaban enterados de que a ellas concurrían hasta personas que desempeñaban cargos de cierta significación en el gobierno eclesiástico, pues las que ocupaban cargos en el civil ya eran abiertamente hostiles a la forma de gobierno; pero también se consideraban impotentes para someterlos por la fuerza y esta circunstancia, favorecía el aumento de prosélitos para la nueva causa.

Herrera y Mallol cultivaban una estrecha amistad y aunque eran polos opuestos en política, tenían varios puntos coincidentes, porque el Alcalde Mayor era hombre recto, de una sola pieza y apegado a la ley tanto como Herrera. Sin embargo, los trabajos de éste disgustaban a Don Narciso cuyo carácter agriado por una penosa enfermedad que le minaba paulatinamente, no le permitía hacer ninguna clase de reflexiones y "creía que Herrera le era deudor de muchas consideraciones por la estrecha amistad que cultivaban y que por esta amistad no debía emprender nada que fuera contra el orden establecido".

En una de las reuniones patrióticas, Herrera se violentó tanto, que al exponer su pensamiento acerca de cómo debería procederse para lograr la emancipación, hizo mención a Mallol con dureza cuando alguien el argumentó que la autoridad disponía de muchos medios para sofocar cualquier brote de insurrección. El Prócer, respondió con energía que él no proponía la violencia pero que, en caso de ser la única forma de adquirir la libertad, estaba seguro de que el Gobierno colonial no podría mantenerse en pie porque carecía del apoyo del pueblo y que de nada servirían los arcabuces y los sables porque no se encontraría hombres para dispararlos.[30]

La noticia llegó a oídos del Alcalde Mayor por boca de Ignacio Jirón, quien el 8 de enero de 1821 le refirió" que "Herrera había osado amenazarlo hasta con emplear sus propias manos. Esto le produjo tal cólera a Mallol que cayó redondo, sin sentido a los pies de Jirón."[31].

---

[30] Documentos del Archivo Nacional, años 1819—20 y 21.
[31]Durón, Dr. Rómulo E. "La Provincia de Tegucigalpa bajo el Gobierno de Mallol". Tip. Nac. Tegucigalpa. 1904.

Este incidente coincidió con el recibo de una nota que con fecha 9 del mismo mes remitieron al Alcalde Mayor, los munícipes Mariano Urmeneta, Felipe Santiago Reyes, Tomás Midence y el propio Herrera, en la cual pedían que se les informase que cantidad de dinero tenía recaudado Mallol para la obra del puente. El 11, Mallol contestó al Ayuntamiento que no había manejado caudales públicos y que los tesoreros habían recogido los donativos, multas y demás cantidades y que él sólo una pequeña cantidad había recibido durante la ausencia del Alcalde Serapio Galindo y cien pesos de Don Manuel Antonio Vásquez; que sus cuentas eran claras y que ahora no las rendía porque su enfermedad le obligaba a emprender viaje hacia el Sur, pero que en su ausencia bien podían registrarse sus papeles y los comprobantes de tesorería.

Amargado por estos sucesos, el 19 de enero estando en Sabanagrande, escribió al Capitán General Don Carlos de Urrutia dándole pormenores de la situación de la Alcaldía Mayor, quejándose especialmente de Herrera quien, "...en menos de un año que hace de haberse avecinado en Tegucigalpa, sólo se ha encargado de mover partidos contra la autoridad, porque su espíritu sólo se encamina al plan de independencia absoluta, estando ligado íntimamente con el Escribano Joaquín Fernández Lindo, quien es responsable de los males y trastornos que ocurren en Comayagua, como Herrera de los de Tegucigalpa. Este busca el desorden aquí para confundir cuanto he manejado durante una época como de veinte años de los bienes de cofradías, de renta decimal y de otras que montan respetable cantidad, porque si hay independencia como se dice, no habrá persona que le pida y tome cuenta de ellos..."[32].

De Nacaome, Mallol volvió a escribir el 6 de febrero asegurando a Urrutia que a pesar de todo, la provincia estaba tranquila, "pues no había más que cuatro discos los a quienes podía ponerse en orden por medio de la fuerza" lo que no había querido hacer en la confianza de que las cosas no pasarían a más, pero sintiéndose muy mal de salud tampoco podría activar en el celo que requería el bien de la provincia,

---

[32] Documentos del Archivo del Distrito Central. Letra A. Legajo 1820—1821. Tegucigalpa.

por lo que pedía su traslado como Juez de Letras de Chimaltenango, o la Antigua Guatemala, pues ya había cumplido su deber y tenía un cúmulo de contrariedades que le evitaban restablecerse en Tegucigalpa.

Mala suerte la del Licenciado Don Narciso Mallol. El último Alcalde Mayor de Tegucigalpa regresó de su viaje por los pueblos del sur ya postrado por la tuberculosis y falleció el 6 de julio de 1821, dejando como recuerdo de su progresista administración, el puente de mampostería que lleva su nombre y que une a las ciudades de Tegucigalpa y Comayagüela. A su muerte se hizo cargo de la Alcaldía el Regidor Primero y Alcalde en depósito de vara, don Tomás Midence.

Mientras tanto, sucesos importantes se habían desarrollado a muchas leguas de distancia. El 9 de julio de ese año el Rey abrió las Cortes y en ellas tomaron asiento los Diputados suplentes por la Capitanía General de Guatemala, Don Juan Nepomuceno de San Juan y Don José Sacasa, ambos residentes en España. El Señor Sacasa se dirigió al Ayuntamiento de Tegucigalpa en nota fechada el 22 de julio comunicándole que: "... algunos Diputados suplentes han pedido desde el principio de las sesiones que se aumente la insignificante representación supletoria que tienen en estas Cortes todas las Provincias de Ultramar, con el objeto de hacerlas visibles en este concierto, pero tal proposición no fue admitida a discusión. Quise hacer protesta de palabra, pero se me obligó a callar. Intenté hacerlo por escrito y se me impidió. Quise dejar el asiento que ocupaba y dejar el salón, pero también me fue impedido, pero levantada la sesión no he vuelto ni se me ha obligado a concurrir..."[33]. Sacasa terminaba su comunicación manifestando que habría deseado presentar a las Cortes una exposición sobre este delicado y bochornoso asunto, pero que no lo había hecho por que el Diputado Suplente por Lima, Don Antonio Xavier de Moya, que presentó un escrito sobre lo mismo, no obtuvo éxito, que por tanto permanecería en inacción hasta que se le obligase a obrar, "o se me den instrucciones por los pueblos que represento".

---

[33] Carta de Don José Sacasa al Ayuntamiento de Tegucigalpa fechada en Cádiz el 22 de julio de 1821. Documentos del Archivo Nacional de Tegucigalpa.

Esta nota causó gran indignación en el ayuntamiento de la Villa; se comentó en los corrillos y, en una reunión que hubo en casa de Don Diego Vijil se dijo que ella revelaba la falsía con que se pretendía adormecer los sentimientos del pueblo a cuyos representantes se les hacía víctima de sangrientas burlas y desprecios; que la Monarquía disfrazaba su tiránico gobierno con las zalamerías de llevar a las Cortes Diputados de las Provincias de Ultramar para convertirlos en figuras decorativas, proponiéndose al final que se escribiese a Sacasa aprobando y aplaudiendo su actitud y diciéndole que la mejor protesta que podía hacerse, ya que ninguna otra sería tomada en cuenta, era la de continuar procurando la emancipación de la Monarquía cuyos ojos no podían percibir la pequeñez de sus vasallos que estaban del otro lado del mar.[34]

También en la Nueva España ocurrían sucesos trascendentales. Un Oficial del Rey, Don Agustín de Iturbide, Coronel de los Reales Ejércitos, participante en la batalla de Monte de Tres Cruces (1810) en defensa de la capital del Virreynato contra el asalto de las tropas del Cura Hidalgo; defensor de Taxco; vencedor del insurgente Albino García en el valle de Santiago (1814); acusado dos veces ante tribunales militares, la primera por crueldad1 el 29 de octubre de 1814 y pocos días después por obtener ganancias ilícitas con el monopolio del azogue, absuelto de ambos cargos, recibe el 16 de noviembre de 1820 la Comandancia General del Ejército del Sur y al frente del Regimiento de Celaya, combate primero al jefe rebelde Don Vicente Guerrero y luego lo convierte a su causa. Iturbide, seducido por las realidades ha llegado a la conclusión de que la independencia "so lo puede llegar o cuando menos procurarse con menor efusión de sangre, si se obtiene la colaboración del ejército". Guerrero comparte la misma tesis y sin perder tiempo proceden a poner en práctica sus proyectos. Iturbide, después de lograr la adhesión de otros jefes militares "y consciente da lo que hacía, resuelto a todo, fija la mirada en un porvenir que no había entrevisto, impulsó el movimiento revolucionario, dirigió las fuerzas militares, volvió la espalda contra

[34] Carta de Don Diego Vijil para Don José Calixto Valenzuela, de Comayagua, fechada en Tegucigalpa el 2 de septiembre de 1821. Archivo personal del autor.

el pasado, y el 21 de febrero de 1821 lanzó el manifiesto de Iguala y proclamó la independencia de México". [35]

El Plan de Iguala plasmaba en esencia estos principios: que la Nueva España sería independiente de la antigua; que su gobierno sería una monarquía moderada dirigida en lo futuro por un Emperador y que, "mientras una Junta de Gobierno encargada de hacer cumplir el plan en toda su extensión"; que el trono estaría reserva pudiera venir a América para prestar juramento y ocuparlo, la propia Junta o un Consejo de Regencia, ejercería el poder supremo de la nación, quedando encomendado a las Cortes, el votar una Constitución adecuada para el Imperio.

Estos postulados recibieron la consagración en Córdoba el 24 de agosto de 1821 al suscribiré Tratado de este nombre Don Agustín de Iturbide, Jefe del Ejército de las Tres Garantías proclamadas en Iguala y Don Juan de O'Donojú, último Virrey español de la Nueva España. Allí se reconoció que "América" sería nación soberana e independiente y que en el futuro se llamaría "imperio mexicano"; que se nombraría una junta compuesta de los más distinguidos hombres por su talento, por su hacienda y por sus virtudes, la que nombraría una regencia compuesta de tres personas para desempeñar el Poder Ejecutivo.

---

[35] Peralta, Hernán G. "Iturbide en Costa Rica". Edit. Soley y Valverde. San José, Costa Rica, 1944.

IX

Proclamación de la Independencia
de Centro América.
Tegucigalpa el 28 de
Septiembre de 1821.

Los acontecimientos de México causaron gran revuelo en la Capitanía General de Guatemala, ligada tan de cerca con el Virreynato por vínculos de variada naturaleza. Las noticias recibidas vinieron a fortalecer la corriente de opinión hacia la independencia y los movimientos del Padre Delgado y de los patriotas de Tegucigalpa, Nicaragua y Guatemala en los años de 1811—12 que fueron descalificados y juzgados por los españolistas como brotes de bandidaje y herejía, comenzaban a justificarse. Aquello que años atrás había sido una conspiración fallida, iba transformándose en idea política más clara, encaminada a lograr un fin más noble y perdurable que aquel que pudiera deducirse de un tumulto populachero; la idea de emancipación contaba cada día con mayor número de adeptos entre los cuales figuraban hombres de gran cultura, lo que habría de traer como resultado que, siendo el movimiento de arriba hacia abajo, es decir, procediendo inicialmente de la clase ilustrada y rica, lograra interesar al pueblo tanto por la calidad de las ideas como por los limpios antecedentes y grandes virtudes de los que se encargaban de propagar aquellos sentimientos de liberación.

A la Proclama de Iguala y al Convenio de Córdoba, se sumó otra sorpresa: el 9 de septiembre del mismo año los Ayuntamientos Constitucionales de Ciudad Real, Comitán y Tuxtla, se adhirieron a ellos y proclamaron y juraron su independencia. En Guatemala se exaltaron los ánimos. La presión que los patriotas venían ejerciendo en el apocado espíritu de Gaínza, sucesor del enfermizo Urrutia llegó a su máximo grado y el Brigadier, que había sido soldado leal y valiente capitán cuyas mejores páginas de gloria quedaron escritas en Chile, cedió ante aquellas exigencias y ante la incontrastable fuerza de las ideas de emancipación que, como un volcán, habían hecho erupción en la mayoría de los espíritus. El propio Gaínza explica estos hechos en su Proclama a los pueblos cuando dice: "...El Gobierno de

Guatemala os habla ciudadanos, de lo que vosotros mismos habéis deseado, de lo que vosotros mismos habéis proclamado. Desde el año 10 empezaron a conmoverse las dos Américas meridional y septentrional; desde entonces empezaron a defender sus derechos y sostener sus títulos; desde entonces empezaron los acentos y comenzaron las voces de libertad e independencia. Guatemala, colocada en medio de una y otra América, era espectadora alegre y tranquila de ambas. Sus hijos oían con placer las voces; observaban con goce los pasos de los que siempre han creído hermanos suyos; y si no publicaban con el labio los sentimientos que había en el pecho, eran sin embargo americanos; amaban lo que era amado; deseaban lo que era deseado.

El movimiento que se propaga en lo físico con celeridad, marcha también en lo político con rapidez; y era imposible que conmovida al sur y al norte toda la masa de este continente, siguiese el centro en reposo. Resonó en la Nueva España la voz de independencia, y los ecos se oyeron al momento en Guatemala. Se encendió entonces el deseo que jamás se había apagado; pero los guatemaltecos, pacíficos siempre y tranquilos, esperaban que los de México llegasen a su último término. Duró meses esta espectativa, pero la energía de los sentimientos crece en progresión. La noticia de N. España la aumentaban a cada correo. Se movió Oaxaca; y el movimiento pasó a Chiapa, que es en contacto con ella. Era natural que se comunicase a todas las provincias, porque en todas ellas es una la voluntad, uno el deseo. Mantenerse indiferentes era quedarse aislados; exponerse a divisiones funestas; cortar relaciones, y sufrir todos los riesgos. Este discurso de los hijos de Guatemala produjo los efectos del rayo. Abrazó los pechos; encendió los deseos, y el gobierno, espectador de ellos, consultó al instante a la Excma. Diputación provincial llevando a su vista los papeles oficiales de Chiapa..."[36].

Así fue como el 15 de septiembre de 1821, en el Palacio de los Capitanes Generales se reunieron las más altas autoridades de la Capitanía General convocadas por el propio Brigadier Don Gabino Gaínza, entre las cuales se contaban: la Excelentísima Diputación Provincial, el Ilustrísimo Arzobispo, la Audiencia Territorial, el

---

[36] Peralta, Hernán G., Iturbide en Costa Rica. Obr. Cit.

Cabil.do Eclesiástico metropolitano, el Colegio de Abogados, jefes y oficiales de las milicias y numeroso público, personas principales que no ejercían empleos que, según el decir del mismo Gainza, "no fue indiferente a un asunto que era suyo" probando el amor que tenían por su causa y aplaudiendo las opiniones y discursos que la defendían. Después de escuchados los discursos y de discutidas las opiniones, el ilustre hondureño, hijo de Choluteca como Herrera, José Cecilio del Valle, procedió a redactar el ACTA DE INDEPENDENCIA DE CENTRO AMÉRICA, que fue saludada por los vítores y hurras que el pueblo congregado y frenético, profería en los salones, salas, corredores y patio del Palacio de los Capitanes Generales llamado desde aquel memorable día, PALACIO NACIONAL.

Tegucigalpa ignoraba absolutamente la decisión de Guatemala, aunque ya tenía conocimiento de lo ocurrido en México; las distancias tan largas entre los pueblos, la falta de vías de comunicación, y, especialmente, la inexistencia de la coordinación en los movimientos de emancipación en toda América, no permitieron que aquel anhelo vehemente de nuestros abuelos se manifestara simultáneamente en todas las provincias y no fue sino hasta el 28 de septiembre a las 8 de la mañana que se tuvo la jubilosa noticia.

En efecto, a esa hora, un viajero llegaba a la Villa de San Miguel de Tegucigalpa y preguntaba fatigado, en donde era el Ayuntamiento. Aquel hombre desconocido, un "expreso" a quien la historia ha condenado al anonimato, traía el mensaje de la emancipación de Guatemala. En su alforja venían enrollados varios papeles importantes y minutos después, un caballero cuya levita agitaba el aire mañanero, caminaba apresuradamente hacia el cabildo. Era el Secretario del Ayuntamiento Don Dionisio de Herrera que había sido notificado en la casa de Don Carlos Selva con estas palabras: "Ha llegado un expreso de Guatemala".

Herrera recibió los papeles y nerviosamente rasgó la envoltura del mensaje y leyó con avidez su contenido; convocó al Cabildo y enterándolo del suceso, de su puño y letra escribió el Acta que sigue:

"¡Viva la Independencia! Habiéndose reunido los señores que afirman esta acta a efecto de los pliegos que acaban de venir por extraordinario de Guatemala, se procedió a su apertura y se leyó un oficio del Excelentísimo Ayuntamiento de Guatemala que da noticia de haberse jurado la independencia. En seguida se leyó un manifiesto del señor Jefe Político relativo a lo mismo y la acta celebrada el 15 de septiembre de mil ochocientos veintiuno, y en vista de todo, unánimemente se acordó que se publicase y circule inmediatamente que se le dé el obedecimiento debido, se excite del modo posible a la libertad y al orden, y que para acordar lo que convenga, se llame a esta junta a los señores P. C. Vicario, a los RR. PP. Guardián de San Francisco y Comendador de la Merced y a todas las autoridades, empleados y militares y a algunos vecinos de la villa. Tomás MIDENCE, Felipe Santiago REYES, Mariano URMENETA, Francisco JUÁREZ, Manuel UGARTE, Eusebio RUIZ, Juan ESTRADA, DIONISIO HERRERA. Secretario".

Inmediatamente don Diego Vijil tocó la campana del Ayuntamiento para convocar al pueblo mientras don Eusebio Ruiz, don Carlos Selva y el Cura Don Juan Francisco Pineda se encargaban de citar a los principales vecinos de la población para una Junta en el cabildo. Reunidos todos y enterados con júbilo indescriptible del contenido de aquellos pliegos. Herrera escribió el Acta complementaria por la cual Tegucigalpa se adhirió a la Independencia proclamada en Guatemala el 15 de septiembre de 1821, y que dice:

"Acto continuo, en virtud de lo acordado en el acta anterior, se reunieron todos los individuos que suscriben y habiéndoles leído por el infrascrito Secretario el manifiesto del señor Jefe Político el acta celebrada en Guatemala y oficio del Excelentísimo Ayuntamiento, relativo todo a haberse jurado la independencia, manifestaron todos unánimemente la mayor alegría y dijeron: que están prontos a jurar la independencia, a contribuir a ella por cuantos medios sean a su alcance hasta sacrificar sus vidas y haciendas, a conservar el orden público, y unir sus votos con los del pueblo y autoridades de Guatemala, y porque así lo harán, afirman esta acta a veintiocho días de septiembre de mil ochocientos veintiuno y primero de la libertad. José Francisco PINEDA, Cura Fray Manuel Antonio GONZÁLEZ, M. D. Comd. El Capitán Graduado don José ALCALÁ, Ambrosio de ECHEVERRÍA Y PLASAULA, Manuel José MIDENCE, Miguel

BUSTAMANTE. Carlos Joaquín de HERRERA, Fray Nicolás HERMOSILLA, Guardián de San Francisco, Manuel Antonio VASQUEZ, Ex—Regidor, Braulio ROSA. Francisco Javier AGUIRRE, José María AGUIRRE, Diego VIJIL, Carlos SELVA, Manuel de AQUECHE, Antonio José CONTRERAS, Vicente CAMINOS, Juan José DURON, Felipe Santiago REYES, Francisco JUAREZ, Manuel UGARTE, Juan Antonio GOMEZ. Luis BRITO, Tomás MIDENCE, Mariano URMENETA, Juan ESTRADA, Eusebio RUIZ y DIONISIO HERRERA"

Después pasaron todos acompañados de gran cantidad de vecinos a la iglesia parroquial en donde el Cura Pineda cantó un TEDEUM mientras se echaban al vuelo las campanas de todas las iglesias y rasgaban el espacio atronadores cohetes y morteros.

Don Diego Vijil describe en cortas líneas estos hechos memorables en carta para don José C. Valenzuela de Comayagua, fechada el propio día 28 de septiembre de 1821:

"Amigo mío:

Hoy a las nueve de la mañana llegó un expreso de Guatemala que trajo la gran nueva de la independencia. Herrera y yo estábamos donde Selva comentando las ocurrencias de Iturbide. Salimos casi corriendo al cabildo llamados porque había llegado el expreso. Herrera estaba nervioso. Leyó todo de un solo en voz alta. Yo me eche sobre la campana y la hice sonar. El pueblo acudió al instante y el Cura con Ruiz y Selva corrieron a llamar a la gente principal. Todos hemos firmado el acta Gaínza dice que es la voluntad de los pueblos y que se convoca al congreso. Herrera no podía hablar del susto y la alegría y yo tuve que hablar al pueblo congregado. Dije cuanto pude. Todo ha salido bien y debemos esperar las concurrencias de Comayagua sean iguales. ¡Viva la independencia, somos libres! Diego Vijil"[37].

El 29 se cantó misa solemne de gracias a la cual asistieron el Ayuntamiento, las autoridades militares y el pueblo; por la tarde, San Miguel Arcángel cuya fiesta patronal estaba celebrándose, fue sacado

---

[37] Carta de Don Diego Vijil a Don José C. Valenzuela. Archivo personal del autor.

en solemne procesión y por la noche hubo iluminación general y se quemó mucha pólvora. Dionisio de Herrera había visto cristalizarse sus ideales de independencia. Faltábale ahora, luchar en otro plano para conservar la libertad y fortalecer la democracia.

—X—

Desorientación política a raíz de la Independencia. La Anexión a México. Cisma partidista en Centro América.

Graves fueron para los pueblos centroamericanos las consecuencias inmediatas a la proclamación de la independencia nacional. La lucha por alcanzar la emancipación, si bien no había costado torrentes de sangre, si había desatado una contienda dialéctica emponzoñada y violenta que dio como resultado la división de la unidad mantenida durante los largos años de coloniaje.

En Honduras, la pugna era recalcitrante. La actitud del gobierno de Comayagua de tendencia monarquista, chocó con la de la Alcaldía Mayor de Tegucigalpa adicta a las resoluciones de Guatemala. Tinoco, como Intendente y Gobernador de la Provincia, intentó someter a su voluntad a los hombres que como Herrera, pensaban en la emancipación absoluta sin sospechar que, la decisión tomada el 28 de septiembre de 1821 por la que se adherían incondicionalmente a las resoluciones de la metrópoli guatemalense, les ataría inevitablemente al nuevo yugo de Iturbide que ya procuraba anexarse el vasto territorio de la antigua Capitanía General.

Discordia estéril que no dejó otra huella que el odio y la inconsecuencia entre dos pueblos que tenían que formar más adelante una Nación. Discordia funesta que habría de debilitar la capacidad económica y moral de la provincia hondureña para convertirla en fácil presa de la reacción que, en breve plazo, iba a destruir su vida democrática, sembrando la honda división que hasta el presente, se ofrece bajo el denominador de "partidos políticos", sin otra bandera que la del odio y sin otra mira que la del poder, por lo que el poder vale en sí mismo.

Cacos y Gacistas iniciaron una lucha tremenda en la que Herrera participó con toda su voluntad y su talento. Y él mismo sintió en carne viva el resultado de aquellas discordias enconadas y llegó hasta suponer que de Honduras, bien podían hacerse dos Provincias, dos parcelas integradas con los despojos y la desintegración de un todo,

81

que a la postre, iría a confiarle la suprema dirección de sus destinos. Errores en que suelen incurrir quienes proceden cegados por la pasión, imperdonables en Herrera por cuanto su mente sólo anhelaba el bien de la patria y su labio sólo predicaba la felicidad de sus conciudadanos.

Entre todos estos hechos había una realidad dolorosa: por muy entusiastas que se habían mostrado los Gaínza y los Aycinena y los Pavón como firmantes del Acta de 15 de Septiembre, en el fondo seguían suspirando por la monarquía y hábiles como eran, entroncados con la médula reaccionaria que no se había destruido con la Independencia, instigaron al Jefe Político Superior y presionaron a la Junta Consultiva para que noticiaran de los hechos al Señor Iturbide que en México, ya había avizorado la posibilidad de instalarse en el trono de Moctezuma.

El resultado no se hizo esperar: Gaínza, tan endeble de salud como de carácter, cometió la falla de comunicar a Iturbide en tono apagado e indeciso, la proclamación de la Independencia de Guatemala y éste le contestó el 19 de octubre "que Guatemala no debía quedar independiente de Méjico, sino formar con el Virreynato un grande Imperio bajo el Plan de Iguala y los Tratados de Córdoba", que la Capitanía General era impotente para gobernarse por sí misma y que, por tanto, estaba amenazada por las ambiciones de las potencias extranjeras por lo cual un ejército de la Nueva España, marchaba ya hacia Guatemala con el fin exclusivo de garantizar cualquier movimiento anexionista. Gaínza dio cuenta de este oficio a la Junta Provisional Consultiva el 28 de noviembre de 1821.

En esta Junta estaba el Sabio José Cecilio del Valle que no estaba por la anexión. Valle, tachado injustamente de monarquista por los exaltados, tomado como enemigo de la libertad por los violentos e irreflexivos, no estaba por la anexión. Su voz se hizo oír con matices de encendido patriotismo por lo que el noble Don Mariano de Aycinena, el mayor propagandista que Iturbide tenía en la metrópoli, decía de él en carta de 18 de diciembre de 1821 dirigida a Su Alteza Serenísima: "Soy enemigo de informar contra nadie pr. que a todos deseo bien, pero advirtiendo qe. aquí se ha perturbado la paz muchas veces pr. vivir entre nosotros el auditor de grra. D. José del Balle diré a veces con sentimiento a V. E. lo que me parece. Actualmente. es individuo de la Junta consultiva. Es un sabio verdaderamente, y acaso sin igual en Guatemala; pero sin ningún mundo, y de un corazón tan pequeño qe. agotada la política del gobierno, y de los vecinos de probidad pa. hacerlo útil al común nada ha bastado. Un orgullo sin tamaño lo pierde. Por este principio se aprovecha de todas las ocurrencias pr, ver si de ellas saca el partido, a qe. lo inclina su ambición pr. mandar y ser el primero. Lo he visto en la ocasión atizar pr. bajo de cuerdas las facciones de república y de unión a ese Imperio, y por el arte qe. tiene pa. quedar impune con el qe. domina no repara en los perjuicios qe. ocasiona aún a los qe. se ha mostrado amigo. Me alegraría y sería el mayor bien para Guatema. que se sacase a este amo. con honor. Podría nombrarsele Secretario de una de las embajadas. Londres, Rusia, etc, qe. se le haría bien particular.........A mi queda la atisfacción de haber hecho 1o, poco qe. ha estado a mi alcance, y mientras llega el venturoso día de ntra. absoluta conformidad mande V. E. quanto quiera a su muy apasionado y reconocido S. Q. B. S. M..."[38].

¡Poco decía el Señor Aycinena contra el Sabio Valle...! La vida se le hacía imposible de solo pensar que aquel ciudadano integérrimo entorpecía sus proyectos de verse un día de nuevo doblando la cerviz ante un amo criollo, o disfrutando de los homenajes de una corte efímera, pero de ambiente adecuado a sus ansias de grandeza y poder. Pero Valle que con los Calderón y Alvarado soñaba en la república, tenía que caer también —arrastrado por la fuerza de las circunstancias como cayó Herrera— al redil de los anexionistas, sumando su influencia y su sabiduría al esfuerzo de sacar de aquella unión la mayor ventaja para los pueblos de Centro América que él había contribuido a crear.

Presionada pues la Junta Provisional Consultiva por la influencia de Iturbide que no deseaba que se instalase el Congreso de que hablaba el punto 2º del Acta de 15 de Septiembre y basándose quizá en la indecisión de los Próceres que no especificaban a en aquel documento memorable si la independencia se había jurado en forma

---

[38] Carta de Don Mariano de Aycinena para Iturbide, fechada el 18 de Diciembre 1821. Documentos de la Anexión a México, por Rafael Heliodoro Valle. Doc. XXXIV, Tomo III.

absoluta con relación a España y a cualquier otro país, o si se había proclamado en forma relativa para dar oportunidad a que un príncipe de casa reinante viniese a encabezar el gobierno de la nueva nación, tomando en cuenta la marcha de una división mexicana que se aproximaba a Guatemala, convocó a los pueblos para que en Cabildo Abierto, norma irregular aconsejada por el Marqués de Aycinena, manifestaran su voluntad. Respondieron a la Junta 104 ayuntamientos aprobando la anexión; 11 aceptándola condicionalmente; 32 sometiéndose a lo que dispusiera la misma Junta; 21 que se decidirían por lo que resolviera el Congreso que estaba convocado para febrero y 2 únicamente, rechazaron de plano toda aceptación de las propuestas de Iturbide. La anexión se acordó el 5 de enero de 1822.

Aquel suceso que para muchos criterios debe considerarse como un hecho insólito no fue en verdad, más que un hecho histórico inevitable, secuela de los acontecimientos ocurridos en México y Centro América el año de 21. Iturbide con la mente puesta en el Imperio, buscando un punto de apoyo en la Capitanía General, y Guatemala, temerosa y consciente de su incapacidad para defenderse y perdurar, buscando la seguridad en Iturbide. Por sobre todo, la amenaza de Lord Cochrane que merodeaba por nuestros litorales.

La anexión vino a profundizar los antagonismos políticos y a fomentar las ambiciones personales de muchos hombres de luces. Defraudados en sus esperanzas quienes habían luchado por la libertad absoluta, se vieron muy pronto enfrentados con las monarquistas tradicionales que no estaban dispuestos a perder sus prebendas y privilegios. Los partidos formalizaron su acción y recomenzaron las luchas por la liberación del nuevo dominio.

Cuando en la noche del 18 de mayo de 1822 "la ciudad de Méjico fue sorprendida por una jubilosa manifestación" encabezada por el Sargento Pío Marcha, el Regimiento de Celaya, las puertas de la República fueron cerradas y se escuchó el primer ¡Viva Agustín I! El Imperio acababa de nacer. "Este grito repercutió al instante—dice el historiador Pereyra —Iturbide era el hombre de la nación y el héroe universalmente amado. Emperador o Regente —poco importaba el nombre—veíase en él al ídolo del pueblo. Pío Marcha obraba conforme a los más hondos deseos de la nación. Pero fue impolítico recoger festinadamente las imposiciones de la aclamación salida del cuartel. Una plebe tumultuante hizo ley su capricho. En rigor, no puede hablarse de maniobras para simular entusiasmo. Este era evidente. Pero debió haberse dejado tiempo para que las opiniones adversas tuvieran ocasión de revelar los inconvenientes de aquel movimiento impulsivo"[39].

Al conocerse en Centro América la proclamación del Emperador no hubo en apariencia cambio alguno, pero secretamente los Próceres preparaban la senda de la separación. Valle fue el más sagaz de los opositores; Herrera fue en Tegucigalpa, el más obstinado en protestar y el más diligente en buscar los medios para deshacerse de aquella atadura. Se escucharon a lo largo del Istmo, quizá por vez primera, los calificativos de "liberales" y "Conservadores", los de "fiebres" y "cachurecos", con que se distinguieron los grupos antagónicos y, a raíz de entonces se inició una cadena ininterrumpida de desgraciadas actuaciones políticas que para Honduras, representan el atraso y la ruina en que por años la hemos mantenido.

---

[39] Pereyra, Carlos. "Breve Historia de América", Madrid, 1930.

Herrera y la Anexión a México.
Se proyecta la escisión del territorio
Hondureño. Herrera, Jefe Político de
Tegucigalpa. Lindo frente a Herrera
como Gobernador Intendente de la
Provincia de Honduras.

Negros eran los nubarrones que cruzaban el cielo hondureño y contrastantes los presagios para el futuro de un pueblo cuya libertad estaba en pañales. Si bien Dionisio de Herrera había sido el máximo promotor de la idea de emancipación que había abrazado de buena fe; si bien su fervor patriótico le colocaba en franca oposición a que Centro América se anexase al poderoso México, esa buena fe y ese mismo fervor, le hicieron pasar por lo dispuesto en 5 de enero de 1822 por la Junta Consultiva de Guatemala.

La discordia entre Comayagua y Tegucigalpa continuaba y todo hacía suponer que, en lugar de atenuarse los ánimos, cada día se encendía más el odio, y Herrera, equivocado quizá, o llevado por el deseo de consolidar una efectiva libertad al pueblo, intentó la escisión del territorio hondureño.

Nadie, durante la colonia había pensado en que de la Provincia de Honduras pudieran formarse dos parcelas independientes; si bien por exigencias propias de buen gobierno se había erigido en 1579 la Alcaldía Mayor de Tegucigalpa teniendo como asiento el Real de Minas de San Miguel con jurisdicción civil muy amplia, en lo de hacienda, en lo militar y en lo eclesiástico, dependía inmediatamente de la Gobernación de Comayagua y, cuando se estableció el régimen de Intendencias, dicha Alcaldía fue anexada en todos los ramos del gobierno a la antigua y primitiva provincia. Posteriormente, en sesión del Consejo de 26 de Noviembre de 1817, el Rey restableció al Alcaldía Mayor independiente de la Intendencia y Gobernación de Comayagua, menos en lo militar, en lo que debería estar sujeta.

Tenía que surgir en la iniciación de nuestra Independencia de España, la voz desalentadora de la escisión y había de tocarle a Herrera, una de nuestras glorias, uno de los hombres mejor preparados y de más elevado criterio político y social de su tiempo, el doloroso puesto de líder de tan funesto movimiento. El historiador Durón que tan equilibrado fue al juzgar nuestro acontecer histórico, parece haberse apasionado con la pugna entre Comayagua y Tegucigalpa, utilizando matices encendidos en elogios para los últimos y de candentes encono para los primeros. Caso extraño en el Doctor Durón, tan cauto y admirable en sus juicios y narraciones.

Sin embargo, con la gran sobriedad con que escribió brillantes capítulos de nuestro pasado, nos revela sin entretelas ni argucias el pensamiento de Dionisio de Herrera en el siguiente párrafo: "El mismo 22 de noviembre la Junta Consultiva aprobó las medidas propuestas por don Dionisio de Herrera, Secretario del Ayuntamiento de Tegucigalpa, respecto a las circunstancias en que esta provincia se hallaba con Comayagua. Conforme a ellas, tal como quedaron el Gobierno Político y de Hacienda de Tegucigalpa y demás pueblos de la provincia de Comayagua que discutieran del Gobierno Político y de Hacienda lo tendría el Señor Comandante de Armas don Simón Gutiérrez, y mientras llegaban a Tegucigalpa, el Alcalde 19 de esta villa; éste prevendría a los señores Jueces de Partido, Sub— Delegados y Administradores de Rentas que no estuvieran bajo el sistema de Comayagua y fueran de esta provincia, que todos los enteros de las rentas de papel sellado, tributos, comunidad, pólvora y cualquier otro, los hicieran en Tegucigalpa bajo la más estrecha responsabilidad, reconociendo a dicha villa por capital de la provincia como antes reconocían a Comayagua; habría una Tesorería General de Hacienda Pública, subalterna de la de Guatemala en Tegucigalpa, y ejercería el empleo de Ministro Contador el Teniente de Ministros de la Casa de Rescates don José María Rojas, y de Tesorero el ensayador don Narciso del Rosal; el Gobierno de Tegucigalpa expediría y haría cumplir sus órdenes en todos los partidos y pueblos que manifestaran no estar por el sistema de Comayagua; daría y publicaría las órdenes convenientes para que las rentas decimales de los referidos partidos y pueblos se enteraran en la Tesorería de Tegucigalpa y allí se conservaran a ley de depósito, ínterin la marcha de los asuntos políticos fijaba su resultado; y el Comandante militar, caso de continuar creyendo de absoluta necesidad el que se pusieran sobre las armas otros cuerpos de tropas, lo podría hacer y pagarse de la Tesorería, dando cuenta al Gobierno" [40].

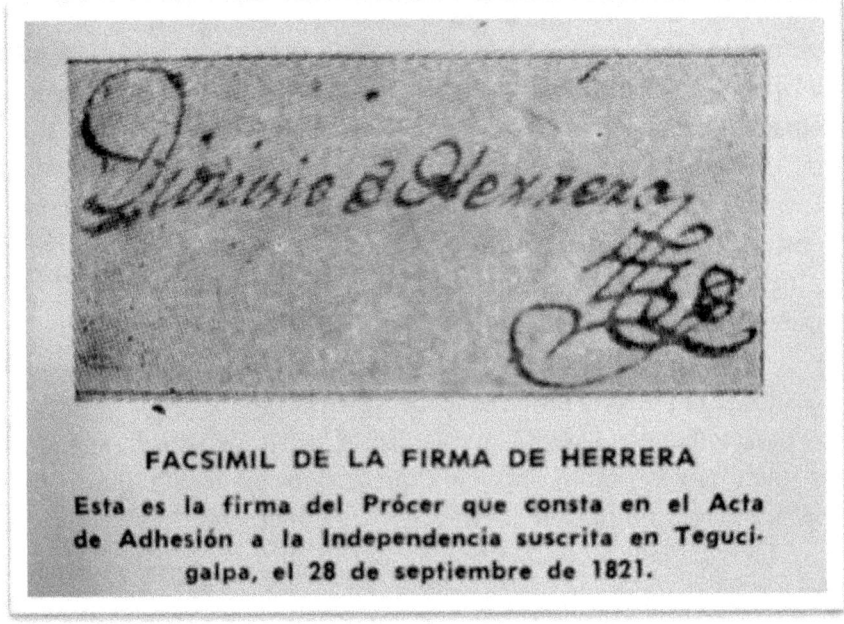

FACSIMIL DE LA FIRMA DE HERRERA
Esta es la firma del Prócer que consta en el Acta de Adhesión a la Independencia suscrita en Tegucigalpa, el 28 de septiembre de 1821.

No cabe duda de que Herrera, obstinado como esta por la actitud de Comayagua que a su vez daba muestras de sin par inconsecuencia, avizoraba como medio eficaz para combatirla, la creación de la Provincia de Tegucigalpa desligada de la antigua capital en forma absoluta pero, aquel error de cálculo no prosperó debido a los inevitables acontecimientos que sobrevinieron en los últimos días del año 21 y primeros del 22.

Seguramente como consecuencia de estas ideas y de los trabajos que se habían emprendido a su favor, el 22 de enero de 1822, Gaínza declaró a Tegucigalpa independiente de Comayagua en lo político, militar y de hacienda y nombró en la misma fecha Jefe Político de la nueva Provincia a don Dionisio de Herrera. El mando Militar lo ejerció el Coronel don Simón Gutiérrez hasta el 2 de mayo en que lo

---

[40] DURÓN, Dr. Rómulo E., Historia de Honduras, Cap. I Par. 15, págs. 31 y 32. Tomo I. México, 1956.

depositó en el Capitán don Francisco Aguirre nombrado por el Ayuntamiento para sucederle. Herrera tomó posesión de su nuevo cargo el 3 de febrero siguiente.

Graves acontecimientos tuvieron que enfrentar y resolver el Jefe Político Herrera. Justo Centeno, un zapatero inteligente y valeroso, como lo califica el ilustre historiador Durón, pero ignorante y ambicioso, promovió la primera asonada. Seguido por Nicolás y Juan Bustillo, Francisco Cubas, Pedro Pavón y Eduardo Salgado, hombres de pro como él y respaldado por más de cien Manuel Acero y el Comandante Militar de San Miguel, habían detenido e incautado la conducta de plata que venía de Guatemala para Tegucigalpa con el objeto de destruirla. Los hechos tuvieron lugar los días 18, 20 y 21de mayo frente al cabildo, pretendiendo deponer al Comandante Aguirre y al Ministro Rojas de la Casa de Rescates y exigiendo que se hiciese cargo de la plaza el ciudadano León Rosa.

Alegaban los alzados que tenían el apoyo de la fuerza acuartelada y que, por lo tanto, no dejarían las armas hasta tanto aquellos funcionarios no fuesen depuestos.

Herrera actuó con prudencia, pero a la vez con energía. Trató el caso con el ayuntamiento y haciendo correr la especie de que llegaban fuerzas de Comayagua para atacar a Tegucigalpa, logró que los amotinados depusieran las armas. Al mismo tiempo les ofreció garantías y un olvido de los hechos; se permitió que el ciudadano León Rosa se encargará interinamente de la Comandancia y redujo a prisión a Centeno para que diera cuenta de su imprudencia.

Aquel motín fue seguramente la semilla malsana que germinó y dió por fruto muchos acontecimientos semejantes que fueron repitiéndose durante la vida republicana hondureña. A través de nuestra historia muchos justos centenos han ensombrecido la paz y la seguridad públicas, alentados por caudillos políticos sin escrúpulos, armados por los líderes de nuestros partidos y protegidos por la inmoral conducta de caciques irresponsables. Los matones, los empistolados ignorantes y bárbaros, fueron amos de vidas y haciendas con el aplauso y tolerancia de figurines de imperfecta formación moral y, Honduras, tiene que acreditarles en su haber, la culpa de su estancamiento y la responsabilidad de la sangre derramada por un causa sin ideales, sin justicia y sin honor.

Otros asuntos habrían de causar preocupaciones al Jefe Político Herrera y, en esta ocasión, tendría que aguzar su ingenio y poner en ellos toda su inteligencia y su robustez. política El 12 de octubre de 1822 el Lic. don Juan Lindo tomó posesión como Jefe Superior Político interino e Intendente en propiedad de la Provincia de Honduras, cargos para los que había sido nombrado por el Emperador Iturbide.

Lindo conocía a fondo la situación política de Honduras, pues él había contribuido a crear ese clima de hostilidad y desconfianza entre dos pueblos que, por distintas rutas deseaban llegar a la meta de su felicidad y, astuto como era, se dirigió al Ayuntamiento de Tegucigalpa proponiéndole el olvido de sus desavenencias mediante un convenio que ante él debería suscribirse en Rancho Grande con intervención de los curas de ambas parroquias, a fin de que volviese a reinar "la unión y fraternidad, que pusiera en uso el arado, la azada y la barra, que disfrutaran de la fertilidad de los campos e ilustraran por medio de las escuelas públicas a sus hijos...".

Pero Tegucigalpa que se manejaba como una provincia independiente, que no deseaba depender de Comayagua como ésta no lo quería de Guatemala a raíz de la Independencia, por el conducto del mismo Ayuntamiento, desatendió aquel llamado estimando que no se consideraba con facultades para "dar un paso avanzado que seguramente le acarrearía las sospechas de los pueblos. Detrás del Ayuntamiento estaba el cerebro del Jefe Político que tenía de Lindo una cabal opinión, que le sabía astuto y atrevido, además de que le reconocía su talento. Y aunque la posición adoptada de negativa o de vacilación echaba por tierra y desvirtuaba totalmente el comunicado que, a mediados de mayo del mismo año el propio Ayuntamiento tegucigalpense había dirigido a don Vicente Filísola, asegurándole "Que habían concluido sus desavenencias con la provincia de Comayagua", Herrera sostenía la opinión de que era mejor esta conducta para embarrancar a Lindo, que aceptar de una vez y sin meditación sus propuestas. En una palabra, ni el Jefe Político Herrera ni el Ayuntamiento, confiaban en la nobleza de los sentimientos expresados por el Gobernador Intendente.

Esto hizo comprender a Lindo que no había en el antiguo Real de Minas de San Miguel, el más leve propósito de unión y de olvido de las mutuas ofensas y esto mismo le hizo aferrarse en su deseo de que los tegucigalpas vinieran a la unión. El 30 de octubre envió a todos los pueblos de Honduras una orden sobre el establecimiento de Escuelas que hizo fundar sin dilación en todos aquellos que le daban obediencia y, Tegucigalpa, respondió inmediatamente pero no en acatamiento de aquel mandato, abriendo en la propia villa "una escuela de primeras letras" sujeta a un plan de estudios especial. Lástima grande que, de no haber mediado los obstáculos ya conocidos los pueblos de la provincia de Tegucigalpa habrían disfrutado también de los beneficios del plan de Lindo que contaba con el apoyo de la superior autoridad de Guatemala y México.

Lucha tremenda de ideas hubo de librarse entre Herrera y Lindo; tenaz contienda para lograr la supremacía del pensamiento y de las ideas de cada uno de ellos; guerra sin cuartel, diríamos, entre el monarquismo y el republicanismo pero, con la salvedad de que lucha, contienda o guerra, no propició la devastación de los campos ni cegó vidas y aniquiló conciencias. De aquel pugilato salió favorecido el pueblo, porque aprendió a discutir; aprendió a analizar y tuvo la oportunidad de aprender a pensar, aunque a la postre, los figurines de nuestra política y los politiquillos de imperfecta formación moral, le llevaron al sacrificio y le obscurecieron la mente con la demagogia y le envenenaron el corazón con la prédica sectarista y estéril.

Herrera y Lindo frente a frente, hicieron con sus controversias el mayor bien que un pueblo en pañales pudiera recibir y demostraron que, en aquella época de formación, había cerebros capaces de inspirarse en el más puro patriotismo y hombres perpendiculares a toda prueba, aunque Lindo fuese frágil para los cambios políticos.

—XII—

Caída del Imperio. La Organización
Federal. Nuevos intentos de escisión.
La Asamblea Constituyente del Estado
de Honduras. Dionisio de Herrera
es elegido Primer Jefe del Estado.

La desmedida ambición de Iturbide y más que todo, la resuelta actitud del pueblo mexicano dio en tierra con el régimen imperial. El 6 de diciembre de 1822 el General Santa Anna proclamó la República en Veracruz y formó con los generales Vicente Guerrero, Nicolás Bravo y José Antonio Echeverri, el llamado Plan de Casa Mata que contenía once artículos cuyas primeras bases consistían en la inmediata instalación del Congreso disuelto por el Emperador y en el reconocimiento de la soberanía de la Nación, garantizando la persona de Iturbide. Pero después de la organización de la Junta Revolucionaria de Puebla no le quedó otro camino el Emperador que presentar su abdicación ante el Congreso el 20 de marzo de 1823.[41]Lo que sigue de la vida de Iturbide que diez y ocho meses antes había entrado en México como libertador y salvador de la patria, fue un desdichado acontecer.

Mientras tanto, en Centro América, el General Vicente Filísola Jefe de la División Mexicana que se había batido con los salvadoreños haciéndolos capitular en Gualcince, convocó el 29 de marzo a un Congreso que debería reunirse en Guatemala con arreglo a lo dispuesto en el Acta de 15 de septiembre de 1821 y el cual debería examinar el pacto de unión a México de 5 de enero de 1822, decidiendo sobre el futuro de las Provincias de la antigua Capitanía General. En Honduras se procedió a la elección de Diputados y resultaron electos conforme a la tabla formada por el Gobierno Provisional de Guatemala que decidió la base de un diputado por cada quince mil habitantes, los siguientes ciudadanos: por Tegucigalpa:

---

[41] México a través de los Siglos. Compañía General de Ediciones, S. A.—Marzo de 1953. Tomo IV.

Don José Cecilio del Valle, Presbítero don Francisco Antonio Márquez, y don Próspero Herrera, como suplente; por Comayagua: don Joaquín Lindo, don José Francisco Zelaya, don Juan Miguel Fiallos y Provisor José Nicolás Irías. Por Olancho don Francisco Aguirre; por Gracias: don José Jerónimo Zelaya, don Miguel Antonio Pineda y don Juan Esteban Milla.

El Congreso se instaló el 24 de junio con 41 diputados, exceptuando a Chiapas y eligió como su Presidente al Presbítero Doctor Matías Delgado una de las figuras más preclaras de la vida política centroamericana y el primer hombre en el Istmo que proclamó la urgencia de organizar la vida independiente. El 1º de julio, el Congreso, que adoptó el nombre de Asamblea Nacional Constituyente, proclamó que las Provincias de la Capitanía General eran independientes de México, de España y de cualquiera otra potencia; que formaban una Nación soberana que en adelante se llamarían Provincias Unidas del Centro de América y que cada una de ellas se denominaría con el nombre de Estados. El día 2, la Asamblea procedió a organizar los poderes de la Nación, dejando para si el de legislar, creando como Ejecutivo un Triunvirato que, según Durón, estaba mal acreditado en Roma como en Francia y estableciendo el Tribunal Supremo de Justicia.

En la elección de triunviros, Herrera figuró como candidato por parte de un fuerte grupo de diputados pero, así como en las provincias había sus partidos, en la Asamblea Nacional Constituyente se formaron dos que eran conocidos con los nombres de "servil", en el que figuraban los moderados, y "fiebre" en el que se habían agrupado los exaltados que se dieron el de liberales.

Acerca de esto, Herrera, en carta dirigida al Padre Márquez con fecha 10 de agosto de 1823, dice lo siguiente: "Es ya nombrado el Poder Ejecutivo, compuesto de tres individuos, que son los ciudadanos Manuel Arce, Pedro Molina, Juan Vicente Villacorta; Suplente por el primero es el Licenciado Antonio Rivera Cabezas. En la primera votación empaté con Villacorta. Se dice que fue viva la discusión, y que al fin se hizo salir a Villacorta, y se decidió que su primo podía votar a favor de él...Me hace honor que se hayan acordado de mi y me alegro de no haber salido yo. Fue fortuna que no hubiese ningún Diputado de esta Provincia, de la de Comayagua y de

León que acaso habrían sufragado por mi. Creeme: Deseo positivamente que haya por mi patria muchos hombres que deben preferirseme"[42]

No obstante que Herrera celebraba el no haber sido elegido para integrar el Triunvirato, para la vida de la nación centroamericana su presencia en él habría sido de gran provecho. Herrera reunía los atributos de un estadista y la fe de un patriota; era hombre instruido, estaba empapado por sus lecturas de los asuntos de gobierno y conocía la política nacional en todos sus detalles. Además, conocía las necesidades del pueblo con el que había alternado y convivido en sus días de comerciante y hacendado. Pero las cosas para Centro América, ocurrieron de otro modo y tomaron distinto rumbo, pues en el primer Triunvirato, Arce era el más cercano a la política, Villacorta, moderado, no alcanzaba a rendir lo que era necesario para organizar una nación y el Doctor Molina, prominente médico, carecía del conocimiento que requieren los negocios del Estado para a encauzarse felizmente. Quizá por ello Herrera, le decía al Padre Márquez: "Valle y Arce hacen falta bastante, el uno para ayudar a pensar, y el otro para ejecutar. Dios nos los traiga pronto." Carta de Oct. 9 1823).

Pero el Jefe Político de Tegucigalpa, insistía por otra parte, en que ésta debería formar una provincia o Estado independiente de la de Comayagua. Ya no se trataba de la vieja discordia que ocasionara la Jura de la Independencia el 28 de septiembre de 1821, ni se invocaban las rencillas y los odios que la disímil actitud de ambos pueblos con respecto al problema había creado; ahora se apoyaban en otras razones, presumiblemente de orden económico. En carta de 9 de agosto de 1823, Herrera decía a su íntimo amigo Márquez: "La Provincia de Tegucigalpa debe comprender lo que comprendía la Alcaldía Mayor de este nombre, y agregársele el Partido de Segovia por su inmediación y por sus minas. Ei Partido de Olancho debe pertenecer también a Tegucigalpa, por su inmediación, por sus relaciones íntimas de comercio y por haberse separado de Comayagua para nunca volverse a unir como consta en sus actas..." Otro tanto decía de Trujillo y Olanchito a los cuales Tegucigalpa podría auxiliar

---

[42] Carta de Herrera al Presbítero Francisco Antonio Márquez, fechada el 9 de Octubre de 1823 en Tegucigalpa. RABN.

eficazmente y en especial, con dinero además de que "dependiendo Trujillo de Tegucigalpa, dependería de un pueblo más liberal".

Posteriormente, en 24 de septiembre agregaba: "Todo lo hago presente en esta fecha al Ministro, haciendole ver que el Gobierno de España, la Junta Consultiva de Guatemala y el de Méjico, jamás quisieron obligar a Tegucigalpa a que se sujetase al Gobierno de Comayagua y que los dos primeros la separaron enteramente, y que el Ministro de Méjico me dirigió directamente los decretos: que solamente por una ley Constitucional puede Tegucigalpa agregarse a Comayagua, pero que si la Beatitud les viene por este conducto no será recibido con gozo por nadie. Interésate en esto si no quieres que haya con esta Provincia grandes trastornos, y que sus habitantes, por lo menos, pidan todos sus pasaportes para irse a vivir a las Costas del Norte, o a cualquiera otra parte. Sí, tú conoces tan bien como yo estas cosas".

Pero esta vehemencia, esta amenazada, no pasó de ser una exageración de Herrera y quedó como la primera intentona, fallida, a pesar de que tanto Herrera como Lindo, movían partidos, obtenían actas de adhesión y hacían representaciones a las autoridades, el primero para dividir y el segundo para unir, para fortalecer lo que habría de formar el futuro estado hondureño. Según las Bases de la Constitución, las dos viejas provincias tenían que formar un todo y, obedeciendo a la lógica, a la necesidad económica y política, la escisión no pudo realizarse.

En Tegucigalpa la Municipalidad recibió a fines de noviembre una carta del Diputado Don Francisco Antonio Márquez fechada el 15, en la que le explicaba la imposibilidad de constituir un Estado como se había proyectado. Ponía en conocimiento de la corporación que había llegado a un acuerdo con los Diputados de Comayagua por el cual las dos provincias formarían un Estado; que la legislatura se reuniría "alternativamente en Comayagua y Tegucigalpa, y para la primera reunión decidiría la suerte". No causó agrado aquella noticia ni a los munícipes ni al Jefe Político, pero no le quedó más remedio a la primera que dar a conocer a los pueblos el arreglo pidiéndoles su opinión, la cual fue porque se aprobase y, al segundo, que someterse a la voluntad de los representantes del pueblo cuya opinión siempre había respetado.

Al fin pues, se daba por cancelado todo intento de dividir y Honduras entró a la Federación unida, con gran esperanza en el porvenir y dentro de la relativa armonía y tranquilidad que las circunstancias propiciaban ya que Herrera, como Jefe Político tuvo que someter de nuevo a Justo Centeno por intentar la alteración del orden público, suscribiendo en unión del Alcalde 1° don Felipe Reyes, un pacto con los revoltosos que encabezaba, medida que con justicia hace clamar al historiador Durón, como la causante de haber creado en Honduras "la canallocracia, cáncer qua ha mantenido la guerra civil perpetua y amenaza la existencia de las naciones a que dio vida la generosa España".

De acuerdo con las Bases de Constitución, el Estado de Honduras debería integrar su Congreso con once Diputados propietarios y ocho suplentes y al momento de fijarle sede y procurando no traer de nuevo la discordia entre Tegucigalpa y Comayagua, los Diputados a la Asamblea Nacional Constituyente que lo representaban, convinieron que el Congreso estatal se reuniría en Lepaterique y luego en Aguanqueterique.

Por esos días y más exactamente el 20 de mayo, la Municipalidad de Tegucigalpa se dirigió a la de Comayagua diciéndole "que los ciudadanos Diego Vijil y León Rosa y el Síndico don Carlos Selva iban como comisionados suyos a tratar sobre la unión de éste y aquel pueblo, y esperaban que los Jefes Políticos de una y otra provincia dieran sus órdenes a todos los pueblos del Estado de Honduras para que procedieran desde luego al nombramiento de su Diputados al Congreso".[43].

Esta actitud de Tegucigalpa es digna de tomarse en cuenta al tratarse de la integración territorial y lo fue por Comayagua, en donde se convino que el primer Congreso se reuniría en el mineral de Cedros; que las juntas preparatorias serían en Comayagua y que el Jefe Político Superior de esta provincia nombraría a los primeros tres diputados que llegaran a la sede fijada, para que se encargasen de examinar los poderes de los que posteriormente fuesen llegando,

---

[43] Documentos del Archivo del Distrito Central. Letra A., año de 1823. Tegucigalpa.

siendo los de aquellos examinados por otros tres nombrados por los últimos. Se convino también en el protocolo que debería seguirse para la instalación del Congreso, en la forma y letra en que debería prestarse el juramento de cada representante y en que durante las juntas preparatorias se decidiría sobre los viáticos que deberían ponerse a la orden de los diputados. Las juntas preparatorias se realizaron los días 15, 19 y 28 de julio, concurriendo a ellas los representantes Nolasco Arriaga, Brito, Rubí, Bueso y Bardales. El Congreso se instaló el 29 de agosto, habiéndose levantado el Acta respectiva, algunos de cuyos párrafos copiamos así:

"En el Mineral de Cedros, a veintinueve de agosto de mil ochocientos veinticuatro. ....

En consecuencia, se reunieron en la Sala Municipal de este Mineral acompañados de los CC. Jefes Políticos de Comayagua y Tegucigalpa, Municipalidad y pueblo: previa la aprobación de poderes, se dirigieron a implorar el auxilio Divino a la Iglesia Parroquial, donde se celebró Misa Solemne de Espíritu Santo y se pronunció un discurso análogo a las circunstancias.

En seguida, exigido el juramento por el C. Jefe Político Superior de Comayagua, que preguntando:

¿Juráis desempeñar fiel y legalmente el encargo que los pueblos vuestros comitentes han puesto a vuestro cuidado, mirando en todo por el bien y prosperidad de los mismos pueblos? Contestaron: Si juramos; y de dos en dos pasaron al presbiterio a tocar el Libro de los Evangelios.

Regresando a la Sala Municipal, tomó su asiento el C. Jefe Político Superior como Presidente de la Junta Preparatoria y habiéndose indicado la elección de Presidente, Vice— Presidente y dos Secretarios, se despidieron el C. Jefe Político de Tegucigalpa y Municipalidad; procediéndose a la de Presidente, resultó electo el C. Lic. Arriaga con cinco votos, teniendo tres el C. Valle y uno el C. Herrera. Entonces el C. Presidente pronunció: El Congreso Constituyente del Estado de Honduras está legítimamente constituido e instalado.

Concluido este acto, se trasladó el Congreso a la iglesia, en donde se cantó un solemne Te Deum, y después regresando con los honores qua le hizo la tropa, a la Sala de su reunión, donde habiendo sido felicitado por la Municipalidad, a quien se contestó por el C. Presidente haber sido oída con agrado, recibió el citado Presidente de manos de los Jefes Políticos veintiún pliegos cerrados que contienen, según sus cubiertas, las elecciones de Jefes y Senadores de Estado, por los once Partidos en que está distribuido, menos el de Senador por el Partido de Nacaome, que expresó el Jefe de Comayagua no haberlo recibido y tenerlo reclamado... Y se acordó se comunique la instalación del Congreso a la Asamblea Nacional Constituyente, al Supremo Poder Ejecutivo y al Congreso del Estado del Salvador; y que se pase a los CC. Jefes Políticos de Comayagua y Tegucigalpa copia de esta acta para que la hagan circular y publicar en sus respectivos distritos. El C. Presidente dio por concluido el acto señalando para la apertura y primera sesión el día de mañana treinta de este mes. Pedro Nolasco Arriaga, Diputado por Comayagua, Presidente. Ángel Francisco de Valle, Diputado por Cantarranas. Vice Presidente, Miguel Valladares, Diputado por Tegucigalpa, José María Donayre, Diputado por Gracias. Manuel Jacinto Doblado, Diputado Suplente por Yoro, Santiago Bueso, Diputado por Trujillo, Manuel Ignacio González, Diputado por Juticalpa. José Rosa de Izaguirre, Diputado por Santa Bárbara, Secretario, Justo José Herrera, Diputado por Choluteca, Secretario". [44].

En la sesión del 30 la Asamblea procedió a dar cumplimiento a lo prevenido en el Artículo 6 del Decreto de 5 de mayo del mismo año emitido por la Asamblea Nacional Constituyente, por el cual se dejaba a su potestad la designación "del lugar en donde en lo sucesivo debe residir el Congreso", y deseando que la resolución adoptada no provocara más divisiones entre las dos Provincias que habían de integrar el Estado, "ni rivalidades entre los mismos pueblos", acordó que residiría por un año alternativamente en Comayagua y Tegucigalpa; "que el primer año sea en Tegucigalpa por haberlo

---

[44] Acta de Instalación del Congreso Constituyente del Estado de Honduras. RABN. Tomo I, Pág. 64. Dic. 10—1904. Tegucigalpa.

decidido la suerte, en la que se convino el Congreso"; que durante los primeros dos años no podría haber variación "si no es en el caso que haya una causa extraordinaria" que justificase una medida contraria y que, este Decreto sería comunicado a los Jefes Políticos de ambas provincias.

Herrera que desde el 19 de agosto se encontraba en Cedros preparando no necesario a tan importante reunión de los representantes del pueblo, escribió a la municipalidad de Tegucigalpa noticiándoles de todo lo actuado y diciéndoles que dentro de 15 días estarían en ella los diputados para proseguir sus labores; les encarecía buscaran un local adecuado para la instalación del Congreso, el cual debería ser arreglado convenientemente y, además, que procurasen alojamiento para los representantes en casas de personas que tuvieran "sus posibles". Finalmente les anunciaba a los munícipes que él, estaría en breve con ellos para ayudar en todo cuanto fuese menester.

El 16 de Septiembre, con gran solemnidad reanudó sus sesiones la Constituyente del Estado[45] y ese mismo día emitió el Decreto que literalmente dice:

"El Congreso Constituyente del Estado de Honduras, en cumplimiento del artículo 11 del decreto de la Asamblea Nacional Constituyente de cinco de Mayo, abrió públicamente los pliegos que contienen las elecciones de Jefe y segundo Jefe del Estado, hechas en los doce partidos de que se compone, con agregación de la Nueva Segovia, y no reuniendo la mayoría absoluta ninguno de los ciudadanos que en ellos se designan, el Congreso procedió a nombrarlos entre ellos mismos, de conformidad con el artículo 12 del citado decreto; y con totalidad de votos, nombró para Jefe del Estado al ciudadano DIONISIO HERRERA, y en la misma forma nombró para segundo Jefe al ciudadano JOSÉ JUSTO MILLA, y ha tenido a bien decretar y decreta:

---

[45]Probablemente la Asamblea reanudó sus sesiones en el famoso "Salón Dorado" de la casa de Don Antonio Tranquilino de la Rosa, en donde se habían realizado años antes, otras reuniones de importancia.

1.—Que el ciudadano DIONISIO DE HERRERA, sea reconocido por Jefe del Estado, con las atribuciones que le designa el artículo 34 de las bases sancionadas por la Asamblea Nacional en 17 de diciembre de 1823, y las que le designe la Constitución del Estado.

2.—Que el ciudadano José Justo Milla, sea reconocido por segundo Jefe del Estado, en las funciones señaladas en las mismas bases y las que le señale la Constitución del Estado.

3.—La duración de ambos Jefes será la de cuatro años, conforme el artículo 39 de dichas bases.

Comuníquese al Poder Ejecutivo del Estado para su cumplimiento, y que lo haga publicar y circular. Tegucigalpa septiembre 16 de 1824. Pedro Nolasco Arriaga, Diputado Presidente, José Rosa de Izaguirre, Diputado Secretario, Justo José Herrera, Diputado Secretario" [46].

Inmediatamente después, la misma Asamblea le dio a Herrera posesión del cargo, habiendo prestado la promesa de ley ante el Presidente de la misma Don Pedro Nolasco Arriaga. Quedaba pues pendiente la constitución del Consejo Representativo y de la Corte Superior de Justicia, para completar las altas autoridades del Estado que, sin haber aprobado su Constitución, había procedido a darse un Jefe y un Vice—Jefe, ateniéndose solo a un Decreto de la Asamblea Nacional Constituyente y a las Bases decretadas en 17 de diciembre de 1823.

---

[46] El Art. 12 del decreto de 5 de mayo de 1824 que invoca la Asamblea, dice: "Si algún ciudadano reuniere la mayoría absoluta de hecho será tenido como jefe del estado. Si dos o mas ciudadanos tuvieren cuatro o mas votos, el Congreso elegirá solo entre ellos; y si esto no se verificare, nombrará entre todos los designados por las juntas; siempre por mayoría absoluta". Herrera lo fue por unanimidad. Después menciona el artículo 34 de las Bases sancionadas por la Asamblea Nacional Constituyente el 17 de diciembre de 1823, que dice: "Articulo 34. Está a su cargo: 1. —Executar la ley y cuidar del orden público. 2.—Nombrar los funcionarios del Estado, a propuesta en terna del consejo: y los subalternos a propuesta igual de sus gefes. 3.—Disponer de la fuerza armada del Estado, y usar de ella en su defensa, en caso de invasion repentina, dando cuenta inmediatamente a la legislatura del Estado, para que esta lo haga al Congreso Federal". Finalmente, el artículo 39 de las Bases dice: "El gefe y segundo gefe del estado durarán en sus funciones cuatro años, y podrán reelegirse, sin intervalo una vez".

XIII

Lo que Herrera deseaba que fuese Honduras.
Sus trabajos en favor de la organización
del Estado. Nuevos disturbios. La revuelta
en Nicaragua y la economía hondureña.

El honor y la confianza que los constituyentes habían otorgado a
don Dionisio de Herrera, posiblemente le abrumaron. Repetidas veces
había querido dejar el mando político de la provincia de Tegucigalpa
enviando su renuncia y exponiendo razones; en octubre de 1823,
había escrito a su entrañable amigo Don Francisco Antonio Márquez
en tono suplicante: "Mira, por Dios, que me quiten este empleo; si no,
me arruinan en todos conceptos"; el 22 del mismo mes le repetía: "Mi
salud quebrantada: mis negocios y todo, no me permiten seguir en
este empleo. Llevo puestas siete u ocho renuncias. Interesate en que
me lo quiten o que siquiera me dejen descansar".

Para Herrera aquella elección representaba nuevos sacrificios y
renovados esfuerzos. No había pedido el cargo; se lo habían conferido
los pueblos por intermedio de sus legítimos representantes que
encontraron en él, al estadista, al hombre justo y sereno que reclamaba
la salud y el porvenir de la nación y, tomándolo así, Herrera obedeció
y se puso con todo su corazón a trabajar intensamente en la causa de
la patria. En sus manos habían puesto los pueblos sus destinos y bien
claro era para él, que solo se le daba la arcilla para que con ella
modelara una nación. Tarea dura; tarea gigantesca, porque en esa
arcilla estaba también el duro sílice de las pasiones sectarias y
asomaba el germen de aquella semilla levantisca y tumultuaria que
Justo Centeno había sembrado años atrás.

Comprendió Herrera que todo estaba por hacerse; el cúmulo de
ideas que bullían en su cerebro, no tenían ni siquiera una válvula de
escape que transportara al pueblo su pensamiento. ¿No había imprenta
y en esa forma, como luchar contra el fanático pasado de tres
centurias? Se le ponía a la cabeza de un Estado naciente, sin leyes, sin
pautas, sin economía y sin patrimonio; se le entregaba un puñado de
hombres que iban a ser ciudadanos pero que desconocían sus más
elementales deberes y que solo estaban prestos a reclamar sus

derechos, aquellos derechos que el régimen pasado no les había concedido y que ahora esperaban del nuevo que se los diera con largueza.

Y he aquí el fenómeno que ha fluido y sigue influyendo en la mentalidad política del hondureño: el Estado tiene la obligación de concederle y reconocerle todos los derechos al ciudadano; las leyes deben garantizarle la libertad, la propiedad y la persona; las autoridades están obligadas a respetarle y protegerle, porque como ciudadano, el hondureño tiene derecho para pensar, para hablar, para moverse, para trabajar y aún para alzarse en armas y asestarle puñaladas a la patria. Empero, la Patria, ese jirón de tierra sembrada de montañas y pinares regado por el Segovia y el Ulúa, cuyo cielo límpido refleja el maravilloso espejo del Yojoa y en el que conviven dos millones de hombres, la Patria, no debe pedirle nada ni contribuciones, ni decencia, ni honestidad ni respeto. Como hondureños, tiene todos los derechos, pero carecen de todos los deberes.

Al contrario, en la mentalidad de los políticos paisanos hierve como lava volcánica la pasión sectaria; el derecho de asesinar hermanos en nombre de la Patria amparados por "la revolución"; el derecho de robar y saquear las arcas del erario público que guardan las contribuciones de todos los compatriotas y luego, el derecho de la desfachatez para pavonearse por calles y sitios públicos ostentando una riqueza que no es propia, aunque en voz baja los hombres honrados les llamen por su nombre: Ladrones!!

Estos problemas los previó Herrera y los palpó sin gran trabajo. En sus cartas a Márquez expresa con amargura: "No hay país en el mundo donde haya más apatía, más pereza en los negocios y menos espíritu público que en Honduras. Yo rabio; he hecho el sacrificio de mi salud, de mi reposo, de mis inclinaciones y de mis intereses; pero Honduras necesita de muchas palancas para moverse". Y entendido de esta verdad tomó la responsabilidad que se le daba con decisión, buscando para que le ayudas en el empeño a los mejores hombres con que se contaba. Nombró para que le sustituyese en Tegucigalpa a Diego Vijil, ciudadano y prócer de mente clara, firme voluntad y honradez intachable; confió en Don José María Rojas, en León Rosa, en Felipe Santiago Reyes y en Carlos Selva y cuando la Asamblea le autorizó por Decreto de 22 de septiembre para nombrar un Secretario del Despacho General, aunque al principio tuvo vacilaciones por tratarse de un candidato primo hermano de su esposa, concluyó por escogerlo y, con aprobación posterior de la misma Asamblea, dio el cargo al ciudadano Francisco Morazán.

Era Morazán uno de los hombres de más valía intelectual y de mayor riqueza moral; era un joven solvente en las triquiñuelas de la vieja politiquilla y con un caudal, en cambio, de pensamientos nuevos, de generosas aspiraciones y de patrióticos anhelos. No se había manifestado en él la pericia militar, pero estaba educado en la escuela del civismo y tenía la preparación suficiente para responder airosamente del cargo tan delicado que el Jefe del Estado había puesto en sus manos. Como era de esperarse, Herrera fue criticado duramente por este nombramiento, pero para salud del Estado, resultaba impostergable.

Desde en diciembre de 1823, Herrera pensaba ya en el establecimiento de una imprenta, para "dar a conocer por medio de ella a los buenos y a los malos" y para dar a conocer las leyes para hacer saber a los ciudadanos que tenían a la par de derechos muchos deberes, organizó las "tertulias patrióticas" mediante las cuales pensaba modelar las virtudes ciudadanas y estimular el amor a la libertad y a la democracia. Quería Herrera más caminos que minas en explotación; quisiera —decía— que hubiese un par de ríos navegables, y no que se sacase mucha plata; como ya se ha dicho, le reventaba el alma la indolencia porque era un hombre de acción, de organización y de trabajo y sobre esto escribía: "Y porque Honduras ha de caminar con tanta lentitud, ¿teniendo elementos para marchar a la par de los primeros estados? Volved la vista, ciudadanos legisladores, a esa área inmensa comprendida desde el Atlántico al Pacífico. Ella es habitada por hombres que conservan en la mayor parte su inocencia primitiva, y que se hallan dispuestos a recibir las mejores impresiones. No ha sido corrompido por vicios destructores ni por revoluciones desastrosas. Se han hecho siempre distinguir por sus talentos, por su carácter y por sus virtudes. Nada más les falta, para no ser inferiores a los habitantes de la Atica y del Lacio, que los medios de ilustrarse y de desarrollar toda la energía de su genio".

Creía Herrera en la agricultura como patrimonio eficaz para cimentar una sana economía nacional; soñaba con la ilustración, como palanca poderosa de la razón capaz de conservar aquella "inocencia primitiva" y encauzarla hacia el beneficio público; soñaba también con un pueblo fuerte por la salud física de sus moradores, la cual habría de darles todas las oportunidades de adquirir riquezas por el trabajo y, como consecuencia, una vida más tranquila y más cómoda. Deseaba en fin1, hacer de Honduras una nación floreciente, digna, respetada, con el concurso denodado de todos sus hijos.

Pero el Destino había dispuesto las cosas de otro modo. A la pereza iba a sumarse la holgazanería y la hidra de la política partidista. No se había cumplido el primer año de mandato cuando se presentaron las primeras dificultades.

Los sucesos de León en Nicaragua repercutieron en Tegucigalpa y afectaron la marcha de la organización del Estado. El Gobierno Federal nombró al Coronel Francisco Cáscaras, Comandante de Omoa para que fuese con un auxilio capaz de cooperar a la pacificación de aquel Estado en donde ardían las pasiones y la guerra civil. Ya en León se encontraba con igual misión el Coronel Manuel Arzú, para quien se urgía a Herrera que le remitiera seis mil pesos. Se requería, además, del Estado hondureño un contingente de 500 hombres equipados y no se disponía ni de dinero ni de fusiles. Por otra parte, Cáscaras manifestó que para marchar en auxilio de Arzú como tenía ordenado, necesitaba $37.600 pesos. Si el erario no atesoraba 6.000 pesos, mucho menos podía tener la suma que pedía el Coronel Cáscaras, por lo que Herrera recurrió a la Asamblea del Estado en solicitud de arbitrios. La Asamblea contestó al Jefe que el Gobierno los propusiera y éste sugirió un empréstito forzoso.

Haciendo relación a estos asuntos, Herrera decía a Márquez:

"Yo tenía noticia oficial de la carta escrita por Juárez a un oficial moreno de Omoa, con cuyo motivo dirigí al Comandante de aquella plaza dos mil pesos y órdenes a las milicias de San Pedro y de Gracias para que auxilien al primer aviso de aquella plaza. He tenido que mandar dinero a Trujillo. Tengo que remitir seis mil pesos a Arzú y que hacer los gastos necesarios para la reunión de 500 hombres con que voy a auxiliarlo; para esto no tengo más Tesorería que la de

Tegucigalpa, pues la de Comayagua dicen que no da ni para 15 artilleros que tienen allí. Mira cuales son mis apuros".

Esta confesión a su confidente y amigo, revela que había una conspiración contra el régimen en la Costa Norte y a la vez, que la situación económica estatal, era aflictiva. No podía Herrera hacer mucho en favor de sus ideales de gobernante; tampoco podía cumplir con el mandato de auxiliar a las autoridades nicaragüenses para mantener el orden. El lamento del Jefe del Estado era sostenido en carta de 7 de enero para Márquez, volvía sobre la mismo:

"Me hallo con 400 hombres y sin dinero. De Comayagua nada dan para los gastos del Estado, ni franquean armas ni quieren ir a León y todos los días mandan quejas y sentimientos al Congreso. Son más las sesiones secretas que hay que las públicas. Todo va cual Dios es servido y todos los días hay ocurrencias singulares. No se al fin en que vengamos a parar, y lo menos que sucederá, en mi concepto, es que haya de nombrarse un dictador".

Realmente la situación era delicada; el Congreso comenzaba a jugar política; los reaccionarios se entendían procurando alianzas; el erario estaba vacío y sólo Herrera pensaba en la república. Para el Ejecutivo no quedaba otro camino que el del empréstito, pero en el Congreso esto causó largas y acaloradas discusiones; algunos diputados hicieron discursos de pura demagogia criticando los préstamos forzosos, otros censuraron duramente la conducta del Coronel Arzú y todo esto, como es comprensible, agitó los ánimos.

Así las cosas, en la sesión del 4 de enero el diputado Donaire denunció ante la Asamblea un atropello del que había sido víctima por parte del Comandante Manuel Zelaya y del Alcalde Constitucional Simeón Durón quienes pretextando necesitar alojamiento para la tropa de auxilio que debería marchar a Nicaragua, le sacaron del Convento de La Mereced en donde vivía. El Congreso mandó que se repusiera al Diputado Donaire en su domicilio, destituyó a Zelaya de la Comandancia y nombró a Cáscaras para sustituirlo después de acaloradas discusiones y protestas. En la sesión del 20 el Presidente del Congreso, Valle "se quejó de que a la autoridad legislativa del

Estado se le trataba en Tegucigalpa con el mayor desprecio y de que a sus individuos, principalmente los eclesiásticos, se les odiaba". El diputado Arriaga manifestó que en Comayagua se decía "que el Congreso no obraba con plena libertad" y, aunque el diputado Ariza trató de desvanecer aquellos decires y temores, en la sesión del 22 de enero, se emitió el decreto por el cual el Congreso se trasladaba a Comayagua, declarando cerradas sus sesiones que serían reanudadas el día 15 de febrero entrante. Por el mismo decreto se ordenaba que el Gobierno también debería trasladarse a la antigua capital de la provincia.

Estas contingencias preocuparon hondamente al Jefe de Estado pues veía con temor el renacimiento de las viejas rencillas comprendiendo que eran los políticos mediocres agitados y estimulados por los reaccionarios, quienes movían partidos y procuraban la desorganización del país que apenas estaba iniciándose y, aunque estaba listo para dar cumplimiento al mandato legislativo, procuró demorar el traslado hasta dejar concluidos algunos graves asuntos que estaban gestándose por los enemigos del orden. Con tristeza escribía a su confidente Márquez:

"No puedes figurarte cual es mi situación. Veo trabajo perenne y continuado con solo dos escribientes, y éstos sin sueldo y una porción de negocios de la más alta importancia, experimentando contradicciones continuas van a dar en tierra muy pronto con el Ministro y con el Jefe del Estado...".

Sin embargo, el empaque de estadista de Herrera, su tino político, su serenidad y el conocimiento más o menos cabal de sus oponentes, salvó aquella amenazante situación y, previendo la tormenta procedió a realizar algunos cambios: nombró a Diego Vijil como Jefe Político y Sub—Delegado de Hacienda interino: se acercó a José Ignacio Córdova Comandante de Armas que había sustituido a Cáscaras, para consolidar el respaldo militar y avisó al Congreso que ya estaba sesionando en Comayagua, que asuntos urgentes le tenían demorado en Tegucigalpa.

El 7 de mayo, Herrera fue requerido por el Jefe del Estado de Nicaragua para que, con objeto de mantener el orden, enviara en su auxilio al escuadrón de Segovia. Inmediatamente lo notició al Congreso diciéndole que no obstante tener orden del Gobierno Federal para abstenerse de enviar ningún auxilio a Nicaragua, la propia seguridad del Estado de Honduras aconsejaba prestar este auxilio por lo que había ordenado al Comandante del escuadrón que hiciera los aprestos necesarios a su marcha. El Congreso aprobó este paso y en sesión del 25 de mayo "lo facultó para tomar cuantas medidas le parecieran necesarias para cooperar al mantenimiento del orden en Nicaragua".

Casi al mismo tiempo —escribe el historiador Durón—, el 21 de mayo, el Gobierno Federal ordena al del Estado de Honduras que pasaran de guarnición 200 morenos de Trujillo y 100 del escuadrón de Yoro a Nicaragua, los que debían armarse tomando 300 fusiles de los que había en Comayagua, y en el caso de no haber los necesarios en esta ciudad, se completaría el número con los 51 que habían quedado componiéndose en Tegucigalpa[47].

Este juego de prohibir el envío de un auxilio y luego ordenarlo, no escapó a la ágil mentalidad de Herrera que seguramente lo achacó al malabarismo político de Arce que recién había pretendido hacer méritos con la pacificación de Nicaragua a espaldas de las autoridades de la República y que, en 6 de febrero anterior, había sido elegido por la Asamblea Nacional Constituyente, Presidente de la República contrariando la voluntad de los pueblos que eligieron a José Cecilio del Valle. Sin embargo, el Jefe del Estado quiso dar cumplimiento a la orden federal y, no teniendo fondos disponibles, dispuso echar mano de las rentas federales, lo cual puso en conocimiento de la Asamblea del Estado, que aprobó su rápida medida. De ello daría cuenta al Gobierno de la República.

Entre tanto, en la sesión del 25 de junio, el Congreso había compelido a Herrera para que se trasladase a Comayagua con el Gobierno fijándole un plazo de 15 días, pues los asuntos del Estado requerían la presencia del Jefe en aquella ciudad. Pero Herrera que conocía la delicada situación de Tegucigalpa no quería dejar en desamparo el prestigio de las instituciones ni dar ocasión a los anárquicos para que continuasen agitando los ánimos del pueblo. Y

---

[47] Durón, Rómulo E. Obr. Cit. Pág. 142

en efecto, el tumulto no se hizo esperar. Pretextando el nombramiento de Vijil como Sub—Delegado de Hacienda interino, Guadalupe Lagos que desempeñaban el cargo, se disgustó y poniéndose de acuerdo con el Comandante Córdoba y otros vecinos levantiscos, "trataron de formar un partido que se llamó de los pardos contra los blancos", el cual trataría a su vez de reponer a Lagos en su puesto.

Herrera en carta para Márquez de 20 de julio de 1825, explica mejor el suceso. Leámosle:

"De resultas de la mala versación de Lagos en la Hacienda Pública, dicté algunas providencias. El, Córdoba, Juárez y otros que llegan al número como de doce han tratado de hacer revolución contra mí y contra los blancos. No pudiendo hacer partido, se valieron del miserable recurso de escribir al Presidente de la República, diciendo: que yo, Rojas y todos los hombres de bien, que lo son, de ésta, tratábamos de hacer revolución contra Arce, para quitarle la Presidencia. Por supuesto, que nada hay de verdad en esto, pues teniendo libertad para hablar, no he querido hacerlo, ni siquiera he querido manifestar un solo papel de los muchos que se han escrito contra la elección. Sin embargo, Arce se ha creído de estos papeles inmundos y dio parte al Congreso Federal, pidiendo se revocase la ley que previene el orden de comunicaciones pues quería entenderse directamente con Lagos. El Congreso acordó de conformidad, pero el Senado no quiso sancionar este acuerdo. Arce, no obstante que antes había llamado a Córdoba a Guatemala, le ha dicho continúe en esta hasta nueva orden, de Comandante. Esto es así; pero también añaden que secretamente le dice que vigile sobre mi conducta, etc. Pocas horas antes de la llegada del correo que conducía la orden vino uno de Comayagua en que la Asamblea del Estado mandó que sin perjuicio de que el Gobierno nombrase Comandante y sin perjuicio del orden y mediante a las circunstancias, Córdoba entregase entre 24 horas la Comandancia a León Rosa; la entregó en efecto; pero dice que la volverá a reasumir en vista de la orden del Presidente de la República y voy a reclamar el cumplimiento de la Ley ante el Congreso Federal, por no tener facultades el Presidente para nombrar aquí Comandantes ni entenderse sino conmigo. Podré acaso para restablecer el orden tener necesidad de 25 a 30 texiguat escogidos. A

Comayagua han escrito mucho contra mí; pero lejos de producir bien, ha producido mal; porque allí están cerca y conocen a estos pillos".

Empezaba el Presidente Arce su política equivocada de intervención y de centralismo del poder, pero en Honduras chocó con el legalista Herrera que conocía la Constitución mejor que aquel. Eran los preludios de la tormenta. Al oído del Presidente, los malvados habían deslizado palabras emponzoñadas contra el Jefe del Estado que, a su tiempo, darían los resultados deseados. Lo incomprensible es que Arce, un hombre de cultura no común, luchador por la libertad, militar valeroso y ciudadano principal, haya dado pábulo al chisme como cualquier machetón ordinario y solo se explica esta conducta, por el hecho de que, en su conciencia, estaba la verdad de que había entrado al Poder Supremo de la Nación, por la ventana. Temía a la opinión de los pueblos y al índice acusador de los hombres de bien, de los ciudadanos ilustrados.

Este primer intento de arbitrariedad, fue el eslabón inicial de una serie de atropellos a la Constitución y a la libertad que posteriormente fueron haciéndose visibles en toda la nación. Herrera lo presentía, pero no podía someterse a la arbitrariedad. Decidió hacer un reclamo y denuncia ante la Asamblea Nacional Constituyente no con ánimo de perjudicar al Presidente Arce; sí con espíritu democrático, para que se respetasen la independencia de los Estados y la majestad de las leyes estatales tan dignas de observación, como lo eran las de la República.

La resuelta actitud de Herrera disgustó al Presidente que ejercía el poder ajustado a las Bases de Constitución, ya que ésta no estaba aún redactada ni sancionada y, desde entonces, se pensó en Guatemala en la conveniencia de separar al Jefe del Estado de Honduras de su cargo. Una prueba de esto se encuentra en la propia confesión de Herrera hecha al P. Márquez en carta de 6 de Agosto de 1825, cuando le dice:

"A mí se me ha nombrado con acuerdo del Senado Enviado Extraordinario y Ministro Plenipotenciario cerca del Gobierno Británico y otros de Europa. Los liberales sé de positivo que me han nombrado de buena fe. Este nombramiento es honrosísimo, es utilísimo y conforme a mis deseos y única ambición. Pero hay acusaciones hechas contra mí, y yo he hecho otras y el honor me dicta que no he de salir de la República. Ya veré lo que hago".

Esta separación que se intentaba, fue el resultado del fracaso de Arce en el Congreso; el Senado estuvo a favor de Herrera y la queja volvió al Congreso Federal en donde el Presidente no obtuvo las dos terceras partes de los votos que necesitaba, sino solamente ocho votos, habiéndose propuesto que el Comandante Córdoba saliese inmediatamente de Honduras, con lo cual el Presidente perdía un aliado ya que aquel por orden del Poder Legislativo, tuvo que abandonar Tegucigalpa.

Como la maniobra de convertir a Herrera en diplomático tuviera todos los visos de fracaso por las razones apuntadas, Arce cambió de táctica: quiso desarmar al Estado de Honduras. Con pretexto de auxiliar a Nicaragua, ordenó al Jefe que hiciera marchar hacia León cien hombres de Yoro y doscientos caribes, tropa aguerrida y probada durante las invasiones piratas del tiempo colonial; ordenó, además, que las armas deberían proveerse de los arsenales estatales que, como hemos visto, estaban exhaustos de implementos, diciendo que los fusiles serían devueltos cuando la tropa fuese relevada. Sobre esto, en la misma carta citada arriba, Herrera dice:

"Por este correo me dan noticias de que Amaya marcha con una división mexicana sobre Soconusco; que de esta República marcharán a aquel punto mil doscientos hombres y que estando escaso de fusiles, le remita quinientos a Guatemala. Son pocos los que hay en este Estado; es el que debe estar más guarnecido; en San Salvador dice su Gaceta que hay mil cuatrocientos y que aguardan otros mil, y han pasado por las inmediaciones de Comayagua...... ¿Por qué no se piden fusiles a San Salvador?".

Estaba ya iniciada la pugna entre el Jefe del Estado de Honduras y el Presidente de la Federación. Los resultados, serían cosa de tiempo.

XIV

Herrera en Comayagua. Su primera
proclama a los tegucigalpas.
El Provisor Irías. Otros sucesos.
La primera Constitución Política de Honduras.

El 28 de julio siguiente, Herrera prestó en Comayagua ante la Asamblea un nuevo juramento como Jefe del Estado de Honduras, no obstante haberlo hecho antes en Tegucigalpa al momento en que este alto cuerpo, le eligió como a tal.

Cuando Herrera llegó a Comayagua, era una ciudad hermosa. Sus construcciones de anchos paredones y acogedores aleros de roja teja, sus calles empedradas y los hierros de sus balcones, el ampuloso portón de dinteles adornados y la acera de baldosas, le daban ese peculiar aspecto que tuvieron las ciudades coloniales. La amplia Plaza Principal se adornaba con la hermosa pila mandada a construir por el Obispo don Antonio José de Palencia cuando hizo el acueducto de la ciudad; con la elegante Catedral, el Palacio Episcopal, el viejo Cabildo y las casas de importantes familias. Una cuadra más hacia el Norte, estaba el edificio de Gobierno, por cuyos corredores habían transmitido graves capitanes Generales. Al frente, hacia el Oriente, estaba la antigua iglesia del Convento de San Francisco y en el centro de una hermosa y dilatada plazoleta, había una construcción de madera que cubría una vieja cruz sostenida por una peña de cal y canto, mandada a construir por el Gobernador Interino don Antonio Norberto Serrano Polo a principios del Siglo XIX. Muy cercana a esta plazoleta, se levantaba el casi ruinoso edificio de la Caja Real frente al cual, estaba el Cuartel Principal y la Sala de Armas.

Hacia el Sur, la antigua plaza de La Merced, en donde el fundador don Alonso de Cáceres hundió el pendón de España en 1537, lucía al centro una columna de piedra y ladrillo que el Alférez Real don Juan Lindo y Zelaya había mandado a construir en memoria de la jura de la Constitución de 1821 y frente a ella, al lado del Oriente, las líneas sobrias de la primera Catedral y primera iglesia de la ciudad hacían recuerdo de pasadas glorias y de las pompas litúrgicas cuando el Obispo don Fray Gaspar de Quintanilla y Andrada, cambió la antigua construcción de bahareque por la de adobe y tejas; contiguo a la iglesia, se contemplaban los muros ennegrecidos del Convento de mercedarios, con su huerto y su acequia, con sus patios embaldosados y las arcadas de sus hermosos claustros, en donde la suave sandalia de los frailes, pisó por millones el viejo pavimento; casi en el centro de la ciudad, el Hospital de San Juan de Dios, fundado por el Obispo don Fray Juan Merlo de la Fuente de mediados del Siglo XVII, lucía todavía su iglesia que, aunque modesta, tenía ese sabor de paz y de consuelo tan típicos en las casas de misericordia de la colonia.

En cada una de estas plazoletas y en los linderos del Barrio Arriba, habían hermosas fuentes de ladrillo con sus grifos y piletas en donde la gente ocurría a proveerse del agua que el Señor Palencia había introducido a la ciudad desde las faldas de la montaña, de la quebrada de La Majada. A un lado del camino real que conducía a Tegucigalpa, en la cumbre de una pequeña colina, la iglesia de San Sebastián erguía sus torres y más hacia el Oriente, al fondo de la gran planicie, la pequeña iglesia de San Blas dejaba iluminar su blanca fachada por los rayos del sol.

San Sebastián, San Blas y Mexicapa, eran los barrios más populosos hacia el Sur—Oeste, pues hacia el Norte, el Barrio Abajo y Corinto, pertenecientes a la parroquia de La Caridad cuyo templo había sacado de cimientos el civilizador e insigne Obispo Don Fray Antonio López de Guadalupe a mediados del Siglo XVIII, bullían de gente laborioso. En estos barrios vivían los labriegos y los obreros que a temprana hora dejaban el hogar para marchar a la cercana heredad en donde cultivaban los granos, ordeñaban la vaca y acarreaban la leña para la venta y el gasto diario de la casa. Quien entonces iba a decirles a estas gentes humildes que aquellos barrios tranquilos serían escenario de macabras fechorías.

Por motivo de que la residencia del Jefe del Estado se encontraba en muy malas condiciones para ser habitada, Herrera y su familia tuvo que hospedarse en casa de la Mercedes Olano, una especie de posada que estaba ubicada frente a la citada residencia en el barrio de San Francisco, negocio que Mercedes heredó a su hija Margarita quien todavía por 1845, mantenía el hospedaje. La Asamblea que sesionara provisionalmente en el Salón de la Municipalidad, acababa de trasladarse a su nuevo local. No había escuelas públicas; los escolares recibían la enseñanza de las primeras letras en escuelitas privadas atendidas por maestras empíricas pero de una gran eficiencia. Las costumbres de la gente eran muy sobrias; las mujeres hacendosas y honestas: los hombres muy laboriosos pero demasiado adictos a la politiquería. La población se calculaba entre 15 a 18.000 habitantes entre la cual era numeroso el clero, los agricultores y los ganaderos.

Pronto estuvo lista la Casa de Gobierno; Herrera pasose a vivir en ella teniendo a la vez su despacho y el de la Secretaría General en el mismo edificio.

El hecho de estar en un solo sitio dos de los Poderes del Estado, ya que la Corte Superior de Justicia mandada a integrar por Decreto del 23 de julio anterior no se había podido reunir, no mejoró la situación de Tegucigalpa. Por gestiones y quejas de Herrera el Comandante Córdova se había marchado pero antes de ello; había provocado otros escándalos. A este propósito, el distinguido historiador Durón escribe: "El 3 de julio hubo una merienda en casa de Córdova y un sarao en casa de don Francisco Lozano, en donde resultó una efervescencia que terminó en la calle con algunos heridos, resultando apedreado el Diputado por Tegucigalpa don José Antonio Márquez. Todo provino de que uno de los concurrentes llamó pasquín infamatorio contra ellos a una proclama anónima que invitaba a la unión de los vecinos y al respeto a las autoridades. El día en que el Jefe Herrera salió para Comayagua, se dispuso por el Alcalde 19 Guadalupe Lagos y por el Comandante Córdova una música que salió a las calles y concluyó con una canción hecha para las circunstancias que mandó cantar el mismo Lagos, llena de injurias contra el Supremo Jefe. El 22 de agosto circuló un paquín en que se decía oprobios contra el jefe del Estado, contra el Gobierno político y contra muchos hombres de bien".[48]

Tales hechos obligaron al Jefe Herrera a dirigirse al pueblo de Tegucigalpa por el que tanto había luchado, por medio de una proclama fechada el 9 de septiembre en Comayagua, y en la cual lo llamaba a la cordura y desvirtuaba las falsedades propaladas por los enemigos del régimen. Algunos de sus párrafos son estos:

---

[48] Durón, Obr. Cit. Pág. 146

"CONCIUDADANOS: Las providencias dictadas por el gobierno no han tenido por objeto hostilizar ni causar ningún mal a los habitantes de Tegucigalpa, como falsamente han querido difundir los enemigos del orden, y de Tegucigalpa. El Gobierno no tiene queja, ni la ha tenido jamás del vecindario honrado de esa ciudad. Lejos de eso el que lo representa, desde el año de 21 hasta esta fecha, ha recibido pruebas repetidas del aprecio y afecto de esos vecinos, que se le han manifestado de diversos modos. Penetrado de gratitud ha sacrificado su reposo, salud, y sus intereses en beneficio de ese pueblo...

Sin embargo: hombres que no viven sino del desorden. hombres inmorales que no desean otra cosa más que el trastorno: que temen la energía del gobierno, y que ven sobre si la cuchilla de la ley que los amenaza por los delitos que han cometido, han procurado engañar a los incautos, difundir especies falsas, y persuadir, que el gobierno trata de hostilizar a ese pueblo, y que con este objeto ha mandado la tropa que se ha detenido con grave perjuicio de la hacienda pública en la Cofradía. Tened confianza en el Gobierno: tened confianza en sus providencias, que no son jamás dirigidas al mal: tened confianza en sus palabras; y si sabéis que alguna vez haya engañado a alguno, manifestado, y no me creáis. Pero si por el contrario, mi conducta ha sido franca: si tengo la satisfacción de poder decir que nadie ha recibido mal de mi: creedme; no os ocupéis de interrumpir las providencias del Gobierno: no deis pasos que os desacrediten, y mancillen el buen nombre que habéis adquirido: no pongáis al gobierno en la necesidad sensible de dictar las providencias que exige el orden público y que le prescribe la ley. Los gobiernos de todos los Estados, y el de la Federación, caminan de acuerdo con el de Honduras para conservar el orden, y no permitir sea perturbado en ninguno de los pueblos de la República".

A pesar de estos esfuerzos por la tranquilidad, los disturbios siguieron y a falta de Córdova, Lagos se alió con el médico Carlos Joaquín Herrera, a quien el Jefe del Estado, siendo aún Jefe Político de Tegucigalpa, había hecho el gran favor de interceder cerca del Dr. Pedro Molina, entonces Triunviro, para que le extendiese permiso definitivo para ejercer libremente su profesión. "El Quiteño", como le decían comúnmente al médico Herrera, pronto olvidó aquel servicio así como que Herrera era su cliente y amigo; unido a Lagos se dio a la ingrata tarea de organizar un movimiento popular que, a no haber sido por la prudencia de don Diego Vijil, habría desembocado en una balacera.

El orden se mantuvo a duras penas porque se supo que se esperaba un piquete de tropa que se enviaba de Comayagua y por la eficaz ayuda que el oficial Justo Centeno, que anteriormente había sembrado el germen del desorden, prestó a Vijil para mantener a raya a los revoltosos. Centeno capitaneaba a un grupo de 25 cívicos con los cuales finalmente, fue prendido Lagos y encarcelado junto con "El Quiteño".

No tardó el Jefe del Estado en tomar el pulso a la política de la vieja metrópoli hondureña. Pronto advirtió el uso de la intriga y el gran poder del clero que movía con sorda inquina y mucha habilidad, el partido de la reacción. Iba a actuar en un medio casi hostil, difícil, incompresible, amañado por las triquiñuelas que dejara el animoso era el espíritu de Herrera ni menos hermoso su animosa a el espíritu de Herrera ni menos hermoso su pensamiento acerca de la organización de la Patria. Quizá por ello no se arredró y comenzó a laborar, esquivando escollos, conciliando intereses, disimulando todo cuanto pudiera ser un obstáculo para la buena marcha de los negocios públicos. Pero la actitud remisa de algunos elementos para colaborar en bien de la tranquilidad y el engrandecimiento de la Nación, tardó poco en aparecer y en despejar la incógnita ante los ojos y el juicio del Jefe Supremo.

Un sacerdote por muchas razones digno de la admiración y el respeto de su compatriotas, se encargó de mover partidos contra el Jefe del Estado en los inicios de su mandato. José Nicolás Irías, a la sazón Provisor del Obispado en Sede Vacante, hombre ilustrado y descendiente "de la primera nobleza y distinción de la Villa de Tegucigalpa", era el eje de aquella oposición que cada día habría de obstinarse más contra el nuevo orden político.

Era éste de carácter dominante, tenía "la constancia y firmeza para sostener los fueros y derechos de los cargos que desempeña", como asegurara en febrero de 1821 el Gobernador del Obispado Dr. don Juan Miguel Fiallos, y estaba profundamente arraigado al sistema monárquico que había defendido con ardor y, por consiguiente, ligado íntimamente con los reaccionarios y separado de los republicanos, por lo que, lógicamente, estaba de acuerdo con aquellos que en Guatemala habían decidido ya sobre la suerte del Estado de Honduras y su gobernante.

Irías había desempeñado de 1803 a 1815 los curatos de Tatumbla, Olancho, Cururú y Sensenti, por lo que no era ignorado por los pueblos; en el último año, asumió la dignidad rectoral de Maestre—Escuela de la Catedral de Comayagua, y en 1817 fue promovido a la de Chantre de la misma Catedral. El 6 de noviembre de 1820 fue elegido Diputado Provincial por la ciudad capital con unanimidad de votos y al año siguiente, el 3 de febrero, los Síndicos Procuradores del Ayuntamiento le postularon con encomiables recomendaciones por su ilustración y celo para llevar la mitra de Comayagua, entonces Sede Vacante, por haber fallecido el 13 de mayo de 1819, el Obispo don Manuel Julián Rodríguez del Barranco, con súplica de que, si para este delicado cargo no se le nombraba, al menos se le diera puesto para integrar el Consejo de Estado.

Se ve entonces que el Señor Irías no carecía ni de virtudes ni de ilustración ni de popularidad, pero como el Gobernador y Capitán General de Comayagua, don José Gregorio Tinoco de Contreras había gobernado con la asistencia de la Diputación Provincial de la que Irías era integrante, los métodos de gobierno y la constante consulta para resolver los múltiples problemas de la provincia, quizá lo habían acostumbrado al mando, al dominio de su pensamiento sobre el de los demás, pues se refiere que en cierta ocasión, Irías tuvo un desacuerdo con Tinoco después de un largo debate y, de pronto, el Provisor airado le dijo al Gobernador: "Ponga su bastón en la mesa, que no faltará quien lo empuñe".[49].

José Nicolás Irías fue uno de los firmantes del Acta de adhesión de Comayagua de 28 de septiembre de 1821 al proclamarse la Independencia, pero a condición de que la provincia quedase sujeta al gobierno de México y, a la caída de Iturbide, el Provisor fue a Guatemala como Diputado al Congreso que, en Acta de 1° de Julio de 1823, decretó la independencia absoluta de la que fuera Capitanía General que, en adelante, sería nación soberana con el nombre de Provincias Unidas de Centro de América.

---

[49] Vallejo, Dr. Antonio R. Obr. Cit.

Pero esto último no fue óbice para que el Provisor y Gobernador del Obispado se sintiese defraudado en sus aspiraciones; él no era seguramente republicano y mal acomodado en un medio que, enderezado hacia la democracia no tardaría en dar grandes sorpresas a las monarquistas, tomó el camino de la conspiración. Le incomodaba en extremo que el Gobierno Civil no encaminara sus pasos hacia él para someterle a consideración los asuntos de Estado; sentía rencor al darse cuenta de que, si como Jefe de la Iglesia hondureña gozaba de la alta estimación y del respeto de los hombres de gobierno y de los hombres del pueblo, como político no tenía más aureola que la recogida en un cercano pasado, en cuyo escenario había desempeñado un papel de primer actor y, aún como Provisor y Gobernador del Episcopado, guardaba en silencio profunda amargura, pues si en verdad la iglesia estaba bajo su potestad, día a día la mitra episcopal se alejaba más de su cabeza sacerdotal.

Empero, estas adversidades no le amilanaban y con la esperanza de reconquistar su poder temporal, se tornó enemigo encarnizado del gobierno, se puso del lado de la arbitrariedad, comenzó a protestar por todo, estuvo contra todo y cumplió así, paulatinamente, con el deseo del Arzobispo Casaus y Torres, poderoso aliado de la reacción guatemalteca que ya planeaba con el Presidente don Manuel José Arce, la ruina de la República y el caos en cada uno de los Estados federados. Tal era a vuelo de pluma el Provisor don José Nicolás Irías, principal opositor de don Dionisio de Herrera, Jefe Supremo del Estado de Honduras.

Mientras tanto, a mediados de septiembre de 1825 se recibió en Comayagua el Decreto de 1° del mismo mes por el cual el Congreso Federal había sancionado la Constitución de la República y el Jefe del Estado dispuso la forma en que debería publicarse tal decreto, dándole la mayor solemnidad.

Herrera se mostraba preocupado por la precaria situación económica del Estado, pues a Honduras correspondían para sostener al Gobierno Federal, $27.643.7 reales; 150 hombres para formar la fuerza permanente de la Nación cuyo traslado a Guatemala correría por cuenta de la hacienda pública y las rentas no correspondían al monto de los gastos. La única esperanza de salvación era la contratación de un empréstito de un millón de pesos, para lo que había sido comisionado Don José Cecilio del Valle desde el mes de agosto por la Asamblea hondureña pero, esta esperanza, pronto se desvaneció pues ya negociado el préstamo por Valle y concedido por la Casa Luis Biré de Londres en condiciones ventajosísimas, el Congreso Federal se opuso vigorosamente a la negociación reclamando el cumplimiento de lo estatuido en el Decreto de la Asamblea Nacional Constituyente de 31 de enero de 1825.

El 31 de octubre la Asamblea Constituyente convocó a la reunión de la Asamblea Ordinaria del Estado para el 15 de noviembre entrante y el 22, decretó el Presupuesto de Gastos estatal para el año de 1826 que arrojó la suma de $79.294.00, de los cuales correspondían al Poder Legislativo $12.664.00; al Gobierno, $5.180; al Consejo, $5.980; a los Diputados al Congreso Federal,$7.200;al Senado $4.000; para Viáticos, $4.920; a la Corte Superior, $5.520; al Juzgado de 2a Instancia, $2.100; al de 1a Instancia, $2.000; al Departamento de Hacienda, $11.920 y al Departamento de la Guerra,$17.800.[50]

A los señores Diputados Constituyentes, se les fue por la borda el compromiso con el Gobierno Federal de que se ha hablado y en el Presupuesto no aparecieron partidas para hacer frente a los gastos federales, así que, Herrera, que solo contaba con reducidos ingresos provenientes de las rentas de Alcabala Marítima, Papel Sellado, Correos, Renta de Propios y otras de menor cuantía tuvo que volver sus ojos hacia el tesoro eclesiástico y que dedicarse a estudiar un plan de nueva distribución de la renta decimal. La más productiva de las fuentes de ingreso era la Renta del Tabaco, reservada para el Gobierno Federal y, cuya custodia, sería el pretexto que el Presidente de la República habría de aducir para invadir al Estado y destruir sus instituciones republicanas.

Se deduce de esto que el sistema tributario era deficiente y seguía en vigencia la legislación que la colonia había dejado sobre la materia. Por otra parte, mientras el Estado, propietario lógico y natural de los bienes de la Nación no particulares, carecía de rentas y de heredades en producción, la iglesia disfrutaba de jugosas entradas, poseía haciendas y ganaderías a lo largo y lo ancho del territorio, cobraba diezmos, exigía primicias e imponía cargas a la ciudadanía, gozaba

---

[50] Duron, Dr. Rómulo R. Obr. Cit. Pág. 152

del fuero y tenía poder bastante para resistir el sometimiento a la ley civil si esto le complacía o para conducirse en forma contraria, según su conveniencia. Se vivía en una República democrática, pero sujeta al capricho de las antiguas normas y a la impotencia económica.

No obstante, los hombres que se habían propuesto estructurar una Nación —que por cierto y para desgracia nuestra eran muy pocos—, seguían vadeando escollos y, para darle cumplimiento a la ley de la República, el 11 de diciembre, la Asamblea Constituyente procedió "al escrutinio de los votos emitidos para individuos del Consejo Representativo del Estado", resultando como tales, el Dean Juan Miguel Fiallos, don Francisco Morazán, don Ciriaco Velásquez y den Vicente Ariza como propietarios y don Felipe Reyes y el Presbítero José María Rivera, como suplentes. El Consejo debería instalarse al día siguiente de la apertura de sesiones de la primera legislatura Ordinaria del Estado.

En la misma sesión del 11 de noviembre se procedió a firmar la Constitución estatal que había sido revisada por una Comisión especial integrada por los Diputados Valle, Ballesteros y Valladares, nombrada en la sesión del día cinco. La constitución fue firmada por: Manuel Jacinto Doblado, Vice—Presidente, Diputado por Yoro; José María del Campo, Diputado por Nacaome; José Rosa de Izaguirre, Diputado por Santa Bárbara; Ángel Francisco de Valle, Diputado por Cantarranas; José María Donaire, Diputado por Gracias y Miguel Rafael Valladares, Diputado Suplente por Tegucigalpa. El diputado Arriaga, "se negó a firmar la Constitución".

Acto seguido, el Jefe del Estado don Dionisio de Herrera puso el EJECUTESE, autorizando el acto con su firma, el Secretario General de Gobierno, Don Francisco Morazán.

La Constitución declara que el Estado de Honduras es uno de los federados de la República de Centro América, que es libre, soberano e independiente en su gobierno y administración interna; QUE SU TERRITORIO COMPRENDE TODO LO QUE CORRESPONDE Y HA CORRESPONDIDO AL OBISPADO DE HONDURAS; que el Poder Legislativo se compondrá de once diputados, el cual como es lógico tenía el derecho de emitir las leyes necesarias; que la ley sería sancionada por el Consejo Representativo el cual se compondría de un representante por cada Departamento y duraría tres años en sus funciones; que los Poderes del Estado serían elegidos conforme a lo dispuesto en la Constitución Federal; que el Poder Ejecutivo sería ejercido por un Jefe nombrado por los pueblos, el cual cuidaría de la ejecución de la ley y del mantenimiento del orden público, nombraría los empleados a propuesta del Consejo o del Senado, dispondría de la fuerza pública y usaría de ella en defensa del Estado; que el Poder Judicial se ejercería por una Corte Superior de Justicia integrada por un Presidente, dos Ministros y un Fiscal, debiendo ser precisamente letrados el primero y el último, que sería este tribunal de última instancia; que los Departamentos tendrían un Jefe Político intendente para el gobierno político y de Hacienda; que los pueblos de mayor número de 500 habitantes tendrían Municipalidad elegida popularmente; que habría un Tribunal de Cuentas que examinaría anualmente las de la Tesorería General y, finalmente, que las leyes y disposiciones vigentes que no se opusieran a la Constitución Federal ni a la particular del Estado, quedarían vigentes.

La Asamblea Constituyente del Estado, clausuró sus: sesiones el día 12 de diciembre de 1825.

XV

El General don Manuel José Arce,
Presidente de Centro América.
Su actuación política. Sucesos de
Guatemala y El Salvador. Arce y los
reaccionarios de Honduras.
Sucesos del año 1826.

El General don Manuel José Arce tenía en su haber político merecidos prestigios. Hijo de noble familia, educado con esmero en Guatemala, había sido uno de los Próceres salvadoreños que el 5 de noviembre de 1811, con el Dr. José Matías Delgado y los padres Aguilar, dieran el Primer Grito de Independencia en la Capitanía General de Guatemala. Viajó por los Estados Unidos del Norte y México; era liberal genuino, sufrido y perseguido por la causa de la libertad; había desempeñado el cargo de Triunviro al organizarse con gobierno propio las Provincias del antiguo reino y supo recoger verdes laureles en la pacificación de Nicaragua. Tenía pues, méritos indiscutibles.

Cuando el 5 de mayo de 1824 se convocaron los pueblos para que eligieran al Presidente de la República y demás empleados de la Federación, la ciudadanía escogió a José Cecilio del Valle y a Manuel José Arce postulándolos para tan delicados empleos. Ambos hombres de mérito, patriotas esclarecidos y con suficiente arraigo en la opinión pública. El Primer Congreso Federal inauguró sus sesiones el 6 de febrero de 1825 y a él correspondió el privilegio de abrir los pliegos de elección presidencial. El número total de sufragios era de ochenta y dos; se reunieron sesenta y nueve de los cuales Valle obtuvo cuarenta y un votos y el General Arce treinta y cuatro. "Valle, pues, estaba electo popularmente Presidente de la República".

Pero los partidos políticos del Congreso que tantas lágrimas y sangre han hecho verter a los centroamericanos desde aquella fecha, opinaron de distinta manera. El voto de los pueblos que por primera vez se había manifestado, iba a burlarse, a menospreciarse y con ello, se iba a cavar un abismo de pasiones en el cual habría de enterrarse la República. Los liberales se aferraron en la base de ochenta y dos sufragios y con esta tesis no encontraron la mayoría. Los conservadores, con cálculo bien disimulado, se plegaron a sus opositores, porque el objeto perseguido era que el propio Congreso eligiera entre los dos candidatos que habían obtenido mayor número de sufragios. Entraron en alianza los dos partidos y el 21 de abril, eligieron al General Arce como Presidente de la Nación y al Sabio Valle como Vice—Presidente. Este renunció el cargo reiteradamente por lo que el Congreso terminó eligiendo a don Mariano Beltranena. Ambos tomaron posesión de sus cargos el 29 de abril.

Las componendas en que entraron los liberales con los conservadores para esta elección, fue una falla para los primeros y una victoria para los segundos. Fueron, además, funestas para la vida de la Nación porque Centro América necesitaba para sus primeros pasos del apoyo y orientación de un estadista; requería la presencia de un hombre recto, conocedor de los problemas esenciales del país; urgía de la moderación, de la sabiduría en el manejo de la cosa pública. No necesitaba de la espada, por más limpia y brillante que esta fuera porque no se iba a combatir contra los ejércitos extraños que, si en verdad se decía estaban organizándose en Cuba para la reconquista, tampoco se tenía seguridades de ello; no se iba a desarrollar estrategia militar alguna; no se necesitaba de la disciplina del cuartel ni de las resoluciones inconsultas. Se iba a luchar contra la ignorancia, contra la desorganización administrativa y se iban a echar las bases de una Nación aplicando los mandatos de una Constitución Política defectuosa y deficiente, por más avanzada que esta fuera. Centro América no necesitaba de ejércitos; urgía de los conocimientos de un economista y de un hombre de estudio y, en este caso, Valle era el indicado. Los pueblos así lo comprendieron y Valle recibió por ello cuarenta y un votos.

Así lo afirma el propio Valle en su Manifiesto a la Nación Guatemalana, cuando dice:

"El Congreso se sirvió elegir al C. Arce Presidente, y a mi Vice—Presidente. Yo renuncié la Vice—Presidencia, manifestando que ni el estado de mi salud, ni el de mis intereses, casi abandonados desde 1821 por servir a la Nación, me permitían aceptar el nombramiento. El Congreso en orden de 22 de abril último, acordó no ser admisible mi renuncia, y que se me manifestase por medio del Gobierno, que el

Cuerpo Legislativo esperaba de mi patriotismo me prestaría a servir el empleo que se me había conferido. Hice entonces presente que los Diputados de la Asamblea Nacional tenían por decreto expreso el privilegio de poder renunciar los destinos a que fuesen electos: que yo había sido Diputado de la Asamblea, y si no ejercí la diputación fue porque ella misma me eligió individuo del Poder Ejecutivo; QUE NO HABIA TENIDO PARA LA VICE—PRESIDENCIA MAS QUE SEIS VOTOS: QUE OTROS HABIAN MERECIDO MAYOR NUMERO DE SUFRAGIOS, Y EN ESA MAYORIA HABIAN MANIFESTADO LOS PUEBLOS QUE SU VOLUNTAD ERA QUE NO FUESE YO EL VICE—PRESIDENTE, SINO AQUEL QUE TUVIESE MAS VOTOS". [51]

En efecto, entre los postulados para la Vice—Presidencia el C. José Francisco Barrundia había obtenido veinticinco votos y Arce veintitrés. Al renunciar Valle, el Congreso designó a Barrundia pero tampoco este aceptó. Los apologistas de Arce dicen que obtuvo 22 votos y Valle 5; pero estos votos no eran los de los pueblos; eran el resultado de un mal cálculo y peor negocio político de los liberales en el Congreso; no eran los votos de los pueblos, porque los pueblos no jugaban a la política sino que aspiraban a ver organizada la República y sus representantes, traicionaron aquella voluntad haciendo fraude y enseñando el camino tortuoso de la burla de la opinión pública que dió, posteriormente, un semillero de dictadores, de tiranos y de machetones encumbrados en el poder mas detestables y más feroces que el peor de los arbitrarios funcionarios coloniales.

Al elegir al General Arce, los liberales habían afilado la daga que habría de herirles en el corazón y el motivo era que en Valle, ya probado durante su actuación triunviral, no podían contar con un hombre manejable a su capricho, sin sospechar que en Arce, no había a pesar de su liberalismo, madera de estadista y sí material fácil para amasar a un tirano. La triste verdad muy pronto se haría evidente.

Con todo, los liberales escogieron al General Arce porque además de pertenecerles como partidario, había estado como ellos en las

---

[51] Valle, José Cecilio del. Manifiesto a la Nación Guatemalana. Obras de Valle.

luchas de independencia soportando las arremetidas de la reacción, pero he aquí que, una vez en el poder, su actitud fue diferente. En un principio el Presidente se sirvió de liberales y conservadores; "seducía a unos con posiciones en el Gobierno, comprometía a otros con secretos entendimientos y promesas", alentando esperanzas en los segundos y recordando a los liberales "sus luchas y martirios y, por ende haciéndoles creer que era solidario con sus ideas y sentimientos políticos". Intentó la uniformidad de los dos partidos primero; fracasado el intento, quiso dominarlos ya fuera con halagos o bien por fuerza y con este juego para el cual carecía de la hábil sutileza del verdadero político, dio puestos de categoría a los conservadores y saltó, con entendimientos secretos, la jerarquía gubernamental en los Estados poniendo así a los subalternos, envalentonados frente a sus superiores.

Estos manejos turbios realizados por Arce cuando la República necesitaba que el Presidente obrase con honradez y firmeza; cuando la Nación requería de su primer ciudadano una posición de avanzada que fuera garantía de triunfo de las nuevas ideas y de la evolución política obtenida con la proclamación de la Independencia y la organización del Estado Federal, fueron los causantes de la ruptura violenta entre el Presidente y el partido liberal que lo había elevado al poder, ruptura que aprovecharon los conservadores para acercarse más a él hasta convertirlo en dócil intérprete y ejecutor de sus funestos planes.

Así, cuando el Segundo Congreso Federal inauguró sus sesiones el 19 de marzo de 1826, el Presidente encontró en aquel cuerpo la mayor oposición y los liberales que habían en su seno, le acusaron de dar preferencias en el pago que hacía la Tesorería; de que contrariando la Constitución había devuelto al Superintendente de Belice, a varios negros que se habían refugiado en Guatemala buscando libertad y la protección que la propia Constitución les concedía al solo pisar territorio centroamericano y formulando otros cargos de índole administrativa que no por pequeños, dejaban de ser perjudiciales en manos de sus antiguos corifeos.

Si Arce, meditando bien su posición, ya que no deseaba cambiar su política hubiese renunciado con el mismo arrojo con que lo hizo del Triunvirato; si hubiese tomado el camino de la equidad actuando con energía y buena fe, la República se habría salvado. Pero el Presidente escogió otro camino. Quiso pelear y, con tal propósito, fue con pasos agigantados hacia la dictadura, pues como él mismo declara en sus Memorias, "Veía alrededor de mí, y no encontraba sino motivos de disgusto. Hubiera renunciado la Presidencia a no ser por temor de dar una muestra de apocamiento y dejar un mal ejemplo a mis sucesores......." y seguro de ello, dice más adelante en el mismo documento: "La voz pública y los presentimientos generales que raras veces salen fallidos, comenzaron a predecir desde marzo de 1826 una revolución, que dirigida a quitar el Presidente del puesto en que la Nación lo colocara". Arce sabía de sobra que esta última afirmación, no era cierta: él había entrado a la Presidencia por la ventana y no por la puerta grande de la elección popular y por ello, más que por otra cosa o bien por sus continuas vejaciones y violaciones a la ley, su posición cada día era más difícil.

Guatemala estaba al borde del caos como consecuencia de la volubilidad del General Arce que, intentando volver sobre sus pasos quiso llegar de nuevo a "una política nacional, consistente en contemporizar con todos y no quedar bien con ninguno", como lo dice el Señor Don Ramón E. Salazar.[52] Fracasado el nuevo intento; distan—ciado de sus viejos amigos; exaltados los ánimos de ambos partidos; rota la armonía entre el Congreso y el Ejecutivo y, finalmente, perdido el tino y el control en los procedimientos del Presidente, sobrevino lo inevitable: el Golpe de Estado.

El 5 de septiembre de 1826, Arce ordenó al Comandante de las armas de la federación que acuartelara toda la tropa de su mando y preparara suficientes municiones para una acción conjunta de los contingentes de infantería, artillería y caballería; "que puesto todo en el mejor estado para hacer cumplir y ejecutar a viva fuerza las providencias del Gobierno en caso de oposición, proceda a "las seis y media de la mañana o a la hora que pueda, a arrestar al JEFE DEL ESTADO C. JUAN BARRUNDIA, reteniéndolo en la Comandancia General hasta nueva orden"; que hecho lo anterior debería recoger todas las armas en poder de los funcionarios del Estado; y que "en caso de resistencia, obre fuertemente hasta concluir el arresto y

---

[52] Salazar, Ramón E. Los hombres de la Independencia.

ocupación de las armas" manteniéndose alerta y en pie de guerra hasta nueva orden.[53]

En cumplimiento de esta brutal disposición fue allanada la casa del Jefe del Estado don Juan Barrundia; se le redujo a prisión con otras personas importantes haciéndoles cruzar por la plaza erizada de cañones y poblada de soldados, como para hacerles ver que el presidente estaba dispuesto a infundir el terror; los curas cómplices de Arce, mandados por el Arzobispo Casaus y Torres y encabezados por los padres Tomás Beltranena e Ignacio Saldaña, se regaron por toda la ciudad, "justificando los hechos de la dictadura", Los liberales fueron sorprendidos con está rápida acción pero pasado el desconcierto, el Senador C. José Francisco Barrundia presentó un escrito al Senado en que decía: "Quiero reclamar la Constitución hollada en el polvo, la República a merced de un hombre violento y sin freno, y la guerra civil con todos sus horrores, como único medio de oponerse al dominio absoluto y arbitrario del que ha establecido una horrible dictadura".

Este paso violento, fue la consecuencia de la propia indecisión del Presidente, de las intrigas de los conservadores que le hicieron creer, como él mismo lo escribe en sus Memorias, Cap. IV, "que había un plan para apoderarse de los Cuarteles de la capital en que estaban las tropas Federales y también de mi persona: que el proyecto era atacar a Espínola por Gualán con la mira de hacer que se le auxiliase y quedara por esto debilitada la Guarnición de Guatemala......". Pero este chisme, debió ser investigado con serena cordura, máxime que el Ejecutivo Federal ya estaba en autos de la supuesta conspiración, pues para un militar aguerrido y de experiencia como era Arce, habían otros medios eficaces, rápidos y menos escandalosos para dar al traste con los revoltosos.

Pero el golpe estaba dado. Arce en brazos de los conservadores por culpa de los liberales, encontró en ellos mejor elemento para el despotismo que el que pudiera haberle ofrecido sus antiguos cofrades;

---

[53] Arce, Manuel José. Memorias. Tomado de Tomo III del Diccionario Histórico Enciclopédico de la República de El Salvador, por Miguel Angel García. 1945.

la República iría sucumbiendo lentamente porque desde aquella fecha funesta, los golpes serían cada vez mortales.

Preso Barrundia asumió la Jefatura del Estado el Vice—Jefe Dr. Cirilo Flores quien con la Asamblea se trasladó a San Martín Jilotepeque en Chimaltenango. Arce los persiguió y los declaró facciosos; se trasladaron entonces a Quezaltenango en donde fue asesinado vilmente el Dr. Flores en la propia iglesia parroquial. Los planes del dictador se iban realizando: el Gobierno del Estado acéfalo; la Asamblea disuelta y el Senado sometido a Consejo Militar que acordó desterrar a los Magistrados, todo era obra de los enemigos de la República que aún suspiraban por la apolillada y efímera Corte imperial y en cuyos brazos se había adormecido aquel varón ilustre que, en 1811, había clamado por la libertad, por la justicia y por el gobierno del pueblo.

Con la fuerza de las bayonetas Arce hizo de don Mariano de Aycinena un nuevo Jefe del Estado de Guatemala y del Coronel Manuel Montúfar un nuevo Vice—Jefe; ambos pertenecían a la crema de la reacción conservadora; ambos serían dóciles instrumentos de la pasión sectaria y de la anti—patria.

Pero la dictadura no se conformó con escandalizar en Guatemala; también estiró sus tentáculos al Estado de El Salvador que ya tenía la amarga experiencia de las invasiones organizadas y estimuladas por los aristócratas metropolitanos. El Jefe de Estado don Juan Vicente Villacorta, alucinado por las promesas y discursos de los acólitos del Marqués de Aycinena y del padre Casaus, dio auxilios al Presidente Arce para sostener su política; cuando por motivos de salud entregó el poder al Vice—Jefe don Mariano Prado, el criterio del gobierno cambió de rumbo. Prado recordaba el carácter voluntarioso de Arce y creía la sombra de la anarquía llegando a los predios salvadoreños. El centralismo del poder, suprema ambición del Presidente, le era antipática como lo era para los demás Estados y sus Jefes; lo acontecido con Barrundia, era un presagio para el pueblo cuscatleco y Prado, resueltamente, de acuerdo con la Asamblea estatal, emitió el Decreto de 6 de diciembre de 1826 que volvía por el imperio de la Constitución y que tendía "a la restauración de las autoridades legales y del orden constitucional interrumpido por el Golpe de Estado de 6 de septiembre de dicho año".

Arce en sus Memorias, por más argumentos que acopió, no pudo justificar el atropello del Jefe de Estado de Guatemala ni el asesinato del Vice—Jefe Dr. Cirilo Flores, como tampoco ha podido justificar estos hechos bochornosos, con sus sofismas, el Señor Don Modesto Barrios, anotador de las Memorias del Primer Presidente de Centro América. Con respecto a la actitud de Prado, el General Arce, la atribuye a la ambición desmedida de este Jefe, a su torpe inteligencia, a su emponzoñado corazón en el que dice no puede anidarse más que la maldad. Pero tampoco con estas acusaciones quedan desvanecidas las tropelías cometidas en Guatemala.

En el Estado de Honduras la Política del Presidente tuvo una ligera variante. Sus entendimientos con el Provisor Irías intermedio del Arzobispo Casaus y Torres, no llevaban otro objetivo que el de ir minando la estabilidad del Estado por conducto del clero que predicaba la herejía del Jefe Herrera, la persecución de que era objetó la iglesia, la filiación masónica de Herrera y otras embusterías por el estilo. Irías tenía la consigna además, de oponerse a toda medida adoptada por el Jefe, especialmente en el aspecto económico, pues de sobra sabíase que el Fisco estaba exhausto. No se lanzó Arce a la violencia de inmediato. Primero preparó con sus cómplices el terrera le habían hecho llegar desde cuando éste era Jefe Político de Tegucigalpa y además, con el propósito de crearle al Jefe de Estado más dificultades, le ordenó el alistamiento de 300 hombres que deberían marchar a Nicaragua con el pretexto de su pacificación.

Herrera procedió a ejecutar la orden presidencial, pero cuando las tropas estaban listas a marchar, el Comandante de ellas don Francisco Arbeu, recibió el 8 de febrero de 1826, una orden del Ministro de Guerra Arzú "en la cual le prevenía que, al momento de su recibo, las disolviese y depositase en los almacenes de Comayagua los pertrechos de guerra que hubiese reunido". Los historiadores, especialmente los de filiación conservadora, afirman que en esta orden se había suplantado la firma del Coronel Arzú Ministro de Guerra de la República, achacándole a Herrera tal suplantación.

Sin embargo, Arce no dice nada de esto en sus Memorias pero sí reconoce en una exposición enviada al Senado de la Nación en 3 de septiembre de 1826, que la situación económica de Honduras era crítica; dice Arce que cuando la Asamblea Constituyente del Estado autorizó al Jefe Herrera para usar en calidad de reintegro algunos productos de los fondos pertenecientes a la Federación, el Gobierno Supremo "como encargado del cumplimiento de las leyes le manifestó que no pudo dictar providencias de esta clase sea cual fuere el motivo que las produjo: "pues las autoridades estatales no tenían facultad para obrar en tal forma, aconsejándole "que ocurriese con el expediente de la materia al Congreso Federal, tanto para que se auxilie con la cantidad posible al Estado de Honduras si fuere la necesidad tan urgente como se asegura, cuanto para que se sirva conceder la aprobación y dispensa que se solicita". Esto demuestra que el Presidente sabía perfectamente el estado económico de Honduras, confirmándolo cuando prosigue en su exposición que trascribimos: "El Gobierno adoptó la opinión del Senado, menos en la parte que quiso se indultara la infracción de la ley que cometió la Asamblea de Honduras, NO OBSTANTE QUE RECONOCIA QUE SU PROCEDIMIENTO FUE ARRANCADO POR LA NECESIDAD: y hablando de este negocio al Congreso le dijo en 11 de diciembre que sus principios son diversos de los del Senado; QUE SERIA JUSTO AUXILIAR AL ESTADO DE HONDURAS para que pudiera constituirse, y opinaba que no podía darse la dispensa de una ley infringida".

Empero, el Presidente como se dijo ya, deseaba crearle al gobierno hondureño el mayor número de dificultades; sabiendo el estado agónico de su economía, le ordenaba a Herrera que levantase una fuerza de 300 hombres y los equipase; esperaba que Herrera no lo hiciese para acusarle de rebeldía como era la norma ya puesta en práctica en Guatemala, pero Herrera no vaciló en obedecer y alistó el contingente. Lo de la suplantación de la firma del Coronel Manuel Arzú, Ministro de la Guerra, es una extracción de las famosas MEMORIAS DE JALAPA, escritas por el ultra—conservador Coronel Manuel Montúfar, quien en las páginas 43 y 44 de su magistral obra, dice entre otras cosas: "Arce dispuso una reunión de tropas en Honduras, para restablecer el orden en Nicaragua; costó mucho la reunión de esta fuerza, compuesta en parte de caribes de Trujillo, porque el JEFE HERRERA INTRIGABA EN HONDURAS PARA IMPEDIR LA EXPEDICIÓN SOBRE NICARAGUA, de acuerdo con los anarquistas de allí. SE SUPLANTÓ LA FIRMA DEL

MINISTRO DE LA GUERRA ARZÚ, y por este medio se disolvió una división reunida en Honduras a costa de mil gastos y sacrificios. Así se inutilizaron a los principios del Gobierno de Arce todas las medidas tomadas para la pacificación de Nicaragua. Herrera, como hemos dicho, es pariente de Valle y este minaba por todas partes para vengarse de Arce."[54]

Lo que no dice Montúfar, lo dijo Arce. Los gastos ocasionados por el alistamiento de estas tropas y los sacrificios, corrían por cuenta del erario hondureño. Y ¿de dónde procedían los dineros? ¿No le había negado el Gobierno Federal que tomase como reintegro lo proveniente de algunas rentas de la federación? ¿No clamaba el mismo Arce porque no se indultara el delito cometido por la Asamblea Constituyente del Estado al autorizar a Herrera para que echase mano de tales fondos? Evidentemente, Montúfar no es testimonio fehaciente por su desesperado apasionamiento y, por otra parte, se necesitaba ser muy cándido o muy miope para no conocer la firma de un alto funcionario federal. Cómo era posible que el Comandante Arbeu, subalterno de confianza de Arzú, no conociera su firma? ¿Era acaso Arbeu u un cómplice de los suplantadores? Lo cierto es que la especie anudada por Montúfar ha corrido de escrito en escrito y se ha repetido tanto, sin un análisis cuidadoso, que aparece como una verdad inconclusa, aducida por toda especie de escritores.

Acerca de estos hechos el erudito historiador Vallejo escribe: "Como el Congreso había facultado extraordinariamente al Ejecutivo y decretado que se aumentase el ejército federal hasta el número de 10.000 hombres, el partido liberal pensó que, con el pretexto de defender la independencia de la patria, tratábase de poner a disposición de Arce y de todos los serviles la suerte de la República. El, a su vez, trató de desconcertar este plan y trabajó porque las fuerzas salvadoreñas que en 1824 habían pacificado el Estado de Nicaragua, salieran de él y porque la división que el Presidente había levantado en Honduras, se disolviera. Sobre este último hecho ha sabido diferentes opiniones y pareceres. Los conservadores, y entre ellos el Coronel Montúfar, aseveran que Herrera y los liberales de Honduras y Guatemala disolvieron la expresada división; pero la

---

[54] Montúfar, Manuel. Memorias de Jalapa. Págs. 43 y 44.

coincidencia de este hecho con la revolución que estalló en Costa Rica, induce a creer que fue disuelta por los antiindependientes. Del expediente original, dice Marure que solamente aparece que con fecha 8 de febrero se comunicó al Comandante don Francisco Arbeu una orden supuesta, previniéndole que al momento de su recibo disolviese las tropas que estaban bajo su mando y depositase en los almacenes de Comayagua los pertrechos de guerra que hubiese reunido."[55].

Por otra parte, el propio Jefe del Estado de Nicaragua, en comunicación de 23 de abril de 1826 para el Gobierno Federal, le había manifestado que el Estado gozaba de "perfecta tranquilidad y por lo mismo no había necesidad de mantener en él fuerza de otro Estado"; seguramente así era, pues cuando salió de regreso el 10 del mismo mes, la división salvadoreña, todo quedaba en calma.

De estos hechos se desprende que Arce había tejido con sutileza los hilos de una macabra conspiración contra Herrera y ello es explicable: "Arce estaba aliado con los serviles de Guatemala y Herrera era un prominente liberal; Arce era enemigo político de José Cecilio del Valle y Herrera era su pariente cercano y comulgaban con los mismos ideales sobre gobierno, organización política y social; Arce se había echado en brazos de la dictadura y del despotismo y Herrera era leal al sistema Federal y a los derechos y garantías de los ciudadanos. No había, pues, ningún punto de vista de posible entendimiento entre estos dos personajes. Herrera políticamente era un obstáculo para los planes de Arce y su remoción o derrocamiento era una necesidad política para éste."[56]

---

[55] Vallejo, Dr. Antonio R. Obra. Cit.
[56] Vallejo, Dr. Antonio R. Obra. Cit.

Retrato de Dionisio de Herrera, cuando era Jefe del Estado de Nicaragua. Es la más conocida del Prócer.

XVI

Se reúne la primera Asamblea Ordinaria
del Estado. El Mensaje del Jefe Herrera.
Se instala el Consejo Representativo.
Dificultades para instalar la Suprema
Corte de Justicia. Otros sucesos.

Casi forzados por los reiterados requerimientos del Ejecutivo, el 5 de abril de 1826 se reunió en Comayagua la primera Asamblea Ordinaria del Estado, cuyos Diputados habían sido electos de conformidad con el Decreto de convocatoria emitido por la Asamblea Nacional Constituyente el 28 de julio anterior. La víspera, los Diputados se habían reunido en junta preparatoria y en la sesión inaugural, una vez leída y aprobada el acta, "se leyó el dictamen de la comisión de poderes sobre los del C. Pablo Irías como Diputado Suplente por el Partido de Santa Bárbara", los que fueron aprobados. Seguidamente se procedió a elegir la Directiva resultando como Presidente, el Presbítero don Mariano Castejón; Vice—Presidente, don José Ramón Doblado y Secretarios don Diego Vijil y don Francisco Milla.

La Asamblea se declaró "legítimamente constituida é instalada" con ocho Diputados, pues además de los mencionados ya, estaban presentes: don Francisco José Gómez, por Yoro; el Presbítero don Leonardo Romero, Suplente por Nacaome; don Pablo Irías, Suplente por Santa Bárbara y don Luis Rivera, Suplente por Tegucigalpa. En el Acta de la Sesión Primera, se expresa lo que sigue:

"Se nombró una comisión de los CC. Diputados Milla y Yrías para que fuesen a dar parte al Gobierno de haberse instalado la Asamblea. El Gobierno acompañado de la Comisión de la Municipalidad y demás funcionarios públicos vino al Salón de Sesiones y tomó asiento en el lugar que le corresponde.

En seguida la Asamblea, el Gobierno Supremo y todas las autoridades se dirigieron a la Sta. Yglesia

Catedral en donde se cantó un solemne te-Deum y misa en acción de gracias por tan gloriosa y memorable instalación.

Regresando de la Iglesia al Salón de Sesiones, el Gefe Supremo del Estado leyó un largo discurso en el que entre otras cosas felicitó a la Asamblea Ordinaria é indicó los muchos graves negocios a que la Legislatura tenía que dar atención. El C. Presidente contestó manifestándole el alto agrado con que la Asamblea había oído su discurso y FELICITO LA MISMA ASAMBLEA POR TENER EL PODER EJECUTIVO EN TAN DIGNO GEFE.

Habiendo salido el Gefe del Salón se leyó una felicitación del C. Francisco Izaguirre y se acordó se le manifestase se había oído con agrado. Se levantó la sesión."[57].

Efectivamente, Herrera leyó un notable discurso, cuyo contenido era un verdadero programa de gobierno y una exhortación al trabajo, a la tranquilidad y al propósito de labrar la felicidad de los hondureños. El Jefe Herrera recordó a los Diputados la riqueza natural del suelo patrio, en cuyos bosques y montañas abundaban las maderas, los tintes, los frutos, las plantas medicinales y otros medios de sustento. "Nada nos falta más que brazos y fomento, —decía Herrera—uno y otro puede proporcionar la Legislatura."

"Ved nuestras montañas —agregaba—, ellas son el depósito de todos los minerales. El oro y la plata son, respectivamente, entre nosotros, más abundantes que en el Perú y en México. Nuestras inmensas masas de hierro harán buscar al sueco y al vizcaíno otra clase de industria.... Brazos conocimientos y caudales son los agentes que sacarán de las entrañas de la tierra tan grandes e inmensos tesoros. La Europa nos ofrece su abundancia en estos poderosos agentes: el Gobierno ha indicado diversos medios: hay en la Secretaría de la Asamblea propuestas de varias casas extranjeras; y ella puede hacer que estos bienes sean perdidos para los hijos de Honduras, o que puedan muy bien gozar de ellos".[58]

Herrera no fantaseaba. Era un gobernante que conocía su país, sus riquezas, sus posibilidades y necesidades más apremiantes. Sabía que

---

[57] Acta de la Sesión Inaugural de la Primera Asamblea del Estado de Honduras. Revista del Archivo y Bibl. Nac. Tegucigalpa.

[58] Discurso del Jefe de Estado, ante la Asamblea Ordinaria. Misma Revista.

el factor humano era escaso, apenas 200.000 habitantes para un vasto territorio y sugería, al pintar el cuadro de las realidades a la Asamblea, la conveniencia de buscar brazos y dinero para mover la riqueza dormida y hacerla producir; casi pedía una legislación para inmigrantes y más aún, mencionaba las regiones europeas de donde podían obtenerse. Avizoraba con esto el Jefe Herrera, un porvenir risueño y prometedor; pretendía hacer de Honduras una nación sana, próspera y respetada.

Pero así como exponía con fruición el panorama prometedor de la nación, revelaba con tristeza las realidades que hacían difícil todo avance, a menos que se pusiera a tiempo el remedio requerido. Llamaba la atención sobre el estado deplorable del Erario Público diciendo:

"La Hacienda en un Estado independiente y soberano es el elemento más necesario, porque es el que da vida a los otros. La de Honduras, después de la dilapidación vergonzosa en que estuvo por muchos años, entregada a manos muy impuras, tuvo que hacer frente a los gastos que causó la división de las dos provincias que forman hoy el Estado.... A este desorden que no fue de los pueblos, como se ha querido decir, sino obra de intereses particulares, siguió la centralización de las rentas más productivas, la arbitrariedad y dilapidación de las que quedaron al Estado, la ley que decretaba nuevas erogaciones, los obstáculos que se oponían a los nuevos impuestos, la resistencia de los pueblos, la apatía de los funcionarios y el temor de la Asamblea Constituyente en arreglar este ramo.

Si se añade a todo esto la circulación de las malas monedas de que se ha hecho un tráfico vergonzoso, en que solo la Hacienda Pública ha perdido, se verá la multitud de causas que han influido en su decadencia y que tiene gravadas las rentas de los años siguientes y no presenta otro cosa con claridad a los ojos del espectador, que un déficit espantoso en medio de un caos que todo lo obscurece.

Ha manifestado el Gobierno diversas veces la necesidad del arreglo de esta parte de la administración pública. Ha querido que se reduzca a un sistema, como debe serlo, y no a una máquina tan complicada cuyos resortes enmohecidos por el tiempo y debilitados por la violencia de su acción, no es compatible en ningún aspecto con el nuevo orden de cosas, ni con los principios de la ciencia económica.

Ha trabajado incesantemente por el establecimiento de la Casa de Moneda, o por perfeccionar siquiera la acuñación provisional. Hizo cuanto dependía de sus facultades para la acuñación de millón y medio de pesos decretada por la Asamblea Constituyente, necesaria para el arreglo del Estado, para dar impulso y fomento a todos los ramos de prosperidad de que abunda el mismo Estado, y precisa para sostener el sistema, no ya porque sea el mejor, sino porque es necesario para sostener la independencia".

En otro párrafo de su discurso, el Jefe de Estado pedía a la Asamblea los arbitrios para organizar y mantener el Ejército o Fuerza Pública que se encontraba completamente desorganizada, sosteniendo que: "Si se quiere que existan los poderes, autoridades y funcionarios: que estos puedan obrar con arreglo a las leyes: que éstas sean cumplidas: que los jueces no teman dar una sentencia; y no se vean en la necesidad de contemporizar a un tiempo con el que reclama el castigo del delito, como con el delincuente, es necesario que haya una fuerza".

Refiriéndose a otros aspectos de la Administración pública, dijo Herrera que el Consejo Representativo si bien debería instalarse al siguiente día de haberlo hecho la Asamblea Ordinaria, carecía de un reglamento especial, ya que este cuerpo conservador "que vigila sobre el cumplimiento de la Constitución, que participa a un tiempo del Poder Legislativo y del Ejecutivo" para evitar embarazos en su cometido, requiere de precisión y de orden para la eficacia de sus funciones.

Más adelante, refiriéndose al Poder Judicial, Herrera expresa:

"Todo el Poder Judicial está comprendido desde las funciones del Alcalde que concilia hasta las de la Corte de Justicia que decide en última instancia. Algunas leyes antiguas que no han sido derogadas, pero que se resienten de los efectos del tiempo, del lugar y del sistema en que fueron dictadas: la del 9 de octubre del año de 12 dada por las Cortes de España, poco compatible con nuestra situación y Gobierno, y algunas providencias parciales dictadas por la Asamblea Constituyente, es cuanto existe. entre nosotros para arreglar el Poder Judicial conforme a los principios sancionados en la Carta Federal y en particular del Estado.

Se mandó instalar la Corte Suprema de Justicia; pero recayó la elección de sus individuos en personas que, o no han querido admitir, o si han admitido, no han venido a ejercer sus funciones en ninguno de los diversos términos que se han fijado, y por decirlo, de una vez, no existe ninguna de las partes que deben componer el Poder Judicial.

Tal es en comprendido el cuadro que el Gobierno ha creído un deber presentar a la primera Legislatura ordinaria. Él es melancólico y funesto; pero es cierto en toda su perspectiva. La Legislatura debe volver a él la vista con toda preferencia; debe organizar en todas sus partes un poder, que partiendo de principios más generales que ningún otro, necesita de detalles más extensos, más demarcados y fijos. El Jefe del Estado que ha hecho el juramento más solemne de cumplir sus deberes en toda su latitud: que al hacer este juramento no hizo otra cosa que satisfacer los votos de su corazón; que nada desea con más ansia que ver felices a los pueblos a quienes ha debido la mayor confianza y las pruebas menos equívocas de su amor, ofrece de nuevo consagrar todos sus pensamientos al bien de la patria y coadyuvar a las miras benéficas de la Asamblea. En ella ve el Gobierno la salvación del Estado: en ella ve uno de los primeros baluartes del sistema y de la independencia: en ella ve la fuente primera de donde van a fluir y derramarse, hasta los últimos pueblos, la paz, la ilustración, la riqueza y la felicidad.

El día 5 de abril de 1826 es en el que comienza la época de la felicidad del Estado, y este día lo consagraré siempre a los recuerdos más dulces. Los hijos de mis hijos lo celebrarán penetrados de júbilo".

Los trozos trascritos del discurso de Herrera, le perfilan tal como era: honrado, recto, ambicioso para conseguir el bien de sus conciudadanos, desinteresado y visionario. En sus palabras se deja palpar el alma y el pensamiento de un estadista, de un hombre preocupado por el interés popular, de un organizador cuyo apego a la legalidad no tiene límites. Clama por leyes justas; pide orden en la reglamentación del ramo hacendario y, aunque no es amigo de la fuerza, por lo que esta es en sí, requiere de la representación nacional el concurso preciso para organizarla y mantenerla como base indiscutible para el cumplimiento de la ley, para el respeto a la autoridad, para la consolidación de la vida independiente. No hay en ninguna de las frases de Herrera el rencor de los políticos apasionados; porque la única pasión que él manifiesta, es la de lograr la organización del Estado para el disfrute de la tranquilidad y la felicidad del pueblo

Pero lejos estaba la Legislatura de atender los reclamos de Herrera. El virus del sectarismo había penetrado ya en los cerebros de los legisladores que iban a jugar política en lugar de hacer administración. Se había regado ya la semilla del mal, tenía que crecer que dar sus frutos y que liquidar las instituciones. Los hechos iban a decirlo muy pronto.

Al siguiente día, los miembros del Consejo Representativo prestaron ante la Asamblea el juramento de ley y comenzaron sus funciones eligiendo como su Presidente al C. Francisco Morazán. Herrera, llamó al Ministerio General, a don Liberato Moncada, uno de los hombres más distinguidos de aquel tiempo, para sustituir a Morazán en el cargo que desde la iniciación de su gobierno venía desempeñando.

La Asamblea, con base en los datos proporcionados por el Ejecutivo, resolvió que se llamase a los Magistrados electos para integrar la Suprema Corte de Justicia, pero los señores don Joaquín Espinoza, Lic. don Miguel González y don J. Miguel Irías, no dieron muestras de atender aquel requerimiento y se negaron a viajar a Comayagua con pretextos que no buscaban más que dar largas al asunto y lograr al final, una nueva elección.

El 31 de abril, la Asamblea, en atención a una excitativa de la Asamblea Legislativa de El Salvador a fin de que se solicitara el traslado de las autoridades federales a un punto que distara de Guatemala más de cuarenta leguas, resolvió "que el Jefe Supremo del Estado hiciera una exposición al Congreso Federal apoyada y comprobada con todas las razones y documentos que justificaran la necesidad de la traslación del Congreso y demás autoridades y funcionarios federales, en obsequio del interés general de la República, y que el mismo Jefe ofreciera los auxilios que el Estado pudiera prestar para la traslación".

Esta exposición vendría a caldear aún más las relaciones entre Arce y Herrera, de por si tirantes a causa de las acusaciones que el Jefe había formulado contra el Presidente años antes. Entre tanto, el clima de agitación crecía en Tegucigalpa. El 14 de abril, la Asamblea conoció una nota del Ministerio General en que se revelaba un plan revolucionario destinado a derrocar al Jefe de Estado. Los cabecillas eran el reo Rafael Bustillo y Guadalupe Lagos; la intención era, según parte del Jefe Político, poner a Lagos como Jefe de Estado y a Bustillo como Jefe Político Intendente General de Hacienda. La Asamblea autorizó al Gobierno para que tomara todas las providencias que estuvieran en sus facultades para que el orden se conservase, castigando, si era menester, a los conspiradores. Las cosas no pasaron a más.

El 15 de abril, Herrera dictó un decreto por el cual mandaba que se organizaran "Tertulias patrióticas". Para ello encomendó a los Jefes Políticos departamentales, a los Alcaldes y demás funcionarios, que en los lugares de su residencia reunieran al mayor número de vecinos para que, a su buen criterio, se diera lectura y se comentara la Constitución de la República y la del Estado. La mente de Herrera sin duda, era la de enseñar al pueblo sus deberes; ponerlo en contacto con la ley y, por este medio, hacerlo partícipe de los negocios de la nación.

—XVII—

Renuncia el Vice—Jefe Justo Milla.
El Diputado Pablo Irías pide a la
Asamblea que se practiquen nuevas
elecciones de Jefe del Estado. Actitud
del Consejo Representativo. Lo que Herrera
dice a Márquez sobre este negocio.
Opiniones de algunos historiadores sobre
la actitud de Herrera.
Cargos que se le formulan.

En la sesión celebrada por la Asamblea el 17 de abril de 1826 y
que fue la octava de la legislatura ordinaria, se trató como número
quinto, de la renuncia interpuesta del cargo de Vice—Jefe del Estado
de Honduras con fecha 7 de enero, por el C. José Justo Milla. Del acta
correspondiente[59] son los párrafos que siguen:

"Leyda y aprobada el acta anterior se firmaron cinco órdenes: la
primera.... y la quinta admitiéndose la que hace el C. José Justo Milla
de Vice—Gefe del Estado y se manda se proceda a la elección para
reemplazar a este".

Como último punto, el Acta citada consigna:

"El C. Pablo Irías hizo proposición para que se mandase hacer
nueva elección de Gefe Supremo del Estado porque el actual fue
nombrado provisionalmente según lo prevenido en el arto. 79 de la
ley de 5de Mayo de 824 y que desde que se publicó la Constitución
del Estado debieron cesar las funciones de este como cesaron las de
la Asamblea Constituyente pues se hallaba en el mismo caso
interinamente; y pidió por último se le admitiese su proposición del
momento y se pusiese a discusión, y puesta que fue se aprobó
salvando su voto el C. Diputado Milla con protexta. Se levantó la
sesión pública para entrar en Secreta".

---

[59] Actas de la Asamblea Constituyente del Estado de Honduras. Revista
de la Soc. de Geografía e Historia. Tegucigalpa.

No fue para Herrera ni para los hombres del Gobierno una sorpresa la petición del Diputado Pablo Irías, como tampoco lo fue la actitud asumida por la Asamblea que se dividió en dos partidos: el de la legalidad de la elección del Jefe del Estado y el que pedía se practicasen nuevas elecciones. La mayoría estaba por esta última tendencia y así se notificó al Gobierno lo resuelto. Este a sil vez, "paso la orden sobre nueva elección de Jefe al Consejo Representativo, consultándole lo que hacerse en este caso".

El 21 de abril, el Consejo se dirigió a la Asamblea manifestándole que la orden de nueva elección era contraria al sentido del artículo que derogaba la ley de 16 de septiembre de 1824; que se oponía al artículo 39 de las Bases, al 41 de la Constitución del Estado y 187 de la Federal, los cuales concordaban en todo con la ley citada. Que por otra parte, la derogatoria de las leyes deberían ajustarse a lo prevenido en el art. 3 de la Constitución del Estado, el cual manda que todo proyecto de ley que se haya aprobado por la Asamblea debe ser pasado al Consejo para su sanción y que "siendo una ley provisional la de 5 de mayo de 1824 y estando el contenido de ella en oposición con la Carta Fundamental de la República y con la del Estado no debía ya regir". Agregaba el Consejo que si se deseaba nueva elección de Jefe del Estado, la Asamblea debió haber dictado una ley y no una orden como lo había hecho, puesto que se trataba de derogar otra ley como la de 16 de septiembre citada, en la cual se dispuso que el Jefe del Estado duraría en sus funciones cuatro años por lo que, cumpliendo con su deber de velar por el cumplimiento de las leyes, el Consejo esperaba que la Asamblea revocase dicha orden.

Esta actitud del Consejo Representativo disgustó a la Asamblea que le respondió que aquel cuerpo no tenía atribuciones para darle consejos y a partir de entonces, se abrió un debate inútil entre ambos poderes.

Antes de entrar en comentarios, conviene saber lo que el propio don Dionisio de Herrera, Jefe del Estado, escribía a su confidente el Presbítero don Francisco Antonio Márquez:

"Al día siguiente hizo proposición Pablo Irías, manifestando: que conforme al artículo No 7 de la ley de 5 de mayo de 824, debía procederse a nueva elección de Jefe, pues el actual era interino como la Asamblea Constituyente. Fue aprobada en el momento dicha proposición, salvando su voto y protestando el Diputado Milla. Dos órdenes salieron el mismo día para elecciones. La del Vice—Jefe porque se le ha admitido la renuncia y la del Jefe porque era interino como la Asamblea Constituyente. Se pasó la orden al Gobierno, y éste, mirando que la Asamblea no había observado para darla las lecturas y trámites que previene el Reglamento Interior; que dicha orden derogaba la ley de 16 de septiembre de 24de la Asamblea Constituyente; que la Constitución del Estado dice que para derogar una ley se necesitan los mismos trámites con que se dio; que la orden no venía anunciada por el Consejo como si fuera una calificación de elecciones, pues aquí no se trata de saber si estuvo bien o mal elegido el Jefe, sino del tiempo que debe durar; que la duración de cuatro años se la da la Constitución de la República, las bases de la misma Constitución y la del Estado; el Gobierno acordó pasarla al Consejo y éste le consultó suspendiendo su cumplimiento hasta que la Asamblea determinase en vista del reclamo que iba a hacer el mismo Consejo. Lo hizo en efecto, y la Asamblea mandó se le contestase que no debía aconsejarla ni interpretar las leyes. El Consejo hizo nueva exposición, manifestando a la Asamblea que no aconsejaba ni interpretaba leyes sino que reclamaba el cumplimiento de ellas y de la Constitución, porque la misma Constitución se lo prevenía. Entre tanto leyó su voto particular Milla, que llama la atención sobre quererse mudar Jefe, nunca que sostiene la independencia y el sistema en Honduras, a tiempo que se reúnen tropas españolas en La Habana y se teme una agresión por parte de México. En seguida presentó una retractación el diputado de Tegucigalpa, manifestando que había sido sorprendido, etc. No permitió Castejón en la Asamblea que se leyese, y parece que hoy saldrá nueva orden para que se hagan las elecciones, sin darse la ley que he reclamado cuando se dio la orden para elegir Vice—Jefe, pues las leyes que hay sobre elecciones son provisionales. Yo he hecho una exposición muy sencilla de todo al Congreso Federal, comprobada con los documentos. No es más que una relación del caso, y concluyo manifestando: QUE CARECIENDO ESTE GOBIERNO DE AUTORIDAD, DE HACIENDA Y DE FUERZA; QUE VIENDOSE EN LA NECESIDAD DE TRABAJAR MAS QUE NINGUN OTRO FUNCIONARIO DE LA REPÚBLICA, DE GASTAR HASTA EL PAPEL QUE NO LE SUPLE LA

TESORERÍA, Y TENER POR ENEMIGOS A TODOS LOS QUE LO SON DEL ORDEN, DE LA INDEPENDENCIA Y DEL SISTEMA, NO TIENE NINGÚN ATRACTIVO EL MANDO, Y QUE POR CONSIGUIENTE NO ES LA AMBICION DE MANDAR LA QUE LA HA DICTADO.

Milla dice que ha hecho una exposición muy fuerte al Congreso Federal. El Consejo hizo la lista documentada al Senado de la Federación. Las primeras autoridades y algunos vecinos conocidos se han dirigido también al Senado, y dicen que obrando la Asamblea como obra, ha llegado el caso de una insurrección. Ya veremos en que para esto. NO HAY SACRIFICIO QUE YO NO ESTÉ DISPUESTO A HACER PARA EVITAR UN MAL A LOS PUEBLOS DE HONDURAS".[60]

Como es fácil comprender, la intriga del Presidente Arce y de sus cofrades en Honduras, acababa de sacar la cabeza. Pablo Irías, aunque algunos escritores dicen que no tenía parentesco con el Provisor, era su hermano. Era además un hombre brusco, capaz de interpretar las ideas de otros, ya que las suyas eran muy escasas. Castejón era cura, reaccionario, buscaba la mitra como Irías y no había podido encontrarla; los otros diputados, excepción hecha de Vijil, que era probado liberal y Milla, cuya protesta no obtuvo éxito, eran también del partido del Provisor que, a ojos vistas, procuraba hacer la guerra al Jefe del Estado para cumplir con las instrucciones del Arzobispo de Guatemala y, por ende, del Presidente de la República. Ellos querían derrocar a Herrera, porque jamás se acomodaría a sus planes.

Para los Diputados de nada valió la reflexión que el Consejo Representativo le hiciera a la Asamblea. Una ley, se derogaba con otra ley y no con una orden. Herrera había sido elegido como Jefe del Estado por una Ley de la Constituyente por un período de cuatro años, cuando no estaba emitida la Constitución del Estado; Arce también

---

[60] Carta del Jefe Dionisio de Herrera para el Padre Franciscano Antonio Márquez, fechada en Comayagua el 28 de abril de 1826 y publicada en el Folleto "Vida y Escritos de don Dionisio de Herrera", publicado por la Sociedad de Geografía e Historia de Honduras, con motivo del Centenario de la muerte del Prócer.

había sido elegido, con fraude tremendo en perjuicio de Valle y con violación de la voluntad de los pueblos, como Presidente de la República, antes de que la Constitución Federal fuese emitida, pero en el criterio de los conservadores, Arce ejercía el poder con legalidad al paso que Herrera era provisional como la Asamblea Constituyente. El fresco criterio de los hermanos Irías, de Castejón y de los demás enemigos del régimen democrático, afirmaba que la Asamblea Constituyente era provisional. Pudo haber sido de misión transitoria: a ella estaba encomendado dar la ley fundamental y, además, conforme al Decreto de 5 de mayo y a la ley de 16 de septiembre, tenía potestad para elegir al Jefe del Estado y fijarle el término de su mandato. Al General Arce no le dijeron los conservadores que era Presidente Provisional y que sería convocado el pueblo para que eligiera nuevo mandatario al sancionarse la Constitución Federal. A Herrera sí. Porque Arce se había entregado en brazos de los reaccionarios que pretendían un gobierno centralista con supresión de la soberanía de los Estados federados y él había tomado esta pretensión como bandera y medio, de mantenerse en gracia con aquellos que desde 1811 habían sido sus enemigos. Herrera, en cambio, era legalista, era recto, revolucionario en sus ideas, ambicioso en sus aspiraciones de bien común, idealista, soñador, demócrata por fe y no por conveniencia.

Este proceder viene a demostrar que después de la colonia el conservatismo era mucho más fuerte que el liberalismo que a la verdad, era una doctrina nueva en el ambiente; la mayor parte de los hombres cultos era reaccionaria por el simple motivo de que habían sido educados en un ambiente distinto al que se produjo después de la Revolución francesa y entonces éstos estaban casi siempre en mayoría en los Congresos, en las reuniones y en los cargos públicos. Ellos, pues, tenían el control de todo, aún en las ideas que no pueden sujetarse pero que sabían encauzar invocando la religión y explotando el fanatismo. Por eso al presentarse la propuesta del Diputado Irías, hermano del Provisor, los reaccionarios la hicieron valer con sus votos que estaban en mayoría conjurados para dar por liquidado el régimen y hacer surgir, nuevamente, la dictadura que por largos años les diera prebendas, títulos y honores.

Acerca de este incidente que trajo la intranquilidad al Estado, los historiadores han emitido distintos pareceres. Vallejo dice que Herrera "tuvo la grandísima debilidad de usurpar el poder público de la Nación, y que en política profesó el principio de que para gobernar era necesario dividir". Esta opinión la repite y toma por base el Lic. don Pedro Joaquín Chamorro, para justificar no sólo al Diputado Pablo Irías y defender como él, la ilegalidad del ejercicio ejecutivo de Herrera, sino también las tropelías y la rebeldía de su hermano el Provisor, llegando hasta negar el parentesco que entre ambos existía.[61]

Pedro Rivas expresa que "a primera vista, los procedimientos empleados por la Asamblea contra el Jefe Herrera, obedecían a intrigas y sugestiones del Presidente Arce, de acuerdo con miembros prominentes del clero y Herrera, dando su mandato provisional, confirmando ésta se resolvió la renuncia del Vice—Jefe José Justo Milla, enviada desde Guatemala desde el 7 de enero, se haya tomado la determinación de pedir la renovación del Jefe llama la atención que en la misma fecha y sesión en que del partido conservador de Honduras".[62] Agrega que actitud de los Diputados que Milla estaba en autos de la intriga, "lo que confirmó después en la expedición a Honduras".

El historiador salvadoreño, José Antonio Cevallos, dice: "El poder del ciudadano Herrera, aunque procedía del pueblo su elección, se había verificado antes de que la Asamblea Nacional Constituyente mandase establecer los Altos Poderes del Estado. Por este motivo, los legisladores de Honduras tuvieron por insubsistente, el 1º de junio de 1826, la jefatura suprema que Herrera desempeñaba, ordenando que se procediese a nuevas elecciones de Jefe de Estado, y declarando por ende provisorio al gobernante anunciado".[63]

El General don Manuel José Arce, afirma: "En efecto, Honduras sufría un fuerte sacudimiento, por el choque en que estaban entre sí las primeras autoridades y por las exacciones de los pueblos. LA

[61] Vallejo, Dr. Antonio R. Historia Social y Política de Honduras, Tomo I. Cap. IV.
[62] Rivas, Coronel Pedro. La Batalla de La Trinidad, Monografía Histórica de, Cap. III, Pág. 56. Tegucigalpa, 1927.
[63] Cevallos, José Antonio. Recuerdos Salvadoreños. Tomo II, Pág. 242.

ASAMBLEA DECLARA ACCIDENTAL LA JEFATURA DE HERRERA Y DECRETO QUE SE PROCEDIECE A NUEVAS ELECCIONES: este funcionario desconoció el decreto de la Asamblea y conserva el mando". [64].

Nótase que el propio Presidente de la República pretendió, al escribir sus Memorias, desconocer la forma irregular en que la Asamblea dictó su primera providencia de provisionalidad del mandato de Herrera. No fue un decreto ni una ley; fue una ORDEN que rehusó sancionar el Consejo Representativo por considerar que el procedimiento no se ajustaba al Artículo 30 de la Constitución del Estado, que rezaba: "La derogación de las leyes vigentes se hará por los mismos trámites que se decretaron las del Estado". Sin embargo, el General Arce se abstiene de formular los cargos virulentos que otros relatores y escritores de "memorias" han utilizado sobre el caso Herrera, precisamente porque se trataba en Honduras de aplicar a los liberales la misma modalidad que aquéllos habían aplicado contra su deseo en Guatemala a los conservadores. Ojo por ojo...

Durón dice que "la iniciativa de Irías respecto al Jefe del Estado de Honduras era lo mismo que la iniciativa en virtud de la cual la Legislatura Ordinaria del Estado de Guatemala decretó, en 27 de febrero de 1826, la renovación total del Consejo representativo.... Es indiscutible que habiendo entrado a regir la Constitución del Estado el 11 de diciembre de 1825 y habiendo sido electo con anterioridad Jefe del Estado el señor Herrera, debía procederse a nueva elección de Jefe conforme a la Constitución ya que en esta no se había antes hecho declaración expresa acerca de que la persona elegida antes continuara en sus funciones. La Asamblea, pues, en este caso tenía la razón de su parte y las reclamaciones del Consejo eran infundadas".[65]

En realidad, el Consejo no daba importancia al modo cómo se había elegido al Jefe de Estado, sino a la forma en que la Asamblea había procedido para dejar sin vigencia un Decreto (el de 16 de septiembre de 1824), emitido por la Asamblea Nacional

---

[64] Arce, General Manuel José. Memorias. En Miguel Angel García "Diccionario Histórico y Enciclopédico de la República de El Salvador", Tomo III, Cap. IX. Pág. 401. Letra A.

[65] Durón. Rómulo E. Obr. Cit. Cap. IV, Págs. 169 a 173.

Constituyente. Una orden, alegaba el Consejo, no puede desvirtuar una ley constituyente y en esto estaba con toda la razón. Lo que sí es notorio, que nuestros constituyentes no eran eruditos togados en derecho constitucional y estaban muy lejos de entender lo que en esencia es el Poder Constituyente, pues sólo así se explica que al momento de redactar la Constitución, se hayan olvidado del Decreto por el cual aquel mismo Poder creador había fijado el período de cuatro años para el ejercicio legal del Jefe Supremo Dionisio de Herrera, hecho que, a nuestro juicio, fue el origen de todas las dificultades.

Durón, con sereno criterio, agrega: "Pero ante los hechos la cuestión es distinta. El Presidente de la Federación no había sido elegido conforme a la Constitución sino conforme a la ley de 5 de mayo de 1824, esto es, antes de que aquella entrara en vigor. El Jefe del Estado de Guatemala había sido electo en condiciones iguales y así el Consejo. NI AL PRIMERO NI AL SEGUNDO SE LE DISCUTIÓ LA CONSTITUCIONALIDAD DE SUS FUNCIONES. Al Consejo sí, como ya se ha visto. El ejemplo de la irregularidad respecto a aquellos funcionarios había de producir resultados, y así es disculpable al Consejo Representativo de Honduras, por haber querido sostener que la elección de Herrera tenía efectos más allá de la vigencia de la Constitución. PERO DEL MISMO MODO QUE LOS LIBERALES QUERÍAN LA RENOVACIÓN DEL CONSEJO DE ESTADO DE GUATEMALA PARA ECHAR DE ÉL A LOS MODERADOS, EL PRESIDENTE ARCE TENÍA INTERES, EMPLEANDO EN HONDURAS EL MISMO EXPEDIENTE QUE EN GUATEMALA RECHAZABA, EN QUE HERRERA DESAPARECIESE DE LA JEFATURA QUE DESEMPEÑABA. Esta es la lógica de los partidos".

No estamos de acuerdo con lo dicho por el ilustre Doctor Vallejo, opinión que no sólo ha servido de lanza y de escudo al señor Pedro Joaquín Chamorro, sino a la mayoría de los centroamericanos dedicados a los estudios sobre hechos y hombres de la vieja Patria. Y no estamos de acuerdo con aquel erudito historiador, porque la Asamblea Ordinaria del Estado había ordenado que se practicasen elecciones para reponer al Jefe Herrera que "era provisional"; no había ordenado que Herrera dejara el poder y, siendo así, no podía usurparlo. Tampoco puede decirse que Herrera se reveló contra la Asamblea y que ésta, como dice el General Arce en sus Memorias, le desconoció como Jefe Supremo, actitud que repite el señor José Antonio Cevallos, agregando que tal acto tuvo efecto el 1º de Junio de 1826.

No hay un solo documento en que conste que la Asamblea desconoció a Herrera como Jefe del Estado. Lo que emitió la Asamblea el 19 de Junio, fue la Ley que regularía las elecciones de Jefe y Vice—Jefe de Estado, la cual pasó al Consejo para su sanción, ley que era un remedo de la de 5 de mayo emitida por la Asamblea Federal que tanto escozor había producido a los conservadores, de suerte que, Herrera no usurpaba el poder, lo ejercía por mientras se designaba su substituto, ya que no habiendo Vice—Jefe y no habiendo tampoco la Asamblea designado a quien debería entregarlo, estaba imposibilitado para separarse de su ejercicio sin incurrir en el caso de abandono de funciones.

Estos cargos del Presidente de la República quedan desvanecidos por las constantes consultas del Gobierno a la Asamblea y los muchos encargos y órdenes que aquélla hiciera al Jefe Supremo Herrera en fechas posteriores a la del 17 de abril y 19 de junio. Tampoco Herrera fue absolutista en el ejercicio del mando: funcionaba el Consejo Representativo y el Poder Legislativo y si es verdad que la Suprema Corte de Justicia no se había podido instalar, ejercían los jueces de la 1ª y 2ª Instancia nombrados por la misma Asamblea a propuesta del Gobierno. Entonces, ni Arce, ni Marure, ni Vallejo son justos al decir que Herrera contrariaba la orden de la Asamblea siguiendo en el mando Supremo.

Lo que no puede negarse y es censurable desde cualquier ángulo que se le analice, fue la pugna entre los poderes públicos; la guerra sorda de intrigas que se manifestaba entre los hombres ilustrados, que de paso eran muy pocos, y quienes estaban en el deber de construir y no destruir una Nación. Además de censurable es sensible que el sectarismo tan arraigado de aquellos tiempos se haya transformado en hidra que hasta nuestros días asoma sus cabezas de discordia y propicie la disolución de las instituciones del Estado.

Divergencia de opinión entre los Diputados.
Herrera renuncia el cargo nuevamente.
Las argucias de Don Juan Lindo. Comentarios.

Después de los sucesos del 17 de abril, la agitación continuó en la Asamblea y en la sesión del 18 se dio lectura a una nota del Ministro General del Gobierno, en la que pedía se le enviase la ley que habría de reglamentar "el modo de hacer las elecciones" para Jefe y Vice—Jefe del Estado sin que los Diputados resolvieran nada. En la misma sesión el Diputado Milla presentó una exposición pidiendo "la nulidad en el acuerdo que se manda hacer elección para Gefe del Estado y de la infracción de varias leyes y fué desechada". [66]

La actitud del Gobierno no puede discutirse. Se ha afirmado que el Jefe Herrera proyectaba perpetuarse en el poder contra todo obstáculo, que fue un "usurpador" pero, si su pensamiento era ese, su actuación demostraba lo contrario porque el Ministro General, lejos de objetar la orden de la Asamblea, quiso darle cumplimiento lo antes posible, para lo cual reclamó la emisión de la Ley de elecciones para el caso concreto de que se trataba.

Esta intención volvió a confirmarse cuando en la sesión del 9 de mayo, el Ministro General renovó a la Asamblea la petición formulada el 18 de abril; en esa fecha la Asamblea urgió a la Comisión de Legislación para que cuanto antes le presentara el correspondiente proyecto de ley electoral que se le reclamaba.

Otros asuntos fueron tratados por los diputados con el objeto de remediar algunas irregularidades. En la sesión del 10, el Diputado Castejón hizo la proposición siguiente: "que con número de siete diputados se habían estado dando acuerdos teniéndose por dos terceras partes de once: que después se han separado de asistir Milla y Ribera porque opinan que no son; y pidió se declarase por un

---

[66] Anales Parlamentarios de Honduras. Acta de la Sesión N°.9 del 18 de abril de 1826. Revista del Archivo y Biblioteca Nacionales, T. XIV. Pág. 583.

acuerdo: que número adopta, si el de siete o el de ocho, pues ni uno ni otro son dos terceras partes de once". A esta proposición, el Diputado Secretario, Milla, dijo que se tuviera presente que cuando la Asamblea resolvió que saliese el Diputado Vijil, salvó su voto: que el 21 de abril había hecho proposición junto con el Diputado Rivera de que la Asamblea declarase que el número de siete no eran las dos terceras partes de once y que todos los acuerdos hechos con este número fueran nulos. Que su proposición había sido desechada y sin embargo, ahora se pasaba la del Diputado Presidente Castejón a la Comisión de estilo, a pesar de lo cual, las actuaciones anteriores resueltas con el número de siete, en su criterio, seguirían siendo nulas.

Pero las protestas del Diputado Milla de nada valieron. Castejón, Irías y demás reaccionarios, dieron por aprobada la resolución1, porque ellos sabían bien que la orden de nueva elección de Jefe de Estado girada al Gobierno el 17 de abril anterior, estaba viciada de nulidad, ya que el número de asistentes a la sesión apenas llegaba a siete diputados y hubo dos salvedades y protestas: las de Milla y Ribera. Esta nulidad la hizo ver el Consejo Representativo con otro nombre y en otra forma, es decir, señalando que se estaban violando algunos artículos de la Constitución del Estado, en los que se establecía las dos terceras partes para resolver sobre asuntos de extrema gravedad.

Por ello, aceleradamente, en las sesiones del 15, 16 y 19 de mayo, se dieron las tres lecturas a la ley de elecciones de Jefe y Vice—Jefe del Estado y no fue aprobada en la última junta, porque eran tales los reparos e incongruencias de la referida ley, que hubo de pasarse a la Comisión de Legislación para que le hiciera algunas aclaraciones.

Herrera, en tales circunstancias, no podía separarse del mando y tuvo que esperar hasta que las cosas se aclararan y hasta obtener la resolución del Congreso Federal, a quien tanto él como el Consejo Representativo, Municipalidad y vecinos de la capital, se habían dirigido exponiéndole la situación.

El 20 de mayo, una comisión compuesta por los Diputados Vasconcelos, Lorenzana, Flores y Gálvez, propuso al Congreso Federal "que se excitara al Congreso de Honduras para que, en honor a la armonía y buena marcha del Estado, reconsiderase la orden de 17 de abril; que se hiciera también al Jefe de Estado y al Consejo

Representativo, igual llamamiento a la concordia, pues sólo de común acuerdo podía lograrse la pacificación de los ánimos y se restablecería la confianza, único medio de asegurar el término de las desavenencias suscitadas, y que se pidiese al Jefe dar cuenta del resultado de estas medidas, encareciéndole que, entre tanto, redoblara su vigilancia y prudencia para que la tranquilidad no se alterase.

Esta resolución de los diputados nominados, demuestra que los liberales del Congreso Federal no apoyaban y defendían a Herrera sólo por considerarlo el legítimo Jefe del Estado elegido democráticamente, sino porque haciéndolo así, aprovechaban nueva coyuntura para mortificar al Presidente Arce y a su partido, pero la súplica no sirvió de nada: las pasiones sectarias habían sentado sus reales en el seno de la legislatura y a la razón se impuso el prestigio de la sotana.

El Diputado Pablo Irías, que en sesiones anteriores había proferido groserías contra el Jefe del Estado, que había pedido que la Asamblea hiciera suya una ofensa personal originada por el decreto de un empréstito forzoso, se levantó airado y en la sesión del 22 de mayo, pidió que la Asamblea solicitase de la Secretaría de Relaciones Exteriores del Gobierno Federal, la remisión de todos los documentos que existían en su poder "de acusaciones hechas al Jefe Supremo de este Estado". La Asamblea no resolvió nada sobre el particular, lo que es lástima, porque ahora podríamos aprovechar esas acusaciones analizándolas a la luz de la razón que aquellos ciudadanos ensotanados habían pedido. Y no es que nosotros seamos anticlericales. No. Dios nos libre de que se nos formulen cargos como los que se hicieron a Herrera, de ser hereje y masón, enemigo de la santa religión que profesamos.

Así las cosas, en la sesión del 31 de mayo se aprobó la Ley de elecciones para Jefe y Vice—Jefe del Estado, salvando su voto los diputados Milla y Ribera, acordándose fuera remitida al Consejo para su sanción, lo que se hizo al día siguiente. Para mayor abundamiento de la intriga, el 8 de junio fue incorporado al seno de la Asamblea el Lic. Juan Lindo y Zelaya, electo Diputado por Nacaome, quien como propietario sustituyó a Don Leonardo Romero tanto en la curul como en la Secretaría.

En la sesión del 3 de julio, la Asamblea entró a conocer de la nota que el Consejo Representativo le remitió respecto a la Ley electoral que el 1° del mes anterior le había enviado a aquel organismo. Para mayor claridad de los hechos, vamos a trascribir algunos párrafos de las Actas de Sesiones de la Asamblea, pues ellas nos explicarán mejor los acontecimientos. La del 3 de julio dice: "Se dio cuenta con una nota del Consejo Representativo devolviendo la ley en que se da la forma para elecciones de Gefe y Vice—Gefe del Estado expresándose en dicha nota que no podía obtener la sanción la expresada ley por tener un artículo en contradicción con la Constitución del Estado y varios artículos confusos que no sería fácil de cumplimiento y tomado en consideración lo expuesto se puso a discusión y el C. Vijil pidió pasase a la Comisión de puntos constitucionales y el C. Castejón dijo que estando ya sancionada la ley por averse pasado el tiempo prevenido en el artículo 8° de la Constitución declarando en el mismo queda de hecho sancionada y que por tanto no era del conocimiento de la Asamblea reprobar o ratificar la ley."

El Diputado Vijil llamó la atención de que el Art. 3° de la ley que se discutía, estaba en franca oposición a la Constitución del Estado y que varios otros, eran tan confusos que no podrían ejecutarse ni cumplirse, por lo que pedía se enviara de nuevo a la Comisión de Legislación, pero le salió al paso el Diputado Lindo, que para marrullero nunca tuvo rival, diciendo:

"El C. Lindo hizo presente que la ley que se opusiese al todo o algún artículo de la Constitución no debía cumplirse: que debía considerarse como no escrita dicha ley, pero que estando dada la sanción por la misma Constitución no quedaba otro recurso a la Asamblea que declarar y esclarificar la obscuridad de algunos artículos según había expuesto el Consejo y el C. Vijil".

Y bien, en esta forma procedían los que a todo trance querían deshacerse del C. Dionisio de Herrera como Jefe del Estado. La ley que se deseaba emitir, era contraria a la Constitución, pero según el criterio de Lindo, de Castejón y del tozudo de Irías, no importaba que se violasen los principios de la Carta fundamental a condición que esta violación fuera de acuerdo con sus ideas sectarias y sus fines proditorios. ¡Y pensar que en pleno Siglo XX hay aún escritores que defienden a estos pillos! Pero sigamos la narración: la sesión terminó aprobando la ley con los votos de los diputados Francisco José Gómez, Juan Lindo, Pablo Irías, Manuel Jacinto Doblado, Mariano Castejón y Eligio Andrade, salvando sus votos los Diputados Vijil y Milla. La ley fue pasada a la Comisión para que le hiciese las aclaraciones pertinentes.

En la sesión del 6 de julio, la Comisión de Puntos Constitucionales, presentó una exposición relativa a la ley electoral y a la Nota del Consejo Representativo de que se ha hecho mención, agregando:

"La Comición opina 1° Que la ley de 1° de Junio que manda el modo y la forma en que ha de hacerse la elección de Gefe y Vice— Gefe del Estado ha adoptado por ahora lo prevenido en el decreto de 5 de mayo como se adoptó por la Asamblea Constituyente para la elección de Diputados del Estado y a dicho decreto deberán arreglarse las elecciones y conforme a él resolver las dudas que ocurran no teniendo ya lugar el artículo 7° en quanto a la elección provisional de Gefe y Vice—Gefe, pues la que va a practicarse no es provisional, sino duraderos los electos por quatro años según lo prevenido en la Constitución, en cuyo conocimiento procederán los pueblos, pues su voluntad en esta parte nadie puede suplirla."

Bonito modo de razonar de la Comisión. En tal ley se viola un artículo de la Constitución, pero se invoca su inviolabilidad y se le rinde obediencia para derribar al Jefe Herrera, no obstante que, como hemos visto, la orden de 17 de abril que fue la consecuencia de la proposición del Diputado Pablo Irías, era también inconstitucional, puesto que no se había votado por las dos terceras partes de los Diputados a la Asamblea. De esta suerte, en la sesión del 8 de julio, se ratificó la orden de nueva elección dada el 17 de abril, salvando sus votos los diputados Vijil, Milla y Moncada, don Francisco que había sido incorporado como Propietario por Santa Bárbara en sesiones anteriores.

Esta ratificación dio como resultado que el Jefe Herrera remitiera su renuncia del cargo. En el acta de la sesión del 12 de julio se lee:

"...se dió cuenta con una del Ministro general de esta fecha en que el Gefe Supremo C. Dionisio Herrera hace renuncia formal del Gobierno que es a su cargo apollada en las razones que expone: se mandó pasar a una Comición compuesta de los ciudadanos Vijil, Castejón y Lindo. Se levantó la Seción."[67]

La renuncia del Jefe Herrera seguramente cayó como agua hirviendo en el rostro de los reaccionarios que con tanta insistencia pedían su separación del cargo, pero que no imaginaron jamás que fuese tan digno y tan resuelto como para dimitir al entender una vez más, los propósitos malévolos de los diputados clericales. En la sesión del 17 de Julio, el valiente Diputado Vijil pidió que se pusiese a discusión la nota ministerial en que se daba a conocer la renuncia del Jefe del Estado, pues él ya había expresado su voto particular y el asunto era de tanta trascendencia que no admitía dilaciones. Fue el zorro de don Juan Lindo quien saltó a la palestra. El acta respectiva dice:

"El C. Diputado Lindo hizo presente que aunque convenía en mucha parte con el voto particular del C. Vigil, difería en varios artículos de su exposición, y que aún no había entendido su opinión en el particular pero que aún quando la Comición hubiese despachado no podría tratarse este negocio por ser SOLO SIETE DIPUTADOS LOS QUE SE HALLABAN EN LA ASAMBLEA y que estando en la Comición de puntos Constitucionales la nota del Ministro relativa a circular la ley que declara bastante el número de siete diputados para la Asamblea, y teniendo tendencia la resolución de la renuncia del Gefe Supremo con la ley, resolver en aquella sería aumentar dificultades comprometimientos y desobediencias. Por tanto pidió que no se resolviese este negocio hasta que hubiese el número de ocho Diputados por lo menos. El Diputado Vigil dijo que la ley autorizaba los ciete para que hubiese Asamblea, que se derogase ésta o que se tomase conocimiento con los ciete en el asunto. El C. Castejón dijo que aquella ley está ratificada con el número de nuebe diputados, y de consiguiente no se podía tratar de su rebocación mayormente hallandose la nota del Ministro relativa a esta ley en Comición. El C. Moncada pidió que no se reuniese la Asamblea hasta que tubiese mayor número de ciete y que no se tomase conocimiento en ningún

---

[67] Id. Acta de la Sesión No 58 del 12 de julio de 1826. T XVII. Págs.553.

asunto; con cuya propocición se conformaron cinco Diputados y salvando su voto el C. Castejón se separaron todos de sus asientos"[68].

¡Las sotanas se habían espantado de su sombra! Habían resuelto que siete diputados sería número bastante para adoptar resoluciones; ¡habían ratificado la orden de 17 de abril con la emisión de una ley electoral que, aunque violatoria de la Constitución, mereció la mayoría de 6 votos en una reunión de ocho representantes y ahora que les llegaba la brasa a las manos, resultaban con que siete diputados no podían formar Asamblea! Esto hace pensar que Lindo, Castejón, Irías y demás cofrades ya estaban en autos de lo que el Provisor preparaba para derrumbar a Herrera por la violencia o que quizá, no es de dudarlo, ya se pensaba eliminarlo físicamente del escenario político hondureño. Los acontecimientos que más adelante veremos, así lo hacen pensar. Con todo, la Asamblea volvió a reunirse el 7 de agosto. En ella se trató de renovar el Directorio y, cuando iba a tratarse del asunto pendiente del Jefe del Estado, el Diputado Lindo pidió que "de momento se aceptase" una proposición sobre el funcionamiento del Consejo Representativo que firmaban además, los diputados Castejón, Andrade y Gómez. Era un nuevo ardid de Lindo para disolver aquel Cuerpo Moderador. Era una nueva forma de atizar el fuego sectario y de aniquilar la estabilidad del régimen. De su larga exposición, extractamos lo siguiente que es, en esencia, el fondo de la proposición:

"La Constitución del Estado previene haber Consejo compuesto de un representante por cada Departamento elegido por sus respectivos pueblos.

Su número debe ser, uno por cada Departamento, la ley ha dividido el Estado en siete; luego siete deben ser los Consejeros.

La mayoría de siete son más que tres: luego con tres no puede haber Consejo con arreglo a la Constitución, a la naturaleza e institución de este alto Cuerpo, y a sus prerrogativas y funciones."

Y, finalmente decía que la Asamblea declarase que con tres individuos no podía haber Consejo y que su propósito "no debe sufrir trámite alguno". Esta proposición sorprendió a varios Diputados y el C. Vijil preguntó si disuelto el Consejo se disolvía la Asamblea, a lo

---

[68] Id. Acta de la Sesión No 60 del 17 de julio de 1826. T XVII. Págs. 554.

que Lindo le respondió "que era un consiguiente necesario el que se disolviese la Asamblea". Vijil replicó que tal moción no era más que una carrera hacia el centralismo de poderes por lo que no se sentía obligado a concurrir a una sesión "en que se iba a destruir el sistema con agravio y perjuicio de todos los pueblos, y que por lo mismo se separaban de la Asamblea", saliendo del Salón de Sesiones en compañía del Diputado Milla, por lo que se levantó la sesión.

Era evidente que se trataba de un plan para disolver las autoridades del Estado y que aquella frase que se acomodó a Herrera de que en política siguió la trayectoria de dividir para reinar, quedaba más acomodada a otros que, pretendiendo el mando absoluto, no encontraban la clave para derrocar al legalista Jefe del Estado. En atención a lo delicado de las circunstancias, el Vice Presidente de la Asamblea, don Luis Ribera, convocó para una sesión extraordinaria que debería celebrarse a las 4 de la tarde del mismo 7 de agosto. A ella concurrieron cinco diputados, faltando los señores Lindo, Castejón y Andrade, quienes manifestaron se encontraban muy enfermos. No concebían los concurrentes cómo aquellos señores que por la mañana habían presentado y defendido con ardor la proposición de que el Consejo Representativo no podía existir con sólo tres de sus miembros, a las pocas horas se encontrasen atacados de violenta enfermedad, por lo que el Vice—Presidente Ribera les mandó requerir con el Portero de la Asamblea; las horas pasaban y a eso de las siete de la noche, dieron aviso de que "la tarde estaba húmeda y ellos indispuestos".

El Diputado Vijil propuso que se llamasen a los Suplentes que residían en la ciudad; se requirió la ayuda del Gobierno para que les hiciese comparecer y una vez en el recinto legislativo, se les tomó la promesa y se les incorporó. El Diputado Milla, con visible disgusto leyó un largo discurso recriminando la antipatriótica actitud de los diputados ausentes y agregó: "que la necesidad exije la reunión de la Asamblea de cualquier modo, pues primero es que exista la independencia, la Soberanía del Estado y el sistema federal, que cualquiera otra ley relativa a estos objetos, pues sea como fuera, su importancia es en este caso secundaria; cuatro Diputados pidieron hoy por la mañana que no exista el Consejo y manifestó uno de ellos que la Asamblea debe igualmente disolverse por no haber quien sancione las leyes; estos diputados han visto con tedio el federalismo y no han permitido al Estado dar un paso adelante en su progreso. La misma Asamblea en asuntos de menos importancia y bravedad ha infringido cien veces la Constitución de la República y del Estado, hollando los derechos de propiedad y precipitando al Estado a un abismo de males".[69]

Todo el asunto giraba sobre la ley que establecía que el número de siete diputados era bastante para que "haya Congreso", la cual, según el criterio de Castejón, estaba en período de revisión y no podía aplicarse de inmediato. El Diputado Vijil tomó la palabra para pedir que "siendo electo Fiscal de la Corte Suprema el C. Lindo por mayor número de votos populares, pues lo había sido por cuatro partidos, y teniendo los sufragios de la Asamblea Constituyente debía preferir dicha elección a la de Diputado, que por consiguiente no ejercía legítimamente las funciones de representante y debía ejercer la de fiscal". Luego agregó: "En la mañana de este día se ha dicho en esta Asamblea que la ley que previene que bastan siete diputados para las sesiones, estaba en suspenso a pesar de haber manifestado varios que debía subsistir. Conozco que se quiere tener en suspenso los objetos de dicha ley para valerse de ella en las ocasiones que les convenga, pero ninguna ley puede suprimirse sino por otra ley y la que deroga la primera no se ha dado aún aunque debería darse, pues el que habla conoce mejor que nadie su injusticia e inconstitucionalidad, pero si ella subsiste para causar males, debe subsistir también para causar bienes".

A esto replicó el Diputado Gomes alegando que Lindo ya estaba incorporado al seno de la Asamblea, a lo que Vijil respondió que aunque se le hubiese dado posesión, era deber de la Asamblea la de rectificar al momento de conocer un error y que si al momento de darse posesión a Lindo, "no era porque no tuviese los mismos argumentos que ahora tiene, sino porque vio que una mayoría de la Asamblea hacía únicamente, lo que el capricho de un hombre que existía fuera del seno de la Soberanía le dictaba", por lo que ahora, convencido que este era el único camino capaz de evitar la centralización, pedía se aprobase su propuesta.

---

[69] Id. Acta de la Sesión No 60 del 7 de Agosto de 1826. Págs. Del 619 al 621.

Después de una acalorada discusión, la proposición fue aprobada, salvando su voto el Diputado Gomes. Las discusiones sobre el mismo asunto continuaron en las sesiones del 9 de agosto, en la cual el Diputado Milla propuso y fue aprobado que se mandase hacer la elección de los Consejeros de Estado, agregando Castejón que por mientras esto se efectuaba, se llamase al Suplente. En la sesión del 10 de agosto, se presentó el Diputado Lindo y Vijil se levantó para pedir que: "no se debe proceder a otra cosa hasta que se mande al C. Lindo que deje el asiento que ocupa". Lindo al principio se resistió, alegando que ejercía su diputación legítimamente, pero concluyó por salir manifestando que: "dejo el asiento no porque se me manda, sino porque quiero evitar disputas".

Todos los párrafos de las actas de las sesiones de la Asamblea se han trascrito para desvanecer cargos infundados contra el Jefe Herrera y su Gobierno y para demostrar la inconsecuencia, la maldad y la intriga que el Provisor venía desarrollando en el seno de aquella representación. Las cosas ya no eran sólo palabras; se conspiraba abiertamente y la casa del señor Irías era el centro de los conspiradores de los que Lindo era quizá el más connotado e importante, pues impotente para disolver por medio de una ley el Consejo Representativo, puso en juego la maniobra de hacer que el Consejero Ciriaco Velásquez, antiguo amanuense de su padre, el Escribano don Joaquín Lindo, no volviese al Consejo y se refugiase en su propia casa de habitación, expediente que tampoco le dio el resultado que buscaba, por lo que no tardaría en ingeniarse nuevos métodos para hostilizar al Jefe del Estado hasta llevarlo a la inevitable actitud de dictar drásticas medidas para sofrenar la rebeldía de sus enemigos políticos.

Posiblemente quienes han formulado cargos al Jefe Herrera señalándole como culpable de estos hechos por no haberse separado en el acto del Poder, desconocían al momento de escribirlos, lo que las Actas de las sesiones de la Asamblea Ordinaria del Estado de Honduras consignan y que acabamos de trascribir en parte. Ellas son la fuente más pura en que se basa la defensa del Jefe Herrera. Ellas demuestran que había una conjura contra la magestad del Estado, contra la inviolabilidad de la Constitución y la estabilidad del sistema republicano democrático y en ellas se advierte la verdad de los acontecimientos, sin que esto quiera ni pretenda afirmar y decir que Herrera estuvo limpio de culpabilidad. Quizá la tuvo. Seguramente la tuvo, pero no en la forma y medida en que se le quiere responsabilizar. Léanse con cuidado estas Actas y se convendrá en la injusticia con que se trató al Jefe del Estado.

—XIX—

Las maniobras de Lindo contra
Herrera. La intentona del 5 de
octubre y el asesinato frustrado del
2 de noviembre. Ruptura entre la Iglesia
y el Estado. Opinión de algunos
historiadores. Comentarios.

Como se ha visto, el Diputado don Juan Lindo y Zelaya fue invitado a dejar su sillón en la Asamblea y a ocupar su puesto como Fiscal de la Suprema Corte de Justicia, cuyos magistrados fueron requeridos nuevamente a concurrir a Comayagua para la integración de aquel alto organismo. Pero a Lindo no le interesaba que el Poder Judicial se organizase; al contrario, había intentado disolver el Consejo Representativo, convenciendo a don Ciriaco Velásquez para que no volviese a su oficina y, a la vez disolver la Asamblea provocando disturbios, creando dificultades a todo y argumentando sofismas a cada paso.

La Asamblea había entrado en un período de descomposición y era un terreno abonado para las maquinaciones de un hombre como Lindo, cuyo talento y fina intriga no pueden ser negados; por esta circunstancia, lejos de preocuparse por el ruinoso estado de la Hacienda pública, por la desorganización de los tribunales de justicia de los que, como ya se ha dicho, sólo actuaban los jueces de la 1a y 2a Instancia, por el arreglo de la fuerza armada y por dictar las medidas conducentes a la completa organización del Estado, fue fácil trampolín para que Lindo desarrollase a sus anchas los planes concebidos en unión del Provisor y Gobernador del Obispado. Tales maniobras, conocidas del Gobierno en todos sus detalles, son descritas por don Liberato Moncada, a la sazón Ministro General, en sus Memorias de las que tomamos los párrafos que siguen: "...las cosas no pasaban a otro tamaño, y solo algunos descontentos se oía hablar contra el Gobierno, hasta que vino el ciudadano Juan Lindo, instado según se dice por el Presidente de la República. Desde su llegada, fue notable la alteración: se dividió el Consejo: se acaloraron los partidos; se oyeron expresiones alarmantes y algunos pueblos infelices, de resultas de los papeles que el ciudadano Velásquez y otros esparcían, negaron la obediencia a las autoridades legítimamente constituidas...".[70]

Vese, pues, que lo buscado por la reacción era anarquizar el país, organizar la rebeldía contra el Gobierno, estancar toda actividad y, en una palabra, destruir el sistema y sujetar el Estado al carro del centralismo de Arce como lo habían uncido al de Iturbide en 1822, porque los personajes que dirigían aquel sector político eran los mismos que se rebelaban contra el Jefe Herrera y contra la Independencia de la Nación; eran los que no se conformaban por la pérdida de sus preeminencias y los que se sentían desplazados del poder.

Entre tanto, el Jefe del Estado continuaba luchando por salvar la situación tratando de formar conciencia cívica por medio del conocimiento y estudio de la Constitución tanto estatal como nacional y, con este objeto, el 22 de agosto se dirigió en circular a los Jefes Políticos recomendándoles el cumplimiento de los preceptos constitucionales como medio eficaz de que cada ciudadano tuviese en ellos el apoyo que les otorgaban. Entre estas recomendaciones decía: "Estudiarla de día y meditarla de noche es el deber primero de todo funcionario público, que está obligado a cumplirla religiosamente por su parte y hacerla cumplir a los demás ciudadanos. Estos deben por la suya saber cuáles son los deberes que la ley les impone con respecto a la sociedad y a todos los miembros para practicarlos, y los derechos que les concede para saberlos gozar y defender".

Por otra parte, procuraba activamente de remediar la angustiosa situación económica evitando gastos superfluos, tratando de hacer efectivos los mandatos de la Asamblea sobre empréstitos, colaborando con Lindo, nombrado por aquélla, para convertir en moneda el préstamo de platas hecho por la señora Romualda Castro, a fin de que se pagara el prest de la tropa, los sueldos más urgentes de los funcionarios y se aplacara en lo posible la miseria del pueblo de la capital, repartiendo reales entre las gentes más necesitadas. Ninguna de las órdenes de la Asamblea había quedado sin

---

[70] Moncada, Liberato. Memorias. En Revista de la Universidad. N° 5. Págs. 297 y 298. T. IV. 15 de Mayo de 1912. Tegucigalpa.

cumplimentarse y si la de 17 de abril no se había ejecutado, no era por negligencia del Jefe Herrera, sino por las dificultades y embrollos que la ley electoral del 1° de Junio ofrecía para su ejecución.

Así lo reiteraba el Gobierno al Secretario del Consejo Representativo al contestarle una nota suya de 4 de septiembre de 1826, en la cual le invitaba a cumplir con el mandato sobre elecciones de Jefe y Vice—Jefe del Estado aún con las dificultades que la ley ofrecía; y se habrían practicado las elecciones en el mes siguiente como lo mandaba la Constitución y lo había acordado la misma Asamblea[71], de no haberse presentado graves acontecimientos que cambiaron el rumbo de los negocios.

En efecto, el Gobierno tuvo noticias que para la noche del 5 de octubre, con el pretexto de llevar a un reo a la cárcel, un grupo de facciosos se iba a echar contra el cuartel principal para tomar las armas y derrocar al Jefe Herrera y a los demás empleados del ejecutivo. A estas alturas el Provisor Irías había hecho correr la especie por conducto de sus corifeos, que en Tegucigalpa había fracmasones, que el Jefe del Estado era uno de ellos y quizá su director y que "todos ellos caminaban a destruir la religión".

El fanatismo religioso que se había heredado de la cercana colonia, se ponía una vez más en evidencia y al servicio de intereses sectarios; los sumisos camanduleros de Irías en una mano llevaban el rosario y en la otra, el puñal y, de no haberse desatado aquella noche un aguacero que impidió la reunión de los conjurados, aquel acto de sedición se habría consumado y la sangre fraterna habría manchado por primera vez en la era independiente, el suelo sagrado de la Patria.

Ante los acontecimientos el Gobierno tuvo que tomar las medidas más rigurosas para mantener el orden como era su deber. Al día siguiente, el Jefe de Estado convocó a la Asamblea a sesión extraordinaria y ante ella denunció el caso con todos sus detalles. En la Asamblea tomó la palabra el Diputado Vijil y dijo "que el Gobierno en vista de los partes que había recibido había tomado las

---

[71] Asamblea Ordinaria del Estado de Honduras.. Acta de la Sesión N° 66 celebrada el 8 de octubre de 1826. Revista del Archivo y Bibliotecas Nacionales, T. 17. Págs. 809—810.

providencias que juzgó convenientes contra una facción que pretendía apoderarse de las armas y deponer a las autoridades; y que el Gobierno al tomar estas medidas, cumplía con una de sus principales obligaciones, pues tendían a conservar el orden público: que la imputación que se le hacía al Jefe de Estado por medio de una carta enviada de Tegucigalpa calificando al señor Herrera de hereje tenía su origen en el descontento del extranjero Echarri por la orden que se había librado para que se le echase de cualquier punto a donde arribase, por estar comprobado que era enemigo de la independencia, por cuya causa también se le había expulsado de Colombia, de Costa Rica y del Estado de Nicaragua; que este español había lanzado la especie de que el Jefe Herrera era masón y que iba a destruir la iglesia. El Diputado Castejón dijo: que se pidiese a los juzgados de Tegucigalpa comprobantes de la verdad, y que saliendo falso se le daría al Gobierno satisfacción y así se aprobó".[72]

Seguidamente se dio lectura a la copia enviada por el Secretario General en que manifestaba a la Asamblea que dos de los sujetos comprometidos habían visitado al Jefe Herrera en la noche del 7 de octubre, haciéndole declaraciones de la conspiración, dándole los nombres de los comprometidos y, a la vez, proponiéndole que para no proseguir en la conjura y a guisa de garantía para todos, se quemase la causa que se instruía a los sediciosos y se echase todo en olvido, pero "que el Gobierno, atendiendo a la seguridad de los habitantes, no lo está para entrar en transacción con los súbditos ni tampoco le es decoroso", ya que esta causa se sigue para averiguar la verdad de los hechos y que sólo la Asamblea podía resolver lo conveniente. El Diputado Castejón pidió la palabra y dijo: "que le parecía mejor se echase todo en olvido, no debiéndose por ningún caso quemar la causa por los hechos ulteriores, en lo que convinieron todos los Diputados, y se levantó la sesión".

Como consecuencia de lo anterior se comunicó al Jefe del Estado que la Asamblea estaba de acuerdo en que se echase un velo de olvido y de perdón como le había sugerido y que ésta debería ser la conducta

---

[72] Id. Id. Acta de la Sesión N° 66 de 8 de Octubre de 1826. RABN, Pág. 809.

del Gobierno con los comprometidos, no procediéndose de otro modo si las circunstancias no lo exigían. El Ministro General Moncada explicaba también a la Asamblea la conducta del Jefe del Estado víctima de la calumnia y de imputaciones antojadizas, asegurándole que no temía el examen justo e imparcial de los hechos, el registro de la correspondencia oficial y todo cuanto pudiera contribuir con detenido estudio y revisión, a establecer la imparcialidad y rectitud con que se había procedido.

Pero el perdón y el olvido que se había otorgado a los sediciosos del 5 de octubre, lejos de hacerles comprender su falta y llevarlos a la rectificación, sirvió como estimulante para proseguir en sus propósitos creyendo que aquel paso de benevolencia era nada más que una muestra de debilidad del Gobierno y, cuando todo parecía volver a la calma, en la madrugada del 2 de noviembre, una serie de disparos alarmó de nuevo la ciudad. Se trataba de un atentado criminal contra el Jefe Herrera. Por las ventanas de su casa, inclusive la de su dormitorio, los asesinos hicieron fuego con sus fusiles con intención de liquidarlo y las balas se incrustaron en la cabecera de la cama en que dormía Herrera y en el colchón de la que ocupaba su esposa y uno de sus tiernos hijos.

A estas alturas era ridículo que el Gobierno se cruzara de brazos y no tomara las medidas de seguridad que el caso ameritaba. Por otra parte, en la madrugada del 2 de noviembre, sin ser perseguidos, desaparecieron de Comayagua los ciudadanos Ciriaco Velásquez, Consejero y Rosa Medina, hecho significativo por cuanto ambos estaban íntimamente ligados con Lindo y el Provisor Irías, cabecillas de la conspiración. Herrera mandó poner guardias en la casa del Provisor y encarceló a los ciudadanos Teodosio Avilés, Raimundo Boquín, Gregorio Doblado y otros de menor categoría, y dispuso "ir a dormir a la casa de armas", ordenando se redoblase la vigilancia de los sospechosos a quienes conocía por la delación hecha la noche del 7 de octubre por dos de los conspiradores que intentaron tomar el cuartel de la plaza.

Esta actitud de previsión encolerizó a don José Nicolás Irías, el amo absoluto de otros tiempos y, como dice el erudito historiador Vallejo "resolvió excomulgar, para honra y gloria de Dios, al Jefe de la Nación, so pretexto de haberse echado sobre los bienes de la iglesia". La ruptura entre el Estado y la Iglesia, estaba consumada.

Pero, ¿de dónde arrancaba la desavenencia entre don Dionisio de Herrera, Jefe Supremo del Estado, y don José Nicolás Irías, Provisor y Gobernador del Obispado de Comayagua? La respuesta nos la dan varios historiadores de reconocido crédito, aunque con algunas variantes.

Marure dice: "...desde que Herrera entró al mando, comenzaron a suscitarse entre él y el Provisor P. D. Nicolás Irías, desagradables contestaciones que empeoraban la situación. Irías estaba acostumbrado a gobernar en lo eclesiástico, en toda la provincia, con un poder que antes nadie le había disputado. Al entrar Herrera al Gobierno, vió con disgusto al frente de la administración constitucional, a un gobernante que procuraba obrar con toda la independencia inherente al Poder Civil y que no se manifestaba dispuesto a conciliar con las pretensiones del clero, ni a respetar sus privilegios".[73]

Don Liberato Moncada expresa: "Cuando se instaló la Asamblea, el P. Provisor y Gobernador del Obispado se hallaba resentido con el Gobierno Supremo por providencias justas que éste había tomado en uso de sus altas atribuciones. Tenía el Padre Provisor un hermano, otros dos eclesiásticos adictos y otros seculares que dependían de aquellos. De aquí dimanó, como es público, la orden inconstitucional de la mudanza del Jefe y otras disposiciones contrarias a las leyes expresas, a los derechos de los ciudadanos y a los artículos terminantes de la Constitución, que no fueron sancionados por el Consejo...".[74]

Vallejo, escribe: "Viendo el Presidente de la República que los gobiernos de los Estados se negaban a entrar en sus combinaciones políticas, se decidió descaradamente a proteger a los descontentos de los gobiernos de los Estados. El Arzobispo Casaus, el Presidente de la República, el Provisor Irías que gobernaba esta diócesis en Sede

---

[73] Marure, Alejandra. Obr. Cit
[74] Moncada, Liberato. Ya Cit.

Vacante, se pusieron de acuerdo para derrocar el Gobierno que presidía el Jefe Herrera".[75]

José Antonio Cevallos, después de referir que Herrera gobernaba como un déspota y arbitrario, agrega: "Era imposible, pues, que gobernando de ese modo absoluto no cometiera el Supremo Jefe, abusos que nadie podría reprimir ni evitar; y que sus extravíos le hayan acarreado las odiosidades de las clases sociales. De allí resultó que se pusiese en pugna escandalosa con el gobernador de la iglesia hondureña, Presbítero don Nicolás Irías, quien, siendo perseguido con prisión por Herrera, el Provisor les opuso a sus numerosos partidarios. ..".[76]

Finalmente, Durón dice: "Las agitaciones del Estado que se manifestaron con los atentados del 5 de octubre y del 1° de noviembre continuaban. Era el agitador, como se ha dicho atrás, el Provisor Presbítero José Nicolás. Irías. Parece que la lucha entre éste y el Jefe Herrera había comenzado ostensiblemente por un asunto que no era de carácter político. El Presbítero Pedro Brito había intentado, con el nombre de protección, un recurso de fuerza ante el Jefe del Estado. Este le amparó de hecho y previno al Gobernador de la Diócesis que suspendiese todo procedimiento contra Brito mientras se instalaba la Corte Superior de Justicia para que conociese del recurso. Irías no atendió la prevención, siguió procediendo contra el reclamante y contestó al Gobierno que no reconocía poder alguno en el Jefe para dictar un acuerdo contrario a las leyes; y que protestaba sostener la autoridad de la Iglesia, que era independiente de cualquiera otra potestad civil y no podía ser atacada ni perturbada por ésta, sin someterse a las leyes que la misma iglesia tenía establecidas contra los perturbadores de su alta jurisdicción. Herrera sostuvo su primer proveído y libró segunda carta de fuerza. Desde entonces la casa de Irías fue el punto de reunión de todos los descontentos, se llamó a Herrera fracmasón y hereje y luego ocurrieron los atentados..."[77].

Bien, pues: si el choque entre el Poder Civil y el Eclesiástico se motivó por secretos entendimientos entre el Provisor y el Presidente

---

[75] Vallejo, Dr. Antonio R. Obr. Cit. Pág. 233.
[76] Cevallos, José Antonio. Recuerdo Salvadoreños. T. II. Pág. 242 y Sig.
[77] Durón, Dr. Rómulo E. Obr. Cit. Párr. 47. Pág 214 Cap IV.

Arce por intermedio del Arzobispo Casaus de Guatemala, es decir, por razones políticas, resulta a los ojos de la Historia, de la razón y de la equidad, condenado el Señor don José Nicolás Irías. Si el choque se originó en la interferencia del Jefe del Estado en asuntos privativos de la Iglesia, invadiendo y lesionando el fuero eclesiástico y presionando al Provisor para que se abstuviese de proceder en una causa que sólo a él cabía competencia, resulta condenado el Jefe del Estado.

Pero, en la disputa Herrera Irías, no hubo de parte del primero provocación ostensible. Herrera cumplía con la ley; se ajustaba a la Constitución y la defendía a capa y espada. Esto, si bien molestaba al Presidente Arce, no podía inquietar al Provisor, cuyo dominio era de carácter espiritual. Era el Jefe de la Iglesia, no el Jefe de la Nación cuyas atribuciones estaban bien claras en la Constitución de la República y la del Estado. En cambio, Irías quiso inmiscuirse en asuntos de la exclusiva competencia del Gobierno Civil y si bien Herrera le previno que se abstuviese de seguir la causa contra Brito hasta que la Corte de Justicia conociese del asunto, lo hizo en pleno cumplimiento de su deber de gobernante, porque éste no llegó a pedir protección como sacerdote, sino como ciudadano además de que Irías, al proclamarse la República era también, primordialmente, un ciudadano sujeto a las leyes comunes, a pesar del fuero, a pesar de todo, porque HABÍA JURADO CUMPLIR Y RESPETAR LA CONSTITUCIÓN Y LAS LEYES DEL ESTADO y ésta daba a Herrera todo el poder de que había hecho uso.

Bonito modo de razonar el del señor Provisor: "no reconocía poder alguno en el Jefe...protestaba sostener la autoridad de la Iglesia, que era independiente de cualquiera otra potestad civil Y NO PODÍA SER PERTURBADA NI ATACADA POR ESTE...", pero el Jefe de esa misma Iglesia, sí podía perturbar y atacar la majestad de la ley y la seguridad del Estado; al amparo del fuero, sí se podía conspirar abierta o solapadamente contra la seguridad pública, violar la Constitución y hacer diablos de zacate, olvidándose de que la Iglesia funcionaba dentro del propio Estado y que éste era primario; que habiendo jurado respetar la ley, quedaba de hecho sometido a ella y a la autoridad que estaba encargada de velar por su cumplimiento. ¡Qué fácilmente olvidan los defensores de Irías estas circunstancias!

Pero bien, en Irías se conjugaron las dos causas apuntadas por los historiadores: su condición de sacerdote y Jefe de la Iglesia, le había acostumbrado, como dice Marure, "a gobernar en lo eclesiástico en toda la provincia con un poder que antes nadie le había disputado" y no es extraño que prevalido de ese poder hubiera traspasado el límite de su autoridad participando activamente en los asuntos políticos como consecuencia de la costumbre que, para todo menester, durante la colonia, era indispensable contar con la aquiescencia del clero, rico y todopoderoso y, de esta suerte, como jefe absoluto en lo espiritual, se haya olvidado de que había prestado juramento de obediencia a las leyes. Por otra parte, el Provisor estaba de hecho afiliado al partido conservador o reaccionario, no le digamos como Montúfar, servil; desde ese instante, tenía que seguir la batuta que desde Guatemala empuñaba Arce para dirigir la orquesta de los enemigos de la República. Por ello las disposiciones sobre recaudación del diezmo que el Gobierno había dictado para salvar al Estado de su miserable situación económica y la energía con que Herrera se oponía a su despótico proceder, que ya no encajaba en una democracia, le hicieron rabiar recrudeciendo en su ánimo el deseo de liquidar al Jefe Supremo, único obstáculo que le impedía el paso hacia el poder.

De toda suerte, Irías resulta condenado y la Historia no puede absolverlo muy a pesar de que los cachurecos o conservadores como don Pedro Joaquín Chamorro, don Manuel Montúfar y Coronado y otros, le dediquen alabanzas, le hagan panegíricos y quieran justificarlo lanzando contra Herrera los más acervos cargos y los más crudos comentarios. ¡EL SOL NO SE PUEDE TAPAR CON UN DEDO!

La rebelión del Provisor Irías.
Convocatoria para Sesiones
Extraordinarias de la Asamblea.
El Decreto del Presidente Arce de 10
de octubre. Poderes que la Asamblea
dio al Jefe Herrera. Irías es puesto
fuera de la ley.

"Los planes sediciosos de Irías —dice Durón—hacían sentir su influencia en Tegucigalpa, Gracias, Santa Bárbara, Olancho y otras partes". Efectivamente, el Gobierno tuvo pruebas de que el Provisor había escrito a los curas exhortándoles para que se alistaran en las filas de la revuelta para defender "la santa religión católica" amenazada por la herejía del Jefe Herrera y su gobierno, correspondencia que dió en algunos pueblos los resultados apetecidos. En el de Texíguat, el Padre Moraina, que ejercía el curato, amenazó a la Municipalidad con un levantamiento armado y le aseguró que estaba apoyado por los pueblos vecinos; en Yuscarán, el Cura Valle predicaba abiertamente contra el régimen e incitaba a los feligreses para empuñar las armas y defender la religión; en Tegucigalpa, el Cura don Joaquín Machado Ugarte preparaba con ruidosa alegría la publicación de la excomunión de Herrera, cuya lectura sería seguida de repique solemne, cohetes y bombetas, pero la Municipalidad le previno que se abstuviera del escándalo y entonces hizo virulentos sermones contra el régimen; el Cura de Gracias movía partidos y reunía gente armada de machetes y fusiles predicando la guerra contra el Gobierno y en Santa Bárbara, varios vecinos incitados por los sacerdotes habían remitido a la Asamblea Ordinaria una petición y protesta contra el Jefe del Estado que sólo celebraron el cura Castejón y don Eligio Andrade.

Sólo los texíguats volvieron por sus sentimientos: eran legalistas y lejos de apoyar las pretensiones de las sotanas ensoberbecidas, reunieron 200 hombres y los hicieron marchar a Comayagua para apoyar el régimen legal.

No es verdad, como se ha escrito, que el Jefe del Estado desató desde el principio de su mandato, una tremenda persecución contra el Provisor Irías y contra otros personeros de la Iglesia; con las pruebas de su rebelión en la mano, con los testimonios de su complicidad en el atentado de la madrugada del 2 de noviembre, se limitó a poner guardias en la casa de habitación del Jefe de la Iglesia, que se había convertido en el centro de reunión de los conspiradores; si Herrera hubiese querido perseguirlo y capturarlo, lo habría hecho usando de la fuerza pública, allanando su propio domicilio del cual salían correos, proclamas e incitaciones al bochinche y en donde se ocultaba gente armada, pero respetó la santidad del hogar, al contrario de lo que habían hecho sus adversarios que pretendieron asesinarlo en su aposento privado.

Tampoco era tan estricta la vigilancia, puesto que el Señor Provisor con todo y sotana se evadió de Comayagua, llevándose las joyas más valiosas de su Catedral y fue a refugiarse al pueblo de Erandique, en el Departamento de Gracias, en donde comenzó a organizar sus fuerzas en compañía de don José María Donaire, otro cura escandaloso, pidiendo luego protección al Presidente Arce para "que los librara de la tiranía del Jefe de Estado".

Fue entonces, hasta que el Provisor se fugó hacia Occidente, no por la tremenda persecución de Herrera, sino porque esa fuga entraba en la combinación de sus planes, que el Ejecutivo dictó providencias para su captura, ya que estaba declarado reo por varios delitos, entre ellos el de resistirse a entregar al Gobierno, como lo había acordado la Asamblea, la parte correspondiente de la masa decimal y cuya nueva reglamentación se había dado el 15 de noviembre de aquel año. (1826).

Entre tanto, en Comayagua se reunía el 16 de diciembre, la Asamblea en sesiones extraordinarias convocada por Herrera en defecto del Consejo Representativo que, como se dijo ya, se había desintegrado a consecuencia de la huida del Consejero Ciriaco Velásquez, cómplice de Irías. La sesión primera fue celebrada con asistencia de los Diputados don Francisco Milla, Mariano Castejón, Francisco Gómez, Eligio Andrade, Luis Ribera, Francisco Moncada, Leonardo Romero y Ramón Doblado, quienes revisaron y aprobaron las credenciales de los señores don Mauricio Contreras, Diputado

Propietario por Trujillo y don Francisco Lazo, Diputado Suplente por Choluteca, tomándoles en el acto la promesa de ley. La Directiva de la Asamblea se integró con los diputados Milla como Presidente. Romero y Lazo como Secretarios. [78]

El objeto de esta reunión extraordinaria era el de conocer el Decreto del Presidente Federal, General Manuel José Arce, de 10 de octubre de 1826, en el cual convocaba a un Congreso Nacional Extraordinario que debería reunirse en la ciudad de Cojutepeque, del Estado de El Salvador y del Informe sobre política interna que presentaría el Secretario General del Gobierno.

Según el Presidente Arce: atendiendo a que la Constitución lo hacía responsable de la conservación del orden público; a que se habían cometido varios atentados contra la ley fundamental, provocando la guerra civil; "que el Estado de Honduras se haya desorganizado, habiéndose disuelto por la imposibilidad de funcionar su Asamblea Legislativa, no existiendo el Consejo representativo ni Corte de Justicia"; que en el Estado de Nicaragua se había renovado la vieja rivalidad entre los poderes públicos y exaltando las pasiones de partido; que el Gobierno del Estado de Guatemala, conspirando contra el general de la República, organizó la guerra civil después de haberse revelado abiertamente; que el Congreso Federal, al terminar sus sesiones ordinarias, no tenía la representación completa de los Estados; que el mismo Congreso convocado a sesiones extraordinarias no había podido reunirse para abrirlas el 1º del mismo octubre; que el Senado de la República no existía por no concurrir el número de senadores que fija la Constitución, quedando por tal motivo aislado el Ejecutivo Federal y que, finalmente, la opinión pública clamaba porque se tomaran medidas para asegurar la vida de la Nación, el Ejecutivo convocaba por el presente Decreto "a un Congreso nacional extraordinario, plenamente autorizado por los pueblos para restablecer el orden constitucional, y proveer por todos los medios propios de su poder y sabiduría a las necesidades de la República".

---

[78] Acta de la Primera Sesión de la Asamblea Extraordinaria convocada por el Jefe Supremo del Estado. RABN, T. XVII, Págs. 810 y 811. Tegucigalpa. 1939.

Agregaba Arce que el Decreto en cuestión sería comunicado a la Comisión Permanente del Congreso Federal, a la Suprema Corte de Justicia, al Presidente del Senado, a los Jefes de Estado y demás autoridades y funcionarios de la federación.

La Asamblea, al darle lectura al referido Decreto, nombró una Comisión para su dictamen, integrada por los diputados Mariano Castejón, Francisco Gómez, Eligio Andrade y Leonardo Romero, todos del partido de Arce, a quienes se entregó, además, una nota y varios escritos remitidos por el Gobierno de El Salvador y relativos a lo mismo.

Puede observarse que los diputados eran los mismos que habían sido elegidos popularmente, exceptuándose aquellos que conforme al sorteo efectuado por la propia Asamblea, habían vacado en sus funciones como don Diego Vijil y don Pablo Irías. En la sesión del 20 de diciembre el diputado Castejón manifestó que la Asamblea no podía emitir ninguna ley, puesto que no había Consejo Representativo y pidió se excitase al Gobierno para que convocara a elecciones del mismo y a la del Diputado por Nacaome, ya que al C. Juan Lindo no se le reconoció como tal. La Asamblea resolvió que se dijese al Gobierno que llamara a los Consejeros propietarios y suplentes que existían en el Estado, "los que en el término de veinte días deberían estar en Comayagua para que se instalara el Cuerpo Representativo y continuara reunido hasta que concurriesen los nuevos Consejeros que se mandaban elegir y que, si en el término prescrito no comparecía alguno, se le obligaría por el Gobierno en los mismos términos que a los Diputados, según el acuerdo dictado el día 19".

Los Consejeros que permanecían en Comayagua eran el C. Francisco Morazán y el Dr. don Juan Miguel Fiallos, pues el Señor Vicente Ariza jamás quiso venir de Nicaragua a tomar su asiento en el seno de aquel organismo. De los Suplentes, el C. Felipe Reyes vivía en Tegucigalpa y el Presbítero don José María Rivera permanecía en Sensenti desempeñando el curato; ambos fueron llamados para presentarse en la capital con urgencia.

En la sesión del 22 de diciembre la Asamblea resolvió sobre el pliego de explicaciones, que el Jefe del Estado le remitió por medio del Ministro General en el cual relataba los sucesos ocurridos, acompañando las pruebas necesarias para que, los representantes del pueblo, acordaran lo conveniente de acuerdo con los intereses del Estado. En vista de los hechos, de la comprobación de los mismos, los Diputados declararon por medio de un Decreto, que el C. José Nicolás Irías quedaba fuera de la protección de la ley, lo mismo que "todos aquellos que, en lo sucesivo, se comprobase que fueran principales autores o cómplices en sus miras revolucionarias". Así mismo, la Asamblea declaró nula y sin ningún efecto la indulgencia decretada el 8 de octubre en "la parte en que se manda correr un velo a los sucesos ocurridos en la capital el día 5 del mismo mes", indicando al Gobierno "que se había hallado desde el principio de la revolución y actualmente, en el caso del párrafo 4° del Artículo 175 de la Constitución Federal y en el de los cuatro párrafos del Artículo 176 de la misma y, en consecuencia, podía obrar con arreglo a ellos".[79]

Jamás Irías se había imaginado que la Asamblea, en donde contaba con toda la simpatía y ciego sometimiento de Castejón, de Andrade, de Gómez y de Romero, pudiera dar un paso en su contra y mucho menos osara ponerlo fuera de la ley, pero eran ya tantos los atentados cometidos por el Provisor y tan evidentes las pruebas de su culpabilidad que, volviendo por la moral y recordando la decencia,

---

[79] Acta de la Sesión Extraordinaria N° 5 de la misma Asamblea de fecha 19 de Diciembre de 1826. La Constitución Federal en su Título XI, Sección Única. Art.175, establece: "No podrán el Congreso, las Asambleas, ni las demás autoridades: 1, 2, 3, 4. Tomar la propiedad de ninguna persona, ni turbarle en el libre uso de sus bienes, sino en favor del público cuando lo exija una grave urgencia legalmente comprobada y garantizándose previamente la justa indemnización. Artículo 176. No podrán, sino en el caso de tumulto, rebelión o ataque con fuerza armada a las autoridades constituidas: 1. —Desarmar a ninguna población, ni despojar a persona alguna de cualquiera clase de armas que tenga en su casa o que lleve lícitamente. 2. — Impedir las reuniones populares que tengan por objeto un placer honesto, o discutir sobre política y examinar la conducta pública de los funcionarios. 3.—Dispensar las formalidades sagradas de la ley para allanar la casa de algún ciudadano o habitante, registrar su correspondencia privada, reducirlo a prisión o detenerlo. 4. — Formar comisiones, o tribunales especiales para conocer en determinados delitos, o para alguna clase de ciudadano o habitantes".

sus viejos amigos y seguidores hubieron de buscar remedio a tanto desatino y concluyeron en que era preciso darle una lección y ponerlo quieto.

Sobre la resolución de la Asamblea, el historiador Durón, con los documentos en la mano, como suele decirse, afirma: "La Asamblea, para fundar esta resolución, historiaba lo sucedido y hacía estas consideraciones. Irías era cómplice en el asesinato intentado contra el Jefe Supremo. Cuando la Asamblea mandó que se corriese un velo sobre los primeros hechos hasta que otros posteriores hiciesen descorrerlo fue comprometida por el estado de efervescencia en que Irías y otros tenían al pueblo de Comayagua, y sin embargo este continuó reuniendo gente en su casa, seduciendo al pueblo y cometiendo otros atentados escandalosos. Habiéndose decretado por autoridades competentes la prisión del reo José Nicolás Irías, quedó en el hecho, con arreglo a la Constitución del Estado, suspenso de los derechos de ciudadano y por consiguiente sin poder ejercer empleo ni oficio en la República. Después de estos hechos había continuado en Erandique en sus planes de revolución y trastorno, esparciendo papeles sediciosos, seduciendo para destruir la Constitución y para envolver al Estado en la anarquía. Y finalmente había llegado al último término de iniquidad y olvido de la religión, de los cánones y de las leyes, mandando fijar excomulgando al Jefe Supremo en todas las parroquias del Estado valiéndose para esto del engaño, de la mentira y de la falsedad y obrando contra lo dispuesto por el Evangelio y por la disciplina eclesiástica; había hollado las leyes divinas y humanas y se debía prevenir, para salvar la Patria, que siguiese valiéndose de su influjo y de la ignorancia de los pueblos en sus planes criminales". [80]

Tal el razonamiento de la Asamblea que, con su resolución dejó deslindados los campos: Irías, con saña venenosa regaba la semilla del desorden y lanzaba excomunión mayor contra Herrera, haciéndole víctima de toda clase de imputaciones; el Jefe de Estado, alentado por la misma Asamblea que había querido removerlo del cargo y que ahora tácita y firmemente le autorizaba para continuar en él, tomaba las armas que le daba para aniquilar a Irías, persiguiéndolo desde

---

[80] Durón, Rómulo E. Obr. Cit. Págs. 216 y 217

aquel momento (ahora sí lo perseguía), porque era ya un prófugo de la justicia. Ambos bandos estaban envenenados de odio y deseos de venganza; ambos habían perdido la ecuanimidad: el uno se valía del fanatismo religioso, el otro echaba mano a recursos más violentos y en tales circunstancias, ya no valía nada el Estado porque los dos, afirmaban que su lucha era por salvarlo. La guerra se veía venir con todas sus calamidades y la efervescencia no auguraba otra cosa que el desastre.

En la sesión del 23 de diciembre y en vista de los dictámenes rendidos sobre el Decreto de 10 de Octubre del Ejecutivo Federal y de la invitación del Gobierno del Estado de El Salvador sobre el Congreso Extraordinario de Cojutepeque, la Asamblea resolvió:

"Después de leídos los dictámenes de las dos comisiones a que mandó pasar la Asamblea el Decreto del C. Presidente de 10 de octubre sobre reunir un Congreso extraordinario en Cojutepeque: después de examinadas las causas que en ellos se exponen para aconsejar a la Legislatura que no se dé cumplimiento a dicho decreto: después de una larga deliberación según lo exige la naturaleza del asunto y de pesadas con detenimiento las razones que expuso cada Diputado; ha tenido a bien la Asamblea acordar, de conformidad con todos los individuos que la componen:

1°—QUE NO SE DÉ CUMPLIMIENTO al decreto de 10 de octubre en que manda el C. Presidente de la República nombrar Diputados en todos los Estados de ella para un Congreso extraordinario que debe reunirse en Cojutepeque.

2°—Que por conducto del Gobierno se excite al C. Presidente para que se sirva tomar las providencias convenientes a fin de que se reúna el Senado de la Federación, con el objeto de que este Alto Cuerpo, usando de las facultades que le concede la ley, haga lo verifique el Congreso Federal para que, en cumplimiento de su deber, dicte providencias que hagan restablecer el orden público y respetar la Constitución.

3°—Que el Poder Ejecutivo del Estado dicte igualmente las más activas providencias para sofocar la revolución que se fomenta en varios pueblos de él por los enemigos del sistema y del orden y para sostener la soberanía del mismo Estado". [81]

La resolución precedente confirma, una vez más, el mandato de Herrera por la propia voluntad de la Asamblea que ahora veía muy de cerca la tormenta y, el día 25, el Secretario General del Gobierno, dirigió una nota al Ministro de Relaciones de la Federación dándole a conocer lo resuelto sobre el tantas veces mencionado Decreto de 10 de octubre, de la cual tomamos los párrafos que siguen:

"La necesidad de sostener la Constitución federal y la independencia y soberanía de los Estados: la obligación de todo funcionario de salvar la Patria, de evitar la guerra civil y los males consiguientes a ella, el bien que resulta de que los Estados procedan de un modo enérgico y conveniente y la autorización extraordinaria de este Gobierno para entrar en relaciones con los de los otros Estados de la Unión y sabiendo cuales son los sentimientos acordes de Costa Rica, Nicaragua y El Salvador, le obligan a adoptar el citado decreto de 6 del corriente y en su consecuencia a manifestarlo así al ciudadano Presidente de la República y a obrar de conformidad con los demás Estados de la Unión. Mi Gobierno cree que el Supremo de la federación ha podido extraviarse alguna vez como hombre, y que él será siempre el primero que conoce su error: considerando con atención los males que pueden resultar a todo Centro América de impedir la reunión del Congreso Federal, obrar hostilmente contra la independencia y soberanía de los Estados, y de no arreglarse en un todo a la carta fundamental: no estando desmoralizado ni destituido del sentimiento de humanidad no se negará a adoptar voluntariamente estas medidas y propuestas para salvar a la patria, y fundadas en la ley, en la razón, en la justicia y en el interés de los pueblos, pues sólo de este modo pueden evitarse los estragos de la guerra civil y la necesidad de que la fuerza haga lo que la razón, la humanidad y el deber debían haber hecho. Yo lo pongo todo en noticia de Ud. para que se sirva elevarlo al conocimiento del ciudadano Presidente de la

---

[81] Libro de Acuerdos y Decretos de la Asamblea del Estado. Años de 1825 y 1827. Archivo Nacional. Tegucigalpa.

República, ofreciendo toda la fuerza de Honduras para sostener la Constitución. Liberato Moncada". [82]

El Decreto de 6 de diciembre de 1826 a que se refiere la nota ministerial de Honduras, era el dado por el Vice—Jefe del Estado de El Salvador, Mariano Prado, por el cual, en vista del desorden imperante en Guatemala, de la desintegración del Congreso Federal y de otras circunstancias, propone a los Estados de Honduras, Nicaragua y Costa Rica, que, en lugar de aceptar el Decreto de 10 de Octubre mandando elegir nuevos Diputados, se ordene a los electos que concurran a un Congreso en Ahuachapán, para dictar las medidas que pudieran remediar la situación, pues esto sería constitucional y elegir nuevos representantes, sería violar la Constitución y aniquilar la República.

El mismo 25 de diciembre, el Ministro Moncada se dirigía al Secretario General del Gobierno de El Salvador, don José Ignacio Marticorena, dándole cuenta de lo resuelto por la Asamblea hondureña y por el Ejecutivo estatal y participándole que se aceptaba en todas sus partes el Decreto de 6 del mismo mes por considerarlo el paso más adecuado de restablecer el imperio de la legalidad; que ya pedía a los diputados federales del Estado para que concurriesen a dicha reunión de Ahuachapán y les instruiría sobre el particular y que, finalmente, en la misma fecha ponía todo en conocimiento del C. Presidente de la República por el conducto correspondiente.

Así llegamos al año de 1827 que habría de ser funesto para Honduras y trágico para el Jefe Herrera y su gobierno constitucionalista. En Tegucigalpa las agitaciones promovidas por Irías estaban a punto de estallar; según comunicación del Jefe Político enviada al Gobierno, para la noche del 2 de enero se preparaba una "música" o serenata durante la cual se cometerían algunos asesinatos y ultrajes a los partidarios del sistema. Para que saliera dicha música, el español José Serra había dado cien pesos, pero no salió la pachanga porque el Maestro de bandas no permitió que fuesen a tocar sus oficiales. Esto hizo temer al Jefe Político que se tramaba algo más

---

[82] Nota del Ministro General don Liberato Moncada al Ministro de Relaciones de la Federación. En Batalla de La Trinidad, por Pedro Rivas. Documento N° V. Pág. 195.

grave y pidió al Jefe del Estado el envío de una fuerza de Comayagua para garantizar el orden.

Hasta aquí, en el Estado sólo había como fuerza extraordinaria los 200 voluntarios de Texíguat enviados por aquella Municipalidad pero, en vista de las alarmas tanto en Tegucigalpa como en otras partes, se dio orden para que se presentase a servicio activo la tropa veterana. Por esos días Herrera recibió la adhesión de los leoneses y salvadoreños, quienes le ofrecieron su contingente para defenderlo de la revuelta de Irías.

Al mismo tiempo se ordenó al Sargento Casimiro Alvarado, que estaba en Cantarranas, para que pasase a Tegucigalpa. Alvarado lo hizo en compañía de Francisco Ferrera, ciudadano que habría de tener más adelante una figuración destacada en la política nacional que culminó con su ascenso a la Presidencia de la República.

Las precauciones no eran vanos alardes; los hechos no se hicieron esperar. Los vecinos del Barrio La Plazuela, de Tegucigalpa, capitaneados por Rafael Pagoada y Miguel Cosio, comenzaron a reunirse en la montaña de Jutiapa y Santa Lucía, y el 24 de enero, aprovechando una ausencia del Comandante de la Plaza, don Francisco Juárez, se echaron contra el cuartel a las 10 de la mañana. El Jefe Político y el mismo Juárez, acuerpados por los patriotas, se enfrentaron a los invasores y después de un combate de varias horas, lograron derrotarlos, haciéndoles huir despavoridos, sin que tuvieran tiempo de recoger el cadáver de Matías Zúniga, barbero, boticario y político, muerto en la refriega.

Esta fue la primera revuelta intestina en que se hizo correr sangre fraterna a causa de los odios, de las pasiones desenfrenadas, de las intrigas de los reaccionarios metropolitanos que habían embrocado al General Arce para cometer desatinos. Pero esa sangre que manchó las piedras de las calles de Tegucigalpa, iba a manchar también el roquete sagrado del Provisor Irías.

Sabedor el Gobierno de que se preparaba en Erandique un ataque armado contra las instituciones republicanas, había destacado una fuerza para detener el intento o para liquidar la rebelión y, el 25 de enero, la tropa legalista hizo morder el polvo al iracundo Provisor, derrotando un fuerte contingente de revoltosos cuyos restos se replegaron a Gracias comandados por el cura don José María Donaire.

Qué tristeza, ¡las manos sacerdotales consagradas para oficiar en los altares, para bendecir y para consolar, estaban tintas de sangre! Sangre de asesinatos, sangre de inocentes que no tenían otra culpa que la de velar por la integridad de sus convicciones republicanas y por la estabilidad y grandeza de la Patria. ¡Hasta dónde las intrigas del General Arce y del Arzobispo Casaus y Torres, habían llevado el odio y la irresponsabilidad! ¡Hasta dónde había llegado el Provisor Irías en su ofuscación sectaria y su desafecto al régimen democrático!

Y fue entonces, cuando se vio perdido, derrotado y humillado por la fuerza de las armas, que el Gobernador del Obispado clamó a su amo, el Presidente de la República, para que le socorriese de inmediato, para que invadiese a su Patria, para que mandase a un traidor a destruir la democracia y a sembrar la desolación y la muerte.

He aquí al manso cordero de Dios convertido en un demonio desenfrenado; he aquí al ilustre Jefe de la Iglesia hondureña que no supo apacentar el rebaño que le habían confiado porque él mismo era el lobo que habría de destruirlo; he aquí al sacerdote casto y prudente a quien defendieron con tanto ardor los Manuel Montúfar y los reaccionarios tradicionales y pretenden limpiar de culpa los que han aparecido en el Siglo XX.

—XXI—

La invasión de Milla. Sitio e
incendio de Comayagua. La capitula—
ción. Herrera es conducido prisionero
a Guatemala.

Para principios de 1827 las cosas no andaban sobre ruedas para el Presidente Federal; sus coterráneos y antiguos compañeros de armas, los salvadoreños, habían dado cona el Vice—Jefe don Mariano Prado, media vuelta en su actitud, volviéndole la espalda al prominente líder de 1811 y logrado, además, que los estados de Honduras, Costa Rica y Nicaragua, rechazaran el Decreto de 10 de Octubre del año anterior, negándose a elegir diputados para el proyectado Congreso de Cojutepeque.

Esta negativa rotunda y los acontecimientos de Guatemala, cuyo gobierno estatal había sido disuelto por Arce y luego reemplazado por personeros adictos a su causa, la constante provocación de Irías en Honduras y el cada vez más ostensible control de los conservadores en las funciones gubernamentales, hizo pensar al Presidente en que debía aprestarse para respaldar con las armas su plan de acción y, el 19 de enero ordenó la movilización del Batallón Federal N° 2, formado por 300 hombres al mando del Coronel José Justo Milla, concentrándolo en la población fronteriza de Chiquimula. Después de tomadas estas providencias, Arce continuó presionando a los Estados para que dieran cumplimiento al Decreto citado, pero los ánimos estaban ya tan exaltados que, en el mes de marzo, el ejército salvadoreño, al mando del Coronel Ruperto Trigueros invadió Guatemala con el objeto de derrocar al Presidente de la República, llegando el 22 del mismo mes a una legua de la capital hasta la Villa de Guadalupe, en donde fue batido por los federalistas y obligado a retirarse a la hacienda de Arrazola, a cuatro leguas de la ciudad. Arce, que desde el 16 había tomado el mando supremo de las tropas y depositado la Presidencia en el señor Mariano Beltranena, dispersó a los salvadoreños atrincherados en aquel lugar y les tomó todos los implementos de guerra.[83]

El triunfo de Arrazola, dio alientos al Presidente para poner, sin dilación, en práctica su maduro plan y ordenó al Coronel Milla que invadiera el territorio del Estado de Honduras, que llevara del arsenal de Chiquimula 300fusiles más para que armara con ellos igual cantidad de hombres y que se situara en Los Llanos de Santa Rosa con el pretexto de custodiar los tabacos almacenados en aquella plaza y pertenecientes al Gobierno Federal.

Al llegar a Los Llanos, ya le esperaban los sublevados de Irías, con quienes se entendió y éste, a su vez, marchando desde Gracias, hizo que Milla repartiese entre sus partidarios, los fusiles que traía consigo; mandó dar un repique solemne en la iglesia y ofició una misa en acción de gracias por la llegada de aquel traidor que traía la consigna de liquidar el gobierno del Jefe Herrera y perseguir a sus colaboradores y amigos. Según las instrucciones que se le dieron a Milla, al situarse en Los Llanos, debería guardar el orden, custodiar los tabacos, reclutar más tropa del país si lo creía necesario, para el desempeño de su comisión y que, si Herrera lo atacaba primero, batiese sus tropas.[84]

Entre tanto Herrera, que no había pensado tomar aquella especie de pertenencia federal, fue sorprendido con la noticia de que tropas al mando de Milla habían penetrado en el territorio del Estado. Disponía apenas de 600 hombres que había reunido para hacer frente a los disturbios provocados por el Provisor Irías y, por lo tanto, no había en su ánimo ni el pensamiento ni el propósito de guerrear con el Presidente de la República. Pero los invasores tenían ya un plan: el 7 de marzo, el Coronel Manuel Montúfar, Jefe del Estado Mayor de Arce, escribió desde Apopa al Coronel Milla dándole nuevas instrucciones y diciéndole "que ponga término a los males que causa Herrera en Honduras, haciendo uso de las armas y protegiendo a los que éste persigue".

---

[83] Monterrey, Francisco J. Historia de El Salvador. Págs. 148—149.
[84] Arce, General Manuel José. Memorias. En Miguel Ángel García, Obr. Cit. T. III, Pág. 402.

Milla marchó hacia el interior, dejando a sus espaldas el pueblo de Los Llanos y Herrera, noticiado de ello, dispuso mandar una columna de 40 hombres al mando del Oficial Casimiro Alvarado para que observase los movimientos del invasor.

La pequeña tropa se estacionó en Intibucá y desde allí destacó diez hombres al mando del capitán cívico Francisco Ferrera hacia Yamaranguila, dos leguas distante, donde encontró la vanguardia de Milla, batiéndose con ella y obligándola a detener su marcha. Informado Alvarado de este encuentro, volvió a marcha forzada sobre Comayagua y puso alerta al Jefe del Estado. Desde ese instante Herrera se dedicó a organizar la milicia para su defensa; Comayagua carecía de fortificaciones y hubo necesidad de improvisar trincheras y colocar retenes, pero era tan rápido el movimiento de avance del Coronel Milla, que no pudo reunir los voluntarios de Tegucigalpa y Texíguat, pues el 4 de abril, la capital estaba sitiada, interrumpidas las comunicaciones con Tegucigalpa y con otros pueblos del valle, ya que Milla había fijado su cuartel general en la iglesia de San Sebastián, al Sur de la ciudad.

Los primeros días fueron de escaramuzas que sirvieron a los sitiadores para comprender que la plaza no sería tomada sino con gran esfuerzo y además, dieron oportunidad a Milla para establecer su línea de bloqueo que, según el historiador y Coronel graduado, don Pedro Rivas, se extendía como sigue: "Milla estableció su Cuartel General en la iglesia de San Sebastián y extendió desde allí su línea de ataque; el ala derecha se prolongaba hasta las que actualmente son ruinas de la iglesia de San Blas, teniendo radio de dominio sobre el río Chiquito; el ala izquierda se extendía hasta la iglesia de Mejicapa, cubriendo el camino de La Paz con control sobre el río Humuya. Otros destacamentos volantes operaban sobre los caminos que conducen a Siguatepeque y El Espino".[85]

Esto quiere decir que, mientras los sitiados carecían de rutas de abastecimiento que lógicamente eran las que conducían a Tegucigalpa, pues hacia el Norte no había pueblos de importancia cercanos, los sitiadores tenían expeditas todas las rutas, lo que les facilitó la llegada de 200 hombres de Olancho, 100 de Omoa y 66 de

---

[85] Rivas, Coronel Pedro. Obr. Cit. Pág. 105

Yojoa que, con el Batallón N° 2, hicieron un total de cerca de 1.000 hombres bien equipados y abastecidos.

Después de ocho días de asedio, el 12 en la mañana, los constitucionalistas de Herrera colocaron un cañón en las bóvedas de la Catedral y con él comenzaron a bombardear el grueso del ejército dictatorial. Este hecho, que causó gran sorpresa y no poco temor entre la gente sitiadora, enfureció al Coronel Milla, ordenando luego que se hiciera un vigoroso ataque a la plaza y se procediera a incendiar la ciudad por tres puntos diferentes. Milla. en su informe dice sobre el particular lo siguiente: "El 12 del corriente, a las cinco de la mañana, amaneció sobre la catedral de Comayagua un cañón con que el enemigo comenzó a batirme, y en el instante dispuse que se incendiara la ciudad por tres rumbos, atacándola al mismo tiempo. Se quemaron quince casas, y después de un tiroteo vivo que duró cinco horas, hice replegar la tropa a este campo, habiendo tenido de pérdida un muerto y tres heridos. Ignoro la que haya tenido el enemigo, pero se me asegura que excede a la nuestra".[86]

Ciertamente, la furia con que Milla hizo atacar la plaza, causó numerosas bajas a las tropas de Herrera, pero ni esto ni el incendio les obligaron a dar muestras de debilidad. Milla mintió al decir que se habían quemado quince casas; el incendio comenzó por el barrio de San Blas, siguió por el de Mejicapa que casi quedó destruido por las llamas y llegó al corazón mismo de la ciudad, consumiendo gran parte de la Iglesia y Hospital de San Juan de Dios, sus casas adyacentes y buena parte del frente Sur del Palacio Episcopal. Apresuradamente fueron trasladados los enfermos al Convento de San Francisco para salvarlos del fuego y, de no haberse replegado el invasor, habría alcanzado la Plaza Principal.

En esta forma vil, prueba de la cobardía del traidor, venía a pagar el Coronel Milla el honor que el pueblo de Honduras, su patria, le había tributado al elegirlo Vice—Jefe del Estado en 1824 pero, tamaña osadía sería purgada siete meses después casi exactamente, en los campos de batalla de La Trinidad.

---

[86] Milla, José Justo. Carta fechada el 27 de abril en el Cuartel General de San Sebastián de Comayagua, dirigida al Vice-Presidente Federal don Mariano Beltranena.

El 21 de abril, las tropas de Milla volvieron a la carga y llegaron a una distancia de cuatro cuadras de la Plaza, es decir, a lo que actualmente es la entrada de la ciudad, extremo Norte del campo deportivo y, en la carta citada, afirma: "El 21 del corriente he estrechado más el sitio a Comayagua y mis avanzadas llegan hoy a cuatro cuadras distantes de la plaza. Conjeturo que esta debe rendirse pronto..."[87]

Pero estaba equivocado Milla; para esos días Herrera tuvo noticias de que en Tegucigalpa se reunía un contingente de voluntarios para ir en su auxilio, por lo que había hecho salir de Comayagua el Coronel don Remigio Díaz, Comandante General, el Coronel Márquez y el Consejero don Francisco Morazán. No podía, pues, ablandarse la resistencia que debería mantenerse hasta que los refuerzos llegasen, pero con la salida del Comandante General, la moralidad de los oficiales, muchos extranjeros, se fue relajando con el ejemplo poco constructivo del nuevo jefe, Antonio Fernández, hombre ambicioso y uno de esos gachupines obscuros y traperos que habían quedado regados por estas tierras con todos los resabios del obscuro pasado colonial.

La división de Tegucigalpa llegó al valle de Comayagua y acampó en la hacienda "La Maradiaga", de donde fue destacado un pelotón de observación sobre la villa de La Paz, al mando del Capitán Felipe Peña, pero no bien hubo llegado éste al sitio señalado, cuando fue atacado violentamente por 400 hombres que Milla, bien informado del movimiento, hizo salir de San Sebastián, al mando del Coronel Hernández y del Capitán Rosa Medina. Peña se defendió con denuedo y valentía, pero la superioridad de sus contrarios le obligó a dejar el campo en completa derrota, replegándose al grueso de su ejército.

Informados el Coronel Díaz, el C. Morazán y el Coronel Márquez de aquel desastre y de la proximidad de las fuerzas de Hernández, resolvieron trazar el plan de resistencia y se atrincheraron en las cercas de la hacienda "La Maradiaga". Los vencedores de Peña en La Paz, pronto trabaron combate con los constitucionalistas y después de hora y media de lucha, Hernández optó por tomar la retirada, dejando

---

[87] Copia certificada por Milla y remitida al Vice—Presidente Federal Beltranena. Doc. N° VI, Pág. 196, en Pedro Rivas, Obr. Cit.

en el campo once muertos, seis carabinas, "dos paradas y una caja de guerra". La llegada de los derrotados al Cuartel General de San Sebastián fue observada por los sitiados desde las alturas de la Catedral, experimentando gran regocijo, pues suponían que tras ellos, llegarían los contingentes de auxilio más, el desdichado sino del ilustre Dionisio de Herrera, había marcado las cosas de otro modo. Después del combate de La Maradiaga, la columna auxiliar quedó sin municiones y optó por volver a Tegucigalpa, lo que indujo a Milla a lanzar un nuevo ataque el 26 de abril que le hizo dueño del Convento de La Merced, cuya construcción aún estaba humeante por causa del incendio del día 12.

Mientras tanto, Herrera carecía de toda clase de provisiones, de agua y de parque, lo que, agregado a la inmoralidad del Comandante Antonio Fernández, dio como resultado que éste, por medio del Subteniente de Artillería, Nicolás Cortés, propusiera al Coronel Milla la capitulación de la plaza el día 9 de mayo. Este documento de perfidia, necesita ser conocido, por lo que a continuación se trascribe íntegro. Dice así:

"Comandancia de Armas de esta Plaza. C. Comandante del Cantón, Justo Milla.—El C. Teniente Coronel y Comandante de las armas de esta plaza, en junta de guerra de este día, ha acordado: que para evitar los desastres y efusión de sangre que deben acaecer o resultar de atacar a la tropa que se halla en esta plaza, con las de la federación acantonada en San Sebastián, ha tenido a bien se le pase la nota de los artículos que abajo se expresan, al C. Comandante de aquella fuerza para que impuesto de ella, quede transigido este gran mal que nos arruina.

Artículo 1º—Será arrestado en su casa con la guardia que le corresponde, el Jefe del Estado, garantizándole su vida y sin que se le haga el menor insulto, puesto a la disposición del Comandante del Cantón.

2º—Serán garantizados sus empleos al Comandante de esta plaza, oficialidad y demás tropas que la guarnecen, como también los honores y preeminencias que a cada uno se le hayan concedido por los servicios a que se han hecho acreedores en esta plaza.

3°—Toda la tropa que guarnece esta plaza queda al servicio y órdenes del Comandante del Cantón, expidiéndole pasaporte al que no le acomode continuar.

4°—Toda la tropa que guarnece esta plaza, inclusive el Comandante, deben ser satisfechos de los haberes que a cada uno se les adeuda, desde que empezaron a servir hasta esta fecha.

5°—Que los empréstitos que se hayan hecho a varios particulares para las atenciones de esta plaza y tropa, por cuenta de la caja nacional, sean cubiertos y garantizadas sus personas y propiedades como también sean garantizados los demás destinos de los empleados que se hallan dentro de esta plaza, con satisfacción de los sueldos que se les adeudan.

6°—Que toda la tropa y artillería que guarnece esta plaza saldrá de ella marchando con armas a discreción formando en ala, hasta la inmediación de la quebrada del sitio de San Sebastián, donde hará firme con la artillería descargada al grito de viva la Unión, quedando a la disposición y órdenes del C. Comandante Milla y entrará a tomar posesión de esta plaza la suya y antes de verificarlo pasará delante un oficial que se entere del parque y armamento que se hallan en los almacenes.

7°—Que los prisioneros y pasados de ambos cantones queden indultados y puestos en libertad, reconociendo cada uno su cuerpo de donde dependía.

8°—Que desde el momento que se reúnan las tropas de ambas partes, se olviden para siempre las personalidades y resentimientos que cada uno tenga de
por sí, dándose por ambos Comandantes las órdenes necesarias para evitar insultos y desórdenes que pudieran ocasionar entre las tropas cualquier disturbio.

9°—Que desde este momento hasta la confirmación de estos tratados sean suspendidas las hostilidades por ambas partes, mandando el Comandante del Cantón C. Justo Milla, replegar toda la fuerza y avanzadas que tenga dispersas, como igualmente se verificará por esta plaza con las avanzadas y emboscadas, siendo la señal de haberlo verificado, los toques de llamadas y tropa.

10°—Que todos los artículos anteriores sean cumplidos religiosamente por ambos Comandantes, sin faltar a ellos con arreglo a los tratados que se forman y son admitidos en campaña, cantón y sitios de plaza. El Subteniente de artillería, encargado de la Comandancia de ella, C. Nicolás Cortés, pasa al cantón a entregar y transigir estos tratados que se forman y son admitidos en campaña de la tropa de la federación, C. Justo Milla, el que con lo acordado dará cuenta a esta Comandancia; firmando esta acta por todos los vocales y Presidente Comayagua, Mayo 9 de 1827. —(f). —Antonio Fernández."[88]

Ese mismo día, el Coronel Milla contestó a su colega el traidor Fernández, asegurándole que "ha sido de singular complacencia el ver los sentimientos que animan a Ud. y a esa oficialidad, y uniformando los míos en los mismos términos que repetidas veces he manifestado al C.J efe Dionisio Herrera, por medio de su Ministro, paso al examen de los diez artículos que se trascriben".

Milla comprendió que había ganado la partida y no vaciló en aprovecharse de la traición y la cobardía de Fernández para imponer las condiciones que creyó oportunas en la seguridad de que aquél, no las rechazaría; comprendió también que detrás de Fernández había otros intereses: el artículo 5° que se le proponía así lo daba a entender al exigir "que los empréstitos que se hayan hecho a varios particulares" deberían ser garantizados y cubiertos por la caja nacional. Lógicamente, los empréstitos forzosos de guerra los habían efectuado en personas desafectas al régimen y éstas atizaban al ambicioso Jefe de la plaza para que los pusiera a salvo. De tal suerte que, viendo próximo el fin de la resistencia y teniendo urgencia de proseguir en el cumplimiento de su misión alcanzando la ciudad de San Miguel en el Estado de El Salvador, Milla contrapropuso con firmeza lo siguiente:

"El primero es admitido en todas sus partes en los mismos términos en que se me propone.

2°—No estando en mis facultades el garantizar los empleos de Ud. y demás que componen la guarnición de esa plaza, daré cuenta inmediatamente al Gobierno Supremo de la República, con la recomendación debida, a efecto de que se les conserven los empleos,

---

[88] Pedro Rivas. Obra Citada.

honores y preeminencias, disfrutando entre tanto de ellas hasta la resolución del mismo Gobierno.

3°—Aprobado.

4°—Aprobado.

5°—Serán garantizados los empréstitos hechos por particulares para las atenciones de esa plaza, y lo mismo sus personas, aguardándose la resolución del Supremo Gobierno por lo respectivo a los empleos civiles en los mismos términos que expresa el artículo 2°.

6°—La tropa y artillería que guarnece la plaza saldrá, formada en los términos que se indican, hasta la plazuela de La Merced. En este punto hará firme la segunda y avanzando los artilleros todos con la infantería hasta la quebrada, formarán en ala con arma a tierra al frente, hasta que el oficial que yo destine se posesione de ellas, victoriando recíprocamente al Gobierno Supremo de la República y verdadera libertad. El mismo oficial se enterará del armamento y parque que se halle en los almacenes.

7°—Los prisioneros y pasados que se hallan actualmente en ambos cantones, serán puestos en absoluta libertad, exceptuándose al tambor Molina, a quien se le garantiza la vida.

8°—Aprobado.

9°—Se suspenden las hostilidades hasta la ratificación de estos tratados, pero las tropas se retirarán de los puntos que se ocupan respectivamente hasta que, conforme a los artículos precedentes, me posesione de la plaza.

10°—Aprobado.

Luego que se ratifiquen los tratados que comprenden los artículos anteriores, se enarbolará en esta plaza la bandera nacional o blanca, y la guardia que se destine para la custodia del Jefe Herrera permanecerá hasta que sea renovada por otra destinada por mí. D.U.L. Cuartel General del barrio San Sebastián de Comayagua, mayo 9 de 1827. (f). Milla".

Esta capitulación con sus enmiendas fue aceptada inmediatamente por Fernández, que ya tenía prisionero al Jefe del Estado, a su Ministro General, a varios diputados legalistas y a muchos partidarios del régimen. Herrera había hecho salir a su familia hacia Tegucigalpa con anticipación al sitio de Milla, en previsión de los acontecimientos que pudieran ocurrir y así, al entrar victorioso el traidor a la capital, le encontró sereno, firme, con la frente en alto, no obstante que aquella villanía por la que pasaba, tenía por finalidad el humillarlo, el rebajarlo a los ojos de su pueblo que había defendido con denuedo.

Ocho días estuvo cautivo Herrera en la Casa de Armas, bajo la custodia de las tropas del invasor; el 18 de mayo, emprendió viaje hacia Guatemala, con una escolta de setenta hombres bajo las órdenes del Capitán español Ramón Tablada, otro traidor y del Capitán Cornelio Ballesteros. No iba cargado de cadenas, pero sí de infamias. Acerca de este hecho sin perdón de la Historia, Durón dice: "No obstante que se le remitía 160 leguas distante del lugar donde debía juzgársele, se dijo que sería sometido a juicio ante la Legislatura. Nunca ocurrió esto, y Arce le dió por prisión su propia casa, y meses después lo dejó en libertad. Esto da la medida de los cargos que se hacían a Herrera".[89]

---

[89] Durón, Rómulo E. Obr. Cit. Pág. 230.

—XXII—

Sucesos posteriores a la Capitulación
de Comayagua. La actitud del clero.
La actitud de Milla. Justificaciones
del General Arce. Opinión de Marure.
Memorias del General Morazán. Comentarios.

Mientras el infortunado Dionisio de Herrera iba rumbo a Guatemala, el Presidente Arce recibía una lección con la derrota de Milingo (18 de mayo) inferida al Ejército Federal por los salvadoreños y tras ella, pudo darse cuenta de que todas las alabanzas y panegíricos que le habían brindado los serviles guatemaltecos después de su triunfo en Arrazola, se transformaron en censuras, en comentarios injustos y en dicterios inmerecidos: en la guerra, no sólo se cosechan laureles, también se palpa el acre sabor de la derrota!

En Comayagua, entre tanto, las tropas sostenidas por el clero cometían los más censurables desafueros: allanaban los domicilios, encarcelaban a ciudadanos inocentes que no habían tenido participación en la contienda, castigaban con crueldad a los partidarios del Jefe derrocado, saqueaban los comercios y continuaban incendiando la propiedad privada. Tuvo "lucida" actuación el pícaro de Rosa Medina, coautor del intento de asesinato del 2 de noviembre de 1826 en la persona de Herrera, y quien proclamaba su sed de venganza y la exigía como medio de rehabilitarse ante la derrota de Erandique. El Jefe de la Iglesia impartía la bendición a estos hechos de cobarde salvajismo; estimulaba su prosecución porque aquellas tropelías eran necesarias para hacer escarmentar a los herejes, para salvar la religión ultrajada y para glorificar a la iglesia y a su pastor.

Milla fue indiferente a los acontecimientos; las de como tampoco la suerte de la ciudadanía hondureña. Cumpliendo las órdenes que tenía, decretó un empréstito forzoso que recayó entre los partidarios de Herrera, exigiendo su pago por la fuerza; ordenó la persecución encarnizada de los defensores de la legalidad, muchos de los cuales se ocultaron o huyeron; mandó azotar por medio del esbirro Landaverri, a los ciudadanos Luis Armijo y Martín Mendoza, de

Cantarranas, y prestó una eficaz protección al Provisor y sus hordas para perseguir con saña, en nombre de la religión y de la iglesia, a los constitucionalistas. Las tropas del clero, no satisfechas con los incendios, asesinatos y actos de cruel venganza, no contentos con haber exigido a Milla la expatriación de Herrera, le obligaron a destacar como escoltas sobre Cedros, Ojojona y Cantarranas, a los jefes más feroces para vejar a sus vecinos y para conducir confinados a Omoa y Trujillo a hombres como Diego Vijil.

El Jefe vencedor, complaciente, lejos de apaciguar los ánimos y de buscar la forma de justificar su traición o al menos de disimularla con la piedad y el perdón, se encargó de hacer odiosa su presencia, pero en cambio, supo ejecutar admirablemente la consigna que le diera desde Apopa el Coronel Montúfar y Coronado: poner fin al gobierno de Herrera haciendo uso de las armas; supo interpretar también con maestría, el pensamiento del Presidente Arce: reprimir con las armas todo intento de defensa del Jefe del Estado de Honduras "porque el poder que se quiere conservar es preciso que repela la fuerza con la fuerza", como estaba planeado. Y, viéndose dueño de la situación, sintiéndose todopoderoso y árbitro de los destinos de un pueblo humillado y sometido transitoriamente, emitió otro decreto convocando a elecciones para renovar totalmente las autoridades, menospreciando el voto que con anterioridad habían depositado los pueblos conforme a los mandatos de la Constitución.

Mediante esta elección fraudulenta volvió a la escena política el Lic. Juan Lindo, designado Presidente de la Asamblea y también el prófugo Ciriaco Velásquez, Consejero que había sido durante el gobierno de Herrera. Esta farsa se llevó a cabo conforme al Decreto de 5 de mayo de 1824, que repudiaron los conservadores para declarar inconstitucional el mandato del Jefe del Estado, Herrera, pero ahora lo invocaban y le daban toda la fuerza legal porque convenía a sus intereses. Los pueblos no tuvieron oportunidad de escoger a sus representantes; la mayoría no emitió su voto pero Milla declaró electos a don José Jerónimo Zelaya y a don Miguel Bustamante, para ocupar los cargos de Jefe y Vice—Jefe del Estado y designó a don Cleto Bendaña para que ejerciera el cargo por mientras tomaban posesión los "elegidos". Claro está que estas declaratorias del Jefe militar, para que revistieran algún viso de legalidad, se hicieron por medio de la Asamblea recién elegida, la cual, según el historiador. Dr. Vallejo, estaba compuesta "por hombres de sacristía y que acostumbraban mojarse los dedos en agua bendita, para lanzar en seguida decretos de proscripción y de muerte".

El General Arce, para justificar este atropello y el desbarajuste en que Milla había sumido al Estado de Honduras, expresa en sus Memorias que restablecida la paz en Guatemala, era su deber como gobernante velar "sobre los demás ramos de la administración, especialmente en lo que tocaba a la Hacienda", agregando que tenía reiterados avisos de que "los tabacos almacenados en Los Llanos de Santa Rosa IBAN A SER TOMADOS por el Jefe de Honduras ciudadano Dionisio Herrera, que estaba en continuas agitaciones". Expresa, además, que Honduras sufría "un fuerte sacudimiento, por el choque en que estaban entre sí las primeras autoridades y por las exacciones de los pueblos", haciendo una sinopsis del rompimiento entre Herrera e Irías como queriendo dar la impresión de que él, Arce, era ajeno a estos disturbios y escandalizándose de la excomunión que el Jefe de la Iglesia había lanzado contra el Jefe del Estado. Agrega el Presidente Federal que entre los departamentos que desconocían al Jefe Herrera "fue el de Gracias que ocurrió al Gobierno Federal, poniéndose bajo su protección y manifestando las causas que lo obligaron a no obedecer más al Gobierno de Honduras", por lo que, aunque la tropa de la República era corta y en "sus combinaciones no entraba invadir ni quería provocar malignas sospechas", se vio obligado a disminuirlas más "para mandar 200 hombres a situarse en Los Llanos de Santa Rosa con el destino de que guardaran los tabacos que estaban en aquel punto". Más adelante afirma que "El Jefe del Estado de Honduras muy luego dirigió tropas contra el destacamento de Los Llanos, y esta agresión prueba cuánta razón hubo para prevenir a Milla que no permitiera ser atacado impunemente. ...Milla batió la tropa del Jefe Herrera, y en seguida marchó sobre Comayagua en donde aquel funcionario se fortificó insistiendo en desconocer al Gobierno y agitando desde sus trincheras la guerra civil por todas partes, hasta que al fin la entregó por una capitulación del mismo

Comandante de la plaza, de la que se apoderó la fuerza de la Federación".[90]

Las explicaciones o justificaciones anteriores del Primer Presidente de la desdichada República Federal de Centro América están totalmente alejadas de la verdad, pese a que el General Arce, por su "carácter franco y leal, que sus mismos enemigos le han reconocido —como afirma el Dr. don Modesto Barrios— no se avenía con un proceder equívoco o doble".[91]

Cierto que en Honduras había cisma de autoridades y del Ejecutivo con la Iglesia, pero de esto Herrera tenía menos culpa que Irías y éste, a su vez, que el Presidente y los aristócratas guatemalenses que le apoyaban y aconsejaban; cierto también que la Hacienda pública es básica para el sostenimiento de todo gobierno y que los tabacos de Copán pertenecían a la Federación y no al Estado de Honduras, pero ¿tenía Arce una prueba concluyente de que el Jefe Herrera iba a tomarlos? ¿Se había realizado algún movimiento sospechoso por parte de Herrera? Y, por otra parte, ¿no estaban los Almacenes en el Departamento de Gracias que desde noviembre de 1826, cinco meses antes de la invasión, desobedecía al Gobierno del Estado y se había puesto bajo la protección Federal? Si Herrera hubiera tenido la intención de apoderarse de aquella especie fiscal, lo habría hecho sin más trámite que ordenar a las tropas que batieron al Provisor en Erandique el 25 de enero de 1827, que lo tomaran. ¿Quién lo hubiera evitado?

Pero como dice Durón, "Herrera no había tocado los tabacos ni pensaba hacerlo. El mismo Arce, que tiene interés en presentar en las peores condiciones la conducta de aquél, no ofrece un solo dato por el cual pueda pensarse que Herrera iba a tomarlos...Lo más que puede admitirse a este respecto es que Arce SOSPECHABA que Herrera haría con los tabacos lo que "las autoridades disueltas de Guatemala habían hecho con la renta del mismo ramo. Herrera resulta, pues, invadido por una sospecha".[92]

---

[90] Arce, Manuel José. Obr. Cit. Capítulo IX, Págs. 401—402.
[91] Barrios, Dr. Modesto. Anotaciones a las Memorias de Arce, en Miguel Angel García, T. III, Obr. Cit. Nota N° 29, Pág. 403.
[92] Durón, Rómulo E. Obr. Cit. Pág. 224.

El mismo Arce se encarga de desmentir su aserto cuando dice que fue el Departamento de Gracias quien se puso bajo su protección, pero se cuida de revelar que Irías era realmente el que le había instado y rogado que le auxiliara, a lo que estuvo pronto enviando el Batallón Federal N° 2, al mando de José Justo Milla. Invadido Honduras injustamente, Arce, a sabiendas, se queja de que Herrera envió un destacamento de observación y lo acusa de agresor. Esta misma queja es repetida por el Dr. don Pedro Joaquín Chamorro, con estas palabras: "Al mismo tiempo que Prado se lanza contra Guatemala en marzo de 1827, Herrera destacaba unos cuarenta hombres contra el General Milla que custodiaba los tabacos de la federación en Gracias. Y aunque aquella reducida cantidad de gente no era suficiente para destruir a Milla, serviría para llamarle la atención, para distraerlo de ayudar a Arce y aún para atraerlo hacia Comayagua, como sucedió, donde Herrera tenía listos 600 hombres".[93]

Primeramente diremos que el Dr. Chamorro, como buen conservador, se muestra demasiado suspicaz en sus juicios; luego, desconoce completamente la geografía hondureña y tergiversa los conceptos, pues si bien los tabacos estaban en el Departamento de Gracias, los almacenes en que se guardaba, estaban en Los Llanos de Santa Rosa, muchas leguas distante de la ciudad de Gracias donde él los ubica. Esto sucede a quienes siendo buenos abogados, buenos escritores, son malos, malísimos historiadores porque desconocen los documentos en que deben basarse los juicios y porque los "santos" sólo están del lado de su apasionado partidarismo político. Disculpamos por ello al Doctor Chamorro, pero no dejamos de darle este suave tirón de orejas.

En segundo término, si analizamos los hechos y estudiamos las cosas a la luz de la verdad, todo resulta de otra manera. Citemos nuevamente a Durón cuando responde por la actitud de Herrera en estos términos: "Pero lo más extraño es que, siendo Herrera el invadido, Arce ordene que si Milla es atacado, repela la fuerza con la fuerza. Es decir: Herrera tenía obligación de sufrir una invasión injusta: defenderse, era atacar y dar derecho a que se le repeliera. Esta

---

[93] Chamorro, Dr. Pedro Joaquín. Dionisio de Herrera ante la Historia. En Nuestro Criterio. N° de 6 de Mayo de 1950. Tegucigalpa, D. C., Honduras.

es una inversión completa de los términos que no se creería a no estar escrita".

Por otra parte, si Herrera se fortificó en la capital, fue obligado por el mismo Milla que nada tenía que hacer en Yamaranguila, si damos crédito al Presidente Arce, pues no iba a cruzarse de brazos cuando sabía muy bien y con pruebas abundantes y fehacientes que la fuerza federal venía a destruirlo; legalista como era, el Jefe de Estado se atuvo a que el derecho de defensa es inviolable; no se atrincheró como afirma Arce para "desconocer al Gobierno", jamás lo desconoció a pesar de todas las violaciones y atropellos que el Presidente había causado a la República y a la Constitución: lo hizo para volver por el honor y la dignidad del Estado, para salvar la vida democrática y republicana, en cuyo corazón Arce había clavado filoso puñal.

Dos testimonios valiosos e irrefutables existen en contra de las justificaciones del General Arce que vamos a citar seguidamente: el historiador don Alejandro Marure opina que "El pretexto ostensible de esta expedición fue poner en seguro los tabacos de los Llanos; pero en realidad llevaba por principal objeto mudar la Administración de Honduras, como se había hecho ya con la de Guatemala. Si no tenía tal mira, han dicho los liberales hondureños—por qué las tropas de la Federación desde el momento de su llegada, ¿armaron a las de Irías y se pusieron en combinación con ellas? ¿Por qué su jefe obró de acuerdo con la Junta clerical, aprobó todos sus procedimientos y toleró todos los actos de arbitrariedad que cometió en su presencia? ¿Por qué avanzó hacia Intibucá, 29 leguas adelante de los Llanos? ¿Por qué atacó en Yamaranguila a una partida de las tropas del Gobierno, y después de haberla sorprendido marchó rápidamente sobre Comayagua y embistió aquella plaza sin entrar en ninguna previa explicación con sus autoridades? ¿Era preciso todo esto para custodiar los tabacos de los Llanos? Ciertamente, la conducta que observó Milla desde el momento en que pisó el territorio de Honduras no dejaba la menor duda acerca de los verdaderos objetos con que se le había enviado a aquella Provincia; objetos que pusieron enteramente a descubierto las órdenes que poco después se comunicaron a aquel Jefe, mandándole que acelerase sus operaciones sobre la plaza de Comayagua, y que, rendida ésta, se moviese sobre el Departamento de San Miguel para flanquear por este rumbo al Estado de El Salvador".[94]

El General don Francisco Morazán, en sus Memorias escritas en David, Nueva Granada, al referirse a esta invasión, dice: "A los pocos días de haberse intentado este crimen (el intento de asesinato de Herrera), se introdujo en el Estado de Honduras el Batallón Federal N° 2, al mando del Coronel Milla, con el pretexto de custodiar los tabacos que existían almacenados en la Villa de Los Llanos, perteneciente al mismo Estado y distante setenta leguas de la Capital de Comayagua, que era entonces la residencia del Jefe Herrera. Este tenía mil motivos para temer un atentado del Presidente de la República, y que no veía el riesgo que corrían los tabacos existentes en el departamento de Gracias, se persuadió que él era el único objeto de aquella fuerza. Tomó, en consecuencia, algunas precauciones y reunió varias compañías de milicias".

"Para observar la fuerza federal destinada a cuidar los tabacos, que por diversos avisos se sabía haber órdenes del Presidente de la República para marchar sobre Comayagua, se mandaron cuarenta hombres a las órdenes del Oficial Casimiro Alvarado, que llegó hasta el pueblo de Intibucá, distante treinta leguas de la Villa de Los Llanos. Allí supo Alvarado que el Coronel Milla se había puesto en marcha con toda la fuerza. Para conocer la dirección que traía, hizo marchar al Oficial ciudadano Francisco Ferrera con diez hombres. En el pueblo de Yamaranguila, distante dos leguas de Intibucá, se encontró Ferrera con la División federal y, para memoria de un hecho heroico, se batió con sólo sus diez soldados, logrando detener por algún tiempo la marcha de toda la División de Milla. Obligado luego a retirarse, como era regular, dió parte a Alvarado de lo que había ocurrido, el que al instante contramarchó con sus cuarenta hombres, y fue a ponerlo todo en conocimiento del Gobierno, en cumplimiento de su comisión."

Aquí cabe hacer una observación: el Dr. don Modesto Barrios dice que "El General don Francisco Morazán, en sus memorias, lejos de afirmar que en Yamaranguila fueron sorprendidas y atacadas las

---

[94] Marure, don Alejandro. Bosquejo Histórico de las Revoluciones de Centro América. T. II. Págs. 30 y 31.

fuerzas de Honduras, da a entender lo contrario, explicando, sin embargo, que siendo ellas tan reducidas no podían haber sido destinadas por Herrera sino como una fuerza de observación."[95] Morazán no afirma ni da a entender que las tropas del Gobierno hondureño atacaran a Milla; escribe en buen castellano y afirma que Ferrera "se batió con sólo sus diez hombres"; no dice que atacó con sólo sus diez hombres. Para algunas gentes, cuando les conviene, el castellano se vuelve sánscrito.

El General Morazán prosigue: "Para justificar la marcha del Coronel Milla sobre Comayagua, dice el Presidente Arce en sus Memorias, que fue ocasionada por el acto hostil que recibió este Jefe en Yamaranguila de parte de las milicias del Estado. Pero si se observa que Herrera tenía seiscientos hombres y que podía disponer de todos para dirigirlos sobre Milla, pues no había otro enemigo en el Estado que le llamase la atención: que los cuarenta hombres que mandó en observación a Intibucá, eran pocos para atacar las fuerzas de aquel Jefe, pero bastantes para llenar el objeto a que se les había destinado: que los tabacos, única mira que había traído a Milla con su Batallón a Honduras, se hallaban en Los Llanos, distantes sesenta leguas de Comayagua, veintiocho del pueblo de Yamaranguila donde lo encontró la descubierta de diez hombres del Oficial Ferrera, y treinta del pueblo de Intibucá, en donde se hallaban igual número de soldados en observación, a que pertenecían los de Ferrera: se vendrá en conocimiento de que no hubo ninguna clase de provocación de parte del Gobierno del Estado que, en uso de las facultades que le daban las leyes, bien pudo dirigir las milicias a cualquiera de los pueblos del mismo Estado."

En una llamada (la N° 10), el General Morazán para reafirmar más su juicio, dice: "El hecho que acabo de referir tiene dos testigos de toda excepción. El ciudadano General Francisco Ferrera, actualmente Jefe del Estado de Honduras que fué el oficial que batió a Milla en Yamaranguila, y el Teniente—Coronel Casimiro Alvarado, que mandaba la fuerza de observación. Ambos existen hoy en Honduras y, a la cualidad de contarse ellos en el número de mis enemigos,

---

[95] Barrios, Dr. Modesto. Obr. Cit.

reúnen las demás circunstancias que deben tener los testigos que he ofrecido."

Continuando nuestra cita, leamos lo que agrega el Insigne Patricio hondureño: "Si todos estos hechos comprueban que el Presidente Arce fue el primer agresor en la guerra de Honduras, sin ninguna provocación por parte de sus autoridades, la rota reservada que dirigió al Coronel Milla, fechada el 7 de marzo en el cuartel general de Apopa, y firmada por su Jefe de Estado Mayor el Coronel ciudadano Manuel Montúfar, en que le previene substancialmente: QUE PONGA TÉRMINO A LOS MALES QUE CAUSA EL JEFE HERRERA EN HONDURAS, HACIENDO USO DE LAS ARMAS, Y QUE PROTEJA A LOS QUE ESTE PERSIGA, pone en un punto de vista más claro aquel hecho: descubre los únicos culpables de la guerra, y justifica la resistencia que los hondureños hicimos con las armas."

En un esfuerzo supremo por liberar al General Arce de la culpabilidad que por todos lados le acusa como responsable de la invasión de Milla, el tantas veces citado Doctor Barrios sostiene que "La nota que cita Morazán está escrita CINCO MESES después de la expedición de Milla a Los Llanos, cuando va la guerra estaba encendida en Honduras. Es muy posible que los nuevos amigos que rodean a Arce y que a cada paso le contrariaban, hayan tergiversado sus órdenes haciéndole aparecer en Honduras como un injusto agresor. Al menos, no conozco un documento en que conste que Milla recibió orden de internarse más allá de los Llanos, para poder creer que Arce, bajo un pretexto fútil llevó la guerra a aquel país."[96]

Es infantil decir que la nota a que se refiere el General Morazán, fue escrita CINCO MESES después de la expedición de Milla; el año de 1827 solamente trajo un mes de marzo y el día 7 de ese mes, estando Arce en el campamento de Apopa, fue escrita por su Jefe de Estado Mayor. Por otra parte, cinco meses después de la invasión de Milla, no había para qué mencionar a los males que causaba el Jefe Herrera, puesto que éste fue remitido prisionero a Guatemala apenas escasos DOS meses de haberse violado el territorio hondureño. Además, ¿qué necesidad había en Morazán de mentir? En la llamada

---

[96] Ibd.

N° 11 de sus Memorias, dice: "Esta nota fue tomada con la en que se previene al mismo Coronel Milla, pase a custodiar los tabacos, fecha de octubre, y con todos los documentos pertenecientes al archivo de la Comandancia de aquel Jefe, contenidos en dos baúles que la señora Mariana San Martín había mandado ocultar al señor J. Uncal en el mineral de Yuscarán, que cayeron en mis manos de resultas de la derrota que sufrieron las fuerzas federales al mando de Milla en La Trinidad. Aquella nota original, con otros papeles interesantes que podrá consultar el que guste, se encuentran en los documentos reunidos con el objeto de escribir la historia de Centro—América, cuyo primer tomo se imprimió en la ciudad de Guatemala."

El General Morazán prosigue: "Después de publicado este documento, creo que el ciudadano Coronel Manuel Montúfar no podrá desmentir (como lo hizo en sus Memorias de Jalapa) el hecho a que se refiere; si el ciudadano Manuel José Arce se resistirá a confesar (como se ve en sus Memorias de México) la responsabilidad que tiene por los males que ocasionara a Honduras. Tampoco se atreverá a negarlo el Coronel Milla, que no querrá pasar por un militar desobediente, y lo que es peor, por un hijo ingrato que llevó injustamente la guerra a su patria para castigar agravios que no había recibido de sus conciudadanos, y en recompensa de los votos que éstos le dieron para Vicejefe de aquel Estado."[97]

Por las razones ampliamente expuestas, afirmamos que las justificaciones pretendidas por el General Arce en sus Memorias, en lo que a Honduras y Herrera conciernen, están muy alejadas de la verdad y no es que desconozcamos el "carácter franco y leal" de aquel Caudillo ni que tengamos contra él ese rencor con que don Manuel Montúfar saturó sus Memorias de Jalapa y mucho menos el veneno con que el Dr. don Pedro Joaquín Chamorro escribió su "Dionisio de Herrera ante la Historia", al contrario, admiramos al Ilustre Prócer de 1811, le rendimos nuestro reverente respeto por su mucha valía, por sus luchas en favor de la libertad, pero la Historia se escribe con documentos de autenticidad irrefutable que posiblemente aquellos escritores no conocieron o no quisieron conocer y, además, por ese

---

[97] Morazán, General Francisco. Memorias. Publicaciones del Distrito Central con motivo del Centenario de la muerte del Héroe de La Trinidad. Tegucigalpa, Sept. de 1942.

mismo respeto y admiración que le guardamos sinceramente al Primer Presidente de Centro América, deploramos que por mil razones de mera índole política y de política equivocada, haya tenido que ser él, Arce, quien cometiera semejantes desatinos, ultrajes y arbitrariedades que, aunque no le quitan los laureles de su frente, sí los marchitan al máximo.

El General Francisco Ferrera, a pesar de su odio contra Morazán, jamás desmintió sus aseveraciones a este respecto; Montúfar y Coronado, tampoco se atrevió a negar sus razones y el propio Milla, a quien sus empujadores condenaron después a una obscura y deslucida existencia, guardó silencio cuando aún podía haber dicho algo en contra del Gran Paladín o en contra de su víctima el Prócer Dionisio de Herrera, para disminuir el peso condenatorio que la Historia ha echado sobre sus espaldas.

—XXIII—

Herrera en Guatemala. El Vice—Presidente
Beltranena le encarga una delicada
misión. El General Morazán entra
a la capital de la República después
de obligarla a capitular. El Presidente
Federal don José Francisco
Barrundia designa a Herrera como
Pacificador de Nicaragua.

Largos meses permaneció don Dionisio de Herrera en la ciudad de Guatemala esperando que se le sometiera a juicio y que el Congreso Federal examinara su conducta, según había prometido el Coronel Milla en Comayagua por indicaciones del General Arce al remitirlo como prisionero después de la capitulación de aquella plaza. Sin embargo, jamás fue llamado el ex—Jefe de Estado de Honduras ante ningún tribunal para dar cuenta de sus actos, porque seguramente quienes iban a acusarle, no encontraron pruebas irrecusables que probasen la culpabilidad que se le había imputado por los delitos contra la Constitución y contra la religión católica, hecho que vino a probar, por otra parte, que Herrera había sido víctima de una criminal intriga y de incalificables calumnias con móviles políticos, lo cual robusteció el criterio de los hombres de bien en abono a la personalidad y valía de don Dionisio que así salía de aquella amarga prueba con mayores prestigios, porque la infamia, el atropello y la humillación de que le había hecho objeto el Jefe vencedor de Comayagua, mostraron a la Nación la diáfana conducta de un demócrata frente al proceder violento de un tirano.

El General Arce disponía de poco tiempo para permanecer en la capital: la campaña contra el Vice—Jefe, Prado, de El Salvador, le mantenía en la frontera en constantes aprestos bélicos, por lo que, es muy probable, que no haya cruzado palabra con Herrera acerca de la enojosa posición en que él mismo lo había colocado, pero noble como era, Arce había procurado que su obligado huésped recibiera todas las atenciones y comodidades que su condición de hombre prominente requería y no hallando en Herrera motivo bastante para justificar su

211

arresto y satisfecho su plan para derribarlo y orillarlo de la política, concluyó en dejarlo libre.

Fuese entonces a hospedar a la casa de su primo—hermano, don José Cecilio del Valle; en aquel hogar severo, modelo como el suyo, de honestidad e intachables costumbres, se le hizo menos dolorosa la forzada separación de su esposa y de sus hijos; entregado a la lectura de buenos libros como era su deleite, a la meditación de los sucesos en que había sido protagonista y al estudio de los problemas de la patria, cuyo incierto futuro le preocupaba, Herrera vio pasar los meses turbulentos encendidos en guerra civil y esperó los acontecimientos que inevitablemente iban a presentarse prontamente.

El 3 de abril de 1828, las tropas del Brigadier Manuel de Arzú atacaron la ciudad de San Salvador y, casi simultáneamente, el Coronel Vicente Domínguez perseguía a los ciudadanos de San Vicente y San Miguel, con ánimo de someter a los salvadoreños al régimen encabezado por el clero y el conservatismo guatemalteco, empresa tanto más dura y arriesgada cuanto que aquellos pueblos necesitaban más bien del convencimiento que de la violencia como lo probaron la derrota del propio Domínguez y la capitulación del Coronel don Antonio de Aycinena, en San Antonio (Oct. 9), victorias ambas que acreditaron más el prestigio del General Francisco Morazán, quien fue recibido con gran júbilo en San Salvador el 23 de octubre del mismo año.

El Vice—Presidente de la República, don Mariano Beltranena, que el 15 de abril anterior se había negado a devolver la Presidencia al General Arce y cuya actitud pretendió justificar el Coronel don Manuel Montúfar[98], recelaba de la rapidez con que Morazán había cubierto su frente con el laurel de la victoria, así como del entusiasmo

---

[98] El Coronel Manuel Montúfar y Coronado, Jefe que fue del Estado Mayor del General Arce, expresa sobre el particular que "las razones legales estaban de parte del Presidente; pero subsistían los inconvenientes de hecho y de conveniencia que había exigido su separación.....Desde luego el Gobierno del Estado habría desconocido al Gobierno Federal, como se intentó después, y bajo este aspecto era muy conveniente no multiplicar los motivos de discordia, manteniendo el simulacro de Gobierno Federal que existía. Arce, por su parte, debía sacrificios a una causa que él mismo había creado". Memorias de Jalapa, Cap. III, Pág. 42. 1853.

con que era venerada su espada, ya gloriosa desde los campos de La Trinidad y, aunque lo suponía muy lejos de la metrópoli, veía cernirse sobre su cabeza la sombra del caudillo aclamado por las multitudes.

Beltranena tenía razón en sentirse amenazado: el 5 de noviembre había estallado una rebelión en Quezaltenango que, aunque fue debelada, dejó un sedimento de rebeldía e inconformidad. Ese mismo día el Vice—Presidente hizo comparecer a su despacho al C. Dionisio de Herrera, para manifestarle que él deseaba "ver restablecida la paz y consolidado el orden por medios justos y honrosos" y que, para lograr tan nobles como generosos fines, le rogaba que aceptase "ir a Honduras para procurar los medios de terminar la guerra", pidiéndole que de aceptar, "emprendiera la marcha cuanto antes a dicho Estado para conferenciar con el General Morazán".[99]

Herrera, cuyo amor a Centro América no era de aquellos que se enturbian con los reveses o se debilitan con los días de infortunio, atento al giro que habían tomado los acontecimientos y deseoso de economizar sangre de hermanos y de restañar las profundas heridas causadas a la Patria, aceptó el delicado encargo que a nombre y con invocación de sentimientos tan elevados le había hecho el Señor Beltranena, pero no pudo cumplir el encargo porque para ese entonces el General Morazán ya estaba en San Salvador.

Indudablemente que la mediación de Herrera quizá no hubiera detenido la marcha de los ejércitos morazánicos, pero sí pudo haber logrado una negociación más honrosa para los conservadores, una economía de sacrificios y de sangre y quizá, la moderación de las pasiones y el olvido de los agravios por medio de la razón o de la benevolencia. Mas, la suerte se había trazado de otro modo: el 4 de enero de 1829, el General Morazán, a la cabeza de dos mil hombres que formaban el "Ejército Aliado Protector de la Ley", invadió el territorio del Estado de Guatemala; el 6 de marzo derrotó al Coronel Ramón Pacheco en "San Miguelito", distante una legua de la Antigua Guatemala; el 15, deshizo las tropas del Coronel Agustín Prado, Mayor General del Ejército Federal en "Las Charcas" y el 9 de abril inició el sitio de la ciudad capital organizando su Cuartel General en El Aceituno, primero, y en San Francisco, después, en donde recibió

---

[99] Monterrey, Francisco J. Obr. Cit. Pág. 170.

las propuestas de paz del Jefe Supremo del Estado, don Mariano de Aycinena, que culminaron con la toma de Guatemala, el 12 de abril de 1829.

Dos días después, el General Morazán convocó a la Asamblea Federal a reuniones extraordinarias, la cual sería integrada por los diputados de 1826 que el Presidente Arce había disuelto. Esta se instaló el 22 de junio y en la sesión del 25 nombró como Presidente de la República, con carácter provisional, al C. Consejero y Senador don José Francisco Barrundia, mediante el siguiente Decreto:

"El Congreso Federal de Centro América teniendo en consideración que los individuos que ejercían la Presidencia y Vice— Presidencia se han hecho criminales en su administración: que se debe proceder a nuevas elecciones populares de ambos destinos; y que mientras se llenan éstos como corresponde, el Congreso está en el caso de entregar el Gobierno a un Senador de las calidades y en los términos que prescribe la Ley Fundamental; Decreta: I.—Se nombra al Senador C. José Francisco Barrundia para el ejercicio del Supremo Gobierno Ejecutivo, mientras se ocurre a la vacante de la Presidencia y Vice—Presidencia por los medios y en la forma que designan la Constitución y las Leyes. II.—El Senador nombrado comparecerá en el Congreso, el día de mañana 26 del corriente, a las doce, para hacer el juramento que corresponde, y pasar luego a tomar posesión del mando. III.—Así para la solemnidad del juramento, como para el acto de la posesión se observará todo lo adaptable del ceremonial que se dispuso respecto del Presidente y Vice—Presidente en abril del año de 1825. IV.—El contenido de este Decreto se comunicará desde luego a quienes corresponda para su inteligencia y cumplimiento; y extendido en forma se trasladará al Poder Ejecutivo luego que exista funcionando para que lo haga imprimir y circular. Dado en Guatemala a veinte y cinco de junio de mil ochocientos veintinueve. (f). — Doroteo Vasconcelos, Diputado Presidente; Mariano Gálvez, Diputado Secretario; Simón Vasconcelos, Diputado Secretario. — Ejecútese, José Francisco Barrundia".

La redacción del documento anterior revela la saña con que los vencedores habían tratado a los vencidos y esa postura intransigente acarreó, andando el tiempo, graves acontecimientos para la Nación, que se reflejaron posteriormente en la dirigencia de nuestros partidos políticos, en cuyo pensamiento no cupo jamás la palabra perdón y, por consiguiente, tampoco pudo caber la idea generosa de una reconciliación de la familia centroamericana que hiciera posible la felicidad de estos pueblos tan estrujados, tan inyectados de odios, tan inclinados por sus caudillos al medro de posiciones encumbradas que han sido las causas de su atraso, de su despoblación y de la imposibilidad de llegar, aún en nuestros días, al convencimiento generoso de que la Patria, que no tiene figura humana para reclamar contra sus tiranos, pide a gritos, por medio de sus hijos honrados, una rectificación de errores y una pequeña dosis de ese patriotismo de que se blasona durante las infecundas campañas de proselitismo sectario.

Era tanta la evidencia de una descomposición social, tanta la voracidad personalista de los caudillos que, en el Estado de Nicaragua, no obstante que estuvo lejos de los ultrajes que se infirieron a Honduras y El Salvador, la hidra del odio asomaba sus cabezas amenazando devorar aquella privilegiada fracción de la Patria con el incendio de la guerra civil. Muchos intentos se habían llevado a cabo para la pacificación y reconciliación de la familia nicaragüense: primero, en 1823 fue nombrado por la Asamblea Nacional y el Poder Ejecutivo, el Coronel Manuel Arzú, como Intendente con primordial encargo de restablecer la paz y el orden; después, en enero de 1824, ante el fracaso de Arzú, el Gobierno Federal nombró al Intendente de El Salvador, Coronel José Justo Milla, como Intendente de la Provincia de Nicaragua "para que unificara el Gobierno, pacificara y dejara el poder a cargo de una sola persona"; seguidamente, el 9 de enero de 1825, el General don Manuel José Arce, nombrado irregularmente por el Jefe Supremo del Estado de El Salvador, don Juan Vicente Villacorta, llega a la ciudad de León, al mando de quinientos hombres para emprender de nuevo la pacificación de aquel Estado.

Si bien es cierto que Arce logró la paz, no pudo alcanzar la concordia de los nicaragüenses y mucho menos, la renuncia de las ambiciones personales, el sacrificio de los planes anidados en la mente de los políticos para arribar al poder por cualquier medio, aunque fuese arrasando con vidas y haciendas de quienes se opusieran a su desarrollo.

El General Arce mereció los parabienes y el agradecimiento de la Nación por haber logrado siquiera, un transitorio avenimiento entre las facciones en contienda y, aunque su intervención sólo alcanzó una tregua bien disimulada, no por ello dejó de ser valioso aporte a la paz general de los centroamericanos. Pero en 1829, las cosas iban más lejos: el Jefe don Manuel Antonio de la Cerda y el Vice—Jefe don Juan Argüello, eran quienes se perseguían a sangre y fuego; ellos, que juntos habían escalado el poder por el voto de sus conciudadanos, encabezaban la discordia, arrasaban los pueblos y sepultaban a los ciudadanos, pagando aquel señalado honor que les fuera conferido, con la anarquía y el desastre.

En 1828, la contienda tomó un rumbo muy peligroso: el Jefe Cerda fue capturado y fusilado en Rivas, el 27 de noviembre, por la tarde, y Argüello asumió el poder, pero lejos de usarlo con juicio, con serenidad y patriotismo, inició a su amparo las más censurables depredaciones que amenazaban la disolución total de aquella desventurada parcela centroamericana.

Alarmados el Presidente Barrundia y el General Morazán, se propusieron al mismo tiempo que la reorganización de la República, la definitiva pacificación de Nicaragua y después de buscar los medios para lograr la paz entre aquellas facciones desenfrenadas, encontraron en el C. Dionisio de Herrera, el medio eficaz de lograrlo. Con este fin, el Presidente emitió el Decreto siguiente:

"El Presidente de la República Federal de Centro América, a todos los que las presentes vieren: SALUD! Sabed: Que encontrándose el Estado de Nicaragua, después de una guerra civil larga i desastrosa, en la desorganización más completa, i qe. no obstante los deseos de los buenos vecinos del Estado, no puede conseguirse un avenimiento entre los partidos qe. lo dividen, i habiéndose solicitado por estos mismos en tales circunstancias los auxilios i mediación del Gobierno Federal: autorizado por el Congreso federal de la República he venido en nombrar un Comisionado, que reasumiendo el mando político del Estado de Nicaragua, pueda i deba convocar los Pueblos a hacer sus elecciones; medie i transija las desavenencias qe. puedan estorbarlas, i por último reprima i castigue a los facciosos. I hallándose en el Ciudadano Dionisio Herrera, ex Jefe de Honduras, los conocimientos, el patriotismo el talento i espíritu conciliador é imparcial qe. se necesita en iguales casos: lo nombro como tal Conciliador, Mediador i Jefe Provisional del mencionado Estado de Nicaragua. En fe de lo cual doi las presentes en el Palacio Nacional de Guatemala a diez i nueve de Agosto del año de mil Ochocientos veinte i nueve, firmadas de mi mano bajo el Sello de la República, i refrendadas por el Secretario de Estado, i del Despacho de Relaciones esteriores é interiores. José Barrundia. De orden del Presidente de la República: El Secretario de relaciones. Pedro Molina".[100]

La noticia de este nombramiento encontró a Herrera en Honduras y más propiamente en sus propiedades de Choluteca, que había abandonado casi desde que fuera elegido en 1824 Primer Jefe del Estado y no le sorprendió, porque antes de emitirse, se le había consultado, contestando afirmativamente a la propuesta.

No pudo Herrera salir hacia su destino con la rapidez con que era requerida su presencia; la reorganización de su hacienda, la atención a las necesidades de su familia abandonada y otras circunstancias, le obligaron a permanecer en Choluteca y Tegucigalpa hasta fines de septiembre.

---

[100] Archivo Nacional de Costa Rica. Sec. Federal. Exp. N° 179.San José, C. R.

Herrera llega a Nicaragua. Situación
creada en aquel Estado por las contiendas
armadas. Se plantea la reforma de la
Constitución Federal. Los enemigos
de Herrera y la rebelión de los nicaragüenses
contra su gobierno. Actitud de Herrera.
Su renuncia y su triunfo.

Según afirma don José Dolores Gámez, prominente político e historiador nicaragüense, el Pacificador Dionisio de Herrera llegó "al teatro de las controversias nicaragüenses" en el mismo año de 1829 en que había sido nombrado por el Presidente Barrundia.

No he encontrado en las historias de Nicaragua que he consultado, la fecha exacta de su ingreso a León, pero es significativo que todos los historiadores de aquel país se refieren al hecho de que Herrera, "por su inteligencia, don de mando y sagacidad se atrajo las simpatías del pueblo nicaragüense al que logró convocar a elecciones resultando en éstas electo el Señor Herrera por voluntad popular para Jefe de Estado". [101]

Resulta un poco obscura la llegada de Herrera a Nicaragua en 1829, por las razones siguientes: Gámez ,cuya relación histórica generalmente está bien documentada da a entender que Herrera estaba en aquel Estado en el año de su nombramiento como Pacificador y que, "La Asamblea reunida en Rivas el 19 de noviembre de 1829,fue la que hizo la declaratoria de elección de Herrera; pero encontrándose éste ausente, en AQUELLA FECHA, se encargó interinamente del Poder, por disposición de la misma Asamblea, el consejero Don Juan Espinoza, en principios de enero de 1830"[102]. Don Lorenzo Montúfar, habla de Herrera como Jefe del Estado de Nicaragua y nada dice sobre el año 1829.[103]

---

[101] Barquero, Sara L. Gobernantes de Nicaragua, 2ª Edición.
[102] Gámez. Obr. Cit. p. 400
[103] Montúfar, Dr. Lorenzo. Reseña Histórica de Centro América. T. III, L. III, Cap. IV. Págs. 29 a 38. Guatemala. 1878.

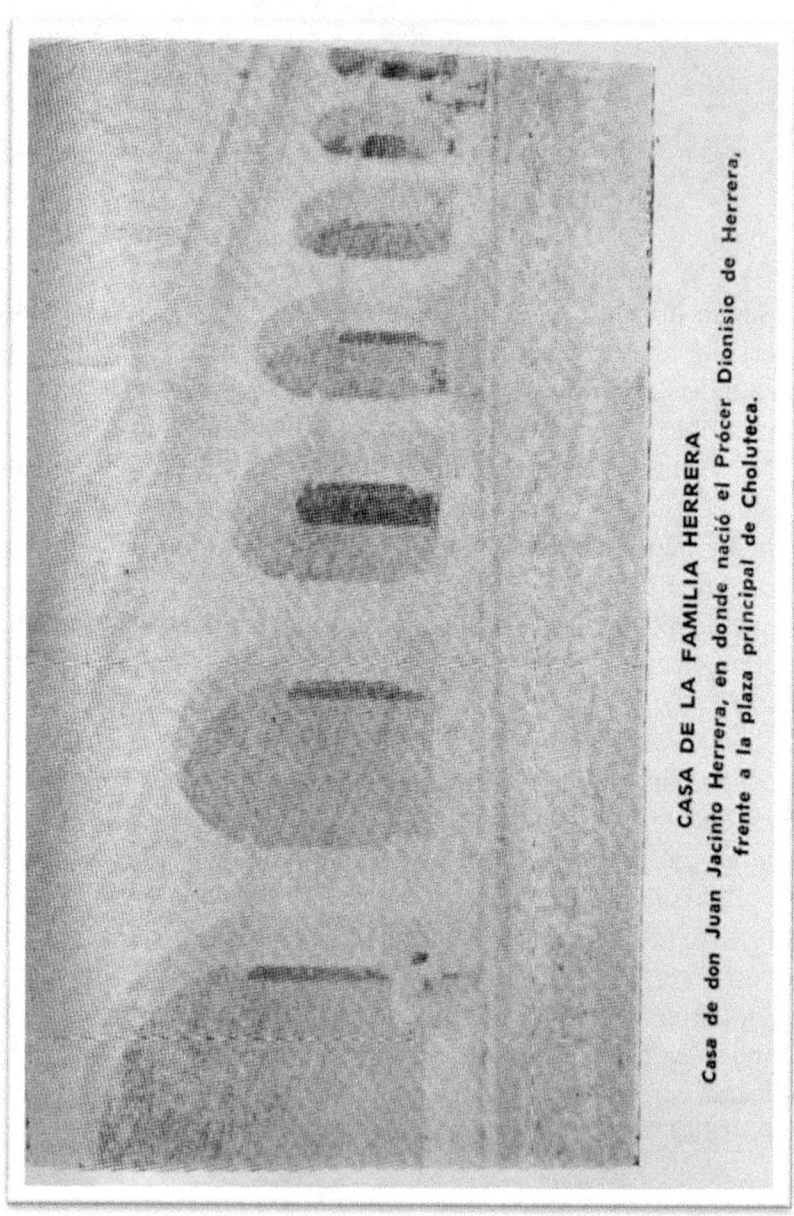

CASA DE LA FAMILIA HERRERA

Casa de don Juan Jacinto Herrera, en donde nació el Prócer Dionisio de Herrera, frente a la plaza principal de Choluteca.

Luego, la elección de Herrera el 19 de noviembre de aquel año hecha por la Asamblea, pareciera afirmar los conceptos de Durón, que asegura que Herrera en 1829"pasó a aquel Estado, y empleando medios que acreditan su prudencia y sagacidad, alcanzó su objeto, prestando 'a la humanidad y al orden social un señalado servicio'. ESTO LE GRANJEÓ UNA GRAN POPULARIDAD y fue elegido Jefe de aquel Estado, cargo que ejerció de 1830a 1833". [104]

Pero Herrera no se había movido de Honduras durante el resto de 1829, cuando regresó de su cautiverio en Guatemala; integró la Asamblea Extraordinaria que se reunió en Tegucigalpa el 29 de Octubre y fue elegido Presidente de la Ordinaria que se instaló en la misma ciudad el 30 de enero de 1830, actuando en ella hasta que supo su elección como Jefe del Estado de Nicaragua. Esto es así, porque en la Sesión del 8 de febrero, el propio Herrera hizo moción en el sentido de que "...con motivo de estar nombrado Jefe del Estado de León (Nicaragua) y tener Comisión Especial del Gobierno Federal para ir a pacificar aquel Estado, era de absoluta necesidad dejar el asiento que ocupaba y por esta causa debían suspenderse las sesiones de la Asamblea hasta que concurrieran los diputados que se habían llamado".[105]

En el acta de la sesión del 9 de febrero, se lee: "En este acto el Cn° Precidente manifestó que quedavan suspendidas las sesiones de la Asamblea y se acordó que se le reitere al Gobierno las ordenes combenientes p.a la mayor brebedad haga benir a los D.D. nombrads. apercibiendolos con la multa designada por la Asamblea". Esta no volvió a reunirse sino hasta el seis de abril siguiente, en que se incorporaron los nuevos Diputados electos. Se comprueba con ello que Herrera, al tiempo de su elección como Jefe del Estado de Nicaragua, permanecía en Honduras.

Por otra parte, el documento que a continuación se trascribe, prueba que el Pacificador llegó a ejercer su Comisión cuando ya se le había elegido Jefe de aquel Estado y no antes:

---

[104] Durón. Gobernantes de Honduras. Rev. Arch. Bibl. Nacl. T. III. N° 2. 1906. Tegucigalpa.
[105] Asamblea Ordinaria del Estado de Honduras. Actas de las Sesiones, Año 1830. Archivo Nacional. Tegucigalpa.

"Secretaría del Comisionado del Supremo Gobierno Federal para la Pacificación de Nicaragua.

Al Secretario General del Supremo Gobierno del Estado de Costarrica.

Habiendo sido nombrado el C. Dionisio de Herrera Comisionado del Supremo Gobierno Federal para la pacificación de este Estado, como consta del Diploma de que tengo el honor de acompañar a V. dos ejemplares, HA COMENZADO A EJERCER SU COMISION y se promete por la buena disposición de estos pueblos un resultado feliz apesar de que encuentra obstáculos grandes que vencer. Tengo el honor de incluir a V. dos ejemplares de la proclama que se sirvió expedir en Chinandega a 7 del que rige. Todo lo digo a V. por orden del mismo Comisionado a fin de que se sirva elevarlo al conocimiento del Gobno. de quien espera que en caso necesario le franqueará los auxilios convenientes para la grande obra que VA A EMPRENDER en que tanto interesa la República en general y cada uno de los Estados en particular. Al cumplir la orden del Cdno. Comisionado, tengo la satisfacción de ofrecer a V. los sentimientos de mi aprecio y respeto. Dios, Unión, Libertad. —GRANADA, ABRIL 26 DE 1830. —(f) J. José Pinel".[106]

En uno de los Diplomas a que se refiere la anterior comunicación, el señor Pinel puso de su puño y letra, la siguiente razón:

"ES COPIA, Chinandega 7 de abril de 1830. —J. José Pinel. — NOTA: Por orden del Ciudadano Comisionado para la pacificación de este Estado, y con objeto de evitar equivocaciones o siniestras interpretaciones pongo la advertencia siguiente: QUE CUANDO FUE EXPEDIDO EL DIPLOMA ANTERIOR AUN NO SE HABÍAN PRACTICADO LAS ELECCIONES QUE FUERON HECHAS DESPUÉS que sobre ellas han recaído ya pronunciamiento del Supremo Gobierno Federal. (f)—Pinel".[107]

Tales documentos contradicen las afirmaciones de que Herrera fue a Nicaragua en 1829 para desempeñar el encargo de Pacificador y que, por la actuación que tuviera durante aquel año, fue electo Jefe del Estado. Lo seguro es que llegó a Chinandega en el mes de abril de

---

[106] Archivo Nacional de Costa Rica. Sección Federal N° 160. San José, C. R.
[107] Ibd. N° 179

1830, expidiendo el día 7 de aquel mes, una Proclama a los nicaragüenses en que les llamaba a la cordura y delineaba la conducta que él seguiría para el mejor suceso de su delicada comisión asumiendo, además, la jefatura del Estado conforme a lo ordenado por la Asamblea nicaragüense reunida en Rivas.

Queda en claro, pues, que el Pacificador no estuvo en aquel Estado antes de abril de 1830. Herrera, por otra parte, no deseaba jugar una carta tan peligrosa y delicada sin tener la seguridad de que los nicaragüenses estaban dispuestos a colaborar en la obra pacificadora, pues sabía que la política de Arce y Aycinena había sembrado la cizaña apoyando al Jefe Cerda y, aunque éste ya no existía, sus corifeos seguían siendo hombres de pro diseminados entre el clero y ciertos pudientes del partido conservador y, por otra parte, la presencia del Vice—Jefe Juan Argüello no dejaba de ser una constante amenaza capaz de ocasionarle un fracaso. Tal era así, que el propio Gámez asegura que "durante la administración del Consejero don Juan Espinosa, que fue de cuatro meses, el Estado de Nicaragua se mantuvo siempre en armas, a causa de que la Villa de Managua no quiso deponer las suyas, sino hasta que el Jefe Herrera se hubo encargado del mando".[108]

Una vez en Nicaragua, el nuevo Jefe, considerado "como el único hombre que por sus talentos y capacidades podía salvarla de la completa ruina en que la tenía sumida el desborde de las malas pasiones", comenzó un gobierno de reparación y conciliación que trató de resolver los varios problemas que había creado aquel desorden. Pronto se restableció la armonía como consecuencia de la inteligente administración del Estado que obligó a los jefes en contienda a deponer las armas y aunque su convicción democrática se oponía a los extrañamientos, la salud de aquella región le obligó a exigir a don Juan Argüello que dejara el territorio estatal, lo cual hizo saliendo hacia Guatemala, de donde no regresó.

Dura era la medida, tanto más que él mismo la había experimentado en propia carne; pero era más valioso el imperio de la tranquilidad pública que el sacrificio del bienestar personal de uno de

---

[108] Gámez. Obr. Cit. P. 421

los promotores de la anarquía, cuyos crímenes no se purgaban con el destierro.

En aquel ambiente viciado y endurecido por la prolongada lucha armada, poco propicio para emprender una obra de progreso que estuviera a la altura de su calidad de estadista, Herrera, con gran tino, procuró mantener al pueblo en continua actividad para hacerle olvidar los viejos resabios; se dedicó a estimular la industria, a intensificar la agricultura y a fomentar el comercio, alentando todo intento de aumentar el patrimonio privado como base de una cierta prosperidad nacional y entregado a esta noble tarea se encontraba, cuando vio de nuevo la amenaza de los poderosos enemigos que todavía, al correr de los años, tenía en Guatemala y en Honduras, quienes no escatimaban ocasión para promover contra él nuevos desordenes con cualquier excusa.

Una oportunidad propicia fue la del año de 1832, en que volvió a plantearse en los pueblos centroamericanos la necesidad de reformar la Constitución Federal que, como afirma el Dr. Montúfar, "fué una ley de circunstancias, emitida después de dos guerras imperiales, para poner al pueblo de Centro América, por medio de la autonomía de los Estados, a cubierto de las tendencias de la aristocracia monárquica" y esta circunstancia volvió a provocar en nuestros trémulos pueblos, nuevas disensiones de índole política, polémicas irritantes y protestas airadas que no tenían otra finalidad que la de violentar los ánimos y llevar a la República a una nueva lucha armada de la que, finalmente, sólo quedaría como recuerdo la estructura federal.

Al presentarse en Nicaragua el movimiento reformista, Herrera lo tomó con reservas: él había visto durante su mandato en Honduras, las grandes inconveniencias de aquella ley; la facilidad con que era atropellada la soberanía de los Estados; la raquítica economía que la misma imponía a cada uno de los miembros de la federación y toda la serie de defectos que hacían, si no imposible, al menos muy difícil su aplicación. Comprendió al mismo tiempo, que era peligroso dar un paso tan trascendental sin antes haber asegurado el éxito del mismo, ya que los adversarios del sistema habían dado muestras en distintas ocasiones de estar afiliados al bando de la reforma, lo que presagiaba un obscuro porvenir para la Nación y, no queriendo asumir toda la responsabilidad aún teniendo la certeza de que con la reforma se evitarían muchos males al país, decidió convocar inmediatamente a sesiones extraordinarias a la Asamblea para que fuera ella la que decidiera sobre tan importante asunto.

Aquel Alto Cuerpo encontró, de acuerdo con los sentimientos del pueblo nicaragüense, la iniciativa de reformas y el 6 de diciembre de 1832, emitió una ley "excitando al Congreso Federal, con el objeto de que a la mayor brevedad dictase las providencias necesarias par la reforma de la Constitución" y declarando al mismo tiempo, "que el Estado de Nicaragua resumía el poder soberano de todos los ramos de la administración y gobierno interior, mientras se llevaba a efecto la reforma pedida".[109]

Pero el Congreso Federal, haciéndose eco de la voz ardiente del Dr. Mariano Gálvez, echó por tierra aquella pretensión.

Lo que había de trasfondo en la política centroamericana, sólo podían entenderlo los políticos de empaque: en Guatemala, las clases latifundistas clericales y civiles, seguían siendo el espejo nublado de la colonia muy a pesar del triunfo logrado por el partido liberal, impulsado y alentado por los otros estados federados. La circunstancia anterior hizo que se frustraran las ansias progresistas de las otras secciones de la Patria, pues en toda forma, aquel fermento del coloniaje se infiltró en el mecanismo gubernamental con el fin indudable de establecer el predominio guatemalteco en toda la extensión del territorio istmeño; la prueba la dieron con Arce, como ya queda relatado anteriormente y, ante la imposibilidad de establecer un gobierno centralista, trataron desde su fracaso en 1829, de realizar cabalmente lo que aconseja el dicho popular: "aprieta más quien abarca poco", para lo cual encaminaron todos sus esfuerzos para aislar a Guatemala de la influencia liberal.

Por su parte, los liberales, con la experiencia de Arce se habían convencido de que el credo que sustentaban no había logrado arraigar en la conciencia guatemalteca subyugada por el fanatismo religioso y el temor al latifundista despiadado, ambos residuos de la formación colonial. La reforma para éstos debería concretarse a darle seguridad a las doctrinas liberales que, como previa condición, avizoraba el exterminio del conservatismo guatemalense, aún sabiendo que sus

---

[109] Gámez. Ibs. P. 432.

raíces estaban fincadas en todos los Estados por medio del clero, de los terratenientes y de todos cuantos se sentían superiores al pueblo que en reacción lógica de propia conservación, luchaba por desligarse de quienes le habían mantenido en sumisión incondicional. La lucha entonces era ésta: "los progresistas liberales luchaban por imponer el liberalismo en Guatemala y los reaccionarios colonialistas, por implantar el conservatismo en el resto de la República".

De aquí que, la reforma de la Constitución Federal, que en honor de la verdad tenía enormes lagunas que requerían remediarse para una correcta aplicación de sus mandatos, giraba según la apreciación de cada grupo y, por esta causa, el Doctor Mariano Gálvez se propuso hasta lograrlo, que el Congreso de la Nación desechara el proyecto enviado por la Asamblea nicaragüense, temeroso de que los conservadores, con más sutileza, tomaran la coyuntura para fraccionar a la República.

Al conocerse en Nicaragua la resolución adversa mencionada, cundió el descontento que supieron aprovechar los reaccionarios sin pérdida de tiempo por cuantos medios tuvieron a su alcance. Herrera, para mantener el orden y en previsión de nuevos disturbios, decidió apoyarse en dos destacados militares: el Coronel don José Zepeda, de índole pacifista, jefe de la plaza de León, y don Cándido Flores, Comandante de las Milicias de Granada. La medida fue buena para Herrera, pero el pueblo y más que todo, los opositores al régimen, vieron en el absolutismo y firmeza de Flores, un pretexto para soliviantar los ánimos en contra del Jefe y sus colaboradores, propalando que la Asamblea lo había declarado Jefe absoluto, por medio del Decreto de 6 de diciembre. Se repetían los cargos que se le hicieron a Herrera en 1826 por los conservadores hondureños.

La inconformidad se hizo más patente en la región oriental de Nicaragua, de donde se fue extendiendo hacia otros rumbos; el clero no cesaba de predicar levantando el fervor religioso, poniendo como mártir al Arzobispo Casaus, que había sido extrañado del país y acusando al Presidente de la República, General Francisco Morazán, de estorbar el anhelo de reforma con el fin de enriquecerse controlando todas las rentas de la Nación, pues los demagogos nicaragüenses habían hecho creer al pueblo que, con la reforma, la jugosa renta de Alcaldía sería de propiedad del Estado y con ella se solucionarían todos los males que afligían al Estado. Con tales argumentos, los hábiles agentes del desorden lograron convencer a muchas Municipalidades para que "levantaran actas solemnes, en que se manifestaba al Jefe de Estado lo conveniente que creían para la felicidad de Nicaragua el que se retirara cuanto antes del puesto que ocupaba".

Ante semejantes peticiones, cuyo origen conocía bien por la forma y el modo en que le eran presentadas, Herrera no quiso hacer resistencia: convocó inmediatamente a la Asamblea y le presentó su dimisión, la que fue aceptada el primero de marzo de 1833, pero tan pronto como el pueblo de León supo que se había aceptado la renuncia del Jefe Herrera, se levantó en masa "anunciando una nueva y sangrienta conmoción" si aquél no era restablecido en el mando.

"La Asamblea—dice Gámez—aterrada con los efectos del paso impremeditado que diera y vuelta en sí por las indicaciones de algunas personas respetables, tuvo el patriotismo de reconsiderar su acuerdo, cuatro días después, revocarlo y suplicar a Herrera que volviera a hacerse cargo del Poder Ejecutivo; revistiéndolo, además, de facultades extraordinarias para el mantenimiento del orden".[110]

Sobre esta reconsideración el Dr. Montúfar, oráculo del liberalismo, ha expresado: "Los partidarios de Cornejo y San Martín en San Salvador, y el círculo del Doctor Gálvez en Guatemala, atribuyeron el acuerdo de 4 de marzo, a la presión que las galerías ejercieron sobre algunos diputados, a maquinaciones del mismo Herrera y a la influencia del General Morazán. El Diputado Tomás Valladares publicó un voto particular y en él habla de la falta de libertad en que se hallaron algunos diputados, por la gran concurrencia de gente en las galerías y por las amenazantes demostraciones que desde allí se hacían en favor de don Dionisio de Herrera. Este voto pone en claro un hecho histórico: había gran concurrencia de gente en las galerías, y esta gente pedía que Herrera continuara en el mando. Esto habla muy alto en favor del mismo Herrera. No había ningún hombre de prestigio al frente del Poder Ejecutivo y la resolución era inminente. Herrera tenía, en concepto de

---

[110] Gámez. Ibd. p. 427.

muchos, altas dotes de pacificador, y estos querían que continuara en el mando".[111]

Las palabras del Dr. Montúfar dan a entender que había ya para 1833 un cisma en el partido liberal en cuanto a la reforma constitucional, lo que era una ventaja para el partido opositor, aprovechable para estimular la ambición personalista que desde su origen ha echado a perder las mejores batallas del liberalismo. Es de notar que los argumentos del Diputado Valladares y los de una proclama que lanzaron los revoltosos en que decían que el primer funcionario del Estado había perdido el prestigio y la confianza de los pueblos, y que las medidas violentas puestas en práctica exasperaron el ánimo pacífico de los ciudadanos y a un impulso se alarmaron contra el poder, calificando de ilegítimo al Jefe, si se examinan en sus alcances, resultan ser los mismos que esgrimió el Diputado Pablo Irías en el seno de la Asamblea hondureña en 1826.

Ello demuestra, sin lugar a dudas, que era la clerigalla que se movía impaciente la que volvía a la lucha con los gastados epítetos de hereje y masón con que habían combatido al Jefe Herrera; que era el pulpo conservador el que había extendido hábilmente sus tentáculos desde Guatemala hasta Nicaragua pretendiendo estrangular la libertad con la calumnia venenosa, porque no podían perdonarle a Herrera ni podían1 permitirle que ostentara la refulgente diadema de Pacificador y de hombre sin mácula que los pueblos le habían conferido.

Por eso, ellos que le habían infamado y humillado como Jefe del Estado de Honduras, no tenían reposo en su tarea de socavar el régimen ni medían la magnitud del crimen que preparaban contra el pueblo de Nicaragua.

---

[111] Montúfar, Dr. Lorenzo. Obr. Cit.

—XXV—

Estalla la rebelión. Esfuerzos de
Herrera para evitar la lucha armada.
El último recurso. Triunfo de la le—
galidad. Opiniones sobre el Pacificador.

La actitud de la Asamblea, reponiendo a Herrera en su cargo de Jefe de Estado, disgustó a los líderes de muchas poblaciones que habían celebrado jubilosamente la caída del mandatario y, encolerizados, dieron el grito de rebelión. El incendio cundió por todas partes; se reavivó el odio sectario, se exaltó la pasión religiosa "astutamente despertada" y volvieron al tapete político las ambiciones personales como presagios tenebrosos de muerte y destrucción.

En Managua, convertida en centro de la rebelión, el cura don José María Estrada "que como el Canónigo Irías en Honduras, olvidaba su misión de paz, cegado por la pasión política", era el cabecilla de la insurrección y, en sermones encendidos de odio clamaba por la sangre del Prócer para limpiar con ella el pedestal de la libertad. La rebelión había alcanzado las poblaciones de Masaya, Metapa, Matagalpa, Nanadaime, Chocoyos, Rivas y San Jorge. En todas ellas se había olvidado la doctrina de concordia que el Jefe del Estado había predicado, para enarbolar el pendón de la tragedia sobre la morada de los sufridos nicaragüenses.

La cordura y serenidad de Herrera, su experiencia, su apego al compromiso contraído de afianzar la paz y establecer la confraternidad de los hijos de aquel girón infortunado de la Patria, le llevaron a tratar por medios suaves y de persuasión, aquellos brotes de violencia; dio a publicidad un Manifiesto en el que hacía ver a los pueblos la angustiosa situación económica en que se debatía el Estado, el mal que una contienda armada iba a traer para todos los nicaragüenses; lo que la Patria esperaba del patriotismo de sus hijos obligados a contribuir en la solución de sus graves problemas y, finalmente, exhortándolos a deponer las armas. Concluía el Manifiesto con estas palabras:

"En nombre de la relijión de paz y amor; en el nombre de la humanidad doliente; en nombre de la patria afligida, y finalmente por ustedes y sus hijos, los excita el Gobierno al restablecimiento del orden y al respeto de las leyes. Un denso velo cubrirá lo que ha pasado. Podrán enjugarse las lágrimas vertidas; se harán las reformas en medio de la paz, y por hombres de luces, y se evitará una inmensa responsabilidad ante Dios y los hombres. El Jefe podrá separarse mas pronto del Gobierno. Nicaragua será rejida por quienes elijan los pueblos libremente".

Pero, lejos de escuchar aquella voz conciliadora y patriótica, los revoltosos creyeron llegado el instante de arrojar al Jefe del poder porque aquel llamado a la concordia les pareció una muestra de debilidad del poder público. Ciegos por la pasión, se echaron furiosamente sobre la ciudad de León, pretendiendo tomar la plaza por sorpresa. Herrera, que había previsto el ataque por informaciones que tenía, echó mano al último recurso: contestar al agresor con las armas. Sin pensarlo más, organizó las tropas disponibles y, apoyado por el pueblo, "los batió completamente en la huerta de Delgado al rayar el alba del 1° de mayo de 1833, haciéndoles veintisiete muertos y tomándoles un gran número de prisioneros", coincidiendo con esta acción, la tremenda derrota que el Coronel Flores, con las fuerzas de Granada, infligía a los revoltosos de Masaya. Las tropas rebeldes en su mayoría se replegaron hacia Managua, mientras una parte de los vencidos en León tomaba el camino de las Segovias.

Herrera, al calor del triunfo de sus armas que eran las de la legalidad y la decencia, renovó sus admoniciones de paz, ofreciendo nuevamente olvido y perdón y, como dice el historiador Gámez: "aprovechando aquellos triunfos, Herrera repitió inútilmente sus proclamas é indultos, publicó manifiestos, desmintiendo las falsedades con que se engañaba a los pueblos para sublevarlos contra el Gobierno y escribió e hizo escribir, multitud de cartas privadas a los caudillos revolucionarios, pintándoles con energía las desgracias que ellos y todo el país sufrían con la prolongación de la guerra".[112]

Pero tampoco fue escuchado y, comprendiendo que no quedaba otro remedio que la vía de los hechos, "lo aceptó como un triste deber,

---

[112] Gámez. Obr. Cit. p. 428.

dando orden para que las tropas de León y Granada, marchasen en combinación sobre Managua" pero, antes de dar el ataque, con la esperanza de evitar un nuevo derramamiento de sangre, hizo repetir sus ofrecimientos e indultos. Ante la negativa y obstinación de los revolucionarios que contestaron las propuestas con un cerrado fuego de fusilería, se dio la orden de ataque el 30 de junio, "siendo tomada la plaza después de un reñido fuego, en que llegó a combatirse cuerpo a cuerpo y a bayonetazos", capturando documentos comprometedores, bombas, cohetes y otros preparativos que tenían los rebeldes para celebrar el triunfo de sus armas y, además, "miniaturas y bustos de Fernando VII en carey, en oro, en plata y en cobre, con un letrero en torno que decía: VIVA FERNANDO VII, REY DE ESPAÑA Y DE LAS INDIAS. AÑO DE 1828. En el reverso de algunas de ellas se veía un clérigo en actitud de predicar, con un letrero al pie, alusivo también a Fernando VII".[113]

El 19 de julio, Herrera dio una Proclama en Masaya, denunciando todas las maquinaciones de sus enemigos, dando a conocer cómo se había gestado el movimiento subversivo y cuál era el fin que perseguían los cabecillas de la revuelta, pero en ella no había ninguna palabra que pudiera dar a entender otro sentimiento que no fuera el de humanidad, porque el Jefe triunfante, al ocupar Managua, se sintió estimulado en su fervor patriótico, dio un decreto de amnistía general y restableció a la Municipalidad perdonando a los culpables y no podía por tanto, proceder en forma contraria con los vecinos de Masaya. Mientras tanto, en Managua fueron devueltas las armas de propiedad particular, se puso en libertad a los prisioneros, se prohibió el insulto y los malos tratamientos para los vencidos y, el propio Herrera, ordenó que los heridos de sus enemigos fueren curados "con el mismo esmero que los del gobierno"; mandó que se destruyeran las trincheras de la plaza y dictó todas las medidas de seguridad que el caso requería y que, a la vez, infundieran confianza a los vencidos.

Informado de que muchos jefes rebeldes que habían escapado de Managua estaban atrincherados en Rivas, Herrera se dirigió a Granada, desde donde lanzó nuevas proclamas procurando ponerse en contacto con los alzados que, al fin, "escucharon gustosos las

---

[113] Ibd. p. 429.

insinuaciones de paz y depusieron voluntariamente las armas". Dejando todo en calma, Herrera volvió a León el 31 de julio, en donde fue recibido "con loco entusiasmo por el pueblo de aquella ciudad". Sólo quedaba un brote de insurrección en Segovia, encabezado por dos curas que, al verse rodeados por fuerzas muy superiores, se rindieron en 24 de septiembre "y se acogieron al decreto de amnistía, siendo perdonados".

Grandes esfuerzos hicieron Herrera para pacificar a los nicaragüenses, pero más grandes aún fueron la satisfacción que invadió su corazón y el galardón que los pueblos, por medio de la Asamblea del Estado, le otorgaron el 21 de agosto, cuando mediante un decreto que aprobaba su conducta como Jefe Supremo, enaltecieron y honraron su personalidad, excitando a los ciudadanos para que reconociesen su plena autoridad.

La voz de los nicaragüenses se ha dejado oír ensalzando las virtudes de aquel Prócer que, con la pacificación de aquella hermosa parcela de la Patria, escribió la más luminosa página en la historia de su vida pública, señalando el verdadero camino a los políticos ambiciosos que, desgraciadamente, no han querido seguir; Herrera puso en evidencia que la fuerza debe usarse sólo en casos extremos para salvar el fracaso de las instituciones y que al vencido, conviene otorgarle inmediato perdón para asegurar la concordia y la paz. Pero para nuestros politiquillos y caciques, la historia no representa una enseñanza saludable; ellos no pueden aprender en sus páginas la hermosa herencia de los Próceres porque en su alma no florecen los generosos anhelos de civismo, de amor al terruño, de respeto a la persona humana que caracterizaron a los forjadores de nuestra nacionalidad.

Cuando las circunstancias les colocaron en la misma plataforma en que estuvo Herrera en Nicaragua, jamás pensaron en la patria y a las evidencias de la conducta de aquel patricio, han contestado enarbolando el garrote, montando el yatagán, abarrotando las cárceles de ciudadanos indefensos que no tuvieron otro delito que el de no pensar como ellos, desterrando a los hombres prominentes y amordazando la libertad en todas sus manifestaciones y, cuando en Honduras la Providencia compadecida de su infortunio ha permitido que escale la Primera Magistratura un ciudadano probo, demócrata, anheloso de ver progresar a la nación, esforzado en mantener la armonía entre los hondureños y de fomentar el patrimonio nacional, los políticos de escasa altura pero de dimensiones inconmensurables para el crimen y el oprobio, se han lanzado feroces a la revuelta sanguinaria para dar en tierra con aquel raro espécimen que procura sacarnos del caos en que ellos están acostumbrados a vivir. Lo triste, lo fatal, es que aún quedan algunos ejemplares de esta especie de vándalos y que hay todavía muchos, pero muchos ingratos que a la sombra afilan el puñal que habrán de clavar en el corazón de la Patria, en la primera oportunidad.

El ejemplo de Herrera en Nicaragua, muy pocos centroamericanos lo han tomado en cuenta y ha corrido la misma suerte que el legado que hiciera a la juventud del Istmo el General Morazán en Costa Rica, aquel trágico 15de Septiembre de 1842.

Sin embargo, la madurez cívica del pueblo habrá de imponer su voluntad por sobre todas las ambiciones y sabrá impartir justicia descabezando la hidra que amenaza la libertad y la democracia.

Siguiendo la actitud de Herrera, escuchemos la voz juiciosa de don José Dolores Gámez, tantas veces citado, que traduce el reconocimiento de los nicaragüenses. Aquel connotado historiador y político, dice: "Sucedió entonces, que de todas partes del Estado se levantaron actas y manifestaciones espontáneas, aplaudiendo las virtudes cívicas del eminente hombre de Estado, que por primera vez hizo prácticas en Nicaragua las más avanzadas teorías del credo democrático, en medio de una atmósfera de pasiones desbordadas e intereses encontrados. Fue desde esa fecha don Dionisio Herrera el hombre querido y respetado del pueblo nicaragüense, el modelo del gobernante virtuoso, que todos se complacían en admirar."

"Referíanse de él diferentes anécdotas, a cuál más honrosas: y en actas y documentos públicos, se hizo mención con orgullo de que, cuando entró como vencedor a Managua, mandó quemar sin leerlos varios documentos que se le presentaron, asegurándole que en ellos constaban las maniobras y tendencias de sus vencidos enemigos. La administración de Herrera no volvió más a ser turbada. El país gozó de tranquilidad; y el comercio, la industria y la agricultura, cobraron algún aliento y parecieron despertar del largo sueño que les impusieron nuestras contínuas é insensatas disenciones civiles".

"La personalidad política de don Dionisio de Herrera, es muy simpática y hermosa para el pueblo de Nicaragua. La radiante figura de aquel eminente repúblico se destaca resplandeciente y pura del sangriento cuadro de nuestros primeros años de vida política, como una gloriosa reivindicación de nuestro pueblo y de nuestras instituciones. El ánimo entristecido del historiador imparcial, que se ha visto obligado a descorrer el velo del olvido, que ocultaba a los ojos de las nuevas generaciones los desaciertos de nuestra infancia política, se esparcía y consuela al encontrarse de pronto con un personaje de la talla de Herrera que, sobreponiéndose a las preocupaciones de su época y a los intereses del momento, aparece planteando con mano segura, pero con faz risueña, las instituciones liberales que hasta entonces sólo han brollado ó al través de las nieblas o entre el fragor de las tempestades, y que combatidas por distintos y encontrados enemigos, no habían podido aún fecundar nuestro suelo con su amor".[114]

Las hienas de la Historia quizá no se conformen con los juicios trascritos y emanados de la pluma de un centroamericano de intachable preparación y buena fe. Pero las hienas se conforman con poco y sus aullidos se pierden en la inmensidad del espacio apagados por la luz de la verdad. ¡Cuánta razón tiene don Sofonías Salvatierra en decir que Herrera era uno de los mejores hombres de aquel tiempo!... ¡Cuánta infamia y veneno contienen los escritos de los "Pedros" que tratan de probar lo contrario!

---

[114] Ibd. Pgs. 433-434

XXVI

Herrera concluye su mandato
en Nicaragua. Se traslada a El Salvador.
La delicada situación política de aquel
Estado. Es elegido Jefe Supremo.
Declina la elección. Consideraciones.

Concluido el mandato que el pueblo de Nicaragua le había conferido como Jefe del Estado, y una vez satisfecha la Misión de Pacificador que el Gobierno Federal había dado en 1829 al Prócer Herrera, dispuso pasar a El Salvador para arreglar algunos asuntos de índole particular. Fue a San Salvador, se trasladó después a San Miguel y posteriormente a San Vicente, para negociar unas partidas de ganado que, de sus propiedades de Choluteca, tenía en trato con algunos comerciantes cuscatlecos.

Los salvadoreños habían sido víctima también de las agitaciones reaccionarias: Cornejo y San Martín, eran los instrumentos elegidos por los enemigos de la República para actuar en aquel escenario de intrigas, cuyas repercusiones llegaron hasta Omoa y Trujillo, en Honduras, con Ramón Guzmán y Vicente Domínguez. Era una conjura bien planeada que, afortunadamente, no pudo desquiciar los cimientos de la nacionalidad. Los agitadores habían tomado como pretexto "la contribución directa" decretada por el Jefe don Mariano Prado, el 25 de agosto de 1832 y en las tertulias patrióticas que prominentes políticos venían realizando en la capital, se discutió con tanto ardor y apasionamiento aquella medida, que pronto se hizo evidente el descontento, provocando levantamientos en "los Izalcos", encabezados por el Presbítero Pablo Sagastume; motines en San Miguel, hostigados por Vicente Goyenaga; insurrecciones en los pueblos indígenas de Santiago y San Juan Nonualco, acaudillados por el indio Anastasio Aquino; sublevaciones en Tejutla y Chalatenango, encabezadas por el Presbítero Félix Vides y otros trastornos de la misma naturaleza en unos cuantos sitios más del Estado. Tal campaña de agitación mantuvo por un largo período la inseguridad y el sobresalto en todo el Estado.

Era evidente que aquellos movimientos coincidían con los que se habían efectuado en Nicaragua contra el Jefe Herrera y si es verdad que cuando éste llegó a San Vicente ya todo estaba en aparente calma, también es cierto que otros motivos vinieron a provocar cierta alarma entre el vecindario. Las autoridades Federales que, con anterioridad habían dispuesto trasladarse a San Salvador, estaban recién instaladas en Sonsonate (14 de febrero de 1834) y su presencia en territorio salvadoreño provocó nuevos disturbios en San Miguel, hacia donde hubo de marchar con su ejército el Jefe San Martín, quedando como depositario del Poder, don Lorenzo Gonzáles.

No era un secreto ya que, el fantasma nefasto del intervencionismo federal iba a cernirse sobre el Estado salvadoreño; las Supremas Autoridades de la Nación deciden trasladarse a San Salvador y el Congreso Legislativo estatal como el Consejo Consultivo, se disuelven para evitar rozamientos con los funcionarios federales; el General Morazán ocupa la plaza de San Salvador (31 de Mayo) y el Presidente Provisional, Senador General José Gregorio Salazar, coloca arbitrariamente a su hermano, el General Carlos Salazar, como Jefe Supremo Provisional del Estado, despojando al elegido, Coronel San Martín.

Este, que con hábiles maniobras había logrado la renuncia de Prado, ocupó la suprema magistratura con propósitos inconfesables; se rebeló contra la integridad de la Nación y trocó la lealtad por la traición a los ideales de unidad centroamericana, pero era con todo, el Vice—Jefe elegido por el pueblo en ejercicio del Supremo mando del Estado y más convenía a los intereses de Centro América disuadirlo o atraerlo que violentarse contra él, perseguirlo y destituirlo. Aquel acto del Presidente Salazar, encendió de nuevo la guerra civil; el Jefe, despojado, hace marchar sus tropas hacia San Salvador, mientras el gobierno provisorio ordenaba la renovación total de las autoridades municipales. San Martín fue vencido, pero el Gobierno Federal había repetido los atentados de Arce cuando por medio de Milla y el Provisor Irías, afrentó, en 1827, al Jefe del Estado, Dionisio de Herrera, incendiando Comayagua y abriendo el camino de la arbitrariedad que el propio Morazán se encargó de castigar en La Trinidad.

Deshecha la oposición al régimen federal, consumada la intervención, preparado el terreno para actuar sin temor a un fracaso político, el 14 de julio, el Vicepresidente en ejercicio del Mando Supremo de la República, "con el objeto de restablecer el orden constitucional", convoca al pueblo salvadoreño a elecciones de Autoridades Supremas del Estado, las que deberían verificarse el último domingo de julio. Entre tanto el General Morazán concluía su período gubernativo.

El 23 de septiembre (1834) se instaló en San Vicente la Asamblea Legislativa del Estado, la misma que se había declarado por propia voluntad, disuelta en el mes de mayo anterior y, practicado el escrutinio de los votos emitidos para Jefe Supremo y Vice—Jefe, así como para los Magistrados de la Suprema Corte, la Asamblea determinó que los votos de San Vicente, estaban viciados de faltas legales, y en consecuencia, los declaró nulos, con lo que la propia Asamblea quedaba en libertad para elegir por sí, a la persona que debería hacerse cargo del Poder Ejecutivo salvadoreño. En consecuencia, se procedió el 30 de septiembre a elegir al Consejero Don Joaquín Escolán Balibrea, como Jefe Provisorio para ir regularizando las funciones del Ejecutivo, quien en la misma fecha prestó la promesa de ley.

El 14 de octubre, es decir, 21 días después del escrutinio, la Asamblea se enfrascó en largas deliberaciones, en las cuales campearon más que el interés nacional, el interés partidista y de grupo; estas deliberaciones que llegaron al extremo de violentas discusiones, daban la medida de que, tras los cortinajes legislativos, se ocultaban maquinaciones encaminadas al triunfo de los reaccionarios, y así fue cómo "La Asamblea Legislativa de El Salvador, habiendo procedido a la regulación de los sufragios dados por las Juntas electorales de los cuatro Departamentos, para Jefe y Vice—Jefe Supremos del Estado y por HABERSE DECLARADO NULAS LAS VOTACIONES DEL DEPARTAMENTO DE SAN VICENTE, no hay en ellas elección popular, procedió a elegir de entre los candidatos, resultando electo como Jefe Supremo del Estado, el ciudadano DIONISIO DE HERRERA y como Vice—Jefe el Lic. José María Silva".[115]

¿Qué había ocurrido? El triunfo electoral de Herrera había sido completo, pues los votos de los Departamentos estaban en su favor en mayoría, pero en el seno de los representantes del pueblo, la reacción tenía incrustados sus intereses que, actuando con rapidez, lograron que se anularan las cédulas emitidas por los electores de San Vicente, declarándolas viciadas, con lo cual pensaron arrebatarle el triunfo al Gran Patriota, maniobra que a su tiempo resultaría beneficiándoles, ya que la propia Asamblea iba a decidir la elección. Y así fue, aunque con la variante inmediata de que la mayoría de los diputados, entre quienes se encontraban el Presidente don Juan J. Barahona y el Secretario, Don Gerardo Barrios, interpretando la voluntad popular, eligió a Herrera como lo habían elegido los salvadoreños.

Ciertamente, la elección de Herrera era el camino indicado, pero ella venía ya viciada por la maniobra conservadora que había logrado la nulidad de los votos vicentinos, lo cual dio como resultado que, al ser notificado Don Dionisio ese mismo día, de que se le había honrado con tan alta dignidad, se negó rotundamente a tomar posesión del cargo, habiéndolo hecho inmediatamente el Vice—Jefe Silva ante la propia Asamblea.

El 11 de noviembre siguiente, el Consejo Representativo convocó a sesiones extraordinarias al cuerpo legislativo para que el día primero de diciembre inaugurara sus labores con el exclusivo objeto de conocer de la renuncia que el C. Dionisio de Herrera había presentado "de su nombramiento como Jefe Supremo". La renuncia se basaba en razones de índole personal aduciendo mala salud, por lo que nada resolvió de inmediato la legislatura, a no ser la designación de una comisión para que visitara a Herrera y tratara de disuadirlo a fin de que, por conveniencia pública, retirara la referida renuncia, manifestándole que el paso dado por la Asamblea al elegirlo, no era más que la interpretación de los deseos del pueblo salvadoreño y que por mientras él resolvía la difícil situación, su elección quedaba en firme ejerciendo el mando el Vice—Jefe, Lic. Silva.

---

[115] Monterrey, Francisco J. Obr. Cit. Pág. 215

Pero Herrera no accedió a lo pedido y para dar fin al impase, envió una nueva nota al Consejo Representativo, esta vez haciendo renuncia irrevocable del destino a que se le llamaba, por lo que el 2 de marzo de 1835, la Asamblea "acordó admitírsela" y convocar a nuevas elecciones para el día 15 del mismo mes, en las cuales resultó favorecido el General Don Nicolás Espinoza.[116]

Dionisio de Herrera, que había sido el pionero de la revolución liberal democrática en Honduras, que acababa de probar su1 fe en estas doctrinas con su actuación en Nicaragua, no podía claudicar. Si sus luchas eran por mantener incólume la voluntad popular y la majestad del sufragio; si se había encaminado al destierro de las maniobras políticas de baja estopa, era evidente que no podía aceptar su elección como Jefe Supremo de El Salvador, a sabiendas de que se había cometido un fraude con los votos de San Vicente "anulados por deficiencias legales", aunque la Asamblea al elegirlo nuevamente, hubiese tratado de enmendar la plana.

Comprendía que una situación caótica podía suceder al clima de relativa calma que reinaba en el Estado; que su resistencia abría el camino trazado por los adversarios de la República y que muchos de sus amigos le inculparían de inconsecuente, pero su convicción democrática se oponía a cualquier arreglo que no fuese a base de su dimisión. Con ello desvirtuaba Herrera aquel estribillo que se ha repetido posteriormente a su muerte, de que en política profesó la teoría "de dividir para reinar", porque dividida estaba la opinión centroamericana, revuelta la conciencia pública con las maniobras disociadoras del conservatismo y decaído el espíritu ciudadano, y sin embargo, pudiendo haber ascendido al poder, declinó el cargo para hacer honor a sus profundas convicciones.

Para el Prócer era imposible apostatar de sus ideas y de sus principios, porque su lucha se había iniciado antes de la Independencia, siendo el portaestandarte de la revolución nacional, que fue bastante para que los talentos que apretaban las filas de la reacción monarquista, vieran en él a un hombre de peligro, capaz de enfrentarse a todo cuanto se opusiera a su concepto de patria nueva y de pueblo próspero con que soñaba; no podía renunciar a su propósito

---

[116] Ibdm. Pág. 218

de contribuir a la felicidad de la Patria, cimentando el orden y el respeto a las instituciones, la fraternidad de los ciudadanos y la seguridad de la República, en donde ya no podía ser vigente la esclavitud física y espiritual, del sistema absolutista y arbitrario de gobierno y del menosprecio tradicional que veníase haciendo de la persona humana.

Herrera seguramente vio en aquella elección, el renacimiento de los viejos métodos políticos que le eran repugnantes; su pensamiento revolucionario que se inspiraba en los pensadores de la Revolución Francesa y se afirmaba en la peculiar fisonomía del pueblo centroamericano, en su conformación geográfica y en la realidad humana que lo integraba, no podía estar ajustado al pensamiento conservador que seguía insistiendo en la postergación del sentimiento ciudadano ante los intereses de clase o de grupo, porque creían aquéllos que un conglomerado de ignorantes no podía formar a un pueblo ni bregar por sus aspiraciones.

Y a este propósito, ¿podía olvidar Dionisio de Herrera que había sido su acicate constante el que se abriesen escuelas de primeras letras para que se hiciera penetrar con la enseñanza la luz del saber en la mente de sus conciudadanos? ¿Podía olvidar que los reaccionarios se obstinaban en obscurecer el ambiente con las dogmáticas prédicas políticas fomentando el fanatismo de las gentes con los viejos trucos demagógicos? ¿El, que al clamar por el establecimiento de imprentas en las que pudiera divulgarse el pensamiento vivo de la renovación liberal, abría una brecha contra el muro obscurantista, ¿sería incapaz de sospechar el trasfondo de aquella elección? No.

Pudo haber gobernado el Estado de El Salvador, pero allí también había un enjambre de intereses reaccionarios que se oponía anticipadamente a cualquier propósito de renovación; quizá cuando se le eligió Jefe de aquel Estado, los representantes del pueblo, hechos Asamblea Nacional, pensaron en las muchas virtudes de Herrera y en la posibilidad de que éste implantara una verdadera reforma gubernativa y se ensayara como en Nicaragua, un gobierno de conciliación, de trabajo y de paz, encaminado a borrar los odios sectarios y a exterminar la cizaña sembrada por los malos políticos, pero detrás de la buena fe de los legisladores, se movían los hilos reaccionarios temerosos de que, al implantarse una reforma, el latifundista perdería su dominio sobre el peón amilanado, que podía volver por sus derechos; el comerciante, sospechaba que la libertad de comercio y la sanidad de moneda que Herrera siempre había pensado implantar, lastimaría su patrimonio pecuniario y el clero, clase dominante y generalmente rica, veía en una reforma el fin de su dominio entre potentados y desvalidos.

Se movían posiblemente fuertes intereses económicos que dieron por resultado la anulación de los votos vicentinos, Departamento adicto a Herrera, y esto trajo la desesperanza en su ánimo, indispuesto ya para correr un nuevo riesgo y someterse a una prueba más de sacrificios. Y, no obstante la anulación de los sufragios de San Vicente, la Asamblea escogió a Herrera como mandatario, interpretando la voluntad del pueblo. Mas, como siempre sucede, el pueblo no fue satisfecho en sus deseos: Herrera rehusó el poder y se negó a jurar el cargo ante los Diputados.

Escribe el Señor Chamorro, tantas veces mencionado, que es ésta la página más brillante de la Historia de aquel gran varón; conceptuando su renuncia, como el obligado colofón de sus desaciertos de mandatario en Honduras y en Nicaragua. Justamente es una de las páginas brillantes en la vida de Herrera, pero no la más relevante, porque ésta ya estaba escrita en León después de haberla comenzado en Comayagua.

Es natural que para quienes no se pudieron afiliar al partido liberal, Herrera sea un hombre negativo; y negativo fue como gobernante de El Salvador, puesto que no llegó a ejercer el mando y negativo tenía que ser digno de las alabanzas y de los aplausos de los que, después de ciento y pico de años, aún respiran en Centro América, por la nariz del Señor Marqués de Aycinena.

Si descartamos la reforma implantada por el Ilustre don Francisco Morazán, ¿qué político de aquella época pudo realizar un cambio fundamental para cambiar la fisonomía de estos pueblos? ¡Sólo Herrera! En Costa Rica, después de don Juan Mora Fernández, ilustre prócer que organizó el Estado y lo mantuvo libre de las complicaciones políticas y de las luchas intestinas, cayó el poder en manos de José Rafael de Gallegos, que pudo haber seguido la ruta trazada por su antecesor, pero hubo de renunciar y dar paso al Lic. don Braulio Carrillo, encarnación del separatismo, aunque con grandes virtudes y méritos, pero con una mente aislacionista y con una mano de dictador. Dentro del puño de acero, implantó un gobierno patriarcal. En Nicaragua, Herrera pudo, no obstante los hechos ya narrados, comenzar la reforma liberal, pero los mandatarios que le sucedieron, volvieron insensiblemente al reaccionarismo, a encender las viejas controversias y a terminar con lo que se había ganado. En Honduras, Ferrera hizo lo que Carrillo: puño de hierro, reimplantación de la legislación monárquica, estancamiento intelectual, contrarreforma. En El Salvador, ni Prado ni los demás, hicieron nada hasta que se echaron en brazos de Malespín y volvieron al caos, traicionando al insigne Padre Delgado y en Guatemala, Mariano Gálvez se resolvió por convertirse en apóstata, dando las espaldas a la reforma liberal. Herrera, en cambio, cuando tuvo en sus manos las riendas del poder, echó las bases de una reforma que, de haberse continuado, habría cambiado el curso de la historia de estos cinco pueblos.

Hagamos un breve recuento: mientras los caudillos aristocráticos soñaban con mantener su hegemonía a base de títulos y pergaminos o afianzarse con el sojuzgamiento económico del latifundio y del comercio restringido, Herrera pedía se aboliesen los tratamientos nobiliarios y se llamase a todos los ciudadanos, abogaba porque se estableciese un cuño para estabilizar y legalizar la moneda y porque se estableciese la libertad de comercio, aparejándola con la libertad de creencias y la libertad física, dentro de las limitaciones únicas que imponen el respeto y la dignidad de los hombres. Leyes sabias pedía Herrera para la felicidad de los pueblos; Códigos que contemplaran primeramente al hombre como persona que vive en sociedad y con derechos inalienables concedidos por la naturaleza, pero también sanciones severas para los trasgresores de la ley y exigencias en el cumplimiento de los deberes que van aparejados con los derechos individuales.

Su liberalismo le llevó a pedir otro destino más útil para la inversión de "capitales muertos" como eran los dineros acumulados por los bienes de obras pías, los diezmos y las capellanías manejados por la iglesia y esto bastó para que le llamaran masón y hereje, porque su pensamiento puesto al servicio de las mayorías resultaba demasiado atrevido y revolucionario en un medio acostumbrado a las modalidades seculares. Herrera quería que con aquellos bienes y dineros, se abriesen escuelas, se construyesen caminos, se fomentase la agricultura, se organizase un Banco Nacional "cuyos fondos deben circular en todos los pueblos de la Nación"; quería que se estimulase algún patrimonio que diera seguridad económica al Estado, pero no pretendía empobrecer a los Ministros del Altar ni destruir el Culto Divino: él pensó siempre en mantener pura e incólume la religión católica en que había nacido y la cual profesaba muy a pesar de los remoquetes con que se pretendía desacreditarlo. Pedía que se estableciese la igualdad civil, porque la ley no debe reconocer privilegios ni de particulares, ni de familias ni de comunidades. Y fueron estos intereses creados, de tipo económico más que político, lo que causó su tragedia en 1827 y su renuncia en 1834.

Y por ello, la sombra de Herrera se proyectaba con tal magnitud en la conciencia pública, que llegó a infundir pánico en el seno de la camarilla reaccionaria formada entre otros elementos, por los ricos burgueses, los nobles (así se llamaban ellos mismos), los latifundistas y los clérigos (con sus excepciones), quienes conjurados con los políticos ambiciosos y retrógrados, acordaron destruirlo, aniquilarlo, convertirlo en hombre olvidado y obscuro, como si matándole o haciéndole desaparecer del escenario político, fatalmente sus ideas tenían que morir también.

Así, confabulados los Arce y los Aycinena, los Montúfar, los Irías y los Milla, los Cornejo y otros tantos del mismo jaez, se echaron contra el gobernante probo, sin reparar que se echaban contra un pueblo que n0 olvidaría las ofensas ni echaría en saco roto las ideas luminosas de aquel varón ilustre.

Herrera fue revolucionario y liberal de verdad; en Nicaragua pudo fallar en su trayectoria para afianzarse en el poder por medio de la violencia y de una política intransigente y cruel; pero lejos de ensañarse contra sus enemigos, olvidó las ofensas y estuvo pronto a perdonar, fundando así una escuela cívica que desgraciadamente no afianzaron los políticos de la época, porque era para ellos más fácil perseguir y encarcelar, más sencillo asesinar, que hacer un gobierno cuyas raíces estuvieran en el corazón y la voluntad de los pueblos.

En Honduras, luchó tesonera y heroicamente por salvar la ley y el decoro; se opuso a la reacción con valor, pero pudo más la mafia conservadora que, al final, le echó del poder. Cuando regresó al pequeño solar hondureño, vino a dictar los Códigos Civil y Penal desde su curul de diputado, a fundar un periódico que dijera al pueblo qué hacía el gobierno en su favor y a interceder por el perdón de quienes estaban convictos de rebelión contra la Constitución.

Y si hubiera gobernado a El Salvador, sus ideas políticas, su bagaje de estadista y su patriotismo se habrían puesto una vez más sobre el tapete en donde se jugaba la felicidad de la ciudadanía.

He aquí, pues, lo que Herrera hizo y pudo haber hecho.

XXVII

Gobierno de Justo José Herrera en Honduras. Dionisio de Herrera es elegido Diputado a la Asamblea Ordinaria de 1838 y a la Constituyente de 1839. El General Francisco Ferrera y la Reforma Constitucional. Su actitud frente a los federalistas. Otros sucesos.

El 11 de febrero de 1837, la Asamblea Legislativa del Estado de Honduras eligió como Jefe Supremo al Ciudadano Justo José Herrera, hermano de don Dionisio y como Vice—Jefe al Coronel don José Trinidad Cabañas, ambos pertenecientes al liberalismo que propugnaba por mantener en vigencia el Pacto Federal y quienes tomaron posesión de sus cargos el 28 del mismo mes.

Poco tiempo después, Honduras se vio azotada por la epidemia del cólera, que había causado en toda la República grandes estragos, los que fueron aprovechados por los conservadores para soliviantar los ánimos de los pueblos, asegurándoles que la epidemia era una consecuencia del envenenamiento de las aguas ordenado por los enemigos del clero, que estaban cometiendo toda clase de vejaciones e insultos a los ciudadanos opuestos a su partido. Los resultados de tales prédicas no se hicieron esperar: los pueblos de Texíguat, Nacaome y Manto, se alzaron en armas contra el Gobierno, que se vió obligado a sofocarlos por la fuerza, restableciendo el orden.

La elección de don Justo José Herrera disgustó grandemente al valiente soldado federalista, don Francisco Ferrera, que había sido Vice—Jefe de don Joaquín Rivera. Ferrera, que era hombre inteligente y en quien se había despertado la ambición presidencial, se creía con mejor derecho que Herrera para ejercer aquellas altas funciones y ante la decisión de la Legislatura que a nombre del pueblo había depositado el poder en manos de aquel probo ciudadano, se sintió discriminado, comenzó a dar pábulo a las veladas voces que le hacían llegar los "cachurecos" y terminó por aceptar sus insinuaciones dando media vuelta en su actitud política para afiliarse decididamente al partido reaccionario, cuyos corifeos le prometían mejores y prontas oportunidades.

En el mes de agosto llegó a Comayagua don Dionisio de Herrera, que por largo tiempo había permanecido en El Salvador alejado de la política. Don Dionisio se reincorporaba al seno del Estado con el objeto de arreglar sus negocios y atender sus valiosas propiedades abandonadas y de ver la forma cómo podía dejarlas en manos de personas responsables para retornar tranquilo a suelo cuscatleco. Pero el Destino había dispuesto de otro modo las cosas: al poco tiempo de su ingreso a la vieja capital, la causa Federal estaba amenazada peligrosamente; el partido de la Reforma de la Constitución de la Repúbli.ca había ganado numerosos adeptos y su hermano, don José Justo, cuyo mal estado de salud no le permitía salir adelante en su propósito de realizar una labor digna de su patriotismo, requirió de él un nuevo concurso en homenaje a la Nación amenazada.

Dionisio de Herrera pudo negarse a prestar su concurso con pretextos fáciles; pudo argüir que su carrera política había concluido y pudo también ofrecer sus decepciones y los fracasos experimentados por los hombres que manejaban los destinos de la Patria, como respaldo contundente a cualquier negativa. Pero no fue así. El análisis de la situación hondureña y centroamericana le hizo ver claramente el peligro que corrían las instituciones republicanas porque, efectivamente, eran de preocupar los avances que por todas partes hacía la reacción anti—federalista arropada hábilmente con el manto de la reforma que predicara el Marqués de Aycinena y que consistía en "romper la unión, para volver a la unión", un sofisma que los cachurecos colonialistas sabían explicar con labiosa palabra y, para él, para Herrera, que había luchado por un ideal nacido de su corazón y alimentado con sus sacrificios, el deber radicaba en la defensa resuelta de aquellos principios que había mantenido incólumes por sobre las pasiones y las tormentas desatadas en su contra para aniquilarlo.

En 1838 Dionisio de Herrera ocupó la curul que el pueblo de Nacaome le había asignado en la Asamblea Ordinaria del Estado como Diputado propietario. En su seno iban a discutirse un cuerpo de leyes que él había redactado y que sería presentado por el Poder Ejecutivo. Entre los Diputados, Dionisio de Herrera encontró caras conocidas que, naturalmente, eran el reflejo de los mismos sentimientos y las mismas ideas retardatarias con que se le había combatido obstinadamente durante su azaroso período como Jefe Supremo, pero su inquebrantable resolución de luchar; su tesón para vencer con la bandera de los intereses populares; su apego a la ley, a la justicia y a la dignidad nacional, volvieron a ser evidentes, pues si como Diputado en la Asamblea de 1830 había pedido que se levantase un conocimiento del número de escuelas de primeras letras y a su vista presentó un proyecto para que se abriesen más establecimientos de enseñanza financiados con lo que se llamaba "bienes muertos" (Sesión del 4 de febrero); y si había presentado entonces un Proyecto que contenía los puntos esenciales para que se redactase el Código Penal (Sesión del 5 de febrero), nada tenía de extraño que ahora, colocado frente a Lindo, a Castejón y a todos los zorros que soñaban con proseguir la rutina colonial, dejara oír su voz inspirada en el más acrisolado patriotismo y dijera con clara palabra, una a una, todas las urgencias que tenía el Estado de que se redactasen los Códigos, se reglamentase la enseñanza, se diese impulso al patrimonio de los ciudadanos alentando el trabajo agrícola e industrial con leyes justas, capaces por sí solas de asegurar el progreso y la paz. Su palabra robusta, su razón incontrovertible y la vehemencia con que supo defender su causa, lo llevaron al triunfo al aprobarse casi íntegramente la Ley Tributaria, el Código Civil, primero en la vida de la nación hondureña y el Reglamento para las Escuelas de Primeras Letras, todos redactados por su clara inteligencia y su ferviente amor a Honduras.

Como verdadero demócrata siempre estuvo interesa do en que el pueblo se mantuviera informado exactamente de lo que ocurría en el Estado, de que supiera el desarrollo de los debates en la Asamblea y siguiera de cerca el curso del acontecer político. Para lograrlo, presentó en la sesión del 28 de abril (1838), una proposición para que el Gobierno mandase a editar un periódico en el cual "se hagan divulgaciones de importancia pública, pues el pueblo debe saber lo que hace el Gobno. i lo que resuelve la Asamb. Legva. i se oriente en el servicio de la patria, cumpla la ley i respete a las autoridades Spmas. del Estado". Este proyecto fue aprobado en la sesión del 1º de mayo, haciéndolo saber la Secretaría de la Asamblea al Secretario General del Gobierno en la nota que a continuación se copia:

"La Asamblea en sesión del 1° del corriente, ordenó se publicara un periódico a propuesta del D. Dionisio de Herrera, en que se redacte un estracto de sus sesiones, sus resoluciones y decretos, con adición de las noticias y discursos que aparezcan útiles a los editores de ellos que fueron nombrados los CC. DD. Dionisio de Herrera y José María Arriaga que aquella disponga el S.G. se repartan por el precio de cada No. en los empleados de renta que él designe: que se subscriban a él los que puedan hacerlo, y se les dé gratis a los que no tengan fondos para hacerlo. Y de orden de la A. tenemos la honra de comunicarlo para que poniéndolo en conocimiento del S.G. disponga este su cumplimiento y que se impriman en los números de aquel periódico las presentes ediciones. D. U. L. Mayo 5 de 1838".[117]

Así fue cómo apareció el "Semanario Oficial", redactado por los mencionados Diputados.

Pero si Herrera había logrado cristalizar y poner en marcha sus ideas, la satisfacción no iba a durarle muchos días. El 30 del mismo mayo, el Congreso Federal reunido en San Salvador, que era entonces la sede de las Autoridades de la República, emitió el Decreto siguiente: "Art.1°—Son libres los Estados para constituirse del modo que tengan por conveniente, conservando la forma republicana popular representativa y división de Poderes. Art. 2°—Queda derogado el Título 12 de la Constitución Federal del 22 de noviembre de 1829 y sustituido con el anterior artículo".

Esto equivalía a disolver el vínculo federativo, puesto que en el referido Título 12 se establecía la forma de constitución de los poderes estatales; la manera de dar las leyes y la correlación armónica que deberían guardar los Estados con respecto a la Nación. Para Herrera aquel Decreto no fue grato, pero tampoco fue sorpresivo; él sabía que la estructura nacional andaba mal y comprendía que, si hombres como Gerardo Barrios, habían firmado tal disposición, seguramente lo hicieron con la esperanza de una reestructuración jurídica de la patria, por cuanto en las Asambleas estatales podría eliminarse del texto

---

[117] Libro Copiador de Correspondencia de la Asamblea Ordinaria del Estado de Honduras, Año 1838. Archivo Nacional. Tegucigalpa.

constitutivo aquellas disposiciones que hacían difícil su aplicación y eran eficientes en su contenido y, además, en ellas podría asegurarse también, la vida perpetua del Pacto Federal.

Así pues, fundándose en el Decreto del Congreso Federal aludido, la Asamblea hondureña convocó a una Constituyente para reformar la Carta de 1825, decreto que obtuvo el Ejecútese del Jefe del Estado, don Justo José Herrera, el 30 de junio. Los ciudadanos fueron a las urnas y Dionisio de Herrera fue elegido entonces Diputado por Choluteca.

A las preocupaciones políticas Don Dionisio sumaba las de orden familiar: Don Justo José enfermó de gravedad y tuvo que resignar el mando el 3 de septiembre en el Consejero don José María Martínez, a quien tocó inaugurar la Constituyente el 7 de octubre siguiente. Fue elegido Presidente de la Asamblea el Lic. Juan Lindo, y Vice— Presidente, el propio Herrera.

Allí se libraron batallas memorables de oratoria política. Los antiguos corifeos del partido del General Arce volvieron a la carga y los federalistas incorruptibles como Herrera, tomaron la defensa de la nacionalidad con altura, con denuedo, pero sin fortuna. Se conoció del Decreto del Congreso Federal de 18 de julio, por el que se convocaba a los Estados a una Convención Nacional "para dar la mejor forma al pacto federativo por medio de conferencias amistosas" y después de prolongados debates en los cuales Lindo, si bien no regaba la ponzoña de 1826, con su habilidad extraordinaria sostuvo la tesis separatista abogando porque se aprovechara aquella oportunidad para reconstruir la Patria por medio de un nuevo pacto "Confederal", tal y como lo habían planteado los reaccionarios chapines, a cuya cabeza figuraba el Marqués de Aycinena.

Herrera, con la experiencia adquirida en Honduras y en Nicaragua, como Jefe de Estado de ambos, sostenía la necesidad de una reforma constitucional, pero a condición de salvar el primitivo Pacto de Unión, pero sus esfuerzos fueron vanos: los políticos reaccionarios y los caudillos que les acuerpaban "entendían por federalismo el aislamiento", porque esta actitud les aseguraba no sólo los honores, privilegios y vigencia, sino también el mando, que era el fin supremo por el cual luchaban. La soberanía de los Estados era para ellos la mejor bandera y escudados en este principio, supieron triunfar cuando al final dieron el golpe maestro a la Federación.

Y, como una confirmación de lo dicho, mientras la Asamblea reunida en Comayagua discutía el problema, el General Ferrera, adicto ya al antifederalismo, se rebeló en Tegucigalpa, apoyado por algunos vecinos, desconociendo al Gobierno, deponiendo al Jefe Departamental y proclamando que hasta tanto la Asamblea Constituyente no expidiera un decreto declarando al Estado de Honduras libre e independiente, dicho Departamento se declaraba bajo la protección del Gobierno de Nicaragua. Esta rebelión creaba un nuevo problema: la posibilidad de una guerra con los nicaragüenses y, atemorizada la representación nacional, en cuyo seno la mayoría estaba por la segregación del Estado dio, el 28 de Octubre, un Decreto, por el que se declaraba que el Estado de Honduras era libre, soberano e independiente, explicando además, que ese era el voto general de los pueblos que representaba, cuya voluntad había interpretado fielmente. Sin embargo, a Ferrera y sus amigos no satisfizo esta declaración, objetándola de ambigua, débil e ineficaz, aumentando por ello la presión de su influencia y el temor de su amenaza hasta lograr que el 5 de noviembre se emitiese otro Decreto en el que se declaró que EL ESTADO LIBRE Y SOBERANO DE HONDURAS ES INDEPENDIENTE DEL ANTIGUO GOBIERNO FEDERAL, DEL DE LOS DEMAS ESTADOS Y DE TODO OTRO GOBIERNO O POTENCIA EXTRANJERA. Así la obra de Lindo, de Ferrera y los demás separatistas quedaba consumada.

El anterior decreto alarmó al Gobierno de El Salvador que, en 4 de enero de 1839 reclamó al de Honduras tan infausta disposición, pero el Consejero Lino Matute, que había sucedido a Martínez el 12 de noviembre anterior, presionado por Ferrera, contestó el 9 del mismo mes de enero, que estaba resuelto a sostener la reforma. Sin embargo, Matute depositó el poder ese mismo día en el Consejero Juan Francisco de Molina, pretextando enfermedad, pero en realidad, por no compartir el parecer de los que ahora dominaban la situación política en Honduras.

Entre tanto, la Asamblea Constituyente emitió la nueva Constitución el 11 de enero, poniéndole el Ejecútese el Consejero Molina en ejercicio del Poder Ejecutivo que, aunque en la nueva Ley

Fundamental se establecía que el Estado reasumía la propiedad de los puertos de su territorio, las llamadas rentas federales, así como su administración e inversión y la plenitud de su soberanía, los liberales lograron con grandes esfuerzos que se consignara en el Artículo 2° que el Estado de Honduras "será uno de los federados de Centro América cuando acuerde con los otros Estados el pacto que los deba unir", lo que satisfacía también las ambiciones de Lindo y del mismo Ferrera, que anhelaban imponer su voluntad, algún día, en las parcelas divididas por las ambiciones.

El Consejero Molina llevó al Gabinete de Gobierno a Don León Alvarado y a Don Coronado Chávez y nombró Comandante de las Armas al propio Ferrera, lo que habría de traer funestas consecuencias. Por insinuaciones del mismo Ferrera, Honduras y Nicaragua ajustaron un tratado de alianza defensiva y ofensiva el 18 de enero de 1839, con el objeto, se decía, de sostener las reformas, pero en realidad con el de invadir El Salvador, en donde el General Francisco Morazán luchaba por mantener vigente la soñada Unión.

No tardaron las fuerzas de Ferrera en invadir aquel Estado, pero con tan mala fortuna, que el 6 de abril fueron batidas y derrotadas por el General Morazán en la acción de El Espíritu Santo. Sobre estos hechos, Durón dice: "Esta derrota causó gran conmoción en Comayagua. El señor Molina se retiró del Ejecutivo el 13; le sucedió el Consejero D. Felipe Neri Medina, quien se retiró el 15; y a éste sucedió D. Juan José Alvarado, quien permaneció en sus funciones hasta el 27, fecha en que entró D. José María Guerrero. Guerrero procuró ajustar la paz con El Salvador. Logró que se celebrara un tratado el 5 de Junio, pero Ferrera impidió su ratificación. De nada sirvieron los empeños de Guerrero quien, en inteligencias con Morazán para la paz, escribía a éste refiriéndose a Nicaragua "que era preciso sacudirse de un amigo que pesaba ya más que el enemigo".[118]

Dionisio de Herrera, impotente para luchar contra aquella camarilla de ciegos servidores de Ferrera, optó por retirarse del escenario político; no llegó a ocupar su puesto como Diputado por Choluteca en la Cámara de Representantes, como le llamaba la nueva

---

[118] Durón, Rómulo E. Bosquejo Histórico de Honduras. 2ª Edición 1956. Págs. 245-46.

Constitución; nada tenía que hacer en el seno de aquella agrupación de ciudadanos que carecían del concepto cabal de lo que era un Gobierno Federal, con excepción de Lindo que, sabiéndolo, quiso ignorarlo por convenir así a sus futuros planes de hegemonía política; de nada sirvieron las reiteradas invitaciones para que se hiciera presente en la Cámara, por lo que, el 9 de agosto, el señor Ignacio Vega fue incorporado como Diputado Suplente por Choluteca, en reposición de Herrera.

Este, entristecido, emprendió viaje a Tegucigalpa, en donde permaneció algunos días atendiendo sus asuntos personales, arreglando su valiosa Biblioteca que no volvería a ver jamás, pasando después a Choluteca, en donde encontró que sus haciendas estaban abandonadas y, dictando medidas de buena administración se encontraba, cuando supo que había orden de captura para él, dictada por Ferrera. Huyó inmediatamente, sin tener más tiempo que el de llevar consigo, el producto de la venta de una partida de ganado que había negociado con hacendados de las Segovias. Una vez en El Salvador, Herrera se radicó en la ciudad de San Vicente, al lado de su familia.

—XXVIII—

Persecuciones y saqueos del régimen.
La nueva política centroamericana.
El Pacto Confederal de Chinandega.
La facción de Texíguat y la actitud
de Herrera. Final de la vida
política del Prócer.

En el desbarajuste en que estaba hundido el Estado de Honduras, sólo un hombre avizoraba la proximidad de su triunfo definitivo: el General Francisco Ferrera. Dueño de la situación, hábilmente se dedicó a construir los pilares de un gobierno de fuerza, cuya influencia, como había soñado, se haría sentir en otros Estados de la recién disuelta federación.

El 30 de diciembre de 1839, la Cámara de Representantes lo eligió como Presidente del Estado, cargo que juró desempeñar el día 19 de enero de 1840 en Comayagua. Desde ese instante la libertad comenzó a ser un mito, la seguridad personal una ironía y la democracia, una palabra sin sentido, porque una ola de encarnizadas persecuciones se desató a todo lo ancho y largo del Estado. Los perseguidos se refugiaron en El Salvador, no sin que muchos de ellos cayeran en manos de los sicarios del régimen que, sin compasión y con inaudita saña, les rompieron el pecho a tiros.

Dionisio de Herrera fue uno de estos perseguidos que huyó al vecino Estado a principios de 1840. Las hordas de Ferrera se presentaron una tarde en su casa de Choluteca, inquiriendo por él, pero enterados de que había escapado, los perseguidores la emprendieron contra sus bienes y sirvientes.

Saber su ausencia y allanar su morada, fue una sola cosa: en Tegucigalpa también se organizó el saqueo en nombre de "la ley"; se destruyeron muebles, se rompieron armarios y quizás para salvar la civilización y la cultura, la valiosa Biblioteca de aquel hombre superior, fue destruida. Los libros y papeles que en ella había, se arrojaron a la calle, se hizo con ellos una pira y, al quedar reducidos a cenizas, los cachurecos dijeron que aquellos volúmenes habían sido quemados en honor a la moral y a la religión, porque muchos estaban escritos en francés y en inglés y que esta clase de libros sólo eran leídos por los masones y por los herejes. Montesquieu, Rousseau, Malesherbes, Diderot y otros pensadores de la Francia inmortal, pagaron en la hoguera el pecado de haber hablado al mundo en el lenguaje de la libertad con el humano estilo de la verdad y de la justicia, según lo entendían aquellos obscuros "talentos" que manejaban la cosa pública hondureña. ¡Ilusos, ignoraban que las ideas, como dijera alguien, ni se atan ni se matan!

Crítica era la situación política centroamericana; la federación había perecido; Morazán, su más firme defensor, estaba en el exilio y Carrera, triunfante y todopoderoso, dictaba decretos severos con el consejo de la clerigalla y de los empecinados enemigos de la unión. Los gobiernos de Honduras, El Salvador y Nicaragua, temerosos de la presencia de Morazán en Costa Rica, hicieron reunir en Chinandega sus Delegados para formar un Gobierno Confederal, cuyo compromiso se firmó el 27 de julio de 1842, proclamando a voz en cuello, que aquel paso era el inicial de la "reforma", para ocultar así su preocupación por el regreso del insigne paladín, pero como en todo el Istmo los corifeos del crimen estaban bien aleccionados, Alfaro traicionó a Morazán en Alajuela, Mayorga en Cartago y Pinto, un vulgar buscador de fortuna portugués, ordenó su asesinato en San José, el 15 de Septiembre de 1842, para celebrar el Aniversario de la Independencia nacional, efemérides que a Pinto, como buen aventurero, le importaba un pito.

Asesinado Morazán, los restos de su ejército pidieron refugio en el Estado salvadoreño y aunque Ferrera se opuso, Carrera hizo refunfuños y Nicaragua tomó una actitud vacilante, el General Malespín ordenó el desembarco de los "coquimbos", en el puerto de Acajutla, brindándoles asilo, orden que emitió el 5 de diciembre de aquel año. Los Confederados, a cuya alianza se había incorporado Guatemala mediante un tratado por el cual los Estados se reconocían mutuamente su independencia, "debiéndose considerar como una sola Nación en el caso de una invasión extranjera" (Octubre 7), daban otra muestra de su hipócrita adhesión al Pacto de Chinandega y probaban que la "reforma" era una nueva farsa tejida en provecho de intereses personalistas y de grupo y en perjuicio de la ciudadanía.

El 23 de febrero de 1843, Ferrera fue elegido para un nuevo período presidencial, lo que originó nuevos atropellos en personas desafectas al régimen que, esta vez, se refugiaron en Nicaragua que, si bien era integrante del Pacto Confederal, no veía con agrado las depredaciones ferreristas, como tampoco había entrado de buena fe al famoso tratado chinandegano, como era el caso de los demás asociados.

Tenía Ferrera, para entonces, enemigos en El Salvador y en Nicaragua que, sumados a los que habitaban Honduras y permanecían a la expectativa, iban a intentar la liquidación de su régimen de mano fuerte, a la vez que procurarían restablecer el sistema federal abolido como consecuencia de maquinaciones salidas de los cerebros guatemaltecos.

Las persecuciones, el fracaso y asesinato de Morazán, la implacable inquina de los reaccionarios y una serie de factores que eran consecuencias del sistema y que estaban reñidos con las ideas que siempre había sustentado y defendido, operaron un cambio radical en el espíritu y el pensamiento de Dionisio de Herrera. El Pacificador de 1830 se transformó en el guerrillero de 1844; el predicador de concordia y fraternidad se convirtió en el sembrador de ideas levantiscas y en el organizador de asonadas y facciones armadas. Convencido Herrera de que los conservadores eran causantes de graves males a la Patria y a la persona humana; cierto de que las razones y el buen juicio nada podían hacer para conducirlos por el camino de las rectificaciones; herido en su dignidad por los atropellos de que había sido víctima y fastidiado de buscar para enderezar el mal la práctica del bien, se alistó con don Joaquín Rivera y otros jefes para llevar la guerra a su querida Honduras. No había otro recurso: Ferrera los perseguía con las armas; había que responderle también con las armas.

A principios de 1844 se levantó en rebelión el pueblo de Texíguat, al mando de Francisco Sancho y de Lorenzo Pérez, con el apoyo velado de Nicaragua. Herrera, que ya tenía conocimiento de lo que iba a suceder, abandonó San Vicente, pasó por San Miguel, en donde se le unieron algunos amigos armados y llegó a El Viejo, en donde estaba el Cuartel General de don Joaquín Rivera. Luego se internó en el Estado de Honduras, invitando a los ciudadanos para emprender la cruzada redentora que podía poner término a los desmanes de los reaccionarios.

Informado Ferrera de aquella facción, ordenó al Coronel Santos Guardiola que marchara con su ejército a sofocar la rebelión y para tener una idea de la ferocidad con que los reaccionarios combatían a los liberales federalistas, baste con decir solamente que este Jefe tan cruel como Ferrera, comenzó por incendiar pueblos, arrasar haciendas y asesinar personas indefensas, todo en nombre de la ley y de la libertad.

El 11 de octubre, Joaquín Rivera lanzó su primera Proclama revolucionaria en el pueblo de Morolica, en la que aclara que son los propios hondureños los que, cansados de tanto vejamen, se han propuesto derribar el régimen y no el Gobierno de Nicaragua, que sólo se ha limitado a prestar auxilios a los pueblos que se los han solicitado. El 19 de diciembre la Municipalidad de Danlí y los vecinos principales de aquella comprensión se reunieron en Cabildo Abierto y se adhirieron "a la causa que defiende el pueblo de Texíguat", por medio de una Acta. Entre los firmantes figura Dionisio de Herrera. Esto dio lugar a que Guardiola diera orden para que sus haciendas de Choluteca, únicos de sus bienes que habían sido respetados, fueran arrasadas: Atila no lo hubiera hecho mejor que como lo hicieron los soldados ferreristas. Más tarde corrieron igual suerte las propiedades de otros firmantes danlidenses, entre ellas las de don Pedro Antonio Lazo, Manuel Ugarte y el Alcalde Longino Medina.

El movimiento seguía engrosando sus filas; el 5 de diciembre Rivera estaba en Yauyupe, desde donde lanzó una nueva invitación a los ciudadanos para que tomaran las armas y le acuerparan con decisión y el 12 la Municipalidad de Danlí dirigió a la de Catacamas, en Olancho, una excitativa para que hiciera causa común con ella, acompañándole copia del Acta levantada el 1º de dicho mes e informándole que los pueblos de San Antonio, Yuscarán, Liure y, a su debido tiempo Tegucigalpa, se pronunciarían en igual sentido si no lo habían hecho ya y que los de Manto, Jano, El Real y La Guata, todos de Olancho, estaban listos para actuar contra el Gobierno, por lo que convenía se pusiera al habla con ellos. La redacción de la nota es tan pulcra, que no es difícil suponer que fuera redactada por el propio Herrera.

El 12 de diciembre Rivera estaba en Danlí y el 20, las fuerzas gobiernistas, al mando del General José de Zelaya, lanzaron contra él un furioso ataque, causándole una tremenda derrota que le obligó a huir, buscando la frontera nicaragüense. Perseguido, fue alcanzado el 23 en la confluencia de los ríos Guayape y Guayambre, que no pudo cruzar y rodeado por un destacamento del Coronel F. Becerra, no tuvo más recurso que rendirse en unión de sus compañeros Calixto Landa y Francisco Martínez, siendo conducidos a Juticalpa.

Mientras tanto, Dionisio de Herrera, Rafael Padilla Durán y otros, lograron salvarse, pasando los ríos a nado y socorridos por los indios payas "que los condujeron por entre bosques y montañas hasta llegar a la frontera de Nicaragua, en donde los dejaron", llegaron a un punto de aquel Estado, desde donde comenzaron a reorganizar su abatido ejército. Rivera fue fusilado en Comayagua, el 6 de febrero de 1845 y a su muerte, Dionisio de Herrera se puso a la cabeza de los texíguats, por lo que el Redactor Oficial le llamó "nuevo Jefe de vándalos".

Su lucha fue infortunada, pues no siendo militar, estuvo lejos de contrarrestar y eludir las emboscadas de los gobiernistas que, además, estaban mejor pertrechados. Guardiola llegó a Yuscarán el 28 de marzo con un fuerte contingente de opotecas y, al saberlo, Dionisio de Herrera que se encontraba en Danlí, se retiró a Texíguat para evitar un combate desigual. Desde aquel lugar Guardiola organizó la persecución de los facciosos, que resultó ser una cacería bien planeada, para darles captura, pero los rebeldes, cada vez que creían oportuno, daban batalla y escapaban; estas escaramuzas debilitaban cada día las tropas insurgentes, que optaron por evadirse hasta alcanzar la frontera salvadoreña. Herrera se presentó entonces a las autoridades de San Miguel, pidiendo seguridades para sus soldados y entregó a cambio de ellas, las armas e implementos bélicos que aún portaban. Pocos días después, el 18 de abril, Ferrera reclamó la devolución de dichas armas al Gobierno de El Salvador, de acuerdo con el Tratado Salinas—Quiroz, celebrado en Chinameca, en la misma fecha.

Con la defección de Dionisio de Herrera desapareció la oposición morazanista organizada; Rivera, que propugnaba por el derrocamiento de Ferrera para implantar de nuevo la libertad, el respeto a la propiedad y a las personas, que soñaba con la reorganización de la República, había caído destrozado por las balas de la reacción triunfante; Herrera, que era ante todo un civil pero a la vez un ciudadano íntegro, tuvo que ser un mal jefe revolucionario: sus ideas de confraternidad, de convivencia pacífica ajustada a la ley, si bien se habían debilitado por los reveces sufridos y por la angustia de ver a su pequeña patria víctima de la dictadura, seguían en su mente como doctrina inconmovible y, ante los hechos, ante el desastre, optó por economizar una nueva sangría, retirándose definitivamente de la política, pero dejando a las generaciones que habrían de seguirle, un sendero abierto a las más nobles ideas, a las más puras concepciones del patriotismo y al permanente respeto a la ley y a la persona humana.

Herrera Maestro de Escuela.
Recuerdos de sus anhelos de patriota.
Juicios de algunos escritores.
El reverso de la medalla.

Sesenta y cuatro años iba a cumplir Dionisio de Herrera cuando volvió a El Salvador después del fracaso de la facción de Texiguat que fue el último esfuerzo de aquel perínclito varón para salvar la nacionalidad centroamericana. "La persecución y la desgracia —escribe su biógrafo Lic. don Victoriano Rodríguez— se agravaron sobre su persona, la devastación destruyó sus bienes y sus ricas haciendas. Emigró para este Estado en la miseria, y el hombre opulento y de alta posición social; el que con sus raros talentos había servido al país, se vio careciendo de un pan..."[119]

Sin embargo, su espíritu que se había templado en el fuego sacrosanto del patriotismo se mantuvo sereno; careciendo de medios para ningún negocio se acogió si alero tranquilo y generoso de una modesta escuela de primeras letras, quizá pensando en que la nación necesitaba de una niñez modelada en los cánones del civismo y del amor a la libertad y a la moral para que cuando la hora llegara, aquellos jóvenes pudieran superar los escollos de la política perversa, de la intriga burda y de las ideas esclavistas que ya volvían a florecer en la aridez mental de los dirigentes de la cosa pública centroamericana.

Con devoción singular Herrera se convirtió en maestro de escuela; enseñó a leer y escribir; predicó el amor para que en aquellos corazones puros la semilla del bien se fecundara esplendorosa, con la esperanza de que cuando aquellas manos infantiles fueran aptas, sólo se abrirían para prodigar felicidad y para labrar la tierra que a gritos pedía se le trabajase y se le hiciese producir. Enseñó la doctrina de la fraternidad inculcando el apego al arado que debería empuñarse en lugar del fatídico trabuco segador de vidas, soñaba en que las

---

[119] Rodríguez, Lic. Victoriano. Biografía de Don Dionisio de Herrera. San Vicente, septiembre de 1875. En Revista de la Universidad. Tegucigalpa.

devastadoras legiones de soldados ignorantes guiados por tiranos perversos, podrían ser ejércitos de hombres de bien, laboriosos campesinos, hombres de gabinete bien orientados y seguros de conocer sus deberes, sus derechos y lo que como patriotas, podían hacer en bien de sus conciudadanos.

En las interminables noches de vigilia, cuando sólo se ve en el firmamento un reguero de estrellas y el silencio es propicio a las meditaciones, seguramente venían a su mente los recuerdos de las injusticias que se habían cebado en su persona; de los ultrajes, las intrigas, las veleidades de los poderosos caudillos a quienes había perdonado haciendo honor a su credo cristiano; quizá en la soledad de su alma se reprochaba con sincero arrepentimiento los males que por su culpa había soportado la República; el examen de su conciencia y de los hechos que rodearon su vida pública le hicieron entender la política como la practicaban los inescrupulosos como Lindo y como Jauregui, que usaban el talento para hacer el mal satisfaciendo bajos apetitos y entonces caía en el convencimiento de que éste era un juego vedado a la gente moralmente superior que si yerra en sus pasos, yerra más por buena intención y noble propósito que por malicia o cálculo.

Amargas deben haber sido aquellas horas de íntima confesión y silencioso reconocimiento de los errores cometidos porque ya no tenían remedio ni había tiempo de rectificaciones; dolorosos deben haber sido los recuerdos: sus amigos y compañeros habían caído uno por uno liquidados por el plomo homicida; aquellos que con él habían pretendido hacer de Honduras una patria libre, grande, respetada y próspera ya estaban del otro lado de la vida: Morazán, Valle, Joaquín Rivera, Vijil y tantos más....

En aquellas noches cálidas en que rendido de tanto repetir el alfabeto o enseñar las cuatro reglas de la aritmética su espíritu quizá se remontaba al eter insondable para añorar los mejores días de su vida, pudo haberse hecho presente aquel discurso que pronunciara en la instalación de la Primera Asamblea Ordinaria del Estado de Honduras y pudo escucharse así mismo repitiendo: "Ved esos campos en que parece que la naturaleza ha querido ostentar su poder, ya en la variedad de producciones, ya en la fuerza y vigor de su vegetación... no se da un Estado que reúna todas las ventajas y proporciones que el de Honduras. ¿Qué falta, pues, a éste para ser el primero de los de la

América?..." Y, mentalmente también, debe haberse respondido: Hombres y hombres que amen a su patria como la he amado yo; que piensen en ella como he pensado yo; que se sacrifiquen por ella, como me he sacrificado yo.

"La ley que forma los vínculos de la sociedad: que señala los derechos y prescribe los deberes: que cria los diversos poderes que la gobiernan: que, teniendo un origen divino, es la fuente de donde emana toda justicia y toda felicidad en el orden social, será obra de la Asamblea que con ese fin ha sido reunida..." Y su voz interior debe haberle respondido: En aquella Asamblea no interesaba la suerte del Estado; en ella se iba a jugar, como se jugó, política rastrera, se defendieron intereses de camarilla que, a la postre, despedazaron la unidad nacional.

"...La Hacienda de un Estado independiente y soberano es el elemento más necesario, porque es el que da vida a los otros...". Y, con honda amargura debe haber recordado: cuando yo quise regular las entradas fiscales para asegurar la riqueza nacional, cuando intenté reglamentar la renta del diezmo, se me echó encima el clero y se abrió la antesala de todas las desgracias por que ha atravesado Honduras.

"...Yo veo esta Asamblea compuesta de hombres que han merecido la confianza de los pueblos, que se hallan animados de los sentimientos que hacen nacer el celo, la gratitud, el honor, el amor a la patria y a la humanidad..." Y, finalmente su propia voz quebrada por los desengaños, debe haberle respondido: ¡Qué gran engaño! De aquellos hombres, muy pocos eran los patriotas.

Cuan distinto había sido todo. Su anhelo y su esperanza fueron fallidos espejismos que el andar del tiempo se encargó de mostrarlos en toda su crudeza y realidad. Aquellos campos cubiertos de espesos bosques; aquellas ventajas que a Honduras le había concedido la naturaleza; el suelo prodigioso que esperaba la acción bienhechora del hombre que rompiendo el surco le hiciera producir, permanecía intocado, formando sólo un bello panorama porque el hombre que poseía los predios por derecho no sentía el deber de transformarlos en huertos productivos: se había dejado conducir por la senda de la contienda armada, se había adormecido con las palabras y promesas de los políticos sin escrúpulos y, en lugar de tomar la azada y el arado, optó por empuñar el fusil homicida.

Aquella ley que Herrera pregonaba como vínculo de la sociedad por su origen divino, había sido pisoteada por quienes tenían el deber de respetarla y lejos de cumplirla, cometían en su nombre los más negros atentados contra la seguridad y la tranquilidad públicas y, la Hacienda nacional que debería dar vida a todos los organismos estatales, seguía raquítica porque sus haberes miserables se invertían en armar batallones de salteadores cuando debería usarse para fomentar el progreso del Estado.

¡Que enorme melancolía debe haberse anidado en su corazón al contemplar el desbarajuste de la tierra querida por la que tanto había padecido! Y que consuelo debe haber sentido al sentarse junto a tantos niños que serían más adelante ciudadanos capaces de forjar una patria mejor.

Muchos hombres conspicuos de El Salvador recibieron de Herrera la enseñanza de las primeras letras y se inspiraron en su ejemplo: hombres útiles a su país, gentes de bien, laboriosas y decididas a contribuir activamente a que su Patria se transformase en una nación progresista. ¿Quién puede negarlo?

En cambio, los hondureños no pudimos salir adelante; en constantes luchas fratricidas hemos tenido nuestras tierras con sangre de inocentes para encumbrar verdaderas basuras y para satisfacer los apetitos de no pocos maniáticos enfermos de odio y poseídos de venganza; hemos sacrificado a nuestros hermanos para "subir" a tirios o troyanos sin analizarlos debidamente, pues casi siempre ha sucedido que, una vez en el poder, se convierten en cómplices de ladrones y saqueadores del Erario Público y, finalmente, hemos tenido la conformidad de ver a estos pícaros que eran unos "don nadie", unos "pelados", pavonearse por las calles de nuestras ciudades, afrentando con su desfachatez a los ciudadanos honrados, haciendo ostentación de su rapiña al levantar opulentos edificios, fundar sociedades que se dedican a la importación y exportación de artículos de comercio y lo que es peor aún, que contribuyen en metálico para fomentar asonadas en que se maten los hondureños, anhelosos de volver a sus viejas posiciones políticas y liquidar para siempre la desvencijada hacienda pública. ¡Estos no pueden ser hombres dignos ni apropiados para hacer Patria! Estos son criminales y como tales, no merecen de los ciudadanos honestos, ni el saludo ni la consideración.

Por ello viene al caso hablar de las ideas de Dionisio de Herrera, de sus principios morales, de su ejemplo de gran honestidad, pues al contrario de algunos hombrecillos de nuestro ambiente político actual, salió pobre del ejercicio público al que había llegado rico; deben servirnos para aquilatar a un Paz Baraona y a un Mejía Colindres que dejaron el poder agobiados por las deudas personales, pobres, sin haciendas, sin automóviles de lujo, sin dinero en bancos extranjeros pero con una supervivencia eterna en el corazón de los hondureños bien nacidos. Las invocaciones de Herrera deben servirnos para moralizar la sociedad fustigando severamente a los vándalos que siendo verdaderos criminales, andan sueltos afrentándonos con sus crímenes.

Que desdichada ha sido Honduras en este aspecto de las manos puras: manos puras porque no se tiñeron en sangre a su paso por las altas cumbres del poder; manos puras porque no sustrajeron los dineros del pueblo que han sido acumulados a fuerza de sudor y sacrificio; manos puras porque de ellas sólo ha salido el bien prodigando el amor y el perdón a los hermanos equivocados.

Que desdichada ha sido Honduras en cuanto al respeto que la ley impone por sí misma, al respeto que merece la vida de los ciudadanos, la propiedad de los ciudadanos, la seguridad de los ciudadanos. ¡Cuántos atropellos se han cometido invocando la majestad de la Ley! ¡Cuántas vidas se han cegado acribillando a balazos a ciudadanos indefensos en nombre de la Ley! ¡Cuántas fortunas amasadas en años y años de incansable fatiga se han dilapidado en beneficio de unos cuantos sinvergüenzas que las hurtaron en nombre de la Ley!

Pero esperamos la depuración del ambiente nacional; confiamos en que aún quedan hombres de acrisolados principios morales capaces de proseguir por la senda de Herrera, de Cabañas, de Paz Baraona, de Mejía Colindres y de muchos otros a quienes la se les ha brindado oportunidad de contribuir al engrandecimiento de la Nación.

Herrera no habría podido proceder en otra forma: él era el reflejo de su hogar modelo, el resumen filosófico de todo cuanto había leído para bien y no para mal; era el producto de una severa disciplina mental encaminada hacia senderos de luz cuyo destino radicaba en cimentar una nación. En él no se combinaban ideas sanas con pensamientos dudosos en cuanto a la política y al Estado; no cabían en su mente las semi—verdades porque estaba pulido con esmeril de patriota.

Y cuando lo invocamos como maestro de escuela, distante del sillón presidencial, le vemos idéntico: poniendo en práctica las mismas ideas, regando luces, sembrando estrellas. En esta misión es cuando Herrera se revela como más humano, más filósofo, más patriota y con justicia, se ha dicho de él lo siguiente: El ilustre hondureño se dedicó a la pedagogía para remediar sus escaceses en la vida emigrante que hacía en El Salvador, y en este sentido abrió una escuela de primeras letras en la ciudad de San Vicente, que le sirvió de un alivio a su penosa existencia. También Luis Felipe de Orleans enseñó Geografía y las Matemáticas en Reichenon, hallándose emigrado en Suiza el año de 1793".[120]

Mientras Herrera discurriría entre la risa inocente de los niños y las hondas preocupaciones que a su edad avanzada suelen llenar la mente de los hombres, en Honduras q' era gobernada por el Lic. Juan Lindo que, valga decirlo, como mandatario fue muy superior a como había sido en los juegos políticos, las cosas no andaban muy bien ni para el General don Francisco Ferrera ni para el General don Santos Guardiola; el primero, implacable enemigo de la federación; el segundo, devastador inmisericorde de vidas y haciendas. La agilidad política de Lindo, su talento a todas luces superior y su principio de "aquí Yo soy el Rey", hicieron declinar cuando aún estaba en el cenit, la estrella del "Mulato de Hierro" como llamó Ramón Rosa a Ferrera, a la vez que hizo comprender a Guardiola que el clima hondureño había cambiado mucho y no sentaba bien a su salud. Lejos estaba Herrera de saber que el talento político de Lindo que él ya había medido en toda su extensión, había vencido la soberbia de aquellos aguerridos militares y, un día del año de 1848 cuando cerraba las puertas de su escuela, fue informado de que habían llegado emigrados a El Salvador los Generales don Francisco Ferrera y don José Santos Guardiola, ambos encarnizados enemigos políticos suyos.

Le fue explicado luego al anciano maestro que un levantamiento militar instigado por el propio Lindo el 21cie noviembre de aquel año en Tegucigalpa a cuya cabeza figuraba Guardiola, dio motivo para

---

[120] Cevallos, José Antonio. Recuerdos Salvadoreños.

perseguir a Ferrera y a su cofrade don Coronado Chávez, ambos ex—Presidentes del Estado y, finalmente, al mismo Guardiola cabecilla de la revuelta.

Cómo debe haber rememorado Herrera los instantes de angustia que aquellos tres pro—hombres de la política hondureña le hicieron vivir. Era, a buen seguro una nueva lección que, en los últimos años de su vida, recibía ya no para tenerla presente, sino más bien para enseñarla a quienes más adelante habrían de bregar por el ziczagueante camino de la política.

Debe haber entendido muy bien don Dionisio que así como él pudo dominar el impulso de los hombres embravecidos en la lucha fraticida utilizando medios de eficaz perdón y olvido, Lindo desarmó la violencia encarnada en aquellos generales a fuerza de astucia, valido de la impreparación de sus oponentes.

Y he aquí que en el suelo hospitalario de Cuscatlán se refugiaban ahora tres—exmandatarios hondureños: Herrera, Chávez y Ferrera. Este último había dicho una vez: "Sé que los que se separan de la política en que han hecho un papel notable, al fin son víctimas de la misma política... Lindo nos teme y no nos quiere; no respeta la ley y la falsea a su arbitrario para acomodarla a sus miras políticas: él nos desterrará, si, bien lo comprendo, pero al menos no nos hará morir".[121]

¿Y qué Ferrera mismo no irrespetó la ley? ¿No la falseó en acomodo de sus personales intereses? no había sacrificado a Joaquín Rivera fusilándolo porque defendía un ideal? Cómo son los caprichos de la política que muchos insensatos creen que es la inagotable fuente de bienestar y de grandeza, cuando en verdad solo sirve, en la mayoría de los casos, para tornar soberbios a los tontos y para dar oportunidades a los ladrones.

---

[121] Cruz, Francisco. Datos Biográficos del Ex—Presidente General don Francisco Ferrera. Tegucigalpa, 1878.

Iglesia El Rosario, en 1897, Catedral de San Salvador, en donde reposan los restos del Prócer Dionisio de Herrera.

Herrera se traslada a San Salvador.
Su enfermedad; su Testamento y
su muerte. Consideraciones.

A fines de 1849 Herrera dispuso trasladarse a San Salvador con su familia para proseguir en la capital del Estado su apostólica obra educativa; su decisión causó honda pesadumbre en la sociedad vicentina cuya juventud estaba formándose bajo la vigilante mirada del humilde maestro a quien la vida le había dado la mejor preparación para forjar el alma limpia de los futuros ciudadanos. Pero estaba decidido el traslado y listo el nuevo destino que iba a desempeñar.

Pocos meses sirvió en otra modesta escuela de barrio; la constante decepción, el decaimiento de su esperanza y de su espíritu, la fatiga de los años intensamente vividos, concluyeron por minar profundamente la salud del Prócer que, por otra parte no había sido muy rebosante salud ni aún en sus años de juventud.

"Dos semanas antes de su muerte —escribe el Lic. Juan B. Valladares R.—encontrándose enfermo en San Salvador el 30 de mayo de 1850, a la edad de sesenta y ocho años cumplidos, Herrera dispone de sus bienes..."[122]. Y, en efecto, ante el Escribano Público Juan Sanabria dicta las cláusulas de aquel documento interesante que, por creerlo digno del conocimiento público paso a transcribir íntegramente:

"En nombre de Dios todo Poderoso. Amén. Notorio sea a los que la presente carta de mi testamento vieren, como yo Dionisio de Herrera, hijo legítimo de don Jacinto Herrera y Paula Valle, natural de Honduras, estando enfermo de accidente que Dios Nuestro Señor se ha servido darme, por su infinita misericordia en mi entero y cabal juicio, memoria y entendimiento natural, creyendo como firmemente creo en el alto misterio de la Santísima Trinidad, en cuya fe y creencia he vivido y protesto vivir y morir: temeroso de la muerte como natural

---

[122] Valladares R., Lic. Juan B. Nacimiento, Matrimonio y Muerte de don Dionisio de Herrera. Revista Rotaria, Tegucigalpa,1950.

y su hora incierta, he determinado hacer esta mi disposición para declarar en ella los descargos de mi conciencia y para su mejor acierto invoco por mi intercesora y Abogada a María Santísima, Madre de Dios y Señora Nuestra, a su castísimo esposo Señor San José; el Santo Ángel de mi Guardia y de mi nombre y a todos los demás de la Corte del Cielo, con cuyos divinos auxilios los establezco en la forma siguiente:

Primeramente, encomiendo mi alma a Dios, que la crió y la redimió con el infinito precio de su sangre, y el cuerpo a la tierra de que fui formado, el cual hecho cadáver es mi voluntad sea amortajado con hábito de nuestro Padre San Francisco y Sepultado en el Panteón de esta Capital lo más humilde que se pueda.

Segundo. —Ytem declaro: que soy casado y velado en facie eclecie, en primeras nupcias con la Señorita Micaela Quezada, en cuyo matrimonio hemos tenido nueve hijos llamados, Julián, María, Manuela, José Dionisio, Mariano, Esteban, Miguel, José María, Dolores y José Antonio y el mayor de edad murió intestado.

Tercero. —Ytem declaro: que cuando contraje el expresado matrimonio aporté a él ocho mil pesos en dinero, efectos mercantiles y plata copela, y mi esposa diez onzas de oro acuñado que le dí en barras y cuatrocientos pesos de moneda de cobre que le tocaron de la herencia de una casa.

Cuarto. —Ytem declaro: que durante la sociedad conyugal adquirí las haciendas "Hato Nuevo" y "El Guayabo" por vía de compra en el Estado de Honduras, pero fueron destruidas en las revoluciones; y mi citada esposa nada ha adquirido.

Quinto. —Ytem declaro: que actualmente poseo por mis bienes la mitad de las tierras de la hacienda "Pavana", compuesta de diez y siete y media caballerías de medida muy antigua, las cuales heredé de mi finada madre Paula Valle.

Sexto. —Ytem declaro: que el Gobierno de Honduras me es en deber cantidades considerables, y suplico a mis albaceas liquiden este crédito y lo que alcance a mi favor, lo agreguen al cúmulo de mis bienes.

Séptimo. —Ytem declaro: que la testamentaria del finado Ramón Vijil me es en deber más de mil pesos, mando a mis albaceas los cobran y se agreguen a mis bienes; y aunque don Ramón Vijil quedó de pagármelos por mí, ignoro si lo verificó y suplico se tenga presente.

Octavo. —Ytem declaro: que, cobrado, lo que alcance en mi favor de lo que el Gobierno de Honduras me es en deber, se entreguen al Gobierno Nacional cuando se instale para sus primeras erogaciones Mil Doscientos pesos pues es así mi voluntad.

Noveno. —Ytem declaro: que lego al colegio de esta capital en beneficio de la instrucción pública tres pesos.

Diez. —Ytem declaro: que he tenido cuentas con ml hermano Próspero e ignoro cuanto le debo, mando se pague éste y pase por lo que él diga.

Once. —Ytem declaro: que nombro por únicos y universales herederos a mis expresados hijos para que tan luego que yo fallezca, los haya y gocen con la bendición de Dios y la mía.

Doce. —Y para cumplir este mi testamento y todo lo que en él ha contenido, nombro por mi única albacea a mi citada esposa Micaela Quezada, para que después de mi fallecimiento entre en posesión de mis bienes y los administre todo el tiempo que fuere necesario, pues yo le prorrogo el que necesite, aunque haya pasado el año fatal.

Trece. —Y por el presente revoco y anulo todos los testamentos y demás disposiciones testamentales, que antes de éste haya hecho, por escrito, de palabras o en otra forma para que no valga por mi testamento o en la forma que más hay lugar en derecho, es este que ahora otorgo y que en contesto se cumpla en todas sus partes. Y yo, el Escribano que presencie soy, doy fe de conocer al otorgante y de que está en su entero y sano juicio según contesta... y dispone, y de que así lo digo, otorgo y firmo a presencia de los testigos señores Licenciados Victoriano Rodríguez, Manuel Muñoz y el General Domingo Asturias, vecinos y presentes, doy fe. En este estado, añadió: que dejaba a su hija Micaela Manuela, un crucifijo con la mesa y flores que hay en ella o le pertenezca a dicha imagen, en remuneración de sus servicios en su actual enfermedad. San Salvador, mayo 30 de 1850. Dionisio de Herrera. Victoriano Rodríguez; Manuel

Muñoz; Domingo Asturias. Ante mí, Juan Sanabria. Así está en mi Protocolo".[123]

La serena majestad de la muerte que estaba próxima, vino a confirmar al fin, que Herrera no había sido en los años de su vida combativa el hereje que pintaban sus encarnizados enemigos: en propia confesión afirma que cree en "el alto misterio de la Santísima Trinidad en cuya fe y creencia he vivido y protesto vivir y morir"; pone como su abogada en hora tan solemne "a Santísima, Madre de Dios y Señora Nuestra" al Santo Ángel de la Guardia y pide, en un acto de impresionante humildad, que se lo entierre sin pompa en el panteón de la ciudad vistiendo el hábito de Nuestro Padre San Francisco.

Un hereje o un renegado habría echado en olvido estas invocaciones; se habría conformado con que se encabezara el documento testamentario con las palabras de obligado rigor: "En el nombre de Dios todopoderoso, Amén", pero no habría declarado su fe cristiana, su práctica católica, distinta quizá en su forma ya que no en su esencia, a la de quienes en nombre de aquella fe y do aquella religiosidad, habían cometido las más graves faltas contra Cristo y contra su Iglesia.

Agravado el mal, la familia requirió los auxilios espirituales para el ilustre enfermo y fue el Ilustrísimo Señor Don Tomás Miguel Pineda y Saldaña, Obispo in partibus de Antígona y Gobernador del Obispado de San Salvador quien rezó con él las postreras oraciones después de lo cual exhaló el último suspiro aquel preclaro hondureño el 15 de junio de 1850. Ese día las campanas de los templos tañeron con honda tristeza y en el cielo límpido de Centro América, una cinta de blancas nubes, a semejanza de las palmas mortuorias apareció radiante bajo el dombo azul para cubrir el féretro como lo hubiese cubierto el pabellón de la patria despedazada.

El Testamento de Dionisio de Herrera contiene algunas cláusulas dignas de comentarse: en la cláusula novena, lega tres pesos al colegio

---

[123] Copia manuscrita suministrada gentilmente por la Srita. María Antonia Echeverría, procedente del Archivo de su Señor Padre, Dr. Antonio R. Vallejo.

de la capital salvadoreña "en beneficio de la instrucción pública". Bien poca cosa, dirán los escépticos. Pero la enseñanza es muy elocuente: "Esos tres humildes pesos blancos —escribe el Lic. Julián R. Cáceres— están diciendo a las claras que las patrias se forman y engrandecen por el sucesivo y continuado esfuerzo de sus hijos; que la obra del progreso social debe ser obra de todos; de los que fueron y de los que son, nunca interrumpida y como encadenada a las iniciativas laudables, a los impulsos magníficos que nuestros antecesores hayan verificado en pro de la comunidad. Esos tres silenciosos pesos significan, fuera de la belleza moral del desprendimiento que los dio; que uno, antes que todo, se debe a la patria; se debe a los demás; que algo de lo que tomó en forma de conocimiento, de medios de subsistencia; de garantía social, de aptitud, del acervo común, debe devolverse a ese mismo haber de todos, por el que viven y subsisten los conglomerados políticos".[124]

En la cláusula sexta declara que el Gobierno de Honduras le adeuda cantidades considerables; estas sumas de dinero procedían de sueldos no cobrados durante su gestión pública en distintas ocasiones, de préstamos hechos al Erario Público para ayudarle a salir de dificultades económicas y, posiblemente de reclamaciones contra el Estado por la destrucción de sus propiedades. Que diferencia tan grande entre los hombres de ayer como Herrera, que dejaban los altos cargos estatales en la miseria y los hombres de hoy, que en puestos de ínfima categoría se enriquecen y se vanaglorian de sus robos y sinvergüenzadas. Con cuanta justicia el Dr. Cevallos[125] expresa: "aquel afortunado repúblico, bajó al sepulcro sin manchar su reputación con los medros tentadores del Poder Supremo, ejercido por el ex—Jefe de los Estados de Centro América".

En la cláusula octava, ordena "que se entreguen al Gobierno Nacional cuando se instale para sus primeras erogaciones Mil Doscientos pesos, pues es así mi voluntad". Cercana estaba la muerte y sin embargo Dionisio de Herrera tenía puesto el pensamiento en la

---

[124] Cáceres, Lic. Julián R. Los Tres Pesos de Don Dionisio. Vida y Escritos de Don Dionisio de Herrera, Pág. 140. Folleto editado por la Sociedad de Geografía e Historia de Honduras. Tegucigalpa, Junio 13 de 1950.
[125] Cevallos, Dr. José Antonio. Obr. Cit.

Patria; la patria destrozada por cuya felicidad había luchado; la patria esclavizada a las pasiones individualistas que esperaba algún día redimirse y que Herrera soñaba reconstruida, esplendorosa, fuerte y le dejaba al Gobierno para sus primeros gastos aquella suma de por si crecida sin imaginarse que a estas horas, a largos ciento nueve años de su legado, los políticos tendrían más dividida la nación habrían hecho imposible el retorno a la unidad muy a pesar del optimismo que traspiran algunos ilusos cuando se empeñan en predicar la Unión; muy a pesar de todas las propagandas y de todas las teorías y promesas, porque lo cierto, lo indudable es que a cada paso dado, se acelera el ritmo hacia un distanciamiento inevitable, definitivo.

Nosotros los hondureños somos tan unionistas como lo fue Herrera; deseamos sinceramente la reconstrucción de la Patria Grande sobre bases estables de perfecta equidad, pero debemos tener presente que en todos los esfuerzos realizados. para llevar a término el Gran Ideal, hemos sido las víctimas de nuestra ciega confianza y de nuestra sinceridad. Jamás hemos sido unionistas por cálculo, pero siempre hemos salido en el potro de las solapadas burlas de nuestros hermanos queridos que, al fomentar en el alma hondureña la supervivencia de esa llama patriótica, lo han hecho con cálculo, con cínico cálculo para ver que se puede hacer con los despojos de dos millones de cándidos que todavía creemos "en los milagros".

Es evidente que los hondureños no hemos aprendido con los golpes recibidos; no hemos despertado del sonambulismo en que nos han sumido los cantos falaces y las promesas tentadoras de quienes pretenden aniquilarnos y reducirnos a la mínima expresión tanto en lo tocante al territorio nacional como en lo económico, político, etc. Despertamos a la realidad; seamos prácticos. Reverenciemos la idea unionista como una idea, como una herencia sagrada que nos legara Morazán, como un ideal que acarició Dionisio de Herrera y quisieron realizar después Trinidad Cabañas, Joaquín Rivera y Juan Lindo, pero no pasemos de eso: reverenciar el ideal.

Hasta tanto nuestros futuros consocios en la empre.sa no se comporten como deben; hasta tanto no se repitan los hechos de Cruta y Mocorón; hasta tanto no se dilucide a la luz de los derechos y de la justicia nuestro amojonamiento fronterizo con El Salvador, los hondureños debemos permanecer expectantes y dejarnos de vocinglerías melosas que pueden conducirnos al poste de los sacrificios. Y esto lo digo como un homenaje a Dionisio de Herrera, esforzado paladín de la unidad nacional y lo repito como unionista sincero, pero primariamente, hondureño por los cuatro costados.

Primero es Honduras. A este respecto debemos tener presentes las palabras de Herrera: "No hay sacrificio que yo no esté dispuesto a hacer para evitar un mal a los pueblos de Honduras... lo primero que debe tratarse es la justicia de nuestra Independencia y la obligación que todos tenemos de defenderla del modo que la ley nos llame..."

—XXXI—

El calvario de los restos
de Dionisio de Herrera. Su tumba.
Algunos juicios sobre el Prócer.

El día en que concluía el novenario que en sufragio del alma de Dionisio de Herrera se rezaba en su casa de San Salvador, falleció su inconsolable esposa Doña Micaela Quezada. Sus restos fueron sepultados junto a los de su compañero amado, en el Cementerio de aquella capital.

En aquel sitio sagrado, deberían reposar eternamente quienes en vida habían formado un hogar modelo, pero he aquí que una de sus nietas, Doña Nelita Aplícano Herrera v. de Sequeira a quien conozco bastante bien, con ocasión de conmemorarse el Primer Centenario de la muerte del Prócer, escribió una carta a la señorita María Trinidad del Cid, en la cual se contienen estos conceptos: "Al morir mi madre por 1896, mi padre don Ezequiel Aplícano que era coronel, me hizo entrega de una cajita de madera conteniendo los restos mortales de don Dionisio de Herrera que fueron enterrados en el ataúd que conducía los de la autora de mis días".

Esto hace pensar que la familia de Herrera había exhumado sus restos quizá con la intención de traerlos a Honduras o de sepultarlos en un lugar más apropiado a la categoría de aquel ilustre patriota, lo que confirman los siguientes renglones:

"A raíz de un movimiento unionista, yo desenterré esos restos, en la esperanza de que el gobierno de Honduras quisiera repatriarlos, pues por intermedio de Augusto C. Coello me los habían solicitado. Después hice entrega de dichos restos al Padre Moreno de la iglesia de San Francisco y mucho tiempo después, a iniciativa de éste, los entregué al padre Prior del Convento de Santo Domingo, Fray Manuel Diez, quien los inhumó en la iglesia del Rosario, previa autorización de Monseñor Belloso y Sánchez".

275

Por su parte, el Dr. Jorge Lardé y Larín[126] da a conocer el relato que le hiciera el Prior de los dominicos Fray Manuel Diez Toscón, en la forma que sigue:

"El año de 1927 y 28 haciendo unas reformas en la iglesia del Rosario se me presentó una señora pidiéndome que le hiciera el favor de colocar unos restos (huesos humanos) que ella guardaba en una cajita de hierro o de latón fuerte, la que tenía en su casa. Esta señora vivía en Santa Ana, N. A. de Sequeira. Que aquellos huesos —los vi con mis ojos— eran de sus difuntos padres Dionisio de Herrera. Presidente de El Salvador, Honduras y Nicaragua. Murió 1850, y de otra persona Dolores Herrera de Aplícano. Murió 1896. Estos restos están en la Capilla que hoy se dice de la Inmaculada. Y sobre ellos hay una lápida de mármol, que la señora mandó colocar".

Esta lápida es sencilla. Su leyenda reza:

DIONISIO HERRERA
E.P.D.
FUE PRESIDENTE DE HONDURAS
EL SALVADOR Y NICARAGUA. —1850

Como se ve, a los setenta y siete años de su muerte los restos del Prócer Dionisio de Herrera encontraron la paz del sepulcro: con la esperanza de que Honduras trajera al seno de su tierra fecunda y generosa los despojos de aquel hijo ilustre, una de sus nietas, la Señora de Se quiera los exhumó de su primera tumba conservándolos en su propia casa. Pero los hondureños y sus gobernantes no estaban para glorificar al Prócer; ellos estaban haciéndose la guerra, destruyéndose, sembrando odios y pisoteando la ley; ¿cómo iban a enaltecer la figura de Herrera que fue el campeón de la legalidad? ¿Cómo iban a honrar los restos de Herrera si había sido el insigne Pacificador? ¿Cómo iban a traerlo al país y con qué cara, si ellos sembraban odios y destruían propiedades y Herrera había sido indulgente viendo en sus adversarios solamente a hermanos

---

[126] Lardé y Larín, Dr. Jorge. La Muerte de don Dionisio de Herrera. Folleto de la Sociedad de Geografía e Historia de Honduras, Págs. 84-87. Tegucigalpa, 1950.

extraviados? No. Aquella repatriación habría significado un reproche y decidieron que los despojos mortales de los hondureños ilustres continuaran diseminados por Centro América recibiendo el calor de otras tierras y la reverencia de otros hombres.

Pero ahora, cuando quizá hemos dado un cuarto de conversión hacia un pasado obscuro, cuando la tolerancia ha comenzado a penetrar nuestras conciencias, cuando tal vez empezamos a sentirnos aguijoneados por los remordimientos viendo la postración en que nuestros extravíos ha sumido a la Patria, vale mucho recordar algunos juicios que sobre el Prócer Dionisio de Herrera han emitido distinguidos historiadores y hombres de letras.

"El ciudadano Dionisio Errera (sic), ex—jefe de Honduras, ha sido electo jefe del Estado de Nicaragua, y ha entrado en funciones. Su imparcialidad y neutralidad con respecto a los diversos partidos que anteriormente han perturbado aquel Estado infortunado, unidas a sus habilidades y carácter distinguido, le han capacitado para restaurar la tranquilidad perfecta en toda Nicaragua, y ha establecido el orden, la libertad, la tranquilidad y la felicidad en Centro América, esta región favorecida del globo". Juan Galindo, irlandés[127].

"Herrera había sido el oráculo de los patriotas. En medio de la enfermedad y la pobreza, su espíritu se reanimaba en los conflictos públicos. Sus consejos eran entonces de una sabia prudencia, pero sus planes eran siempre de decisión y energía. Su alma era reservada, fuerte y llena de recursos para los negocios públicos; era dulce, sociable, animada y diáfana para sus amigos... Aún permanecía en la tierra de los libres este veterano de la libertad, este gran recuerdo de las primitivas glorias del país y de los primeros vuelos del patriotismo: esta venerable columna del espíritu público. Ya desapareció". José Francisco Barrundia, Ex—Presidente de Centro América.[128]

---

[127] Galindo, Juan. Informe Confidencial para el Secretario de Estado de Estados Unidos. En Bibliografía de Dionisio de Herrera, por Rafael Heliodoro Valle.

128 Barrundia, José Francisco. Necrología en honor a Dionisio de Herrera. El Progreso, periódico salvadoreño.

"Herrera, hombre de elevada inteligencia, fue tolerante con el derecho de insurrección, y sólo miró en los revolucionarios a hermanos extraviados, a quienes debía atraerse por el convencimiento. Perteneció a una familia distinguida de Honduras, y gozó de una fortuna opulenta. La persecución y la desgracia que sufrió durante las primeras convulsiones de Centro América, se agravaron sobre su persona, viendo desaparecer por la devastación, sus bienes y sus ricas haciendas". —José Dolores Gámez.[129]

"Don Dionisio de Herrera es una de las más puras glorias de Centro América, y su recuerdo debe perpetuarse, no en la blancura del mármol ni en la sonoridad del bronce, sino en la conciencia cívica de la centroamericanidad, porque con sus hechos, afanes y pasiones agitó la historia de estos pueblos en épocas de violentas convulsiones sociales, políticas y económicas, y fue caballero Bayardo de una democracia herida". Jorge Lardé y Larín.[130] Historiador Salvadoreño.

"Dionisio de Herrera es sol de libertad, gonfalón de victoria y resplandor revolucionario en las luchas sociales en pro del bienestar de la nación hondureña. Conciliación y progreso es su consigna, respeto a la ley es su divisa; probidad y desinterés patriótico, su credo; instrucción y bienestar de los pueblos, su gran anhelo, la unión de Centroamérica, su magno ideal". —Ernesto Alvarado García[131]. Historiador Hondureño.

"Entre todos los personajes de nuestra historia, hay uno fuera de la comparación y el paralelismo. Está por sobre todos los demás representativos de Centroamérica; es una montaña cuyo nivel moral sobrepasa a la totalidad de los hombres. Herrera aparece como un gigante entre seres de mediana estatura. El escenario en que se agita es demasiado estrecho para la batalla que va a librar;... Herrera era el más sano de aquellos idealistas. Entre ellos y él hay más de un ancho foso que los separa. El concepto del deber nadie lo tuvo tan definido como este hombre escapado de algunas de las páginas de Plutarco. El Pacificador del Estado de Nicaragua fue prócer y maestro, pero sobre

---

[129] Gámez, José Dolores. Obr. Cit., Págs. 432—435.
[130] Lardé y Larín, Dr. Jorge. Obr. Cit.
[131] Alvarado García, Ernesto. Presencia Espiritual de Dionisio Herrera. Folleto de la Sociedad de Geografía e Historia de Honduras.

todo patriota más que ciudadano; supo de los sacrificios en mayor escala que de las prerrogativas; en su interior, la moral de Catón vencía a la liviandad de César" Roberto Barrios.[132] Escritor salvadoreño.

"Los desafectos al Jefe del Estado, agotaron entonces sus recursos para conmover a los pueblos, y las poblaciones de Managua, Masaya, Metapa, Matagalpa, Chocoyos, Nandaime, San Jorge y todo el Departamento de Nicaragua, en el Estado del mismo nombre, dieron el grito de insurrección. Al frente del movimiento se hallaba un eclesiástico en combinación con otros muchos. Cualquiera otra persona que no hubiera tenido la calma y la experiencia de don Dionisio Herrera, se habría anonadado Herrera vio la insurrección con serenidad y con valor, y se propuso conjurarla por medios suaves". Lorenzo Montúfar. —[133] Historiador Guatemalteco.

"Herrera pasó por el escenario en que le tocó actuar, sin hacer ostentación de su talento, sin rebasar el contenido de las palabras ni aparecer con ellas en el ágora reclamando el aplauso. Por su probidad, que tuvo culminación en las postrimerías de su existencia, casi en abandono, sumido en cruel melancolía, merece el amor de los que supo llamar "los hijos de sus hijos". Su clarividencia le incorporó al grupo heroico de los que trabajan con el duro material de las ideas para hacerlas marchar al unísono con ese mundo nuevo en que se mezclan júbilo y llanto, sangre y amor". —Rafael Heliodoro Valle.[134] Polígrafo e historiador hondureño.

"Todo el Estado reconoció en don Dionisio al legítimo gobernante, cuya dirección no solamente hizo posible el progreso de la agricultura y el comercio, sino también en la conciliación de todos los intereses inherentes a la familia centroamericana... Sus últimos días estuvieron aureolados por la luz de la enseñanza, la que esparció en una humilde escuela de San Salvador. Murió don Dionisio, como

---

[132] Barrios, Roberto. Dionisio de Herrera. Boletín Cultural de la Oficina Hondureña de Cooperación Intelectual, N° 14. Junio 15 de 1950. Tegucigalpa.
[133] Montúfar, Dr. Lorenzo. Obr. Cit.
[134] Valle, Dr. Rafael Heliodoro. Dionisio de Herrera.

Bernal Díaz del Castillo: "Con harta honra y copiosas necesidades".
— Alberto Medina.[135] Historiador Nicaragüense.

"En Agosto del mismo año (1833) la Asamblea le dio un voto de confianza y aprobó la conducta del Jefe de Estado Don Dionisio de Herrera quien por sus virtudes cívicas de grande hombre, dió amnistía general, perdonó como hermanos a los revolucionarios y no como a vencidos, les inspiró confianza y destacó su radiante personalidad política y social tan importante de gratos recuerdos para Nicaragua, porque supo enderezar la proa de profundas y encontradas pasiones". —Sara L. Barquero.[136] Escritora nicaragüense.

"El Prócer era el organizador. Era el hombre de los conocimientos concretos sobre los problemas de su país. Era el talento que sistematizaba los conocimientos y los organizaba para ponerlos al servicio de la patria. Por ello, los iluminados de la nación y del pensamiento en Centroamérica, lo han llamado el Prócer Herrera porque como los varones que encarnan el alma de las grandes épocas, don Dionisio encarnó el alma de Honduras y quiso hacer perdurables en su tierra las ideas recogidas en el diálogo que había entablado con los mejores pensado res de la historia". —Céleo Murillo Soto.[137] Poeta y escritor hondureño.

"Herrera, a quien el historiador Salvatierra califica como uno de los mejores hombres con que contaba Centroamérica en aquellos días, era de una familia verdaderamente privilegiada. Pertenecía, pues, a uno de esos troncos familiares realmente selectos, que se formaron en los días de la colonia en disciplinas rigurosas de rectitud y de sentido del deber y que dieron a Costa Rica ciudadanos como Juan Mora Fernández, quien como maestro que fue y como hombre conciliador y bondadoso tiene más de una analogía con don Dionisio. Ellos simbolizaron, en momentos convulsivos y difíciles, los principios

---

[135] Medina, Alberto. Efemérides Nicaragüenses. Págs. 239 a 242. Managua, 1945.

[136] Barquero, Sara L. Gobernantes de Nicaragua, 2ª Edición.

[137] Murillo Soto, Lic. Céleo. Discurso en homenaje al Prócer Dionisio de Herrera. Tegucigalpa, 1950.

vivos del derecho y de la existencia cívica que se coordina bajo los imperativos de la Ley de la armonía". —Teodoro Picado.[138]

Ex—presidente de Costa Rica, Abogado y escritor.

"Fue Dionisio de Herrera el primer Jefe del Estado de Honduras; y, con la misma austeridad y nobleza con que arribó al solio presidencial subió también a los humildes bancos de una escuela. El, que había sido mentor de Morazán; que había arengado y dirigido multitudes, bien pudo en una hora de suprema diafanidad espiritual decir, como el Divino Maestro, que dejaran llegar los niños a él; y así después de destrozado el ideal de la Federación, de que fue uno de los más fervientes sostenedores, cuando ya la inevitable escarcha de la vida se cuajaba en sus cabellos, pero el alma se encendía en el propio fulgor de la conciencia, lo vemos dedicarse, no como el cónsul romano a cultivar la tierra, que es pródiga y fecunda, sino a esclarecer espíritus e iluminar corazones, que como humanos, son a veces ingratos y estériles para las prédicas del bien".—Julián R. Cáceres. [139]
Escritor y Diplomático hondureño.

"Siempre era el Prócer que, a pesar de la miseria en que se encontraba, rodeado de tantos sinsabores y dolores materiales, pensaba intensamente en el resurgimiento de la nacionalidad Centroamericana, lo mismo que—en la enseñanza pública del pueblo, como un medio eficaz para su liberación y su grandeza, y con tales ensoñaciones de patriotismo y de honradez, falleció en la ciudad de San Salvador, el día 13 de junio de 1850, a los sesenta y siete años de edad...". —Justo Pérez. [140] Poeta e historiador hondureño.

"El hombre que había descollado en la política, prestando a los Estados Centroamericanos grandes servicios; el Prócer de la libertad y del derecho; el que rigiera el destino de los pueblos y estableciera la ley y la justicia, había de actuar también en el ancho y fecundo

---

[138] Picado, Lic. Teodoro. El Centenario de don Dionisio de Herrera. Folleto citado.

[139] Cáceres, Lic. Julián R. Los Tres Pesos de Don Dionisio. Folleto citado.

[140] Pérez, Justo. Centenario de la muerte del Prócer Don Dionisio de Herrera. Folleto citado.

campo de la educación, porque era inevitable que se cumpliese en él, el dictado de que "el maestro es el primer servidor de la Patria". —Martín Alvarado R.[141] Maestro e historiador hondureño.

"Si quisiéramos aplicar estos conceptos a la vida gloriosa de Herrera, porque antes que todo era un pensador con alma de religioso, que quiso hacer a los hombres la mayor suma de bienes y el menor daño, digamos que era un filósofo que intentó hallar la unión entre la tierra y los cielos, aún sabiendo que la vida es tan corta. Sin embargo, cuando la vida se consagra a las faenas del pensamiento, se prolonga más allá de la muerte porque el pensamiento expresado se hace substancia del pueblo que lo vive y completa o renueva. Los que vivieron una intensa ocupación de trabajar con las ideas quedan perdurablemente en los hombres que les siguen, como la esencia de la vida del espíritu". —Eufemiano Claros V. [142] Maestro e historiador hondureño.

"Fue maestro del grupo de los Sarmiento, Alberdi, Luz y Caballero, Sierra, Rodó y de otros grandes maestros dé esta América nuestra. Como ellos sintió los anhelos de transformar el orden social, pero también comprendió que necesitaba empezar su labor por enseñar al niño, adiestrar a la juventud y transformar al hombre". María Trinidad del Cid. [143] —Escritora y educadora hondureña.

---

[141] Alvarado, R. Prof. Martín. Dionisio de Herrera, Maestro.

[142] Claros V., Lic. Eufemiano. Discurso en Memoria de Dionisio de Herrera. Tegucigalpa, Junio 13—1950.

[143] Del Cid, Profa. María Trinidad. Elogio a Don Dionisio de Herrera como Educador. Discurso. Junio 13—1950.

—XXXII—

Homenajes en memoria de Herrera
en el Primer Centenario de su muerte.
Consideraciones finales.

Después de Marco Aurelio Soto los gobernantes hondureños han sido indiferentes ante el recuerdo de nuestros Próceres y remisos a la glorificación de los valores nacionales que representan el caudal en que puede inspirarse nuestro patriotismo y el patrimonio histórico del pueblo hondureño.

A Dionisio de Herrera no se le ha dado a conocer como merecen sus altos méritos de prócer de nuestra Independencia, como organizador del Estado, como jurista y como legislador. Se le ha visto con cierta apatía: para él nuestros poetas han regateado las Odas que con entusiasmo escribieran en honor de algunas mediocridades políticas; nuestros historiadores se han limitado a trascribir parrafadas tomadas de autores de otras latitudes y, cuando se han referido a Herrera, no vibra en sus renglones la devoción que un hombre de su talla merece; nuestros artistas han modelado en el barro y el bronce otras figuras que, si bien forman parte de nuestra esencia espiritual, no alcanzan la cumbre, exceptuando a Valle, Morazán, Reyes y Cabañas, en que aquel Prócer está colocado.

En 1915 el Gobierno del Dr. Francisco Bertrand que por medio de don Augusto C. Coello iniciara gestiones para la repatriación de los restos mortales del Patricio, preocupado por enaltecer y mantener el culto hacia nuestros grandes hombres, mandó construir en la ciudad capital un Jardín al que dio el nombre de Dionisio de Herrera en cuyo centro se erigió un busto de mármol del epónimo hondureño, con una sencilla pero elocuente leyenda: A Dionisio de Herrera. —La Patria.

Por el mismo tiempo la Corporación Municipal capitalina dio a una de las Escuelas Primarias para Niñas el nombre del Prócer, que mantuvo por muchos años, desapareciendo la vieja estructura al construirse en su lugar un magnífico edificio escolar al que se bautizó por el Consejo del Distrito Central con el nombre de uno de los países americanos con quien Honduras cultiva cordiales relaciones. Aquel paso impropio de un organismo obligado a velar por la permanencia de nuestro acervo espiritual, mereció del pueblo acres y justas censuras, porque el nombre de Dionisio de Herrera siempre ha formado parte del patrimonio patriótico de los hondureños pero, aunque los reclamos fueron vehementes los Concejales capitalinos ni quisieron dar explicaciones ni procedieron a reparar la ofensa, cosa extraña, ya que en aquel organismo figuraban hombres de letras y profesionales egresados de la Universidad.

Los años corrieron, y el 14 de febrero de 1950, próxima ya la fecha del Primer Centenario de la muerte de Herrera, el Congreso Nacional por Decreto No 6º, al disponer. la forma en que debería conmemorarse aquellas efemérides, ordenó entre otras cosas: "El Poder Ejecutivo dispondrá que se hagan al Prócer Herrera todos los honores que tenga a bien siendo el principal de ellos la designación con el nombre de Dionisio de Herrera a una de las escuelas públicas del Distrito Central, quedando facultado para erogar las cantidades que sean necesarias". Esta disposición dió oportunidad al Director Local de Educación Primaria para insinuar al Ministerio de Educación Pública que se diera el nombre de aquel ilustre ciudadano a la Escuela de Ensayo Nº 1 de reciente creación y, el Señor Ministro, complacido contestó: Esta Secretaría, tomando en cuenta la oportuna sugerencia de usted, ha dispuesto que a partir del 19 del mes de junio próximo, la Escuela de Ensayo Nº 1, se denominará Escuela de Ensayo Dionisio de Herrera".

A partir de aquel Decreto legislativo, nuestros hombres de letras iniciaron la investigación necesaria para esclarecer algunos detalles de la vida de Herrera que se mantenían en dudosa obscuridad: el acucioso Lic. Juan B. Valladares R., encontró en nuestros archivos la partida de Bautismo de aquel varón ilustre poniendo en claro que su cuna había sido la ciudad de Choluteca y no Tegucigalpa como se había venido admitiendo; se dio a luz el Testamento de Herrera y se estableció que su muerte había ocurrido en la ciudad de San Salvador y no en la de San Vicente como lo aseguraba su biógrafo Lic. Don Victoria no Rodríguez y entonces se supo también, por cartas familiares, que los restos de Herrera habían tenido un calvario hasta entonces ignorado reposando finalmente en la Iglesia de El Rosario de la capital salvadoreña.

Desde 1949 quien este trabajo escribe, se dedicó con empeño a investigar en nuestros archivos y en los que le fueron accesibles del resto de Centro América, los rasgos principales de la actuación pública de Dionisio de Herrera y la Ilustre y Benemérita Sociedad de Geografía e Historia de Honduras, recopiló en un interesante folleto intitulado "Vida y Escritos de Don Dionisio de Herrera", todo cuanto se había escrito hasta entonces alrededor de la vida de aquel gran centroamericano, parte de su correspondencia epistolar, sus Proclamas como Jefe del Estado, sus Peticiones a las Autoridades Superiores de Guatemala y el brillante Mensaje leído ante la Asamblea hondureña.

El Centenario de la muerte de Dionisio de Herrera constituyó un acontecimiento de relieve Centroamericano. En Honduras fue conmemorado en toda la extensión del territorio por las escuelas y centros culturales; los periódicos hondureños dedicaron la edición del 13 de junio a enaltecer la figura de aquel gran ciudadano y las estaciones radiodifusoras llevaron hasta el confín más lejano de la Patria, los programas culturales que en su honor habían preparado. El busto en mármol del insigne maestro y estadista fue cubierto de flores y las voces juveniles entonaron himnos de glorificación como muestra de eterno reconocimiento a sus virtudes cívicas y a su ejemplo de elevado patriotismo.

La Sociedad de Geografía e Historia de Honduras, la Universidad Nacional, la Asociación de Prensa Hondureña, la Federación de Maestros y las Asociaciones Femeninas Hondureñas se unieron para tributarle el homenaje de su admiración.

En El Salvador, su tumba fue coronada por la colonia hondureña, acto al que se unieron elementos de las esferas oficiales, intelectuales y sociales de aquel país hermano. El poeta y escritor Quino Caso, director de "Tribuna Libre" dedicó la edición de su periódico para ensalzar la figura del gran patricio.

En Costa Rica, la Embajada de Honduras hizo publicar importantes reseñas sobre la vida de Herrera y con el concurso de valiosos elementos de la intelectualidad y artistas josefinos, se transmitió un magnífico programa por medio de la estación radiofónica "La Voz del Trópico", cedida gentilmente por los hondureños hermanos Suárez Romero, propietarios de la empresa. La Academia Costarricense de la Historia, celebró una solemne sesión a la que concurrieron altas autoridades, Cuerpo Diplomático y elementos de la Universidad Autónoma, dictando en este acto una Conferencia el Secretario de la Embajada de Honduras Dr. José Reina Valenzuela, bajo el título de "Vigencia de Dionisio de Herrera".

En Washington, el Embajador de Honduras Dr. Rafael Heliodoro Valle en colaboración con el "Grupo de Historiadores de la América Latina" llevó a cabo un lúcido homenaje en el paraninfo de los Archivos Nacionales, participando en este acto destacadas personalidades de aquel país.

Como se ve, la posteridad ha hecho justicia al Prócer de nuestra Independencia porque, como escribiera el culto y recordado Doctor Julián López Pineda: "Don Dionisio de Herrera no fue solamente un político sin mácula y un maestro superbo. Fue también un gran patriota, un pensador, un erudito, un escritor, que dejara a la posteridad testimonios fehacientes de su brillante actuación y de su talento superior. Cuanto más tiempo pasa, la figura de don Dionisio se agiganta en la Historia, y de ella emanan resplandores de eternidad. Las virtudes cívicas del grande hombre, jamás superadas, son un ejemplo radioso, y en todo tiempo han de florecer en enseñanzas para la juventud. Su visión de estadista, su entereza de ciudadano, su hombría y su pureza han de resplandecer en las conciencias, invitando a los hondureños a la superación espiritual y al avance por los caminos amplios del honor, de la justicia y del bien".

Y, finalmente, repitamos con su biógrafo el Lic. don Victoriano Rodríguez, las palabras finales de su magnífica semblanza del Prócer:

"Los filósofos más sabios del gentilismo, Sócrates, Platón y Marco Tulio Cicerón enseñaban, que para los mortales que defendieron y ensalzaron a su patria hay cierto lugar separado en el Cielo; y nosotros, iluminados por la luz del Evangelio, no debemos con mayor razón pensar que el Eterno destina a aquel lugar de delicias a los beneméritos patriotas como Herrera? Así lo creemos firmemente".

VIDA DE DON DIONISIO DE HERRERA

DEDICATORIA

La Sociedad de Geografía e Historia de Honduras, tomando en cuenta los positivos méritos de don Dionisio de Herrera, entre los que puede contarse su ascendrado patriotismo, tiene la honra de dedicar las páginas de este folleto a su feliz memoria en esta fecha, centenario en que se recuerda su lamentable fallecimiento.

Tegucigalpa, D. C., 13 de junio de 1950.

CONMEMORACIÓN

El 13 de junio del corriente año se cumplió la primer centuria del fallecimiento de don Dionisio de Herrera, ilustre prócer hondureño que trabajó por la independencia de estos pueblos y que ha sido respetado y admirado por todos los que conocen la historia de su vida fecunda.

Nació en la vieja ciudad de Choluteca, situada en el soleado territorio del sur de la República de Honduras, reposando sus venerables restos en la Iglesia del Rosario de San Salvador.

Su infancia pasó tranquila a la sombra protectora del hogar y su pubertad y juventud igualmente tranquilas y felices las pasó dedicado al estudio y preparación intelectual que podían suministrarse en aquella época. Parte de esos estudios los hizo en la ciudad de Guatemala a donde sus padres lo enviaron con el objeto de ampliar sus conocimientos. Esto pasó en 1794.

Al llegar a la virilidad Herrera entró de lleno en la vida política dispuesto a cumplir sus deberes ciudadanos. Desempeñó varios puestos desde la humilde Secretaría Municipal de Tegucigalpa hasta la Jefatura más elevada del Estado de Honduras. Fue pacificador y Jefe del de Nicaragua y electo con este último carácter en El Salvador, se negó aceptar renunciando del cargo.

Sus enemigos, usurpando el augusto carácter de la Historia y convirtiéndose en jueces, han acusado a Herrera de dictador y de haber cometido algunos abusos y desmanes; pero se han olvidado que para emitir un juicio imparcial acerca de un personaje histórico hay que atender a las circunstancias que lo rodearon y a la época en que vivió. De los hombres es el errar, decían los romanos (hominum est errare). Al pesar o medir las acciones humanas hay que tomar en cuenta el número de las buenas y las malas y si predominan las primeras hay que calificar al hombre como bueno, señalando con indulgencia las malas y cuando no atenuarlas.

En 1826 Herrera se vio en la necesidad de luchar contra el poder religioso del Canónigo José Nicolás Irías que quería sobreponerse a la autoridad civil fundado en las creencias de la Edad Media, desarraigadas afortunadamente por los principios redentores modernos. Herrera triunfó en esta lucha.

En 1827 Manuel José Arce, Presidente de Centro América, que nunca entendió el mecanismo del Gobierno de la Federación, quiso someter a su capricho al Jefe Herrera y como éste le opusiera resistencia a cumplir órdenes sobre asuntos que le eran privativos, comisionó al Coronel graciano, José Justo Milla, para que con pretextos fútiles lo derrocara del poder, como efectivamente ocurrió, pues incendiada la ciudad de Comayagua Herrera fue puesto en prisión y enviado a Guatemala. En 1829 José Francisco Barrundia, Presidente entonces de Centro—América, lo puso en libertad y lo envió a pacificar Nicaragua en donde cumplió con buen éxito su importantísima misión.

A su regreso de El Salvador a Honduras desempeñó la vice— presidencia de la Asamblea Nacional, aquí reunida, que dictó la Constitución Política de 11 de enero de 1839. Herrera perseguido por sus gratuitos enemigos y sin medios de subsistencia por haber sido devastados sus cuantiosos bienes de fortuna, se vió precisado a emigrar a la ciudad de San Vicente, República de El Salvador, en donde desempeñó con éxito el humilde cargo de maestro de escuela. Bellamente dice el Dr. Gámez en su historia de Nicaragua: "Un día amaneció cerrada la escuela. El alma del maestro había volado a la eternidad y su nombre acababa de ser recogido por la historia ufana de adornar con él la brillante página que le reservaba".

Perdure en los siglos la grata memoria del prócer Dionisio de Herrera a quien sus conterráneos rinden en esta fecha el homenaje de su respeto y sincera admiración.

Esteban Guardiola C.

BIOGRAFÍA DE DON DIONISIO DE HERRERA

Memoria clarorum, vivorum, nulla unquam oblivione, delebitur aut obscurabitur.

Bajo el sistema de despotismo que el Gobierno español estableció en sus colonias americanas, la educación de la juventud estaba en la situación más lamentable. Las Universidades, que según el profundo Condillac tanto han retardado los progresos de las ciencias, sólo servían en América para enseñar quimeras despreciables. Formaba la lengua latina la base de los estudios, por la necesidad que de ella había para el estado eclesiástico, la jurisprudencia civil y canónica, y para el estudio de la medicina; únicas puertas que estaban abiertas al americano para obtener una mediana subsistencia, o merecer en la sociedad alguna consideración. De aquí resultaba que se llenaban las cabezas de los estudiantes de frases y versos escritos en una lengua muerta, y rara vez suficientemente entendida para apreciar su mérito, con mengua del cultivo y posesión del idioma patrio, de esta lengua tan rica, elegante y majestuosa, que se cuenta en el número de las pocas cosas buenas que debemos a los españoles.

Aprendíase también, bajo el nombre de Lógicas, a porfiar más bien que a raciocinar, a jugar con la razón más bien que a fortificarla. Cualquier hombre sensato que hubiese entrado en los antiguos claustros, sin estar advertido antes, habría juzgado por los gestos descompasados, el empeño y furor que se tomaba por el ergotismo ridículo, que se hallaba en medio de una multitud de locos o energúmenos. Habiéndose introducido el espíritu de partido en la Filosofía como en la Teología, se desatendía el provecho, sólo se buscaba la gloria estéril de un triunfo vano, inventando para conseguirlo, sutilezas y distinciones con que eludir la dificultad. El resultado A QUE SE RECARGABAN los cerebros de los discípulos, de antes de razón, de cualidades ocultas y otras mil ridiculeces, sólo propias para engendrar confusión y arrancar toda semilla de afición al estudio.

En vez de aquella Metafísica sublime que hace el análisis del espíritu humano y calcula su marcha, y en cuyos abismos penetró el profundo Loke con la antorcha de la verdad en la mano, aprendíase una Metafísica tenebrosa, en cuyos espacios se edificaban sistemas quiméricos y se aturdía la razón; lejos de ocuparse en enseñar a conocer al hombre, calcular sus facultades y móviles, propagábase el sistema de las ideas innatas. La Física, llena de formalidades, accidentes y cualidades, explicaba por estos medios los fenómenos más misteriosos de la naturaleza.

No entraban en aquel plan de estudios, las Matemáticas, ni el dibujo; un velo impenetrable cubría los idiomas extranjeros, la Química, la Historia de la naturaleza y la Ciencia social; una sombra oscura separaba a los americanos del conocimiento de su propio país, de nuestro sistema planetario y de la mecánica general del Universo; no tenía la menor idea de las relaciones que ligan al hombre en sociedad ni las sociedades entre sí. En suma, no se enseñaba nada de cuanto el hombre necesita saber; pudiendo decirse con verdad, que los jóvenes se volvían más ignorantes y necios en las aulas, porque en ellas no veían ni oían las cosas que más relación tienen con la vida en sociedad.

Empero los destellos de luz que en tanta copia despidieron Francia y los Estados Unidos de América, dieron una dirección más feliz a las ideas. A pesar y a despecho de la vigilancia del Gobierno español, penetraron en las colonias las producciones inmortales de algunos filósofos y desde entonces puede decirse que en Guatemala la juventud aplicada llegó a columbrar la luz.

Merecen esculpirse en letras de oro los nombres de aquellos varones ilustres que con sus esfuerzos contribuyeron a la benéfica obra de extender y reformar los estudios. En Guatemala Villaurrutia, Ramírez, Goycoechea y Cañas, abrieron escuelas de dibujo, hicieron adoptar nuevos cursos de Filosofía en la Universidad y plantearon otras reformas útiles.

Por aquella época estudiaba en Guatemala el joven hondurense don Dionisio de Herrera, quien se formó al lado de Goycoechea y de su pariente Valle; desde muy joven leía los filósofos y escritores franceses más profundos, por manera que cuando rayó en la antigua Capitanía general, la dulce aurora de la libertad, ya Herrera era un literato y un hombre de Estado, de pensamiento y acción.

Dotado de estas grandes cualidades, gozaba desde entonces del aura popular; así es que cuando en junio de 1823 se eligieron los individuos que debían componer el primer Poder Ejecutivo, muchos diputados distinguidos trabajaron en la Asamblea Nacional Constituyente para que Herrera fuese nombrado en vez de don Juan Vicente Villacorta, a quien era, con mucho superior en conocimientos; pero habiendo triunfado la mayoría en aquel Cuerpo deliberante, resultaron electos para desempeñar aquel alto destino, los señores doctor don Pedro Molina, don Juan Vicente Villacorta y el licenciado don Antonio Rivera Cabezas.

La Constituyente expidió el decreto de convocatoria de 5 de mayo de 1824, para que en todos los que debían ser Estados, se procediese a nombrar y reunir sus Congresos Constituyentes, los Jefes y Vicejefes, que debieran ejercer, conforme a las bases decretadas, el Poder Ejecutivo en cada Estado. En consecuencia, fue en Honduras el primer Jefe, el ciudadano Dionisio de Herrera, posesionado en septiembre de 1824, y Vicejefe el ciudadano Justo Milla.

En virtud del decreto mencionado, decretada después la Constitución federal de 21 de noviembre de 1824, procediose a elegir Presidente y Vicepresidente de la República, resultando el ciudadano Manuel José Arce, electo para la primera Suprema Magistratura.

Por el rompimiento de Arce con el partido liberal, este alto funcionario decretó el arresto del Jefe de Guatemala, ya asesinado el Vicejefe del mismo Estado, Cirilo Flores, en 13 de octubre de 1826, la Asamblea y Consejo representativo se disolvieron, y para reemplazarlos Arce convocó a elecciones, de cuya operación resultó electo Jefe del Estado, contra la opinión de Arce, don Mariano Aycinena.

Herrera en Honduras se oponía a las providencias que el Presidente dictaba, y por éste meditó los medios que debía emplear para deponer al Jefe. Aquel Estado no estaba pacífico; hubo tentativas de asesinar a este funcionario; y la Asamblea había declarado que Herrera no era Jefe sino provisional, dando por lo tanto un decreto de convocatoria a elecciones que Herrera desconoció, y continuaba en el mando. Al mismo tiempo estaba el Jefe en guerra declarada con el canónigo don Nicolás Irías, Gobernador del Obispado, y esta contienda influía en los pueblos, porque ambos tenían partido. El Provisor excomulgó al Jefe, y éste dictó órdenes para la prisión de aquél.

Entre tanto, algunos departamentos desconocían la autoridad de Herrera, y entre otros los de Gracias, donde estaban almacenados los tabacos de la Federación, en los que se decía tener el Jefe interés en apropiárselos. Con este motivo ostensible, esto es, para defender los intereses federales, situó el Presidente una fuerza en aquel departamento, a las órdenes del Coronel Justo Milla, quien se encaminaba a Comayagua, distante setenta leguas de Los Llanos. Esta marcha persuadió a Herrera de que la custodia de los tabacos era puramente un pretexto de Arce y que lo que en realidad pretendía éste, era derrocarlo. Para ponerse a cubierto de este peligro, destacó un piquete de cuarenta hombres a las órdenes del Teniente—coronel Alvarado, con instrucciones de que observase los movimientos de Milla. Llegó a Intibucá Alvarado distante treinta leguas de la villa de Santa Rosa, donde supo que aquel Jefe marchaba con toda su fuerza.

El Capitán Francisco Ferrera, que fue mandado con diez hombres, para observar los movimientos de la división federal, se encontró con ella en el pueblo de Yamaranguila, a distancia de dos leguas de Intibucá, donde peleando con sólo el puñado de hombres que conducía, logró detener por algún tiempo la marcha del batallón guatemalteco.

Arce dice en apología de su conducta, que el Jefe fue el agresor en la guerra ocasionada por esta acción, pero estando los tabacos a sesenta leguas de Comayagua, veintiocho de Yamaranguila, donde le encontró la descubierta del oficial Ferrera y a treinta de Intibucá, se viene en conocimiento de que Herrera no provocó la lucha, y que antes bien Milla dio margen a ella, en cumplimiento de las órdenes reservadas que al efecto tenía.

Este Jefe siguió su derrotero, no habiendo encontrado en el tránsito ninguna resistencia, después del suceso referido. Llegó, pues, al término de su jornada. y en 10 de mayo de 1827, ocupó por capitulación la plaza de Comayagua, que fue sitiada E INCENDIADA. Con este suceso y la prisión del Jefe que fue conducido a Guatemala, quedó Honduras enteramente sometida a la autoridad del Presidente, que mandó practicar elecciones, como lo había hecho en Guatemala, para la renovación total de los poderes constitucionales de aquel Estado.

Dedúcese de esta fiel y exacta relación, que Arce se propuso mudar el personal de la Administración política en la República, y sólo en este Estado no lo hizo por la resistencia que encontró y porque desde el 14 de febrero de 1828 que se separó temporalmente del ejercicio de la Presidencia, el Vicepresidente Beltranena se negó a devolver el mando. Como Nicaragua estaba dividido en dos partidos, cada uno de los cuales tenía a su cabeza al Jefe Cerda y al Vicejefe Argüello, quienes por una anomalía de la revolución gobernaban a la vez y eran obedecidos por sus respectivas parcialidades, Arce protegía a Cerda, y aun le remitió una cantidad considerable de fusiles, para que contra Argüello se sostuviese, porque éste era enemigo de Arce.

Cuando éste en 1º de octubre de 1826, sin facultades, convocó para la villa de Cojutepeque un Congreso Nacional extraordinario, se opinó entonces y aun se sostiene en el día, que aquel acuerdo fue dictado por Arce con la mira de cambiar las instituciones y establecer el sistema central o unitario. En efecto, no hay sino tres medios de juzgar los sentimientos de cualquiera, sus acciones, sus palabras y sus escritos; pues se aducen las últimas especies de prueba para justificar la imputación que se acumula a Arce; pero respecto a la primera, sus acciones, falta la prueba, porque la medida de que se ha hecho mención está demostrando que su autor solamente se propuso alejar de la escena pública a los representantes que estaban dispuestos a declararle responsable, aun por algunos capítulos injustos.

Hay una consideración de que no puede prescindirse y es la de que Arce estaba íntimamente convencido de que en toda la República y especialmente en El Salvador, el sistema federal era el ídolo de los pueblos, resueltos a derramar su sangre por sostener esta modificación de la forma popular; por eso él no se hubiera atrevido a abolirla, temiendo herir los sentimientos nacionales. Fué acusado de miras siniestras, porque las pasiones no permitían que otras prevaleciesen en la República. Las intenciones de los hombres sólo están patentes al Ser Supremo, que lee el fondo de las almas.

La verdadera causa de la lucha de 26 a 29 fue que ni Arce y sus banderizos, ni tampoco sus adversarios, reflexionaron seriamente que ningún pueblo tiene que esperar reposo hasta que se haya acostumbrado a sacrificar los intereses individuales, al interés general. Hasta que las leyes se miren por los ciudadanos como corazón y principio vital del Estado y no como gravámenes que cada cual debe procurar eludir por su parte, no esperen felicidad pública.

En Nicaragua agravábanse de tal modo los males que oprimían a sus pueblos, que su mismo exceso debía acelerar su terminación, y acarrear una época más tranquila y venturosa. A tan alto punto llegaron los desórdenes y la opresión de los buenos, que la desventura general trajo consigo su propio remedio, llamando la atención del General Morazán, que sucedió a Arce en la Presidencia de la República. Él se ocupó de apaciguar aquella tumultuosa anarquía, nombrando para la consecución de este fin al ciudadano Dionisio Herrera. Este tranquilizó los disturbios domésticos, restableció el orden y exterminó los descontentos y discordias en 22 de abril de 1830.

Procedióse a elecciones de las supremas autoridades, y celebradas, resultó electo para Jefe, el pacificador, quien tomó posesión de su alto empleo en mayo subsiguiente. Desde luego sacó de Nicaragua, para coronar su gloriosa empresa, a los demagogos y agitadores.

Los medios empleados por Herrera para la extirpación del mal y para calmar aquella agitación, fueron las grandes muestras de moderación y sensatez que siempre dió, no empleando más armas que su generosidad y cordura, una animosa energía y valiéndose del conocimiento que tenía de los hombres y de los negocios de todo el país.

Pero el destino había decretado que Herrera no debía concluir en paz su período constitucional. En 3 de diciembre de 1832, la Asamblea de aquel Estado, siguiendo el movimiento de reformas constitucionales que agitaba a todo el país, acordó desconocer las providencias emanadas del Congreso federal, mientras no decretase las enmiendas de la Ley Fundamental, y asimismo que quedasen a disposición del Estado las rentas federales.

En 19 de abril del año siguiente, el partido de las reformas concita una sedición en Nicaragua. La Villa de Managua es la primera que se pronuncia, desconociendo al Jefe Herrera, que ejercía tales funciones después de haberle sido admitida su renuncia por la Legislatura: Masaya y Matagalpa secundan a Managua, entre tanto que Granada y León se arman contra los disidentes. Así se dio principio en aquel

Estado a una nueva lucha, que después de varios reencuentros parciales, terminose con la rendición de Managua el 29 de junio del mismo año y con la espontánea sumisión de la villa de Nicaragua, que aunque no había tomado parte en la contienda armada, sí había desconocido al Gobierno en acta celebrada el 11 de mayo anterior.

En los partes que se publicaron de la toma de Managua, se aseguró haberse encontrado en aquella plaza multitud de miniaturas que representaban por un lado a Fernando VII y por el reverso a un sacerdote en actitud de predicar, con esta leyenda: VIVA FERNANDO REY DE ESPAÑA E INDIAS, año de 1828; pero esta especie fué desmentida y ridiculizada en varios impresos de aquella época.

En diez de diciembre del mismo año de 33, la Legislatura de Nicaragua tomó en consideración el asunto de la apertura del gran Canal de Nicaragua, decretada en 16 de junio de 1825 por el primer Congreso federal.

Aquella Asamblea se mostró en todo anuente con lo determinado por la Representación nacional, y el Jefe Herrera, que era hombre de encumbrados pensamientos, fue uno de los colaboradores más entusiastas de este gran proyecto.

Después de la caída del Jefe ciudadano Joaquín Sanmartín, acaecida en 23 de junio de 1834, fué elegido Herrera para Jefe de este Estado, pero renunció por dos veces y resistió a las repetidas instancias que se le hicieron para que aceptáse el destino.

Desde entonces se retiró a la vida privada, pero disuelta la Federación a consecuencia del decreto del Congreso federal de 30 de mayo de 1838, y de la guerra que los estados de Nicaragua y Honduras hicieron al simulacro de Gobierno nacional que existía en este Estado, el General Morazán emigró del país, y Herrera, cuyo estandarte había sido siempre el de la nacionalidad, fué en su país víctima de las facciones.

La persecución y la desgracia se agravaron sobre su persona, la devastación destruyó sus bienes y sus ricas haciendas. Emigró para este Estado en la miseria, y el hombre opulento y de alta posición social; el que con sus raros talentos había servido al país, se vió careciendo de un pan. Su vida fué consagrada a la patria, su muerte a la piedad y a la religión; falleció en San Vicente el 15 de junio de 1850.

Los filósofos más sabios del gentilismo, Sócrates, Platón y Marco Tulio Cicerón enseñaban, que para los mortales que defendieran y ensalzaran a su patria hay cierto lugar separado en el Cielo; y nosotros, iluminados por la luz del Evangelio, ¿no debemos con mayor razón pensar que el Eterno destina a aquel lugar de delicias a los beneméritos patriotas como Herrera?

Así lo creemos firmemente.

Victoriano Rodríguez,
Salvadoreño.

San Vicente, septiembre de 1875.
(Tomado de la "Revista de la Universidad", Tegucigalpa.)

DIONISIO DE HERRERA

Hijo primogénito de don Juan Jacinto Herrera y doña Paula Díaz del Valle, nació en Tegucigalpa en el último cuarto del siglo pasado. No se ha podido averiguar fijamente la fecha de su nacimiento. Sólo se sabe que en 1794 se hallaba en Guatemala, a donde había sido enviado a estudiar. El 31 de julio de ese año, se presentó su señora madre ante el Alcalde Ordinario de primer voto, don Mariano Urmeneta, solicitando se siguiera información sobre que tanto la peticionaria como su esposo eran tenidos y reputados en la Provincia de Honduras como "españoles de primera distinción, limpios de toda mala raza, de mulato, zambo, indio y hereje" sobre que ninguno de la familia fué castigado por el Santo Oficio y sobre que muchos de los ascendientes de don Juan Jacinto Herrera tuvieron empleos honoríficos, así en lo secular como en lo eclesiástico.[144]

Por aquel tiempo, gracias a los esfuerzos de los señores Villaurrutia, Ramírez, Goicochea y Cañas, se había extendido y mejorado el plan de enseñanza en Guatemala, abriéndose escuelas de dibujo adoptándose un nuevo curso de Filosofía en la Universidad, y estableciéndose otras notables reformas. Tocóle, pues, a don Dionisio de Herrera aprovechar esta favorable circunstancia, y debido a ella y al estudio que hizo de la Historia y de los filósofos y escritores franceses más profundos, "era ya un literato y un hombre de estado, de pensamiento y acción", [145]cuando se declaró la independencia de Centro—América.

Concluidos sus estudios regresó a Tegucigalpa, donde en 7 de agosto de 1820, empezó a desempeñar la Secretaría del Ayuntamiento. Dejó este modesto empleo el 3 de febrero de 1822, fecha en que entró a servir otro más importante: el de jefe político de la Provincia, que desempeñó con singular tino y circunspección.

Reunida la Asamblea Constituyente que declaró por decreto de 19 de julio de 1823, la independencia absoluta de Centro—América que, poco antes, merced a los patrióticos trabajos de Valle, se había

---

[144] Vallejo. —Historia Social y Política de Honduras, Capítulo IV, páginas 271 y 272.
[145] Biografía de don Dionisio de Herrera, por Victoriano Rodríguez.

desligado de México, muchos Diputados distinguidos se esforzaron en el seno de aquélla, porque don Dionisio de Herrera fuese uno de los nombrados para el ejercicio del Poder Ejecutivo, en lugar de don Juan Vicente Villacorta; pero no consiguieron su objeto.

La Asamblea Constituyente expidió el decreto de convocatoria para que, en los que habían de ser Estados, se procediese a organizar las Asambleas Constituyentes respectivas y a la elección de Jefes y Vicejefes que debían ejercer el Ejecutivo de cada uno de ellos. Practicadas las elecciones y reunida la Asamblea de Honduras en Tegucigalpa, eligió esta Jefe del Estado al señor Herrera, en virtud de no haber habido mayoría de votos en las elecciones primarias. Cesó, pues, en sus funciones de Jefe de la Provincia, y tomó posesión de su nuevo cargo el 16 de septiembre de 1824.

La Asamblea que se había trasladado a Comayagua, a donde tuvo que trasladarse también el Ejecutivo, dictó allá la Constitución del Estado el 11 de diciembre de 1825, y en la misma fecha la refrendó el señor Herrera con su Secretario General, el señor don Francisco Morazán.

A virtud de decreto de la misma Asamblea, que había emitido con anterioridad a la Constitución, procedióse a la elección de Diputados a una Asamblea Legislativa. Esta se reunió en Comayagua el 5 de abril de 1826. Ante ella leyó el señor Herrera el importante discurso que insertaremos en seguida.

A pesar de que los actos del Jefe del Estado se encaminaban a la organización de la hacienda pública, de las milicias y de la administración de justicia, al fomento de la agricultura, de la inmigración y de la industria y, en fin, al establecimiento de un buen sistema de gobierno, bajo el cual todo floreciera en el país, pronto se levantó contra él la reacción, al frente de la cual es puso el Vicario, Canónigo don José Nicolás Irías, contando con el apoyo del Presidente de la República, General don Manuel José Arce, quien, habiendo entrado ya en el camino de la arbitrariedad, veía en Herrera un obstáculo serio al desarrollo de sus planes. El Vicario Irías, lanzó excomunión contra el Jefe Herrera, su pretexto de haberse echado sobre los bienes de la Iglesia, y debido a esto se le intimó orden de prisión y señálasele por cárcel el recinto de la ciudad de Comayagua y Irías se fugó, y sublevó contra Herrera los departamentos de Santa

Bárbara, Gracias y Olancho y exigió préstamos y contribuciones, mandó extraer algunas alhajas de la Catedral de Comayagua, las que hizo vender, invirtiendo luego su producto en la compra de fusiles para armar a los descontentos, fomentó cuanto pudo la anarquía y provocó la invasión de Honduras por tropas federales, la que al fin conceptuó Arce necesaria, ya que la facción encabezada por aquel sacerdote no fué bastante para derrocar al señor Herrera.

En efecto, con el pretexto de custodiar los tabacos pertenecientes a la Federación, almacenados en la Villa de Santa Rosa de Copán, fuerzas federales mandadas por el Coronel Justo Milla, invadieron el Estado. Como no fuera aquél su verdadero objeto, avanzaron hacia Intibucá, pero fueron detenidas en su marcha por algún tiempo al llegar a Yamaranguila, por el oficial Francisco Ferrera que mandaba diez soldados con los que estaba allí de observación. Sin más contratiempos las tropas de Milla llegaron a Comayagua y le pusieron sitio. Sucedió esto el 4 de abril de 1827. Comayagua fué incendiada y saqueada en gran parte, y aunque las fuerzas con que se defendía eran inferiores en número a las del invasor, hubieran triunfado de éstas si su Comandante, el Coronel Antonio Fernández, español, no hubiera traicionado al señor Herrera, poniéndolo preso y entendiéndose con el Coronel Milla, con quien ajustó una capitulación el 9 de mayo, en virtud de la cual le entregó la plaza y la persona del Jefe.

El señor Herrera fué conducido a Guatemala, en donde debió habérsele sometido a la Asamblea para que declarara si su conducta daba o no lugar a formación de causa. Pero como no se le acusaba de arbitrariedades, y el Presidente Arce, al hacerle la guerra, no tenía más mira que la de separarlo del Gobierno de Honduras para organizarlo conforme a sus intereses, lo que estaba ya conseguido, el Presidente de la República no se preocupó de aquello, y retuvo al prisionero en su propia casa de habitación.

Arce, cayó, y después de una serie no interrumpida de gloriosos triunfos, el General Morazán ocupó la ciudad de Guatemala. Restableciéronse las autoridades disueltas por aquél en 1826, y entró al ejercicio del Poder Ejecutivo Federal el distinguido patriota don José Francisco Barrundia.

En Nicaragua estaba encendida la guerra civil desde hacía tres años. Era preciso ponerle término cuanto antes. El General Morazán, de acuerdo con el Presidente Barrundia, envió allá a don Dionisio de Herrera, con la misión de pacificar el país, atrayendo a los pueblos al orden por medio de la persuasión. El éxito demostró que la elección no pudo ser más acertada y La anarquía cesó como por encanto, y el pueblo, agradecido a las gestiones de su pacificador, les dió sus votos para Jefe del Estado. La Asamblea declaró la elección el 2 de noviembre de 1829, pero hallándose ausente a la sazón el señor Herrera, entró al ejercicio de su elevado cargo hasta el 12 de mayo de 1830.

Los enemigos de la Federación trabajaban sin descanso por destruirla, y para conseguirlo procuraban encender la guerra civil en los Estados. Varias Municipalidades de Nicaragua publicaron exposiciones contra el Jefe Herrera. Este entonces presentó su renuncia. La Asamblea acordó admitirla en 19 de marzo de 1833, pero habiéndose ocasionado con esto grandes agitaciones, tres días después revocó el acuerdo y llamó al ejercicio del poder al señor Herrera, autorizándolo para hacer uso de las facultades extraordinarias de que lo había investido por decreto de 8 de febrero del mismo año. Con este motivo, los desafectos de Herrera se insurreccionaron. Herrera se propuso conjurar la insurrección por medios suaves, pero no tuvieron eficacia, y se vió en la dura necesidad de emplear la fuerza. El foco principal de la insurrección era Managua, a quien había seguido Masaya, Matagalpa y el departamento de Nicaragua. León y Granada permanecieron fieles al Gobierno. Una partida de disidentes se dirigió a León con el objeto de sorprender la ciudad, pero los leoneses le salieron al encuentro, y en la Huerta de Delgado la derrotaron al amanecer del 19 de mayo de 1833. Al mismo tiempo las tropas de Granada triunfaban sobre los rebeldes cerca de Masaya.

La acción decisiva fué la de Managua, que fué tomada el 30 de junio. El señor Herrera, que no quería abusar del triunfo, dictó el 17 de julio siguiente un decreto de amnistía, y pasó luego a Granada desde donde se puso en comunicación con los rebeldes del departamento de Nicaragua. Estos se sometieron pronto, espontáneamente.

Concluida la guerra, se presentó una ocasión que puso de manifiesto la magnanimidad del señor Herrera. Habiéndosele presentado varios documentos en que constaban las maniobras y tendencias de sus enemigos, los mandó quemar sin haberlas visto. A este propósito el Doctor Montúfar refiere que en la tertulia del Doctor Gálvez en Guatemala, hubo quien comparara a Herrera, por lo del incendio de los papeles, con Napoleón I, y otro dijo que mucho antes de Napoleón, había observado Pompeyo igual conducta.

En 10 de diciembre de aquel año, trató la Asamblea de la apertura del Canal Interocéanico por Nicaragua, que había sido decretada por el primer Congreso Federal con fecha 16 de julio de 1825. Al señor Herrera, verdadero hombre de estado no podía ocultársele la importancia del gran proyecto y la necesidad de su pronta realización, y fué uno de sus más entusiastas colaboradores.

Terminada la administración del señor Herrera en Nicaragua, trasladóse a El Salvador. Rodeado de la aureola que prestan las virtudes republicanas, no es de extrañarse que haya sido electo allí Jefe del Estado. No ha habido en la Historia de Centroamérica otro ciudadano que, como el señor Herrera, haya sido electo popularmente Jefe de tres Estados.

¿Puede darse mejor prueba de los méritos de aquel hombre extraordinario? En vano se pretenderá empequeñecer la figura de aquel ilustre repúblico. Grande y serena, ella se destacará inalterable del pedestal magnífico en que la colocaron sus gloriosos hechos.

El señor Herrera no aceptó la Jefatura del Estado de El Salvador y presentó su renuncia. La Asamblea se negó a admitírsela. Repitió la entonces con instancia, y le fué admitida por decreto de 2 de marzo de 1835.

De regreso a Honduras, todavía tomó parte en la política del país, y como Diputado por Nacaome, fué Vicepresidente de la Asamblea que dictó la Constitución de 11 de enero de 1839.

Pronto estalló la guerra que debía traer por resultado el fraccionamiento de Centroamérica. En vano la victoria coronó de nuevo las sienes del General Morazán: las batallas del Espíritu Santo y Perulapán, libradas en defensa de la gran patria, fueron infructuosas: la causa federal sucumbió, y el señor Herrera, que había sido uno de sus más firmes sostenedores, fué víctima de la persecución.

Sus enemigos devastaron sus ricas haciendas y destruyeron sus demás bienes hasta dejarlo en la miseria, y en este triste estado emigró a El Salvador en cuya hospitalaria capital falleció el 13 de junio de 1850.

Esta es, a grandes rasgos, la vida de aquel ciudadano eminente, cuyo nombre será pronunciado en Centroamérica con cariño y respeto, mientras rindamos culto a la inteligencia y a las virtudes republicanas.

RÓMULO E. DURÓN

(Tomada de "Honduras Literaria", Tomo I, página 73).

NOTA: —En el Boletín de la Biblioteca y Archivo Nacionales, Nos. 9 y 10, página 36 se lee lo que sigue: Don Dionisio de Herrera nació en la Villa de Choluteca, posteriormente quizá su familia vino a establecerse a Tegucigalpa, para volver de nuevo a instalarse en Choluteca en el año de 1802".

DON DIONISIO DE HERRERA

(Fragmentos del Discurso que el Dr. Rómulo
E. Durón, pronunció en la Facultad de
Jurisprudencia de El Salvador, como delegado
de la Facultad de Jurisprudencia de Honduras,
con motivo de la celebración del primer centenario
del Grito de Independencia, dado en aquella
provincia, el 5 de noviembre de 1811.)

La vida de Herrera fué, en sus diferentes aspectos, la vida de un patriota. Educado en Guatemala cuando se habían ya introducido grandes reformas en la enseñanza merced a Villaurrutia, Ramírez, y Goycoechea y Cañas, y habiendo tenido la fortuna de poder leer los filósofos y escritores franceses más profundos, era, como dice su biógrafo (Dr. don Victoriano Rodríguez, hijo de El Salvador): "cuando rayó la dulce aurora de la libertad, un literato y un hombre de pensamiento y acción".

Va a Tegucigalpa en 1820 graduado de Doctor, y comienza su campaña en favor de la independencia, luchando con audacia y tesón contra toda clase de obstáculos e imponiéndosele al Alcalde Mayor Licenciado don Narciso Mallol; y así cuando el 28 de septiembre de 1821, por la tarde, recibió el Ayuntamiento los pliegos que contenían el Acta firmada el 15 en Guatemala, se acordó jurar en el acto la independencia sin que hubiera habido un solo voto disidente; la obra iniciada aquí el 5 de noviembre de 1811 y que parecía una ilusión empezaba a convertirse en realidad.

Herrera, que redactó el Acta del 28, se dedicó desde este momento a procurar por todos los medios el afianzamiento de la obra.

Al ofrecerse el problema de la anexión a México, bien hubiera querido seguir la opinión que aquí en San Salvador defendía el Padre Delgado; pero habiéndose unido a Guatemala la Provincia de Tegucigalpa, tuvo que pasar por lo que en Guatemala se resolviese para no aumentar con nuevas divisiones las dificultades del momento que podían conducir a la anarquía. Ya sabemos que la anexión se decretó y cuán funestos fueron sus resultados. Herrera no creyó deber rehusar en estas circunstancias el gobierno político superior de la provincia de Tegucigalpa: adivinaba lo que iba a suceder y aceptó el puesto para evitar con mano segura los peligros de la transición que esperaba. Proclamado Iturbide Emperador de México, el Ayuntamiento juró el Imperio el 28 de agosto de 1822 y celebró al mismo tiempo la independencia de España. Para las fiestas que dispuso, levantó una suscripción entre los vecinos: ésta apenas, produjo $ 37.00. Del entusiasmo con que contribuyó don Dionisio de Herrera a los gastos da muestra la cuota con que en la lista figura: figura con la cuota de un peso, y era el Jefe Político de la Provincia! Más tarde dijo de Imperio que en aquel régimen había cosas de que no se podía hablar sino con reserva.

El imperio cayó, y el 1° de julio de 1823 se firmó en Guatemala el Acta que declarara a Centro América independiente de España, de México, y de cualquiera otra nación. La primera firma de ese documento inmortal es la del Padre Delgado, que presidía la augusta Asamblea Constituyente. ¡Por fin! el Padre Delgado, que desde el 5 de noviembre de 1811, quería una Patria, veía vivir la Patria, tal como la soñara, iluminada por el sol de la libertad, dueña y señora de sus destinos! ¡Gloria, eterna gloria al gran patricio y a sus ilustres compañeros!

Para el ejercicio del Poder Ejecutivo se creó un triunvirato: fueron elegidos para tomarlo don Manuel José Arce, uno de los compañeros del Padre Delgado, desde 1811, don Pedro Molina y don Juan Vicente Villacorta. Hubo quienes en lugar del último propusieron a don Dionisio de Herrera, pero no pudieron lograr su objeto.

Más tarde, el 16 de septiembre de 1824, Herrera fué elegido Jefe del Estado de Honduras y entró inmediatamente al ejercicio de sus funciones. Pensó en nombrar Secretario de Estado y del Despacho General al ciudadano Francisco Morazán; pero vacilaba en hacerlo por temor a la censura, a causa de que Morazán era primo—hermano de su esposa doña Micaela Quesada. ¡Es digno de aplauso que haya rendido tal homenaje a la opinión pública! Herrera acordó al fin el nombramiento, contando con el beneplácito de los Diputados y el de otros distinguidos ciudadanos. Este nombramiento puso a Morazán en condiciones de ser conocido y apreciado por todos y marca el punto de partida de su gloriosa carrera, en la cual llegó a ser el pueblo salvadoreño el pueblo más caro a sus afecciones por lo que, al morir, le legó sus restos, que ha sabido guardar con religiosa veneración.

Firmada la Constitución de Honduras en 11 de diciembre de 1825 y reunida la primera Asamblea Legislativa, leyó ante ésa Herrera un magnífico discurso por el cual se pueden apreciar sus admirables dotes de estadista, su vasta ilustración, sus grandes miras y los importantes actos que había realizado en el gobierno. Luego, deseoso de que las instrucciones republicanas arraigasen en la conciencia popular, mandó por un decreto abrir tertulias patrióticas en todo el país, a las que asistirían las autoridades y las personas capaces de dirigir la opinión y a las que se procuraría atraer al mayor número de ciudadanos: en ellas se dedicaría un rato a la lectura y explicación de las Constituciones de la República y del Estado. Y al mismo tiempo se empeñaba en atender al desarrollo e incremento de los grandes intereses de la Administración.

Pero sus esfuerzos pronto empezaron a encontrar obstáculos, la Asamblea se le tornó hostil, mandó a practicar elecciones declarando que tan sólo era Presidente provisional y el choque había de producir graves resultados. Herrera renunció, pero no hubo número en la Asamblea para conocer de su renuncia y así le tocó seguir en el poder, para encontrar primero con movimientos revolucionarios que hubo de sofocar y luego con un atentado que puso en peligro su vida. Los descontentos, para desprestigiarlo, lanzaron la especie, con los francmasones, de que caminaba a destruir la religión, Herrera demostró la falsedad de las acusaciones que le hacían; pero nuevos acontecimientos habían de presentarse, de carácter gravísimo. Herrera entró en choque con el Gobierno Federal por no haber aceptado, como tampoco aceptó la Asamblea, el decreto de 10 de octubre de 1826 en que se convocaba un Congreso extraordinario para Cojutepeque. Honduras fue invadida por tropas federales. El resultado de esa invasión es bien conocido; Comayagua fué entregada por una capitulación que se firmó con un subalterno, y el Jefe Herrera, conducido prisionero a Guatemala.

Pero también son conocidas las consecuencias: Honduras hizo causa común con El Salvador, que también había sido invadido por el Gobierno Federal, y luego vino la campaña que terminó el 13 de abril de 1829.

Reorganizadas las autoridades, se trató de pacificar en Nicaragua en donde ardía la guerra civil desde hacía tres años. Don Dionisio de Herrera fué el comisionado para llevar a cabo esta empresa. Pasó a aquel Estado, y empleando medios que acreditan su prudencia y sagacidad, alcanzó su objeto, prestando, como lo reconoció su enemigo político don Manuel Montúfar en las Memorias de Jalapa "a la humanidad y al orden social un señalado servicio". Esto lo granjeó una gran popularidad y le valió ser elegido Jefe de aquel Estado, cargo que ejerció en 1830. Uno de los rasgos de Herrera en el último año de su gobierno que lo acreditan extraordinariamente, es el de que, habiendo renunciado su cargo por haber publicado exposiciones contra él varias Municipalidades y habiéndosele aceptado su renuncia se produjeron agitaciones de tal naturaleza que la Asamblea, tres días después revocó el acuerdo y lo llamó al poder, confiriéndole las facultades de que en 8 de febrero lo había investido. Esto hizo que los desafectos se insurreccionaran; pero Herrera triunfó y en esta vez dió una prueba más de su magnanimidad, mandando quemar, sin haberlos visto, varios documentos que se le presentaron en que constaban las maniobras y tendencias de sus enemigos.

Herrera se trasladó a El Salvador: aquí fué elegido Jefe del Estado, después de la caída del Jefe don Joaquín San Martín. La Asamblea declaró la elección el 11 de octubre de 1834. Herrera se negó a tomar posesión de su cargo por creer que su elección no era legal según el orden de sucesión. Luego presentó su renuncia. Acerca de ella dice el Doctor don Lorenzo Montúfar: "Una comisión abrió dictamen; ese dictamen es el más completo elogio del señor Herrera. Contiene la enumeración de sus servicios y la serie de sufrimientos que aquel ilustre ciudadano había experimentado por la libertad y por la patria. No hay en la historia de Centro América otro ciudadano que cuente haber sido electo popularmente Jefe de tres Estados. Herrera gobernó a Honduras y a Nicaragua y en seguida fué electo Jefe de El Salvador. Esta tercera elección es la prueba más grande que podía dársele de que se aprueban sus actos anteriores. La renuncia no fué admitida, pero el señor Herrera la repitió con instancia. En consecuencia se admitió"; el decreto es de 2 de marzo de 1835.

En mayo de 1837 volvió a Honduras el señor Herrera, siendo Jefe del Estado su hermano don Justo José Herrera. Por este tiempo el deseo de que se reformara la Constitución Federal había avanzado ya mucho terreno. La Asamblea de Honduras que acept6 el decreto del Congreso Federal que dejaba a los Estados en Libertad para constituirse como mejor les pareciera, convocó en 1º de junio de 1838 una Constituyente para reformar la Constitución de 11 de diciembre de 1825. La constituyente se reunió en Comayagua el 7 de octubre, y fué Vice—Presidente de ella como Diputado por Nacaome don Dionisio de Herrera. Por los decretos de 28 del mismo y del 5 de noviembre se declaró Honduras independiente del pacto Federal. Es de considerar con qué tristeza y dolor vería esos decretos el señor Herrera que, como dice su biógrafo, el Doctor Rodríguez, tuvo "siempre por estandarte el de la nacionalidad".

Concluiré mis referencias a este ilustre hombre público recordando estas palabras del señor Rodríguez:

"La persecución y la desgracia se agravaron sobre su persona; la devastación destruyó sus bienes y sus ricas haciendas. Emigró para e te Estado (El Salvador) en la miseria, y el hombre opulento y de alta posición social, el que con sus raros talentos había servido al país, se vió careciendo de un pan. Su vida fué consagrada a la Patria, su muerte a la piedad y la religión: falleció en San Vicente el 13 de junio de 1850"…..

NACIMIENTO, MATRIMONIO Y MUERTE DE DON DIONISIO DE HERRERA

Por JUAN B. VALLADARES R.

Abogado hondureño

Hasta hoy se ha tenido por cierto que el primer Jefe del Estado de Honduras—el primero no sólo en la cronología presidencial sino en más de un concepto relevante nació en la Real Villa de Tegucigalpa, en el último cuarto del siglo XVIII; así lo afirma el Doctor Vallejo, en su documentada Historia Social y Política de Honduras (pág.200, 2a edición) publicada el año de 1882. Siguiendo al Doctor Vallejo, el ilustre historiógrafo Doctor Durón dice que "nació en Tegucigalpa en 1788" (Bosquejo Histórico de Honduras, página 170); el historiador Salgado da el 8 de abril de 1783, como fecha del nacimiento de Herrera (Elementos de Historia de Honduras, (Elementos de Historia de Honduras, 4° edición, pág. 67).

No obstante la autoridad de que justamente gozan los tres historiadores nombrados, me atrevo a afirmar—"Amicus Plato, sed magis amica veritas"—que don Dionisio de Herrera nació en la Villa de Jerez de la Choluteca el 9 de octubre de 1781, apoyado en la certificación, hasta ahora inédita; de su fe de bautismo que dice:

"...ifico q. en uno de los libros de Bautismo de esta Administración q. dió principio, el año 1772, y concluyo el de mil setcs, nobenta y tres al folio 132 vto, se encuentra la partida del tenor siguiente:

En la Santa Yglesia Parroquial de esta Villa de Choluteca a los veinte y cinco Díaz del mes de octubre de mil setecientos ochenta y uno. Yo el Rdo. Pe. Predicador Jubilado Fr. José Gines de Mayorga, del Sacro Rl. y Militar orden de Ntra. Sra. de la Merced, Difinidor de mi Prova, con licencia del Sor. Teniente de Cura de ella Don José Gabriel Xalón, Bautise solemnemente, a un Niño, que nació el día nuebe de este mismo mes y año, Hijo lejítimo, y de lejítimo matrimonio del Teniente de Miliciaz y del Alce. mor. Dn. Juan Jacinto Herrera, natural de la Villa de Tegucigalpa, lejítimo hijo de Don José

314

... Herrera, y Da. Leocadia Rivera; y de Da... Díaz del....lle ...natura de esta Villa ...tima Hija....José Díaz del Valle, y Da. Manue…; y al Niño le puso pr. nom. José .. o de la Trínidad, fué su p…. q....tubo Dn. José Tomé Santo…legado del RI. Dro. de Tierras....y Teniente interino del… quien cierto del parentesco es... de la buena Educación... ometió, siendo necesario su cum…; y pa. su constancia lo firmo. —Fr.......es de Mayorga…….. legal a que me repito. Choluteca y Marz .... ocientos veinte.

Manuel Ygnacio Gutiérrez."

A causa de las apolilladuras, este documento contiene no pocas lagunas; a ello se debe que no aparezca completo el nombre del bautizado, solamente se lee "7 al Niño…le puso pr. nom... José ... o de la Trinidad;" pasaje que, restaurado, queda así: "y al Niño (se) le puso p (o)r nom (bre) José Dionisio o de la Trinidad". No debe olvidarse que el infante a que se refiere la fe de bautismo fué ungido por Fr. José Ginés de Mayorga el 9 de octubre, fecha en que la Iglesia Católica rememora el martirio y tránsito de San Dionisio de Areopagita, y que in illo tempore era usual imponer a los recién nacidos el nombre del santo del día en que venían al mundo. Además, la certificación fué acompañada por don Dionisio de Herrera a la solicitud que presentó al Cura y Vicario de la Villa de Tegucigalpa Br. don José Francisco Pineda, en 24 de marzo de 1820, para contraer matrimonio con doña Guadalupe Quesada.

El expediente matrimonial contiene algunas menudencias curiosas. Don Dionisio declaró que tuvo que ver con Martina Ramírez, prima hermana de doña Micaela Quesada, por lo que, además de las proclamas, pidió se le dispensara el parentesco de segundo grado igual de afinidad por cópula ilícita; también declaró: "Que desde niño se fué de esta Villa (Tegucigalpa) para Guatemala en donde se acabó de criar, que de allí vino a estarse en diferentes parages en comercio y diligencias; que a donde más se ha establecido fue en Macuelizo, donde estuvo como cuatro años y en Choluteca como.. ..en diferentes tiempos".

El 24 de marzo citado, fecha en que fueron examinados por el Padre Cura, el pretendiente "dijo ser de edad mayor de treinta y ocho años". Aparecen declarando sobre la libertad de estado de ambos, don

Miguel Bustamante, D. Mariano José Urmeneta, "Subteniente, retirado de estas milicias y don Esteban Travieso, "Subteniente actual de estas milicias"; los tres dijeron ser la pretendida huérfana de padre y madre y pobre, pues, según declararon Bustamante y Travieso, doña Micaela vivía bajo la protección de su hermano mayor don Isidoro Quesada. Que don Dionisio fué muy aficionado a las parientas de la que después fué su esposa, lo demuestra el hecho de que, estando aprobada la información por el Padre Pineda y listo el expediente para que el interesado ocurriera al Gobierno Eclesiástico de Comayagua a impetrar la dispensa de proclamas y del impedimento menciona.do, confesó que también tuvo que ver con una tía carnal de su prometida, lo que motivó que la gestión se extendiera a la dispensa del nuevo impedimento de primero con segundo grado de afinidad por cópula ilícita.

Concedidas las dispensas por el Provisor y Vicario General, Doctor don Juan Miguel Fiallos, el Reverendo Padre Encomendador Fr. Ignacio González les impartió la bendición nupcial el 9de abril de 1820, siendo testigos don Miguel Bustamante, Francisco Juárez y don Francisco Morazán, primo hermano legítimo de la contrayente. Dice la partida matrimonial:

Al margen: "D (on) Dionisio Herrera con D (oñ) a Micaela Quesada"—"En la Iglesia Parroquial del S (eñor) S (an) Miguel de Tegucigalpa, el día nueve de abril de mil ochoc (ientos veinte, el R (everendo) P(adre) Comendador Fr(ay) Ygn (aci)o González con mi lic (enci)a velo in facie Eclecie a d (on) Dionicio Herrera, hijo leg (itim o de D (on) Juan Ja (cin)to y D (oñ)a Paula Valle, con D(oñ)a Micaela Quesada hija lexítima de D(on) José María y D (oñ)a Mar (i)a Borjas, habiéndoles dispensado las moniciones por el S(eñor) Prov (isor) del Obis (pado) ciendo te (stigos D (on Fran (cis)co Morazán, D (on) Miguel Bustamante y Francisco Juárez, y firmé.

José Fran(cis)co Pineda".

Don Dionisio aportó al matrimonio "como ocho mil pesos en dinero, efectos mercantiles y plata copela", y su esposa diez onzas de oro acuñado que él le dió en arras, más cuatrocientos pesos en moneda de cobre que aportó después, provenientes de la venta de la casa que había sido de sus abuelos don Juan Bautista de Quesada y doña María Borjas que es la misma que hoy pertenece a los herederos del Doctor don Presentación Quesada, situada frente al "Jardín de Italia", y que tiene más probabilidades de ser el techo que cobijó el primer aliento de Francisco Morazán. Durante el matrimonio, Herrerá adquirió las haciendas "Hato Nuevo" y "El Guayabo", situadas en el Estado de Honduras, "pero fueron destruidas en las revoluciones".

Nueve fueron los hijos legítimos de don Dionisio de Herrera: Julián, María Manuela, José Dionisio, Mariano, Esteban, Miguel, José María, Dolores y José Antonio. Ya habían fallecido Julián, a la edad de veintiséis años, y José Antonio de dos años, cuando Herrera testó. Dolores contrajo matrimonio con Ezequiel Aplícano, efectuado en San Salvador, el 19 de febrero de 1873.

Dos semanas antes de su muerte, encontrándose enfermo en San Salvador el 30 de mayo de 1850, a la edad de sesenta y ocho años cumplidos, Herrera dispone de sus bienes: autoriza el testamento al Escribano Público, Juan Sanabria, ante el Licenciado don Victoriano Rodríguez—el biógrafo de Herrera—, don Manuel Muñoz y el General don Domingo Asturias, como testigos. Son interesantes las cláusulas sexta y novena, donde declara: "que el Gobierno de Honduras me es en deber cantidades considerables"; que cobrado lo que alcance a mi favor de lo que el Gobierno de Honduras, me es en deber, se le entreguen al Gobierno Nacional, cuando se instale para sus primeras erogaciones, mil doscientos pesos". En una cláusula adicional dispuso: "que dejaba a su hija María Manuela, un crucifijo con la mesa y flores que hay en ella o le pertenezcan a dicha imagen, en remuneración de sus servicios en su actual enfermedad'. Falleció en San Vicente, República de El Salvador, el 13 de junio de 1850. Resumiendo su vida, Don José Dolores Gámez (historia de Nicaragua, páginas 432, 435 y 436) dice: "Herrera, hombre de elevada inteligencia, fué tolerante con el derecho de insurrección, y sólo miró en los revolucionarios a hermanos extraviados, a quienes debía atraerse por el convencimiento. Perteneció a una familia distinguida de Honduras, y gozó de una fortuna opulenta. La persecución y la desgracia que sufrió durante las primeras convulsiones de Centro América, se agravaron sobre su persona, viendo desaparecer por la devastación, sus bienes y sus ricas haciendas.

Emigró de Honduras casi en la miseria; y el hombre opulento y de una alta posión social, el que empleara toda su importancia política y sus raros talentos en el servicio de la patria, el que había regido los pueblos y establecido la ley y la justicia en Honduras y Nicaragua, el que se negó a servir la Jefatura del Estado de El Salvador, se vió un día careciendo de pan y reducido a dirigir en la capital salvadoreña una triste y pobre escuela de primera letras, con cuyo escaso sueldo se mantuvo en sus últimos años.

Un día amaneció cerrada la escuela. El alma del maestro había volado a la eternidad y su nombre acababa de ser recogido por la historia, ufana de adornar con él la brillante página que le reservaba.

Don Dionisio de Herrera murió en suma pobreza y rodeado de numerosa familia, el 13 de junio de 1850. Su entierro fue humilde y a su sepulcro llegó a acompañarle, diez días después, su esposa, que no pudo resistir el pesar de aquella cruel separación".

Revisando a la ligera la historia, llegamos al convencimiento de que ella es verdadera maestra de la vida, porque las enseñanzas de Dionisio de Herrera, a menos de un siglo de su muerte, han sido bien aprovechadas; ya casi nadie que haya ocupado las alturas que él ocupó muere pobre y humilde, sin la execración de las generaciones, mereciendo el mármol eterno e impoluto.

(Tomado de la "REVISTA ROTARIA".)

CARTAS DE DON DIONISIO

IMPORTANTES DECRETOS

EL CONGRESO CONSTITUYENTE

NOMBRA A DIONISIO DE HERRERA JEFE DEL ESTADO DE HONDURAS

El Congreso Constituyente del Estado de Honduras en cumplimiento del artículo once del decreto de la Asamblea Nacional Constituyente de cinco de mayo, abrió públicamente los pliegos que contienen las elecciones de Jefe y Segundo Jefe del Estado, hechas en los doce partidos de que se compone, con agregación de la Nueva Segovia, y no reuniendo la mayoría absoluta ninguno de los ciudadanos que en ellas se designan, el Congreso procedió a nombrarlos entre ellos mismos de conformidad con el artículo doce del citado decreto, y con totalidad de votos nombró para Jefe del Estado al Ciudadano Dionisio Herrera, y en la misma forma nombró para segundo Jefe al ciudadano José Justo Milla, y ha tenido a bien decretar y decreta.

1º—Que el ciudadano Dionisio Herrera sea reconocido por Jefe del Estado, con las atribuciones que lo designa el artículo treinta y cuatro de las bases sancionadas por la Asamblea Nacional en 17 de Diciembre de 1823, y los que le designe la constitución del Estado.

2º—Que el ciudadano José Justo Milla sea reconocido por segundo Jefe del Estado en las funciones señaladas en las mismas bases y las que le señale la Constitución del Estado.

3º—La duración de ambos jefes será la de cuatro años conforme al artículo 39 de dichas bases.

Comuníquese al Poder Ejecutivo del Estado para su cumplimiento y que lo haga publicar y circular. Tegucigalpa Sete.16, de 1824. — Pedro Nolasco Arriaga, Diputado Presidente. —José Rosa de Izaguirre, Diputado Secretario. —Justo José Herrera, Diputado Secretario.

EL CONGRESO CONSTITUYENTE

DA FACULTADES A DIONISIO DE HERRERA PARA NOMBRAR

UN SECRETARIO DE ESTADO

El Poder Ejecutivo del Estado de Honduras. Por cuanto: el Congreso Constituyente del mismo Estado me ha dirigido el decreto siguiente:

El Congreso Constituyente del Estado de Honduras ha tenido a bien decretar y decreta.

1°—Se autoriza al Gobierno para el nombramiento provisional de un Secretario de Estado, y del despacho general, poniéndolo en conocimiento del Congreso.

2°— Las atribuciones del Secretario de Estado, y del despacho general, serán las mismas que el reglamento de 8 de julio del año pasado de 1823 asignó a los del Supremo Poder Ejecutivo; mientras que se forma el de este Estado.

Comuníquese al Poder Ejecutivo para su cumplimiento, haciéndolo publicar y circular. Dado en Tegucigalpa a 22 de Setiembre de 1824. —Pedro Nolasco Arriaga, Diputado Presidente. —José Rosa de Izaguirre, Diputado Secretario. —Justo José Herrera, Diputado Secretario. —Al Poder Ejecutivo.

Por tanto, mando se guarde, cumpla y ejecute en todas sus partes.

Lo tendrán entendido los Jefes Políticos de Comayagua y Tegucigalpa, y hará se publique y circule. —Tegucigalpa, Setiembre 24 de 1824.

DIONISIO DE HERRERA.

ESCRITOS DEL PRÓCER

PETICIONES DE HERRERA AL CONGRESO DE MEXICO

FORMULADAS POR DIONISIO DE HERRERA, POR ENCARGO DE LA MUNICIPALIDAD DE TEGUCIGALPA, PARA EL CONGRESO CONSTITUYENTE DE MÉXICO Y QUE SON TESTIMONIO DF LA MENTALIDAD RENOVADORA DE SU AUTOR

Extracto de las instrucciones que por encargo de la Municipalidad de esta ciudad firmó para el congreso de México el ciudadano Dion. Herrera. Asuntos generales que se tratarán en ellas.

Artículo 1°— La separación de las provincias de Guatemala del Imperio Mexicano, o la unión, por declaratoria de un congreso, de las mismas provincias, pues de cualquier otro modo debería considerarse nula y violenta.

2°— Se encargaba en este artículo que la Constitución de estas provincias fuese muy breve, muy clara, y muy liberal, cuanto lo permita el estado de los pueblos.

3°— Establecer la igualdad civil, destruyendo los privilegios, ya de particulares, ya de familias, ya de comunidades.

4°— Fomentar por todos los medios la educación pública y la ilustración general.

5°— Como consecuencia del artículo anterior, fomentar el establecimiento de Imprentas, y no poner a éstas más límites que los que en razón directa corresponden con respecto a la libertad de obrar.

6°— Que el Congreso tenga sus sesiones, unas veces en una provincia, otras en otra, alternando en todas por el mérito que parezca mejor.

7°— Que el Poder Ejecutivo varie en los mismos términos que el Congreso.

8°— Que los jefes y autoridades principales, civiles, militares y eclesiásticos, no se acumulen en un solo lugar, sino que para cada una de ellas se señale el más conveniente, o alternen de un modo general.

9º— La Administración de Justicia es el objeto de este artículo: se hacen en él reflexiones contra el método establecido antes de la Constitución de España, y por la misma Constitución.

10º— Se recomienda la libertad de comercio, no solo como una medida económica, sino también política, reduciendo las aduanas a solo las marítimas, y manifestado la injusticia, e incoherencia de las leyes establecidas contra el contrabando.

11º— Se demuestra la necesidad de las contribuciones y se procura manifestar las ventajas de reducirlas a una clase, estableciendo un método sencillo de percibirlas.

12º— De las contribuciones generales de que deben deducir, no sólo los gastos del Estado, sino también lo que deben invertir las Municipalidades en los objetos que son ahora, o sean después a su cargo.

13º—De la deuda pública deben sacarse todos los gastos que exija el Culto Divino y los Ministros del Altar, quitándose los derechos de entierros, casamientos, bautismos, etc., y aplicando a la ilustración pública o a otros objetos de beneficencia los fon—dos de Capellanías, (sic). Obras pías y demás a que se da el título de piadosos.

14º— Se manifiesta la necesidad de establecer un Banco Nacional, cuyos fondos deben circular en todos los pueblos de la Nación.

ASUNTOS QUE MIRAN AL BIEN NACIONAL

Art. 1º— La independencia absoluta de Comayagua, ya en lo civil, ya en lo militar, ya en lo eclesiástico, es el objeto de los votos de todos los habitantes de la provincia de Tegucigalpa sin que se entienda por esto que se desea nueva creación de cabildo eclesiástico.

2º— La demarcación de esta provincia debe comprender lo que antes comprendía la Alcaldía Mayor, agregándose los Partidos de Olancho, Olanchito y Trujillo.

3º— El establecimiento de escuelas de primeras letras, y de algunas cátedras en que se enseñen las ciencias y más particularmente la de mineralogía.

4°— Se demuestra la justicia y necesidad de que se establezca un cuño de ésta.

5°— Muchos fondos hay que puedan destinarse a estos objetos de beneficencia: tal es por ejemplo el que pagan las plazas, que pueden sufrir algún aumento, deduciendo antes los costos de la acuñación, y tal vez con una porción de fondos, cuya existencia no produce bien, por su inversión impolítica y destructora, y que pueden convertirse en un manantial peregne de riqueza y felicidad pública.

Es copia del original que obra en el archivo de esta Municipalidad, de cuya orden lo saqué en Tegucigalpa, noviembre 7 de 1823

LIBERATO MONCADA,
Srio.

***

PROCLAMA DE HERRERA A LOS TEGUCIGALPENSES

El Jefe Supremo del Estado de Honduras a los habitantes de Tegucigalpa.

CONCIUDADANOS: —Las providencias dictadas por el gobierno no han tenido por objeto hostilizar ni causar ningún mal a los habitantes de Tegucigalpa, como falsamente han querido difundir los enemigos del orden, y de Tegucigalpa. El Gobierno no tiene queja, ni la ha tenido jamás del vecindario honrado de esa ciudad. Lejos de eso el que lo representa, desde el año de 21 hasta esta fecha, ha recibido pruebas repetidas del aprecio y afecto de esos vecinos, que se le han manifestado de diversos modos. Penetrado de gratitud ha sacrificado su reposo, salud, y sus intereses en beneficio de ese pueblo.

Con estos sentimientos, y no habiendo una sola causa que obligue al Gobierno a mudar de principios, ni habiendo dado el pueblo un motivo para que se tomase una provincia de contra él, el Gobierno no la ha tomado, ni la ha pensado tomar. Lejos de eso ha tomado diversas medidas que prueban cuanto se interesa en el bien de esos habitantes y que la prosperidad de ese suelo ocupa con preferencia sus pensamientos.

Sin embargo: hombres que no viven sinó del desorden, hombres inmorales que no desean otra cosa más que el trastorno: que temen la energía del Gobierno, y que ven sobre sí la cuchilla de la ley que los amenaza por los delitos que han cometido, han procurado engañar a los incautos, difundir especies falsas, y persuadir, que el gobierno trata de hostilizar a ese pueblo, y que con este objeto ha mandado la tropa que se ha detenido con grave perjuicio de la hacienda pública en la Cofradía.

Estas especies no tienen verosimilitud ninguna. El Jefe del Estado ama a Tegucigalpa, desea los progresos de sus habitantes: trabaja incesantemente en ellos: no tiene la menor queja del pueblo; y por consiguiente no está en el caso de tomar providencia ninguna contra él. Pero aun cuando la tuviese y fuese necesario tomar providencias, no hubiera mandado un número tan pequeño de hombres, teniendo que pasar por esa para Nicaragua, de orden del Presidente de la República, trescientos hombres, que estarán a disposición de este Gobierno, y pudiendo reunir en esta ciudad, y en todo el Valle, a golpe de caja el número de gente que quisiese.

Ciudadanos: no os dejéis alucinar: no os dejéis engañar de vuestros enemigos mismos, de los que han retardado hasta ahora la prosperidad de Tegucigalpa, de los que viéndose perdidos quieren envolver a todos los vecinos honrados en su ruina, de los que hace tiempos os invitan a la revolución y al desorden, y que sienten que ese pueblo honrado, y juicioso no experimenta todos los males que ha experimentado el de León.

Tened confianza en el Gobierno: tened confianza en sus providencias, que no son jamás dirigidas al mal: tened confianza en sus palabras; y si sabéis que alguna vez haya engañado a alguno, manifestadlo, y no me creáis. Pero si por el contrario, mi conducta ha sido franca: si tengo la satisfacción de poder decir que nadie ha recibido mal de mí; creedme: no os ocupéis en interrumpir las providencias del Gobierno: no deis pasos que os desacrediten, y mancillen el buen nombre que habéis adquirido: no pongáis al gobierno en la necesidad sensible de dictar las providencias que exije e orden público y que le prescribe la ley. Los gobiernos de todos los Estados, y el de la Federación, caminan de acuerdo con el de

Honduras para conservar el orden, y no permitir sea perturbado en ninguno de los pueblos de la República.

Dada en Comayagua a 9 de septiembre de 1825.

DIONISIO DE HERRERA

DISCURSO DEL PRIMER JEFE SUPREMO DE HONDURAS EN LA INSTALACIÓN DE LA PRIMERA ASAMBLEA ORDINARIA DEL ESTADO

Asamblea Ordinaria:

La Asamblea Constituyente abrió sus sesiones en Cedros, las continuó en Tegucigalpa y las cerró en Comayagua en diciembre del año anterior.

Desde este momento sus tareas pertenecen sólo al tribunal de la opinión pública, y en él van a ser juzgadas con la severidad de la razón fría y tranquila. No tienen las pasiones, no tienen los partidos, no tienen los intereses privados influjo alguno en los decretos de este tribunal irrefragable. En su justa balanza sólo se pesan el bien o el mal que hayan hecho, el esmero o descuido con que hayan llenado sus deberes los Diputados y la suma de felicidad o de desgracia que hayan causado o preparado a los pueblos, sus comitentes.

La Asamblea Ordinaria abre sus sesiones después de un receso que pudo sumir a los pueblos en un abismo de males y que es consecuencia natural de que el espíritu público aún no ha llegado al grado de perfección a que debe llegar, para qua la independencia y las instituciones que hemos adoptado produzcan todos los bienes que deben producir y que columbramos aún a distancia harto remota.

Es dado a los legisladores de un gran pueblo abreviar el camino y llegar al término de la carrera en un tiempo más corto que el que parecen demandar los obstáculos que se presentan por todas partes y las combinaciones de espíritus pequeños, apáticos, e intereses que causan tantos atrasos a la prosperidad pública como los enemigos de ésta.

¿Y por qué Honduras ha de caminar con tanta lentitud, teniendo elementos para marchar a la par de los primeros estados? Volved la vista, ciudadanos legisladores, a esa área inmensa comprendida desde el Atlántico al Pacífico. Ella es habitada por hombres que conservan en la mayor parte su inocencia primitiva, y que se hallan dispuestos a recibir las mejores impresiones. No han sido corrompidos por vicios destructores ni por revoluciones desastrosas. Se han hecho siempre distinguir por sus talentos, por su carácter y por sus virtudes. Nada más les falta, para no ser inferiores a los habitantes de la Ática y del Lacio, que los medios de ilustrarse y de desarrollar toda la energía de su genio.

Ved esos campos en que parece que la naturaleza ha querido ostentar su poder, ya en la variedad de producciones, ya en la fuerza y vigor de su vegetación. No necesitaríamos que los dominadores de las orillas del Indostán nos trajesen el té, la canela y la pimienta, arrancándola allá por la fuerza, y dándola a nosotros por el engaño. Nuestros campes bastan para surtir al África de aromas y perfumes, al Asia de plantas medicinales, a la Europa de tintes y de frutos que no deben temer la concurrencia de ningunos otros. Nada nos falta más que brazos y fomento; lo uno y lo otro puede proporcionar la Legislatura.

Ved nuestras montañas, que parecen creadas para mitigar los ardores del sol. Ellas son el depósito de todos los minerales. El oro y la plata son, respectivamente, entre nosotros, más abundantes que en el Perú y en México. Nuestras inmensas masas de hierro harán buscar al sueco y al vizcaíno otra clase de industria. Nuestras minas de cobre son abundantes, y nuestro cobre tiene mayor precio en los mercados por la mucha cantidad de oro con que está mezclado. Hay muchas minas de estaño y de plomo: se ha descubierto de azogue: son conocidas algunas de varios semimetales; y llegará el tiempo en que el sexo hermoso de Europa se adorne con nuestros diamantes y piedras preciosas. El amianto y tierra sellada de nuestros minerales, que sirven, el uno, para el lujo de opinión, y la otra para aliviar a la humanidad, no serán la posición exclusiva de los poderosos porque Honduras los producirá en tanta abundancia que perderán el prestigio de la rareza. Brazos, conocimientos y caudales son los agentes que sacarán de las entrañas de la tierra tan grandes e inmensos tesoros. La Europa nos ofrece en abundancia estos poderosos agentes: el Gobierno no ha indicado diversos medios: hay en la Secretaría de la

Asamblea propuestas de varias casas extranjeras, y ella puede hacer que estos bienes sean perdidos para los hijos de Honduras o que pueden muy pronto gozar de ellos.

Nuestros grandes ríos fertilizan los campos y pueden dar impulso grandioso al comercio de toda la República. La navegación del Ulúa ahorra tiempo, fletes y riesgos: el Aguán facilita la comunicación y socorros de Olanchito y Trujillo, puntos que interesan a la República por su seguridad: el Guayape y el Guayambre, regando a un tiempo, por los campos, el oro y el limo más precioso que el oro, facilitan los transportes en lo interior del Estado, la conducción de máquinas a varios minerales y la exportación de los departamentos más distantes de los puertos del Norte. Hay otros ríos de menos nombradía; pero que todos ellos facilitan al traficante y al viajero sus empresas y le compensan los grandes obstáculos que lo quebrado del terreno les oponía. Pero sólo la mano del legislador puede allanar las dificultades que la naturaleza y el Gobierno antiguo opusieron a esta parte de nuestra felicidad. Dictar las providencias que quepan en sus atribuciones: solicitar de la Federación las que la ley ha reservado a esta parte de nuestra soberanía, es un deber de la legislatura de Honduras.

Nuestros hermosos puertos del Norte, las seguras ensenadas del Sur, que pueden dar abrigo a muchos buques... pero no trato de hacer la enumeración de todas las fuentes de riqueza que posee este Estado privilegiado por la providencia y por la naturaleza. En cuanto vió Colón en todos los países que pisaron los inhumanos Pizarro, Almagro, Cortés y Alvarado, por nuestro mal, no se da un Estado que reúna todas las ventajas y proporciones que el de Honduras.

¿Qué falta, pues, a éste para ser el primero de los de la América? Nada absolutamente, nada le falta más que lo que puede darle esta Asamblea: buenas leyes, y esto es todo lo que demandan y esperan doscientos mil habitantes, que la han reunido, la sostienen, y la respetan y han depositado en ella su poder; poder soberano, el mayor y más precioso de todos los poderes.

La ley que forma los vínculos de la sociedad: que señala los derechos y prescribe los deberes: que cría los diversos poderes que la gobiernan: que, teniendo un origen divino, es la fuente de donde emana toda justicia y toda felicidad en el orden social, será obra de la Asamblea que con este fin ha sido reunida.

Son muchos los objetos que reclaman su atención. El Gobierno que ha meditado los atrasos del Estado: que ve sus necesidades y desea ardientemente su remedio, indicará los más precisos.

Todos los departamentos de la administración pública demandan leyes organizadoras. Se ha creado un Gobierno que la Constitución de la República prescribe: se ha fijado la base de sus atribuciones; pero debe vacilar en su aplicación y en la inmensa ramificación de su poder.

Los Gobiernos de los Estados están muy distantes de haber sido instituidos para decretar por rutina el cumplimiento de las leyes, comunicarlas a los funcionarios a quienes corresponda y dar y quitar los empleos. Tienen otros deberes, son otras sus atribuciones, grandes en su extensión y de un influjo decidido en el orden, en la paz, en la seguridad, en la prosperidad de los pueblos, en la respetabilidad del Estado, en sus relaciones y atingencias con los otros Estados, en su propia administración y en la administración de los demás funcionarios; pero el Gobierno de Honduras carece de norma, de los reglamentos tan necesarios para saber la senda que debe seguir en cada ramo y hasta que punto debe dirigir su inspección, su celo y sus providencias: carece, sobre todo, de conocimiento de los puntos de contacto en que se tocan todos los poderes, en donde acaban las facultades del uno y comienzan las del otro, que aseguran la independencia de todos, mantienen el equilibrio y la armonía, y los estrecha para provecho de la sociedad.

A esta falta se añade la de los demás elementos que constituyen un Gobierno: elementos precisos, y sin los cuales, las leyes más benéficas serían tan poco provechosas como las de la República de Platón.

Organizado el Ejecutivo, fijados sus deberes y señalados los medios y facultades con que debe llenarlos, su primer elemento en la fuerza, elemento terrible y que ha producido tantos bienes como males; pero que es menos peligroso en la clase de gobierno que se ha adoptado, que en ninguna otra; pero necesario mientras los hombres no sean todos justos y los Gobiernos todos razonables.

La fuerza de Honduras se halla enteramente desorganizada. El Gobierno ha indicado repetidas veces este mal y el remedio que ha creído conveniente. Si se quiere que existan los poderes, autoridades y funcionarios: que éstos puedan obrar con arreglo a las leyes: que éstas sean cumplidas: que los jueces n0 teman dar una sentencia; y no se vean en la necesidad de contemporizar a un tiempo con el que reclama el castigo del delito, como con el delincuente, es necesario que haya una fuerza.

Pero no basta que la ley la críe. La Asamblea Constituyente conoció la necesidad de su existencia. Es necesario que el Estado sostenga esta fuerza, y para su existencia como igualmente para la de todos los demás empleados y funcionarios, debe haber Hacienda Pública.

La Hacienda en un Estado independiente y soberano es el elemento más necesario, porque es el que da vida a los otros. La de Honduras, después de la dilapidación vergonzosa en que estuvo por muchos años, entregada a manos muy impuras, tuvo que hacer frente a los gastos que causó la división de las dos provincias que forman hoy el Estado. Cuatrocientos mil pesos se gastaron, por lo menos, en saber si la provincia de Tegucigalpa debía estar sujeta a la Junta Provincial de Comayagua, y al que entonces gobernaba a nombre del rey de España, o si tenía derecho para adoptar el acta de 15 de septiembre proclamada en Guatemala. A este desorden que no fué de los pueblos, como se ha querido decir, sino obra de intereses particulares, siguió la centralización de las rentas más productivas, la arbitrariedad y dilapidación de las que quedaron al Estado, la ley que decretaba nuevas erogaciones, los obstáculos que se oponían a los nuevos impuestos, la resistencia de los pueblos, la apatía de los funcionarios y el temor de la Asamblea Constituyente en arreglar este ramo.

Si se añade a todo esto la circulación de las malas monedas de que se ha hecho un tráfico vergonzoso, en que sólo la Hacienda Pública ha perdido, se verá la multitud de causas que han influido en su decadencia y que tiene gravadas las rentas de los años siguientes y no presenta otra cosa con claridad a los ojos del espectador, que un déficit espantoso en medio de un caos que todo lo obscurece.

Ha manifestado el Gobierno diversas veces la necesidad del arreglo de esta parte de la administración pública. Ha querido que se reduzca a un sistema, como debe serlo, y no a una máquina tan complicada cuyos resortes enmohecidos por el tiempo y debilitados por la violencia de su acción, no es compatible en ningún aspecto con el nuevo orden de cosas, ni con los principios de la ciencia económica. Ha trabajado incesantemente por el establecimiento de la Casa de Moneda, o por perfeccionar siquiera la acuñación provisional. Hizo cuanto dependía de sus facultades para la acuñación de millón y medio de pesos decretada por la Asamblea Constituyente, necesaria para el arreglo del Estado, para dar impulso y fomento a todos los ramos de prosperidad de que abunda el mismo Estado, y precisa para sostener el sistema, no ya porque sea el mejor, sino porque es necesario para sostener la independencia.

Documentos de todo encontrará la Asamblea en su Secretaría. La Memoria del Ministro dará una idea de los trabajos del Gobierno en esta parte; y las nuevas comunicaciones que se hagan, manifestarán todos los datos sobre que deben caer las resoluciones de la Legislatura.

Tiene esta materia un estrecho enlace con el arreglo que debe hacerse sobre las obligaciones y facultades de los Jefes Intendentes de los departamentos. Ellos son los ejes principales del Gobierno, ya en la recaudación y manejo de las rentas del Estado, ya en la economía interior de los pueblos. Son nombrados algunos de los que deben desempeñar estas altas funciones; pero ni la escasez del Erario permite, por ahora, el nombramiento de los demás, ni ellos pueden conocer la órbita de sus facultades, pues no se han designado, y se ven en la necesidad de tocar en uno de los extremos, ambos perjudiciales, o el de la arbitrariedad, o el de la inacción; y esta materia demanda con preferencia la atención de la Legislatura.

El Consejo de Estado, este cuerpo conservador que vigila sobre el cumplimiento de la Constitución, que participa a un tiempo del Poder Legislativo y del Ejecutivo, tiene en lo general demarcadas sus facultades, mandado a instalar un día después de instalada la Legislatura; pero mientras carezca de un reglamento, sus funciones deben ser embarazosas y carecen de la precisión y del orden con que deben ser llenadas.

Pero si en esta parte se halla incompleta la Administración del Estado, en la del Poder Judicial, de este poder tan necesario a los otros poderes para su conservación, que teniendo tan inmediata trascendencia en el orden, en la seguridad y en la prosperidad de los ciudadanos, es la más firme garantía de sus derechos, que aplicando la ley a los hechos particulares y públicos de los individuos, decide de su suerte y de su vida, puede decirse que es enteramente nula, la más desarreglada y la más incompleta.

Todo el Poder Judicial está comprendido desde las funciones del Alcalde que concilia hasta las de la Corte de Justicia que decide en última instancia. Algunas leyes antiguas que no han sido derogadas, pero que se resienten de los efectos del tiempo, del lugar y del sistema en que fueron dictadas: la de 9 de octubre del año de 12 dada por las Cortes de España, poco compatible con nuestra situación y Gobierno, y algunas providencias parciales dictadas por la Asamblea Constituyente, es cuanto existe entre nosotros para arreglar el Poder Judicial conforme a los principios sancionados en la Carta Federal y en la particular del Estado.

Cómo no han sido fijados hasta ahora los datos que deben tener los Alcaldes conciliadores, se ha creído que por la pequeña cuantía de los asuntos en que deciden, cualquiera puede ejercer sus funciones; sin acordarse que es grande el número de los asuntos en que lo ejercen: que la conciliación (este acto que recuerda el origen de las sociedades, y que comenzó en donde concluyó el furor del hombre insocial), recae sobre el máximo o el mínimo de los intereses: que la cuantía en las decisiones es siempre relativa y no absoluta, y que siéndolo tan grave y funesto, puede ser el mal de la ignorancia y de la injusticia del juez conciliador como la del tribunal superior; y se ha mirado con el más alto descuido el primer paso que decide de la paz y de la suerte de las familias, y se ha creído que sin propiedad y sin ilustración pueden ejercer tan importantes funciones.

Concluida la conciliación, el ciudadano ignora quien es el juez ante quien debe ir a reclamar su derecho, y si lo sabe, tiene para hacerlo, que caminar muchas leguas, que sujetarse a un juez hecho por elección, pero en la que él no tuvo parte ninguna, que ignora casi siempre las fórmulas y trámites de un proceso, que no tiene a quien consultar aunque desee el acierto, y que teniendo otros funcionarios lucro en el ejercicio de sus funciones, el Juez de 1º Instancia, al trabajo y odiosidad que trae siempre consigo el desempeño de las suyas, tiene que hacer gastos que el Estado no hace por él. De aquí es que en las causas civiles casi siempre se arruinan las partes, y hace muchos años que no se ha castigado en Honduras a un criminal. Al asesino, al revolucionario y al ladrón, se les ve muchas veces sentarse al lado de sus jueces.

Se halla nombrado el de 2ª Instancia; pero él mismo no sabe a qué atenerse, porque no se han detallado sus facultades.

Se mandó instalar la Corte Suprema de Justicia; pero recayó la elección de sus individuos en personas que, o no han querido admitir, o si han admitido, no han venido a ejercer sus funciones en ninguno dé los diversos términos que se han fijado, y por decirlo, de una vez, no existe ninguna de las partes que deben componer el Poder Judicial.

Tal es en compendio el cuadro que el Gobierno ha creído un deber presentar a la primera Legislatura ordinaria. Él es melancólico y funesto; pero es cierto en toda su perspectiva. La Legislatura debe volver a él la vista con toda preferencia: debe organizar en todas sus partes un poder, que partiendo de principios más generales que ningún otro, necesita de detalles más extensos, más demarcados y fijos.

He dado una ojeada a los diversos ramos de la administración pública y que constituyen un Gobierno en su más lata acepción. He manifestado los males de que adolece el de Honduras: he procurado indicar su remedio. La Secretaría de la Asamblea abunda en datos que ha pasado el Gobierno: yo veo esta misma Asamblea compuesta de hombres que han merecido la confianza de los pueblos, que se hallan animados de los sentimientos que hacen nacer el celo, la gratitud, el honor, el amor a la patria y a la humanidad.

El Jefe del Estado que ha hecho el juramento más solemne de cumplir sus deberes en toda su latitud: que al hacer este juramento no hizo otra cosa que satisfacer los votos de su corazón: que nada desea con más ansia que ver felices a los pueblos a quienes ha debido la mayor confianza y las pruebas menos equívocas de su amor, ofrece de nuevo consagrar todos sus pensamientos al bien de la patria y coadyuvar a las miras benéficas de la Asamblea.

En ella ve el Gobierno la salvación del Estado: en ella ve uno de los primeros baluartes del sistema y de la independencia: en ella ve la fuente primera de donde van a fluir y derramarse, hasta los últimos pueblos, la paz, la ilustración, la riqueza y la felicidad.

Las circunstancias son felices. Es ya pasado el tiempo de la anarquía y del desorden: se aumentan cada día en Honduras los amigos del orden: se multiplican los recursos naturales: los demás Estados se hallan perfectamente constituidos: el Gobierno puede ofrecer a la Asamblea poderosos auxilios de los Estados de El Salvador y Guatemala, que volarán al momento de la necesidad como lo han ofrecido; y a pesar de la situación de Nicaragua y de la distancia del de Costa Rica, puede contarse con los suyos cuando la urgencia los demande. Nada tiene que temer la Asamblea al emprender su marcha. Todo convida a ejecutarla con utilidad y decoro.

Yo felicito a la Asamblea por el bien que se promete hacer y que todos esperan con ansia: la felicito porque supo allanar los obstáculos de toda especie que estorbaban su reunión: la felicito a nombre de todos los pueblos del Estado. Si el recelo de la Legislatura hizo temer la anarquía, el desorden y todos los males, la instalación de la Asamblea ordinaria hace desaparecer aquellos temores y conservar las esperanzas más lisonjeras.

Yo me gozo con ellas: La perspectiva risueña que se me presenta, penetra mi alma de la más dulce emoción. Yo siento la del Ministro del Altar en el fomento y conservación del culto de nuestros mayores: siento la del labrador que va a aumentar sus cosechas, porque se cree seguro de que con ellas aumenta la subsistencia de su numerosa familia: siento la del comerciante que calcula nuevas empresas, porque no teme que la revolución ni un Gobierno destructor le priven del fruto de sus afanes: siento la del padre, que ve en sus hijos el báculo de su vejez y la columna del Estado; la del ciudadano que conoce todo el precio de la libertad y el valor de los deberes que le hacen gozar: siento finalmente, y me glorío en los bienes inmensos que las futuras generaciones van a disfrutar en el suelo de Honduras.

El día 5 de abril de 1826 es en el que comienza la época de la felicidad del Estado, y este día lo consagraré siempre a los recuerdos más dulces. Los hijos de mis hijos lo celebrarán penetrados de júbilo.

Comayagua: 5 de abril de 1826.

DIONISIO DE HERRERA

FACSIMIL DE LA FIRMA DE DON DIONISIO DE
HERRERA.

CASA QUE FUE DE DON DIONISIO DE HERRERA QUE PASÓ POR VENTA A DON RAMÓN MIDENCE QUIEN LA ENAJENÓ AL GOBIERNO DE HONDURAS, SU ACTUAL PROPIETARIO.

CORRESPONDENCIA EPISTOLAR DE DON DIONISIO DE HERRERA AL PADRE MÁRQUEZ
I

Tegucigalpa, Abril 21 de 1828.

Mi amado Francisco:[146] Deseo que tu viaje haya sido feliz, que te mantengas sin novedad y que vuelvas pronto al seno de tu familia y amigos.

Desde tu salida han ocurrido mil cosas. Todas muy interesantes. Soy ocupadísimo y no puedo decírtelas como deseo. Los oficios que he circulado te manifestarán alguno, y yo no añadiré, sino que tenemos Cortes en Guatemala, y que creo que no les sucederá loque a las anteriores. Han venido invitaciones de la Junta de Oaxaca y de los Generales Echavarri y Bravo contra la tiranía; ya debes suponer cuál es la contestación. Parece, gracias a Dios, que hemos salido bien nosotros.

De Comayagua se nos invita a una Junta de individuos de los Ayuntamientos, ponderando las fuerzas del Emperador y las ventajas del Ministerio de Valle. Se contesta con energía, manifestándole el verdadero estado de México, y que ni el Congreso ni el Emperador de aquella capital se quieren reconocer, ni por los pueblos ni por el ejército: que los Ayuntamientos ni ninguna otra autoridad constituida tienen facultades para decidir en asuntos que sólo corresponden a la Soberanía; y que aunque se desean los adelantamientos de Valle, Tegucigalpa, si éste fuese Emperador, no contestaría de otro modo, ni antepondría jamás intereses individuales ni de ningún pueblo al bien general.

Adiós. No hay novedad en tu casa. Te saludan Próspero y Micaela. Soy tu amigo.

DIONISIO.

---

[146] Como estas cartas son muy copiosas, omitiremos la fórmula de cortesía que llevan dichas cartas.

II

Mis intenciones desde que te fuiste han sido de pelear con vos, y de decirte muchas injurias; pero está el tiempo mal para pelear, y vos en Texíguat me llevas mucha ventaja.

Te escribí a Orica, y no habrá llegado mi carta a tus manos; voy ahora a darte noticia de las últimas ocurrencias.

Filísola y Milla (don Santiago) me escriben y me comunican iguales noticias. Te incluyo la papeleta original que me remitió el primero. El segundo me dice que Bravo salió con novecientos hombres custodiando a Iturbide para Tulancingo. La abdicación de Iturbide está en un tono muy humilde. Dice que respeta la voluntad nacional: que se expatría para evitar todo motivo de sospechas, y pide se paguen algunas deudas que contrajo con sus amigos, etc., etc.

Ya las cosas de León las sabrás, y omito hablarte de ésto. En Comayagua hay gran división. Se dice que el Cabildo Eclesiástico, la mayor parte del pueblo y otros son por el Congreso de Guatemala. Los Lindos y otros pequeños partidos son en contra. Estos desterraron a Lope Izaguirre a Omoa, porque hacía partido por Guatemala. Están sostenidos por los caribes; pero éstos saldrán muy pronto por falta de dinero, pues Lindo mandó aquí a vender una barra de plata, y aunque había quien la comprara, se le contestó, que aquí no corría más dinero que e del nuevo cuño, y que éste no le servía en aquella ciudad. Romero le escribe al Factor, y en el sobre le pone: FACTOR DE LA FACTORIA DE LA CAPITAL DE TEGUJCIGALPA, y en el otro lado le dice, que tiene razón para ponerle así, y que luego le explicará el motivo. Ya lo veremos. Se dice que el Rdo. P. Martínez ha escrito aquí a don J. C. que por real orden han armado los españoles muchísimos barcos en corso, declarando por buena presa todo buque que diste menos de tres leguas de la costa, y que han cogido ya cuarenta y dos buques de Colombia; que a más de ésto, han venido municiones de guerra a La Habana. Generalmente se cree falsa esta noticia, y algunos presumen que podrá haber algo, pero contra los piratas. No hay novedad en tu casa: voy a ella con frecuencia.

Hoy se ha celebrado la elección de partido. Han salido por electores tu hermano, el mío, Morazán, Reyes, Ugarte (don Juan Antonio) y el P. Cura. Había otros pequeños partidos. El pueblo estaba decidido a asistir a la elección de Diputados, pero parece que teniendo confianza en los electos, no asistirá. A mí me gusta mucho que los pueblos tomen interés en ésto. He sabido que hay en Walis muy buenos libros, y he hecho encargo de los mejores. De Guatemala me han remitido un cuaderno con algunos discursos buenos sobre Gobierno y la Constitución de los Estados Unidos, impreso en Fhiladelphia. Ha andado de mano en mano, y yo aun no lo he leído por mis ocupaciones; como lo lea, te lo remitiré.

Adiós. Soy tu amigo.

DIONISIO DE HERRERA.

Te saluda Micaela.

III

Tegucigalpa, Mayo 22 de 1823.

A pesar de que don José Antonio habló mucho para que no se te éligiese, y de que no dejó de haber sus pequeños partidos, como los hay en toda elección, tú saliste electo Diputado; y si no hubieras salido, no sé qué hubiera habido, pues DON PÓPULO, aunque no fué a votar en las elecciones, asistió a todas ellas, y principalmente en las de partido y de Cortes hubo un concurso extraordinario. Por fortuna los electores fueron de acuerdo con el pueblo, e hicieron la elección a gusto de todos o de los más, y ha sido celebrada ésta con entusiasmo general. Yo no te doy enhorabuenas porque no debe haberlas entre dos amigos que se estiman y se conocen como nosotros.

Por México las cosas van muy bien. Iturbide abdicó la corona, y se halla en Tulancingo con mil hombres de guardia al mando de Bravo. De México me dicen que por los Diputados de estas provincias se había hecho proposición para que se separasen de aquella nación, y que seguramente se acordaría la separación.

De Guatemala me escriben que ya está acordada, y que no hubo más opuestos que Beltranena, Montúfar y Arroyave.

Los Diputados de Guatemala son los célebres Barrundia y Molina: suplente Azmitia. Por la Antigua, el Presbítero Castro, el Doctor Alcalaya, él señor Dávila y un tal Centeno. Por Chimaltenango el Doctor Cañas, el Licenciado Estrada y don Luis Barrutia. Con el último parece no están muy contentos. Por San Salvador, los señores Delgado, Arce, Jiménez y Calderón; suplentes, Cuéllar y Sosa. Por Olancho, don Francisco Xavier de Aguirre.

No andan bien las cosas en Guatemala. Me dicen lo que sigue: "Toda la División mexicana ha visto con desagrado la acta del Jefe, a pesar de estar cierta de que no hay ya tal Emperador. Los liberales hin sufrido y sufren a cada paso insultos de los soldados, y nadie es libre para gritar la independencia y libertad de Guatemala. Cuando se publicó dicha acta pusieron muchos un listón verde al sombrero, con esta inscripción: "La gratitud de Guatemala por el triunfo de su Libertad", y en el mismo día hubo sus muertos y heridos, por manera que a ninguno se ve ya con aquella divisa. El Coronel Pozo dió a la Imprenta una proclama muy subversiva para la tropa, y firmada por la oficialidad. En ella manifiesta que les conviene no evacuar esta capital, como entendían quería disponerlo el Gobierno: que no permitieran se junte en ella el Congreso, ni obedecieran las providencias, y que saldrán del Reino cuando sean llamados por el suyo. Filísola no pudo evitar que circulase, y sólo consiguió anotarla. Tememos justamente una revolución en que sean sacrificadas muchas víctimas".

En vista de todo, ha acordado el Ayuntamiento de ésta, oficiar a Guatemala que no mandara sus Diputados hasta que hayan salido las tropas mexicanas de Guatemala o se sepa que se han adherido a nuestra causa.

Adiós. Te esperamos con ansia, y ya quedo dando providencias de tu viático.

Soy tuyo.

DIONISIO.

IV

Tegucigalpa, junio 3 de 1823.

En contestación del oficio de V. S. de 26 del próximo anterior, debo decir: que la opinión pública no va de acuerdo con la de V.S., sobre si es a propósito o no para Diputado; que la Constitución no requiere otras cualidades que la de ser mayor de 25 años y estar en el ejercicio de los derechos de ciudadano; que la misma Constitución previene que nadie puede excusarse de estos encargos; que habiendo causa, al Congreso mismo toca graduarla y aclarar si debe ir el Suplente. Finalmente, los votos de todos: el interés de la Provincia, y el de la Nación exigen la pronta marcha de V. S., y reclaman su asistencia en el Congreso, a pesar de los sacrificios que sea necesario hacer para verificarlo.

Dios guarde a V. S. muchos años.

DIONISIO DE HERRERA.

V

Señor Diputado don Francisco Antonio Márquez.

Tegucigalpa, junio 3 de 1823.

No tiene remedio: has de ser diputado, porque así lo quieren los electores; porque así lo quiere el pueblo, y porque no tienes excusa ninguna legal. Próspero no debe ir sino por disposición del mismo Congreso, y fuera de esto, hará sus esfuerzos por no ir, por no estar muy alentado y por hallarse sus negocios muy enredados, y, sobre todo, porque no tiene las luces, principios ni expedición necesaria para el caso.

Con fecha 22 del anterior, escriben que había en Guatemala más de cuarenta diputados, y que se preparaba la Universidad para las sesiones del Congreso. El de México ha decretado ya, según se dice, la separación de estas Provincias de aquella Nación. Aseguran que no se opusieron más diputados que Beltranena, Montúfar y Arroyave. El diputado de Olancho es don Francisco Aguirre. De Comayagua o de sus diversos partidos son muchos, cuyos nombres me son desconocidos. Se dice que para aquella ciudad lo son el señor Irías y Bosque. Nada sé con certeza de esto.

He tenido cartas de León en que se me asegura estar aquel país perfectamente quieto. Granada está separada de León en lo económico y gubernativo; pero mandará sus diputados al Congreso de León, y al fin, según se me asegura, toda la Provincia de Nicaragua mandará sus diputados al Congreso de Guatemala.

He visto papeles publicados y proclamas de México, en que se hacen elogios de los esfuerzos de Tegucigalpa por su libertad.

Se dice en cartas de Guatemala que el señor Filísola y su tropa han sido llamadas a México, y que saldrán el 12 del corriente. También se anuncia que quedará de Capitán General el señor Delgado.

De México he recibido cartas y oficios atrasados. Nada contienen que no sepamos. Lo único nuevo para mí es el dictamen de una comisión especial nombrada sobre la abdicación del señor Iturbide. Es un papel bueno, y concluye proponiendo ocho artículos que verás en la papeleta que te incluyo; de los cuales han sido todos aprobados por el Congreso, menos el II que volvió a la Comisión para que lo redactara.

He visto el acta celebrada en Comayagua, contiene cinco artículos para formar la unión o reconocimiento del Congreso de Guatemala. El primer artículo dice que no reconocen el Supremo Gobierno de México, compuesto de los generales Negrete, Bravo y Victoria; y que reconocen el Gobierno de Guatemala mientras vuelve a ocupar el Trono el señor Iturbide, porque no pueden faltar al juramento de fidelidad que le han hecho. Sesenta y tantos diputados suscribieron la acta; pero del primer artículo se separaron los diputados de Los Llanos, Gracias y Sensenti,

Micaela y Próspero te saludan.

Te remito la pieza de olán, doce varas crea azul y diez cuadernillos de papel que pides.

Tuyo, DIONISIO.

La Constitución del Norte de América anda de mano en mano. Te la mandaré en primera ocasión.

VI

Por el último correo, me dice el muy ilustre señor don Vicente Filísola, que se había señalado el 9 del corriente para celebrar las primeras juntas preparatorias del Soberano Congreso, y me encarga que los Diputados de esta Provincia emprendan su marcha a la mayor brevedad posible.

Las cartas particulares venidas por el mismo correo, manifiestan también la falta que hacen nuestros Diputados y la necesidad de su reunión a los demás del Congreso. Lo hago presente a V. S. a fin de que apresure su viaje cuanto sea posible, bajo concepto de que quedo tomando providencias para facilitar el viático necesario.

Dios guarde a V.S. muchos años.

Tegucigalpa, junio 29 de 1823.

DIONISIO DE HERRERA.

VII

Señor Diputado don Francisco Antonio Márquez.

Tegucigalpa, junio 29 de 1823.

Parece que debes emprender pronto tu viaje. Filísola escribió al Ayuntamiento, manifestándole que eran vanos sus temores; y el Diputado Molina y otros escriben lo mismo. Vente, pues, pronto, si emprendes de aquí tu marcha.

Te remito ese cuaderno, que contiene cosas muy buenas, y entre ellas la Constitución de Norte América. Aun no me la han dejado leer, por lo que espero me la remitas inmediatamente que la leas. Tengo también la Constitución de Colombia, que te remitiré en primera ocasión. Me han venido otros papeles interesantes, pero los prójimos no me han dejado ni leerlos, cuando me los vuelvan te los remitiré.

León ha elegido ya sus diputados, sin esperar el Congreso a que habían convocado, ya no tendrá efecto.

Granada y León no se hallan acordes, y puede haber algún rompimiento, que todos atribuirán a Ordóñez. Este me escribió en términos muy afectuosos, ofreciéndome sus empleos, tropas, etc. Yo le he contestado en términos bastante francos y afectuosos, y haciéndole bastantes reflexiones sobre el honor y gloria que le resultará de hacer cesar los partidos y divisiones entre aquellos pueblos. Yo insto al Gobierno sobre la pronta reunión del Congreso, como único medio para hacer cesar las divisiones y partidos. En ningún tiempo me ha parecido más peligrosa la situación del Reino como en el presente.

El Congreso de México ha declarado traidor al que diga Viva Iturbide, o fomente de algún modo partido a su favor. De Comayagua me escriben que el ex—Ministro Herrera se halla con un ejército a favor de Iturbide en la Provincia de Tejas; que la guarnición de Tulancingo se ha declarado a favor del mismo, y que el Ejército Libertador deserta diariamente. Pero otros escriben que ya S. M. I. se halla surcando los mares para Italia. Dios dijo lo que será.

Los Embajadores de Francia, Austria, Prusia y Rusia presentaron un mensaje al Rey de España para que se aboliera la Constitución, y después lo hicieron a las Cortes, Se les mandó salir dentro de cuatro horas de Madrid, y a las ocho leguas declararon la guerra a nombre de sus Gobiernos.

Se cree que los franceses comenzarían las hostilidades en marzo. Los españoles se hallaban bastante preparados, pues tenían en la raya de Francia, en el ejército de reserva y en 54 guerrillas, 476 hombres, y quedaban alistándose doscientas lanchas cañoneras. Los ingleses se han manifestado neutrales; pero se hallan en sus puertos preparadas dos grandes escuadras, y algunos comerciantes de esta Nación han ofrecido a la España prestar cuarenta millones de pesos, y el Gobierno ha permitido a los ingleses servir a las naciones beligerantes, de cuyas resultas se han presentado a España muchos ingleses a servir. Algunos profetizan gran revolución en Francia a causa de que hay partido por la República, partido por la casa de Borbón y partido también por el hijo de Napoleón. Sea lo que fuere, el mundo está en movimiento, del cual puede resultar en mucha parte de él la destrucción de los tiranos y del fanatismo.

Estoy solo. Micaela se ha ido al Sitio a mudar de temperamento.
Soy tu afectísimo.

DIONISIO.

VIII

Tegucigalpa, julio 19 de 1823.

Es verdad que de allí tienes que andar menos camino quebrado que de aquí; pero en este tiempo y con tan riguroso invierno, prefieren todo el camino quebrado. Sobre todo, aquí deseamos muy mucho verte.

Recibí la Constitución de los Estados Unidos y te mando la de Colombia. Espero dentro de muy pocos días libros muy buenos. Leo actualmente el de las Ruinas.

He visto papeles muy buenos de Habana y de México, en que se habla con bastante libertad. Entre los de México, uno de Valle, en que prueba que ni es legítima ni conviene la unión de Guatemala a México. Se ha publicado el contrato celebrado entre el General Victoria y el dueño del buque que debe conducir al señor Iturbide a Liorna, y está muy asegurado. Las provisiones de boca son abundantísimas.

Di a mi señora doña Carmelita, cincuenta pesos el día que correspondía la mesada.

Descuida por lo que respecta a mi señora doña Antonia, pues es excusada ninguna recomendación.

Tengo ya conseguidos mil pesos para tu viaje, y hago esfuerzos para conseguirte más. Si no logro pronto otra cantidad, tendré cuidado de librártela oportunamente a Guatemala.

Deseo, y aun se me insta que tu viaje sea pronto, pero me parece conviene lo hagas por aquí.

Micaela está mejor y te saluda.

Se dice que de Guatemala han salido muchos de las familias... Los liberales son en gran número.

Es positivo que Segovia se ha separado de León y ha mandado elegir su Diputado para Guatemala, y aun tiene la intención, según se me dice, de unirse a Tegucigalpa.

Adiós, te espera tu

DIONISIO.

IX

Tegucigalpa, agosto 9 de 1823.

Recibí tu carta de 6 del corriente. Siempre escribes con laconismo y yo ahora encerrado entre cuatro paredes sin poder salir a la calle, por estar mercuriándome, quisiera tener largas cartas de mis amigos. Descuida de completo de los dos mil pesos y de lo más que sea necesario, para que no pases en Guatemala vida de anacoreta.

Es célebre la anécdota del Alcalde de Texíguat. Si hubiera imprenta aquí la imprimiría de buena gana. Es una bella lección, más útil que todas las leyes santuarias que se han dictado contra el lujo.

Desearía que tu salida fuese antes del 16. Haces falta en el Congreso para todo, pero, principalmente para los asuntos de la Provincia.

Se han presentado al Congreso varios individuos de ésta que residen en Guatemala pidiendo el cuño, a la Diputación Provincial. Para la decisión de uno y otro asunto hubiera querido que estuviesen Valle y Vos, pues puede no hacerse tal vez la cosa en los términos que conviene.

La Provincia de Tegucigalpa debe comprender lo que comprendía la Alcaldía Mayor de este nombre, y agregársele el partido de Segovia por su inmediación y por sus minas. El partido de Olancho debe también pertenecer a Tegucigalpa, por su inmediación, por sus relaciones íntimas de comercio y por haberse separado de Comayagua para nunca volverse a unir como consta de sus actas.

Los pueblos que de Olancho le restan a Comayagua no tienen 3.000 almas, y el partido, según los últimos padrones tiene más de 15.000.

Trujillo y Olanchito son también necesarios a Tegucigalpa, en primer lugar, porque esta Provincia debe tener un puerto y no hay otro sino Trujillo; en segundo, porque este puerto está más inmediato a Tegucigalpa, que a Comayagua; en tercero, porque voluntariamente se separó de aquella ciudad; en cuarto, porque Tegucigalpa puede sostener con toda clase de auxilios, principalmente con dinero a Trujillo, y Comayagua no puede; y en quinto, porque dependiendo Trujillo de Tegucigalpa dependerá de un pueblo más liberal, y en esto gana el Congreso, gana el Gobierno y gana la Nación, y no estará expuesta, o lo estará menos, a las empresas que pueden formarse en un punto tan a propósito como Trujillo.

Haré lo posible en servicio de las personas que me recomiendas. Las he servido sin tu recomendación, y no han pagado con ingratitud. Ahora las serviré con doble motivo.

Recibe expresiones de Micaela, y todo el afecto de tu amigo

DIONISIO.

X

Tegucigalpa, agosto 10 de 1823.

No hay más de pronto de que poder disponer que esa barra que va de valor de cerca de mil doscientos pesos. Bien puedes irte con ella, no te hará falta lo restante, hasta el completo de los dos mil pesos, pues ya los tengo seguros, y aun puedo añadir que será mayor la cantidad, porque conviene que el representante de Tegucigalpa no vaya pobre. Te hago esta advertencia, que no debía hacer, porque Rivera me ha dicho que no irás sin los dos mil pesos.

Nada he tenido de oficio, a pesar de que dos amigos me escriben de Guatemala diciéndome que no me mandan impresos, porque me los remite el Secretario Universal. No sé a qué atribuir la falta de ellos, sino a una equivocación fácil de suceder, o a la mala administración de las Estafetas.

Las noticias que he tenido son las siguientes: El Congreso ha abolido ya todos los tratamientos de Dones, Señorías, etc.

El Fiscal Tomás Horan es Jefe Político de Guatemala; Santiago Milla, Intendente de Hacienda; José V. Telasco, Secretario Universal, con cuatro oficiales mayores, cada oficial con dos escribientes. Es ya nombrado el Poder Ejecutivo, compuesto de tres individuos, que son los ciudadanos Manuel Arce, Pedro Molina, Juan Vicente Villacorta; Suplente por el primero es el Licenciado Antonio Rivera Cabezas. En la primera votación empaté con Villacorta. Se dice que fué viva la discusión, y que al fin se hizo salir a Villacorta, y se decidió que su primo podía votar en favor de él.

Me hace honor que se hayan acordado de mí y me alegro de no haber salido yo. Fué fortuna que no hubiese ningún Diputado de esta Provincia, de la de Comayagua y de León que acaso habrían sufragado por mí. Creeme. Deseo positivamente que haya por mi patria muchos honores que deben preferírseme.

Se ha aprobado en México la instalación del Congreso de Guatemala, y han recibido orden las tropas de Filísola, de que salgan de este territorio, y que entre tanto obedezcan las órdenes del Congreso. Se dicen que trataban de saquear la ciudad, pero que se tuvo aviso, y se prepararon la tropa del fijo y los morenos, y se pusieron sobre Palacio obuses y artillería competente.

Te remito ese impreso que acabo de recibir de México, remitido por Mayorga, quien me escribe con fecha 11 de junio haciéndome relación de la prisión y libertad.

Estuvo en ésta un italiano, hombre de luces, y buen hermano. Debe volver entre dos meses de Walis, y su vuelta será útil aquí.

Nada me ocurre más que decirte. No tengas ningún cuidado de tu casa. No tendrán necesidad ninguna ni disgusto, si no es que no quieren comunicarlo.

Te mandaré a Guatemala las instrucciones: falta de salud y la pasada a esta casa de los Avileses, me han impedido escribirte.

Te deseo un viaje feliz. Recibe expresiones de Micaela, y todo el afecto de tu

DIONISIO.

XI

Tegucigalpa, septiembre 24 de 1823.

Mi falta de salud y ocupaciones no me permitirían escribirte ahora, empero hay motivo urgente.

Habiendo escrito a ésa, quejándome de que no venían decretos de la Asamblea, se me ha contestado, particularmente, que se me remitirían por conducto del Gobierno de Comayagua. En efecto, éste me oficia con fecha 18 del que rige, remitiéndome los decretos, e insertándome oficio del Ministerio, en que se le manda me los remita, como Jefe Político Superior que es de la Provincia. No es posible explicarte la sensación que me ha causado esta determinación. Tú sabes muy bien la disposición en que se halla esta Provincia con respecto a la de Comayagua Por lo mismo, de acuerdo con el Ayuntamiento, o sea la Municipalidad, he suspendido la publicación de los decretos para evitar una revolución.

Todo lo hago presente en esta fecha al Ministerio, haciendo le presente que el Gobierno de España, la Junta Consultiva de Guatemala, y el de México, jamás quisieron obligar a Tegucigalpa a que sujetase al Gobierno de Comayagua y que los primeros la separaron enteramente, y que el Ministerio de México me dirigió directamente los decretos; que solamente por una Ley Constitucional puede Tegucigalpa agregarse a Comayagua, pero que si la Beatitud les viene por este conducto no será recibida con gozo para nadie. Interésate en esto si no quieres que haya con esta Provincia grandes trastornos, y que sus habitantes, por lo menos, pidan todos sus pasaportes para irse a vivir a las Costas del Norte, o a cualquiera otra parte. Si tú conoces como estas cosas.

Se dice que hoy o mañana entra Rojas, y aun pensaban muchos del pueblo, salir a recibirlo; pero presentarse al día siguiente, para que rinda cuentas y no ejerza el empleo que tiene. Sus imprudencias y conducta anterior y las amenazas pueriles que ha hecho desde esa Capital han irritado los ánimos de modo que ni a sus mismos paisanos se oye volver por él. Trabajo en su favor, pero no me promete el mejor resultado; pues acaba de asegurárseme, la cosa es más general de lo que yo creía.

Por lo demás no hay aquí novedad ninguna.

Tampoco la hay en tu casa y debes descuidar en esta parte, como si estuvieras presente.

Dime lo que necesitas para remitírtelo bajo el concepto que ya sabes que no se me incomoda. También sabes que a pesar de nuestra amistad, no te haría la menor oferta, si tuviese alguna solicitud.

La Municipalidad me ha exigido con fuerza las instrucciones. He hecho de ellas un extracto, para que no tiemblen las manos al firmarlas. Yo me olvidé a veces del país en que escribía.

Adiós.

DIONISIO HERRERA.

XII

Recibí tu carta de 22 del próximo anterior.

La providencia que se tomó en virtud de mi queja sobre falta de correspondencia oficial, fué la de que el Ministro por orden del Supremo Poder Ejecutivo dió orden al Gobierno de Comayagua, como Magistrado Superior, remitiese los decretos al subalterno de Tegucigalpa. Ya en mi anterior te hablé bastante en el particular; ahora te incluyo copia de la representación u oficio que con este motivo dirigí al Ministro General. Tú sabes, tan bien como yo, el estado de estos negocios. No hago memoria de lo que se te dió para dietas. Tú verás lo que debe dársete por viático. La asignación de mil doscientos pesos que señala el artículo I del Decreto de 23 de agosto es demasiado pequeña, con respecto al papel que deben hacer los Diputados, pero ella es conforme a la pobreza de un Estado que comienza ahora a formarse. Sin embargo, descuida enteramente, tanto por lo que respecta a tu familia como por lo que hace a tí. Nada te hará falta.

La Municipalidad te remitirá el extracto que he hecho de mis instrucciones. Sacaré éstas en limpio y te las remitiré.

Sigue mi falta de salud, y ya era tiempo de que trabajase en restablecerla para poder servir después con más fruto.

Si Lindo aseguró que Olancho se uniría a Comayagua, fue sin duda contando con el pequeño partido, que obra a favor del P. Zepeda, y que me parece impotente, principalmente por lo que respecta a los pueblos de Catacamas y de Manto.

Las noticias de España son muy varias. Sea lo que fuera, la gran tragedia de la Europa tarde o temprano acabará con la ruina de los Borbones. Este, a mi juicio, será el desenlace de todo.

No es posible explicarte la sensación que en mí y en algunos otros, hizo la funesta noticia de lo ocurrido en ésa el 14 y días siguientes del mes anterior. Las primeras noticias se recibieron aquí por el Gobierno de San Salvador y oficios de la Junta Provisional y Gobierno de Comayagua que ofrecía proceder de acuerdo con éste. En el mismo día reuní el Cabildo, quien acordó se hiciese al día siguiente junta del pueblo para informarles de lo sucedido. Se verificó ésta, y en ella hubo algunos que ofrecieron su persona y bienes en defensa del Congreso, pero a petición de otros se suspendió la Junta por ser poco numerosa, dejándose para el jueves 2 del corriente, en que se celebró y fué más numerosa que la anterior, aunque lo más de los asistentes eran de las reducciones inmediatas. Ya en este día había venido el correo, y no pareció necesario el auxilio, pero se leyó tu oficio, que fué celebrado y el extracto de las instrucciones.

He visto carta de México de mediados de agosto en que se manifiesta el estado deplorable en que se halla el ejército, en hacienda, en comercio, etc., etc., causando todos estos males las divisiones de los pueblos. Ojalá los nuestros experimenten en cabeza ajena.

No pudo tu oficio venir más a tiempo de lo que vino, y sirvió bastante a los amigos del orden para contener el partido que se levantaba contra Guatemala.

Valle y Arce hacen bastante falta, el uno para ayudar a pensar, y el otro para ejecutar. Dios nos los traiga pronto.

Está bien que en Ciudad Real hayan formado un Congresito y que tengan consideraciones al lado de México. Las divisiones y partidos en que se halla aquella Nación, y los progresos y moderación de nuestro Gobierno, juntamente con los pasos que la política dicta en estas circunstancias, deben atraer necesariamente a los habitantes de aquella provincia disidente. Si esto no es hoy, será mañana.

En León parece que no van las cosas tan bien como debíamos apetecer. Se dice que se han suspendido las hostilidades con Granada; pero el Obispo, primero con pretexto de su conciencia, después con el de que nuestra Asamblea sigue los mismos pasos de las Cortes de España en puntos de disciplina, se ha resistido al juramento y lo ha seguido una gran parte de su clero. Sin embargo, algunos eclesiásticos han prestado el juramento en manos del Gobierno Político. Los hombres, decía un filósofo, caminan primero por todas las sendas del error, antes de entrar en el camino de la razón.

La mayor parte de los pueblos no están en estado de conocer ni de desear lo que les conviene. Yo tengo muy presente aquella expresión de Carlos III, hablando de los habitantes de Madrid, cuando mandó asear y empedrar las calles de aquella Corte: son, decía como los niños que lloran cuando los limpian; pero no por esto deben desanimarse los amigos del bien. Es necesario trabajar. Bastante se ha conseguido hasta ahora. Los progresos de la razón aumentan siempre en progresión creciente.

Ya que se habla de esto te diré lo que me parece, que es lo mismo que decían mis instrucciones. Para sostenerse la Asamblea y el Gobierno no hay más fuerza que la de la opinión. Esta sólo se consolida por medio de la imprenta. Yo sacaría del fondo más sagrado lo necesario para establecer dos imprentas más al lado del Gobierno, y otras tres, lo menos, repartiría en las provincias, confiándolas y aun regalándolas, si era necesario, a personas de luces y prudentes, que escribiesen con moderación y con energía, según conviniere.

Habla sobre esto cuando puedas. O yo me equivoco mucho o este es el mejor medio de uniformar la opinión dividida, y de sostener el nuevo orden de cosas que trata de establecerse.

También hay otros establecimientos muy provechosos para el mismo objeto. Los han adoptado en Norte América, en La Habana, en España y en otras muchas naciones, pero necesita de mucha circunspección y miramiento al estado en que se hallan los pueblos.

Siempre que hablo contigo me extiendo demasiado, sin acordarme que ahora no estás ocioso como lo estabas aquí. Te prometo para otra vez ser más breve, si puedo.

No hay novedad en tu casa. Las imprudencias de algunos pusieron en gran cuidado a Nana Antonia; pero ya queda consolada con haber visto cartas tuyas por este correo.

XIII

Tegucigalpa, octubre de 1823.

Por lo que dices y por las noticias que me comunica el Secretario de Estado conozco el resultado que tuvo la temeraria empresa de Ariza. Sea en hora buena, pero no quiera Dios que las mismas medidas tomadas para cortar el mal produzcan embarazos mayores. Es tan delicada nuestra situación que para dirigir log negocios, aun los más sencillos, apenas bastan los conocimientos más profundos, el tino más delicado y un talento superior que abrace a un tiempo todas las relaciones. Celebro que seas de la Comisión de la Constitución. Te diré mis pensamientos sobre el particular, cuando haya tiempo. Acaso convendremos en algo. Micaela torna agradecida tus expresiones.

Cuando necesites dinero avisa.

En tu casa nada hace falta. Aquí siguen bien las cosas. Vino anoche el correo.; sale a las doce, y no tengo tiempo de nada.

Mira, por Dios, que me quiten este empleo; si no, me arruinan en todos conceptos.

Soy tuyo.

DIONISIO.

Mientras el escribiente copia, yo sigo escribiéndote. Tengo noticias de que Omoa se halla dividido a favor de la libertad; pero de Trujillo no tienen todos el mismo concepto.

Los caribes no tienen opinión por sí, tienen la de dos o tres vecinos de aquélla y son soldados de quien los paga. Mientras en aquella plaza no hay muy buenos oficiales, alguna tropa del centro y muchos comerciantes del país, no han de cesar mis temores. Dan las doce y hace poco que se me dió aviso de que salió el correo.

XIV

Tegucigalpa, octubre 22 de 1823.

Después de cerrada la carta me ha venido un pliego de la Municipalidad de Cedros, en que me dicen, que representan a la Asamblea, solicitando su agregación a Tegucigalpa. Por la inmediación, por ser un mineral, por en voluntad decidida, debe Cedros ser agregado a Tegucigalpa. Me han dicho que te escriba para que sostengas su solicitud, y creo que lo harás con eficacia.

Dime qué libros buenos hay en ésa; por mano de Barrundia y otros pueden conseguirse algunas obras raras, que compraré cualquier precio.

Soy tuyo.

DIONISIO DE HERRERA.

XV

Son en mi poder tus dos cartas de 5 y 6 del que rige. Quedo entendido de lo ocurrido en la reñida sesión del 4sobre nombramiento de nuevos individuos para el Poder Ejecutivo. Los electos son sujetos capaces de desempeñar tan alta confianza; pero ¿no harán falta Arce y Valle en el Congreso? Barrundia en no admitir sostuvo su carácter. Aunque las disputas sean largas y reñidas nada tiene de malo, y lejos de eso produce bien la detención en la determinación de los negocios. Sin embargo, no quiera Dios que llegue a apoderarse de algunos el espíritu de partido.

Muy bueno es que se haya emprendido el asunto de demarcación de provincias. Es delicado y demanda muchos datos para su determinación. Yo celebro infinito que los pueblos, principalmente el de San Salvador, hayan manifestado tanto entusiasmo en defensa del Congreso. Yo quisiera poder decir otro tanto de Tegucigalpa, cuyo honor me interesa como el mío propio.

Me han venido al fin los decretos de la Asamblea; pero de los más de ellos sólo he recibido un ejemplar cuando necesitaba lo menos de 25. Tendré que mandarlos copiar para circularlos, y he aquí un inmenso trabajo, grande demora y un gasto inoficioso para quien ha abandonado su negocio, y no se le paga su sueldo.

Mi salud quebrantada: mis negocios y todo, no me permiten seguir en este empleo. Llevo puestas siete u ocho renuncias. Interésate en que me lo quiten o que siquiera me dejen descansar.

El cirujano C. Carlos Herrera que ha curado a mi mujer y a mí, solicita se le amplíen sus licencias, que han expirado, para seguir ejerciendo su facultad. Me ha dicho que te dirige su solicitud; yo escribo sobre ella al CJ. Pedro Molina. Interésate en su favor, pues deseo servirlo. Ha habido en ésta algunas ocurrencias sensibles dimanadas de querer deponer a Rojas, y promovidas por los que pueden aspirar a su empleo, y acaso por los interesados en las cosas de Fortín. Parece que van serenando, y aun se dice que muchos pueblos están en disposición de separarse de Tegucigalpa en el momento en que aquí haya algún desorden. Es ya la hora de la salida del correo. Nada puedo añadir sino que soy tuyo

DIONISIO,

XVI

Tegucigalpa, noviembre 15 de 1823.

He leído tu carta de cinco del que rige.

No sé la causa por qué no haya habido correspondencia de ésta ni de El Salvador.

Yo hago votos porque hayan sido acertados los nombramientos hechos en Milla y en Zelaya para los grandes destinos que se les han conferido. He visto les impresos que me incluyes; ni la decisión de las provincias, ni los atentados del 14 de septiembre. ni la invasión que se teme de los Irlandeses, ni el deseo de México de que hagamos parte de Nación, ni lo que pueden hacer los españoles por reconquistar la América, me dan tanto cuidado, como que haya en el Congreso divisiones, y que el número de los liberales sea menor. ¡Cuánto se ha entristecido mi alma, y cuán difícil me parece que lleguemos a constituirnos!

Segovia debe estar agregada a Tegucigalpa, pero se me asegura que obran y maquinan en contra de eso furiosamente. No es al fin con que salgamos. Tal vez sucederá que no queden contentos Tegucigalpa y Comayagua con que unas veces residía el Gobierno en ésta y otras en aquélla. Querer contentar a todos, es no agradar a ninguna.

Dudo que Valle haya salido el 4 de octubre y aunque haya verificado su marcha, lo largo y fragoso del camino y lo plagado que está de ladrones retardará mucho tiempo su llegada.

Por este correo hago al Ministro de Estado, para que se dé cuenta al Gobierno, dimisión formal de mi empleo. Mi salud, mi inclinación, mis intereses, y estoy en decirte, que hasta mis principios, se oponen diametralmente a que yo continúe en él. Todo lo he sacrificado por la Patria; pero he creído que son ya inútiles mis servicios, y aun me hallo con fuertes tentaciones de irme a vivir a otra parte. No sé que presagios funestos, no sé que porvenir desgraciado cubren mi alma de luto y de tedio.

Si no te interesas a que a vuelta de correo me venga admitida mi renuncia, yo creeré que no eres mi amigo.

No he recibido los dineros de que me hablas, ni sé a quién encargaste su cobro; pero no por esto dejaré de dar a tu casa los cincuenta pesos mensuales.

No hay en ella novedad ninguna. José Antonio en San Antonio toda la semana y viene los domingos.

Micaela te saluda. Yo soy tu amigo.

DIONISIO.

XVII

Tegucigalpa, diciembre 7 de 1823.

Se aproxima la salida del correo, y yo me hallo bastante indispuesto por lo que seré breve en contestarte tu carta de 25 del próximo anterior. Próspero saldrá de Choluteca el 12según me ha escrito.

Ya se me comunica de oficio el haberse sancionado el artículo II del proyecto de base de Constitución. Yo digo al Ministro, en contestación, que esta declaratoria, honor de la Asamblea Nacional, objeto de los votos de todos los pueblos, la base de su felicidad y el esfuerzo mayor del genio, que cincuenta años ha presidido a la ciencia social, ha sido recibida con júbilo, etc.

También se me comunica haberme declarado que la Religión del Estado es la Católica, Apostólica, Romana, con exclusión de todo otro culto público. Yo contesto que esta grande resolución manifiesta el grado de ilustración de nuestra A. N. y el acierto de los pueblos en la elección de los individuos que la componen.

He visto la proposición hecha por Molina. Ella habrá dado mucho que discurrir.

El Alcalde Constitucional de Nueva Segovia me ha escrito que por este mismo correo va representación, solicitando unirse a Tegucigalpa, y me encarga apoye la solicitud de los segovianos. Ya te he escrito antes de ahora sobre esta materia, manifestándome que por la inmediación, las mercancías, los minerales de que abunda Segovia, etc., etc., conviene esta unión y es ventajosa para ellos y para nosotros. Desearía poder escribirte ahora bastante largo sobre derechos de platas, acuñación, reducción de monedas, etc., etc. pero no me lo permite mi indisposición, lo haré por el correo siguiente.

Soy tu afmo.

DIONISIO.

XVIII

Tegucigalpa, diciembre 17 de 1823.

Son muchas las cosas que tengo que decirte, y muy corto el tiempo que tengo para hacerlo.

La correspondencia del correo anterior la volvieron de San Miguel por equivocación o por otra cosa. En ella iba representación de la Municipalidad de Segovia, solicitando agregarse a Tegucigalpa. Se hallará embarazado el Diputado después de haber tratado de la unión de Segovia a León.

No se me admitió mi renuncia, pero se me aprueba el que encargue el mando al Alcalde I con calidad de reasumirlo a la primer novedad. He temido que la haya a causa de haber pedido una gran parte del pueblo la prisión de Centeno, Cubas, Lagos y Pavón. Se dice que el escrito salió de casa del Alcalde I. Sin embargo, estuvo cuatro horas sin resolver nada, y a la una me mandó llamar para consultar lo que debía hacer, porque decía que él no entendía más que de medicina. Yo le contesté con firmeza que cumpliese con lo que la ley le mandaba. Contestó que no hallaba mérito para la prisión; pero le dijeron que lo hacían responsable de lo que resultase, y que tenían ánimo de matar a los reos si no los aprisionaba. Al fin lo hizo de modo que me atribuyeran a mí la cosa. Espinoza aunque no tiene los talentos, tiene el mismo fuego de Sacasa, y al fin se va a enredar como se enredó éste.

Son dadas las doce. No puedo continuar. Próspero saldrá pronto. Adiós. Tu

DIONISIO.

XIX

Tegucigalpa, diciembre 27 de 1823.

Recibí tu carta de 15 de éste.

Venceremos dificultades para la formación de los Estados. Si cuando éstos se formen están desocupados algunos sujetos de ésa, de los que más pruebas han dado de buenos cristianos podrán ser elegidos en algunos partidos, tal como en el de Choluteca. Haré esfuerzos para tener cuando llegue el caso, una imprenta, para DAR A CONOCER POR MEDIO DE ELLA a los buenos y a los malos.

Entiendo que Zelaya es Comandante de Comayagua y no de Tegucigalpa. Poco a poco se irá consiguiente, a pesar de que para persuadir a cada uno es necesario hablarle un lenguaje propio.

Se ha escrito de León que el Obispo juró ya la Asamblea. El papel de la Comisión, relativo a su resistencia está escrito cual debe ser, y no deja de conocer por él, que los escrúpulos de este buen Obispo son menos religiosos que políticos. Esta maña de meter la religión en todo, es la que paraliza los mejores planes.

Recibí 12 ejemplares de las bases y demás impresos.

Ya sabrás la prisión de Centeno, Guitarría y Cubas, pedida por varios individuos de este barrio y de La Plazuela. El aparato con que se me ha hecho esto, el juego de Espinoza, y la chismografía que está en su más alto grado, pueden causar alguna novedad. Por este motivo no he entregada el mando al Alcalde.

Dios mantenga a Iturbide en Liorna y ojalá lo hagan secretario de alguna de las naciones del Norte, para que pueda llevar adelante sus principios.

Si tienes necesidad de dinero acude a la señora María Josefa Valero, a quien he escrito antes de ahora sobre el particular.

Yo aprecio los buenos oficios de nuestro Delegado. En caso de ser Jefe Político valdría más serlo de León que de Tegucigalpa.

No se me ha remitido la comedia del Coliseo.

Te saluda Micaela. Soy tuyo

DIONISIO DE HERRERA.

XX

Tegucigalpa, enero 7 de 1824.

Recibí tu carta de 25 del anterior.

Yo no sé qué vendría a hacer Flores Estrada, y los otros dos que lo acompañan. Es necesario que traigan muchas credenciales ciertas de emigrados; aunque soy de parecer que debe abrirse la puerta realmente a todos, pero creo sería hasta después de constituido pueblos y que no haya riesgo.

Mil motivos me hacen creer que la Constitución Española deba subsistir, a pesar de la oposición de los Reyes, y que la causa de éstos va siempre en deterioro y en que por consiguiente, habrá en la Europa grandes mudanzas en poco tiempo, de las que nosotros, si sabemos aprovecharnos sacaremos grandes ventajas.

En Cedros, como es natural, hay sus divisiones, unas a favor de la unión a Comayagua, y otras que desean su agregación a Tegucigalpa. Mi sistema, en esta parte, ha sido, como saben, no tomar parte en las contiendas de los pueblos, ni invitar a nadie a que se me una. Los partidarios de Tegucigalpa han ocurrido a la Asamblea, los de Comayagua lo han hecho a su Gobierno, y éste al Supremo. Por la Secretaría de Relaciones se me hi oficiado insertándome lo que se dice al Gobierno de Comayagua, sobre las ocurrencias de Cedros en que se le previene vigile sobre la tranquilidad pública, y haga se cumplan las leyes contra los perturbadores de la sociedad, añadiendo, de orden del mismo Gobierno, que se me comisione con el propio objeto. Yo no sé a que viene eso conmigo y he dado la contestación que te incluyo en copia para lo que puede convenir.

Antes de Pascua hubo Cabildo extraordinario, convocado por el Alcalde I en el que aseguró que aquel mismo día iban a sacar violentamente los presos de la cárcel, y a deponerlo a él y a mí con otras mil cosas. La mayor parte de los del Ayuntamiento se aterraron con esto, y aunque algunos lo dudaban; pero el Alcalde I lo aseveró tanto, que al fin se puso acta manifestando lo que él decía y concluyendo con que se pusiesen treinta hombres sobre las armas, y se siguiese la causa correspondiente por el mismo Alcalde. Se hizo lo primero y no se ha hecho lo segundo.

Se espera con ansia el resultado del dictamen de la Comisión sobre cuño. Ya veremos cómo se hace todo lo mejor posible.

Es sensible que estén tirándoles bombas a los Diputados, y los que lo hacen pueden llevar un gran chasco; Molina, Delgado, Alcayaga y otros tienen más crédito en las Provincias que en esa Corte. El agravo que se hace a un Diputado, es un delito de lesa Nación que ofende a todos. Al fin lo que va a resultar es que se exalten los partidos y que experimentemos los males de que hasta ahora hemos estado libres.

Yo sigo enfermo. Mi casa es un hospital; pero las pequeñas ocurrencias que ha habido, estas me han impedido dar el mando al Alcalde; pero no dejaré de hacerlo, porque mi salud, la educación de mis hijos, el atraso de mis negocios, etc., etc., lo exigen imperiosamente.

Soy tu

DIONISIO DE HERRERA.

XXI

Tegucigalpa, enero 17 de 1824.

Es en mi poder tu carta del 5 del que rige. No va bien mi salud.

Yo mismo dirigí la representación de los segovianos, y te hablé sobre ella para que la apoyaras, manifestándote cuán conveniente era esta unión a los intereses de ambos pueblos. Creo que es de justicia concederla, ya por la inmediación, ya por el fomento de las minas, ya por la voluntad decidida de ellos. Sin embargo, el mayor interés de esta Provincia no es aumentar en extensión, sino en población. La de Tegucigalpa se aumenta sensiblemente. Es duplicado el valor de las casas, y no se halla en que vivir. La población debé ser el primer objeto de la política.

Han venido muchas gramáticas francesas, diccionarios y algunas obras de literatura. Se han vendido públicamente algunos ejemplares de las Ruinas de Palmira, del Compo, Mateo, del Citador, etc. Hay en Trujillo algunas Chaf d'ocubre, destinadas a Tegucigalpa.

No es necesario hacer invitaciones para que traigan azogue los extranjeros. Hay algunos quintales en estos minerales; vienen otros de camino; hay depósitos de este fluido en La Habana, y de Guayaquil han ofrecido traer 400 quintales. Insensiblemente va bajando el precio de él y, con haberse abolido los derechos de las platas y de él será grande la suma que se extraiga de estos metales. Sin embargo, más quisiera que se compusieran los caminos y que hubiese un par de ríos navegables, y no que se sacase mucha plata. Es ya establecida la Federación en México; se establecerá entre nosotros; sea enhorabuena; pero no quiera Dios que haya un retroceso que nos haga desandar lo que hemos andado.

Ha sido celebrada con júbilo la noticia de estar abolidos todos los derechos de las platas y el oro, y lo mismo la introducción de estos metales a nuestros puertos.

La ley de Asilo fué la primera que debió dictarse en el Congreso. Ella sola podrá proporcionarnos los elementos que nos faltan. Nosotros podremos aprovechar el resultado de las guerras y de las disputas de los europeos, sobre sí las cartas dan los derechos, o los derechos a las cartas. Es creíble el suceso del hermano de Barrundia. Haz a mi nombre una visita a éste.

Linda gracia, por cierto, la de estar reventando bombas a los diputados. Mientras no se respete a esos como debe serlo, los pueblos no son libres. La ofensa que se hace a un Diputa.do se hace a todos los ciudadanos, y la poca impresión de esos hechos sirve de termómetro para graduar la poca ilustración de los pueblos. Supongo a Próspero muy inmediato a esa, pues hace días que tuve noticia que pasó por San Vicente. Valle puede haber llegado o llegará el 20, según se dice. Siento que a su llegada haya partido, que serán obstáculos que impedirán al Gobierno y a la Asamblea obrar con energía.

Parece que los sucesos de La Habana irán tomando cuerpo, según puede traslucirse de los papeles publicados. La independencia de la Isla de Cuba es necesaria a esta América; pero creo que los sucesos de España la apresurarán o la retardarán más que el influjo de sus logias.

Adiós. No hay novedad en tu casa. Te saluda Micaela.

DIONISIO DE HERRERA

XXII

Tegucigalpa, enero 27 de 1824.

Avanza la Asamblea a pasos largos. La ley de Asilo, la de libertad de los esclavos y otras, consuelan a la humanidad y hacen honor a sus autores. Su lectura ha sido para mí el motivo mayor de regocijo que he tenido en mucho tiempo.

Fernando VII no es absoluto, los franceses mandan en el lugar que ocupan los constitucionales en el que ellos poseen, y el Rey no mandará nada, ni mandan tanto, porque yo no puedo creer que la comedia que se representa en Europa no tenga un desenlace muy distinto del que anuncian las cosas que se refieren. Si la Constitución de España se anula, pobres de los italianos, portugueses y americanos. De los serviles, sean del país que fueren, deben temer siempre.

La representación mandada por algunos vecinos de Cedros, en nada perjudica la solicitud general de aquella Municipalidad y vecindario. Es un partido pequeño el que representa a favor de Comayagua. Yo te di noticia de lo que el Gobierno me dice en el particular, y de mi contestación.

Los soldados que el 6 del corriente proclamaron a Fernando VII, no son más que el vil instrumento de otros, a los que, en mi concepto, debe procurarse descubrir, y proceder contra ellos con toda la energía correspondiente.

La venida del Embajador de Londres a México se nota muy interesante. Debe tener gratos a los ingleses, a pesar de los males que nos hacen en el comercio, en consideración al sistema que han adoptado respecto a la América y a su gran marina, que mientras la América no pueda destruirla, debe tenerla de su parte.

No sé que significan esos nombramientos del Poder Ejecutivo en los Diputados desaprobados por la Asamblea. Ello dirá.

La venida de Valle puede acabar de organizar algunas cosas. Este Papa Viscaíno se calienta la cabeza. Han sido célebres en su política los Papas españoles; pero si quieren oponerse al torrente que ha tomado ya el mundo, pueden perderlo todo.

No hay novedad en tu casa. Micaela te saluda. Tu

DIONISIO.

XXIII

Tegucigalpa, febrero 17 de 1824.

Contesto a tu carta del 5 del que rige.

Daré noticias al mineral de Cedros de haber sido declarado por la Asamblea agregado a Tegucigalpa.

Si el Diputado de Segovia ha pactado unión con los Diputados de León, es, en mi concepto, contra la voluntad de sus comitentes.

Celebraré las ventajas que Tegucigalpa puede sacar en el nuevo orden de cosas. Las merece por su situación y por el carácter que ha mantenido hasta ahora.

Espero con ansia la comedia del Coliseo, que tanto me han ponderado. Es cosa rara que se hayan embargado, y que para su desembargo, haya sido necesario toda una orden de la Asamblea.

¡Qué espacio andamos!

La tiranía es parte esencial del corazón de Fernando. La semilla del liberalismo está sembrada en España y por atroz que sea la persecución contra los liberales, el sistema ha de volver.

La ida de Molina a San Salvador puede ser útil. Están ya constituyéndose, y serán la provincia en que lo hagan con más facilidad, porque es la más pequeña, la más poblada y la más unida, la que posee más número de sujetos capaces de trabajar en la grande obra de constituirse. En las demás, principalmente en ésta, tendremos que echar mano de unos curas.

En Comayagua ha habido gran frasca. El II del corriente, a petición de los Síndicos y vecindario se depuso a Lindo y a Zelaya. En el momento ofició aquella Municipalidad a ésta dando parte de lo sucedido, con expresión de regocijo, e invitando para que se uniesen contra el enemigo común, según dicen. Aquí se les ha contestado un "siquis noquis."

Voy a contarte una anécdota. Con motivo de la prisión de Centeno, se presentó por parte de los plazueleños un escrito, y otro por algunas 'mujeres, pidiendo su excarcelación. Logré persuadirlos que lo hiciesen por el orden. Se puso al día siguiente un auto de conciliación a que se denegaron; y en su virtud, decretó el Alcalde que se siguiese la causa por sus trámites; que no se presentasen escritos por quien no fuese parte legítima, y que se redujese a prisión a Cubas, Pavón, etc.

y al día siguiente de puesto el auto, se marchó Reyes al río Hondo, sin haberlo siquiera hecho saber. El otro Alcalde no ha querido notificarlo. El 13 en la noche, vino Serra a contarme con mucha reserva, que al día siguiente iba a haber revolución, y comenzaba por deponerme, y que debía yo ocultarme. Le contesté que jamás me ocultaría: que me harían gran favor en deponerme, pues deseaba dejar el empleo, y estaba cierto de que mi opinión no padecería; que lo único que sentía era que comenzando la voz contra mi, concluiría, tal vez, contra los

europeos. Al fin, nada hubo, pero ni siquiera señales de que pudieran hacerlo.

Cada día se llena esto de europeos. Próspero me ha dicho que hay muy buenas obras de Geografía y excelentes mapas. Deseo poseer una buena colección de éstos y la mejor obra que pueda conseguirse de Geografía. Si no estuviesen muy caras mándame una, cuyo importe remitiré inmediatamente con tu aviso. Te encargo también la Constitución religiosa de Llorente.

Insisto sobre dimisión del empleo. El Gobierno me dice que lo encargue al Alcalde; pero sobre tener muchísimo sobre sí los Alcaldes, les falta expedición para el despacho de los negocios delicados que ocurren.

Te saluda Micaela. Soy tu afectísimo

DIONISIO DE HERRERA.

XXIV

Tegucigalpa, marzo 27 de 1824.

He leído tus letras del 15 del que rige. Continuaré trabajando cuanto pueda, sea cual fuese el resultado. Hasta ahora no ha sido feliz en cuanto me he propuesto; pero algo se hace y yo estoy contento.

El movimiento de los presos, si ha sido por fugarse, no podía tener mayor trascendencia; si otro fué el objeto pudo tener resultados fatales. Este hecho merece ser examinado.

El sujeto comisionado que nombras es excelente y lo estimo mucho; pero no lo creo muy propio para el día en que se necesite un carácter franco, y yo he notado que el suyo es muy a propósito para formar divisiones.

Las libertades salvadoreñas sobre diezmos, etc. y las que nosotros nos tomamos sobre cofradías, bonzos, etc., han de acabar de ordenar las cosas y harán rabiar a todos los que se mantienen chupando la sangre de los pueblos.

Déjate de agradecimientos y de cosas que no debe de haber entre nosotros. Ya les dirigí setecientos y tantos pesos. Pronto les remitiré más conforme se me ha ofrecido.

Arce merece cuanto se haga por él. Dile a Próspero que le haga una visita a mi nombre.

La formación de los Congresos de cada Estado dirá lo que debe pensarse sobre si estamos o no en estado de federarnos. Yo ya estoy mirando que según sean los Diputados electos en esta Provincia, así tendré o que trabajar mucho o que no hacer nada, y retirarme. Ello dirá.

Te saluda Micaela, y yo soy tu afectísimo.

DIONISIO DE HERRERA.

XXV

Tegucigalpa, abril 27 de 1824.

Recibí tu carta del 15 del mes que rige. Me es satisfactorio que no haya quejas ni representaciones contra mí, como las hay contra los otros jefes. Pero, ¡cuán cara me cuesta esta satisfacción! Un trabajo inmenso, la pérdida de mi salud y mis intereses, y lo que es más, la de mi tranquilidad, son el precio a que, contra mi inclinación, he comprado aquella pequeña satisfacción.

Aguanqueterique es todo de Comayagua; pero poco importa que se tenga en aquel pueblo la primer Junta, con tal de que los Diputados sean buenos. Yo busco siquiera seis de los once, y no encuentro más que tres y acaso éstos no sean elegidos. Los pueblos que han representado a favor de Lindo, votarán a sus partidarios para Diputado y a él para Jefe del Estado y volveremos a entrar en revoluciones, contiendas y nada se hará bueno.

Los segovianos han bailado mucha en esta época. Ya quieren a León, ya quieren a Tegucigalpa.

Las órdenes dadas por el Gobierno de México al Gobernador de Tabasco, manifiestan que Ciudad Real trate de unirse a México.

He visto la tabla de los partidos en que está dividido el Estado de Honduras. El partido de Tegucigalpa, de Choluteca, de Cantarranas, parte de Juticalpa, parte de Trujillo y parte del de Sulaco podrán ser con nosotros. Comayagua, sólo Nacaome de Lindo, Gracias, Llanos y Santa Bárbara, Milla y Zelaya. Ellos dirán.

Los Díaz son muy hombres de bien, los creo independientes, pero quisiera un poquito de más energía y actividad en su carácter.

Puede ir por este correo el diseño de la máquina del cuño, a pesar de que por la enfermedad que ha sufrido Artiga en estos días, no podrá ir uno con la exactitud que corresponde.

No era fácil hacer que Quezaltenango formase Estado separado de Guatemala, pues según yo veo reina en muchos Diputados el espíritu de familia, de Capitalidad, de Centralismo es, por explicarme en los términos de nuestros labradores, el espíritu de azadón que todo lo jalan. Mi renuncia, mi renuncia, mi renuncia, o si no me marcharé a otra parte.

Te saluda Micaela. Soy tu afectísimo

DIONISIO.

XXVI

Tegucigalpa, junio 27 de 1824.

Veo a Nana Antonia, le estimo y la sirvo sin necesidad de que me la recomiendes. Se halla penosa con su temblor. No me cuadran mucho las cosas del Perú. ¿Estarán bien ciertos de que verdaderamente es enviado de Bolívar el que ha venido de Colombia? Precaución, mucha precaución es lo que conviene, pues son muchos y diestros nuestros enemigos.

Me parece muy bueno que comiencen a tocarse los asuntos de diezmos; pero ni en San Salvador se escribe, para ir formando la opinión pública. Todo el tiempo se pasa en formar partidos, y es una verdad que sólo lo tiene el que sirve a la patria, y que lo pierde el que se agita en buscarlo. No veo entre nosotros Patricios, Régulos, ni Washington, sólo veo hombres que quieren elevarse, y que sin títulos bastantes se creen capaces de gobernar el mundo.

Saludo afectuosamente al Ciudadano José Antonio. Dile que, según se dice, podrá salir nombrado diputado; que se venga pronto, se traiga buenos libros y asista mientras esté en ésa a las sesiones de la Asamblea.

Tu

DIONISIO DE HERRERA.

XXVII

Tegucigalpa, 27 de noviembre de 1824.

Recibí tu carta de 16 del que rige.

Las ocurrencias de León han tomado un carácter demasiado serio, y yo no me he equivocado desde. el principio en el juicio que formé de las miras de los partidos. Salas me escribe con fecha 29 del pasado, haciendo la apología de su conducta y asegurándome que había dejado el mando, pero el 4 y 5 atacó a León, y hace tres días que he recibido oficio de Arzú, que se halla en aquella plaza, con fecha 14 en que me dice que peligra nuestra libertad e independencia. También me incluye un bando que iba a publicar el 15 en que declara nula la Junta Gubernativa General que se había creado en el cantón de San Juan, prohibiendo se obedezcan sus órdenes.

Las de Arzú son obedecidas en la plaza de León, en Granada y en los demás pueblos adictos a este partido. La opinión general de Tegucigalpa es favorable al mismo, pero la mayoría del Congreso no lo es. Arzú fué arrestado, desafiado e injuriado por Salas y su partido. Me ha venido un anónimo tirado por los patriotas de Nicaragua, que es una copia de un papel que se dirigió a su diputación en esa Asamblea; te lo incluyo.

Yo tenía noticia oficial de la carta escrita por Juárez a un oficial moreno de Omoa, con cuyo motivo dirigí al Comandante de aquella plaza dos mil pesos, y órdenes a las milicias de San Pedro y de Gracias para que auxilien al primer aviso aquella plaza. He tenido también que mandar dinero a Trujillo.

Tengo que remitir seis mil pesos a Arzú y que hacer los gastos necesarios para la reunión de 500 hombres con que voy a auxiliarlo; y para esto no tengo más Tesorería que la de Tegucigalpa, pues la de Comayagua dicen que no da ni para 15 artilleros que tienen allí. Mira cuales son mis apuros.

Me hallo en correspondencia sobre los negocios de León con San Salvador, y obraremos de acuerdo. Interésate con Delgado, Villacorta, etc., para que escriban a San Salvador, a fin de que se manden los fusiles que hay en aquel Estado de éste. Las desavenencias ocurridas entre Arce y Valle se perjudican y perjudican a la causa pública.

Daré providencias de que se te remita lo que se pueda por cuenta de tu viático y dietas.

No teniendo tiempo de escribirle estas noticias a Próspero, enséñale ésta.

Te saluda Micaela. Soy tu afectísimo

DIONISIO DE HERRERA.

XXVIII

Tegucigalpa, diciembre 7 de 1824.

No he recibido letra tuya por este correo. Esta es una falta en amistad; merece castigo, y voy a imponértelo condenándote a que siempre seas Padre. ¿No soy cruel en mis venganzas?

He visto cartas en que se pinta a Tegucigalpa en un estado de anarquía, de revolución contra log blancos, de opresión del Congreso y de un completo desorden. Por otra parte, se pinta a Comayagua perfectamente tranquila y obediente a las autoridades Se pondera el orden de la una y el desorden de la otra, y se añade que en Tegucigalpa se trata de deponer al Jefe de Estado y de hacer una Arrizada con el Congreso. No es mucho que lo digan fuera de Tegucigalpa y que sea dicho por Diputados….

Tú sabes que no miento. Sabe, pues, que en todo el Septentrión no hay pueblo más quieto que el de Tegucigalpa, y que la revolución y la anarquía está en otros pueblos; y que si en Tegucigalpa se observa algún principio de estos males, es, precisamente, fomentado por lo que han escrito contra esta ciudad. Oye los hechos.

Un Estado no debe mezclarse en los negocios de otro Esta.do. El Supremo Poder Ejecutivo de la República prohíbe, con razón, en orden de 25 de julio, a todos los pueblos que presten auxilio a ninguno de los partidos de Nicaragua: llega Carrillo a Tegucigalpa, hace el elogio a todos aquellos que se creen enemigos de la Independencia y del sistema; comienza a mirarse con desconfianza; manda o van por su cuenta cantidad de pólvora y plomo a las gentes del Viejo y Managua, se sabe esto por el pueblo; da aviso a las autoridades, y no se mueven, coge el mismo pueblo cartas de envío y una parte de los pertrechos; se pide la seguridad de la persona de Carrillo; se decreta ésta por el Fiscal de la causa; van soldados a prenderlo; se reúne a éstos una parte del pueblo; los soldados y algunos otros vecinos rodean a Carrillo, para evitar un insulto a su persona, se le manda poner en el alto del Cabildo, el pueblo pide que a la cárcel, que es un reo de Estado y que no se le debe tener consideración; ponerlo en ella para evitar otros males se solicita por el europeo Juan Quevedo; se le busca en todas partes y se le ponen guardias por haber sido el que había franqueado la pólvora y el plomo; entra el pueblo en desconfianza, como era natural; el Gobierno decreta ver con agrado el celo por la independencia; hace presente que debe tenerse confianza de las autoridades, y que deben arreglarse a la ley; que la infracción de ésta es un ataque contra la seguridad de las personas y contra las libertades públicas.

El Congreso cerró sus sesiones. Se presenta Quevedo a las autoridades y se le toma declaración: dice que él ha vendido la pólvora y el plomo y no sé qué otras cosas, pide el pueblo su prisión; se resiste el Alcalde; asisten el Presidente del Congreso y el Jefe del Estado.

El primero dice al Alcalde que debe poner preso a Quevedo; el segundo hace un discurso sobre el orden y la tranquilidad públicos, y manda a retirar a todo el pueblo que obedece en el momento. Se toma declaración al europeo José Serra, y jura que nada sabe de pertrechos; entre tanto el Gobierno expide órdenes para que por la Comandancia Militar y Gobierno Político se sigan las causas correspondientes sobre el estado en que se halla Tegucigalpa; manda que a las reuniones populares autorizadas por la ley asistan las Municipalidades y oficiales que hubiese en la plaza; que se doblen las patrullas y rondas, mandadas únicamente por municipales y oficiales, y dicta otras diversas providencias.

Entre tanto se cogen en la jurisdicción de Choluteca los otros pertrechos que marchaban. Se interceptan cartas de Carrillo y un oficio de Serra a la Junta de Managua; se mandan pasar las cartas y oficio al Juez de la causa; el Ministro personalmente las entrega a las 8 de la noche al Comandante; a las 8 del día siguiente las pasa éste al

Fiscal, y hasta por la noche se decreta prisión de Serra. Se le busca en su casa y no se le encuentra.

Se dice que se ha visto entrar en la casa de Selva, y con los requerimientos de la ley se registra la casa, se ponen vigías en algunas calles en donde se sospecha que puede pasar Serra; se ponen igualmente en algunos otros puntos, por las sospechas; se ve entrar a la mujer de Serra en la casa del Presidente Arriaga, que tiene intimidad grande con Serra; no se atreven ni a preguntarle al Presidente si está dentro de la casa; Rafael Pagoaga que vive en frente, desde la suya vela toda la noche a ver si ve salir a Serra de la de Arriaga; un soldado de patrulla descansa en las gradas de la casa del Diputado González; sale un mudo... (Aquí queda cortada esta carta de gran interés, cuya continuación ha desaparecido).

XXIX

Tegucigalpa, enero 7 de 1825.

Vino el correo sin carta ninguna de esa ciudad. No puedo atinar el motivo. Dime si has recibido mis cartas de 17 y 27 del pasado, que eran interesantes.

No puedes figurarte cual es mi situación. Veo trabajo perenne y continuando con sólo dos escribientes, y éstos sin sueldo y una porción de negocios de la más alta importancia, experimentando contradicciones continuas van a dar en tierra muy pronto con el Ministro y con el Jefe del Estado. No sé si tu hermano te escribirá. Me hallo con 400 hombres y sin dinero. De Comayagua nada dan para los gastos del Estado, ni franquean armas ni quieren ir a León y todos los días mandan quejas y sentimientos al Congreso. Son más las sesiones secretas que hay que las públicas. Toda va cual Dios es servido y todos los días hay ocurrencias singulares. No sé al fin en que vengamos a parar, y lo menos que sucederá, en mi concepto, es que haya de nombrarse un dictador. Adiós. Escríbeme y vente pronto.

Ha salido electo Diputado por el partido de Tegucigalpa y Choluteca para el Congreso Federal, Urbano Ugarte. Por Comayagua y Nacaome el Canónigo Irías. Por Olancho, Olanchito, etc. el Lic. Güell. Por Danlí, Segovia, etc. Presbo. Francisco Alcántara. Por

Gracias el Cura de Ojojona, Castejón. ¡Vivan los liberales, viva la independencia! ¡Y viva la Federación!

Adiós.

Tu DIONISIO.

XXX

Tegucigalpa, junio 21 de 1825.

No ha habido oportunidad para escribirte antes, por cuyo motivo no lo he verificado.

A pesar de los paseos que ha dado don José Antonio, el bueno de Lagos ha tenido la Hacienda Pública tan embrollada, que únicamente se han podido dar 200 pesos que recibí hace tres o cuatro días, por tu cuenta. Puedo mandártelos pues no me hacen falta ninguna, y no por eso dejará de estar lista la mesada. He nombrado Jefe Político y Sub—delegado interino a Diego Vijil, y andará mejor la cosa. Ya sabrás que se escribe mucho contra la elección de Presidente. Pórtese bien el que lo sea, y tenga el nombre que tuviere, es insignificante cual sea este nombre, con tal de que haga felices a los pueblos. Lo que hay de cierto es que con Arce no ha de haber revoluciones porque lo temen bastante. Se me ha dicho que eres apoderado de don José Francisco Zelaya para la venta del Ingenio, y que tienes en él no sé que principal.

Si es positivo y hay intención de venderlo lo compraré por el tanto que otro cualquiera pueda dar, en el concepto de que no deseo que se me haga gracia ninguna en su precio ni en los términos de la contrata, ni admitiré nunca favor que pueda perjudicar alguno.

Adiós. Soy tu afectísimo

DIONISIO.

Reservado; la mina e ingenio de fierro puede hacernos felices en un año. Si quieres la tomamos a medias. Pero avísame; aunque sea con propio que pagaré, tu resolución.

XXXI

Tegucigalpa, julio 20 de 1825.

Recibí tu carta de 15 del que rige. Si fuese posible que el genio se venda, tengo ánimo de comprarlo a cualquier precio.

Cuando te he hablado de destino, hablaba en efecto del destino eclesiástico, pero si no quiere, no daré paso ninguno en esto, en inteligencia de que no resulta comprometimiento ninguno. También puedo proporcionarte algún destino en Comayagua como de Maestro Rector u otra cosa, pero si haces el ánimo de emplearte en algún negocio, también puedo contribuir a tus miras. Háblame con franqueza.

Para contarte las ocurrencias que ha habido aquí, y continúa habiendo sería necesario un in folio. Te diré alguno en muy pocas palabras.

De resultas de la mala versación de Lagos en la Hacienda Pública, dicté algunas providencias. El, Córdova, Juárez y otros que llegan al número como de doce han tratado de hacer revolución contra mí y contra los blancos. No pudiendo hacer partido, se valieron del miserable recurso de escribir al Presidente de la República, diciendo: que yo, Rojas y todos los hombres de bien, que los son, de ésta, tratábamos de hacer revolución contra Arce, para quitarle la Presidencia. Por supuesto que nada hay de verdad en esto, pues teniendo libertad para hablar, no he querido hacerlo, ni siquiera he querido manifestar un solo papel de los muchos que se han escrito contra la elección. Sin embargo, Arce se ha creído de estos papeles inmundos y dio parte al Congreso Federal, pidiendo se revocase la ley que previene el orden de comunicaciones pues quería entenderse directamente con Lagos. El Congreso acordó de conformidad, pero el Senado no quiso sancionar este acuerdo. Arce, no obstante que antes había llamado a Córdova a Guatemala, le ha dicho continúe en ésta hasta nueva orden del Comandante.

Esto es así; pero también añaden que secretamente le dice que vigile sobre mi conducta, etc. Pocas horas antes de la llegada del correo que conducía la orden vino uno de Comayagua en que la Asamblea del Estado mandó que sin perjuicio de que el Gobierno nombrase Comandante y sin perjuicio del orden y mediante a las circunstancias, Córdova entregase entre 24 horas la Comandancia a León Rosa; la entregó en efecto; pero dice que la volverá a reasumir en vista de la orden del Presidente de la República y voy a reclamar el cumplimiento de la ley ante el Congreso Federal, por no tener facultades el Presidente para nombrar aquí Comandantes ni entenderse sino conmigo. Podré acaso para restablecer el orden tener necesidad de 25 a 30 texíguats escogidos.

A Comayagua han escrito mucho contra mí; pero lejos de producir bien, ha producido mal; porque allí están cerca y conocen a estos pillos.

Mandé la carta a Nana. Soy tuyo

DIONISIO.

XXXII

Comayagua, 6 de agosto de 1825.

Acabo de recibir tu carta de 29 del pasado. Si nada quieres en la carrera nada haré por ti. Cuando te dediques a otra cosa creo que estaré en proporción de hacerte servicios, pues mis esperanzas son muy grandes; pero sean lo que fueren los servicios que pueda hacerte, nunca llenarán mis deseos.

El Senado de la Federación ha obrado a medida de los míos en el negocio pendiente. Volvió el Congreso Federal y en lugar de las dos terceras partes de votos que necesitaba la solicitud de Arce, no tuvo más que ocho, siendo a mi favor todos los demás. Se hizo en el acto proposición para que saliera Córdova de este Estado, fué apoyada por la mayoría, y en consecuencia se le ha comunicado orden, y debe haber salido ya de Tegucigalpa; yo he hecho una acusación formal contra el Presidente de la República por infracción de la Constitución y de la ley en las provincias que ha tomado.

En Cartago fueron abiertamente, según dice la Asamblea de Guatemala, desaprobadas las elecciones. A las provincias del Congreso Federal atribuye la misma Asamblea los movimientos de Nicaragua. No sé si te he referido los acontecimientos del 24 de junio en Guatemala. Tuvo el Presidente que hacer asistir al Jefe Político, Corte de Justicia y Municipalidad, con las bayonetas. El Senado ha dado un dictamen fuerte en este particular contra el Presidente, Ministro y Comandante General. Estos negocios son de trascendencia muy lata. Yo desearía que en todo caso se evitasen conmociones.

El Presidente ha dado orden para que salgan cien hombres de Yoro y doscientos caribes a Nicaragua, cuyas armas, dice, se devolverán a Honduras, cuando se releve esta tropa. Por este correo me da noticia que Amaya marcha con una división mexicana sobre Soconusco; que de esta República marcharán a aquel punto mil doscientos hombres y que estando escaso de fusiles, le remita quinientos a Guatemala. Son pocos los que hay en este Estado; es el que debe estar más guarnecido; en San Salvador dice su Gaceta que hay mil cuatrocientos y que aguardan otros mil, y han pasado por las inmediaciones de Comayagua. ..... ¿Por qué no se piden fusiles a San Salvador?

Este Congreso ha decretado un empréstito de un millón líquido y efectivo. Justo se halla en Tegucigalpa y podría venir a dejar a Mariana a esta ciudad. Próspero puede haber salido ya para Londres. A mí se me ha nombrado con acuerdo del Senado Enviado Extraordinario y Ministro Plenipotenciario cerca del Gobierno Británico y otros de Europa. Los liberales, sé de positivo que me han nombrado de buena fe. Este nombramiento es honrosísimo, es utilísimo y conforme a mis deseos y única ambición. Pero hay acusaciones hechas contra mí, y yo he hecho otras y el honor me dicta que no he de salir de la República. Ya veré lo que hago.

Recibe los afectos de tu: amigo

DIONISIO DE HERRERA.

P.D.—Lo que más dejé encargado a Vigil fueron tus dietas.

XXXIII

Comayagua, enero 9 de 1826.

He visto tus letras del 19 del corriente. Me ha dicho Serra que debe entregarme por tu cuenta quinientos pesos, he recibido aquí treinta y el resto lo entregará en Tegucigalpa. Veré los recibos y procuraré formar la cuenta.

Acabo de recibir la carta de doña Luisa; te incluyo la contestación que le doy sobre lo que me escribe: yo no tengo dificultad ninguna en darle a ella toda la cantidad de réditos del arrendamiento, y aun podré hacerle algunos otros servicios, pero deseo que sea de modo que no me haga cargo Zelaya. Si te parece que no ha de llegar este caso, desde luego entenderé con ella solamente.

Hay también otra cosa que hacer en particular. El P. Castejón dice que hay acreedurías de preferencia, y que él trata de evitar la responsabilidad, pero creo que podría hacerse la cosa de modo que no se perjudique la señora ni tampoco me perjudique, ya que he comenzado a hacer gastos, contraído obligaciones, dado pasos para emprender trabajos con toda formalidad.

En efecto, te debo una contestación. Supe que te habías vuelto a Texíguat, nada había podido hacer en el negocio de que habíamos hablado por motivos que te diré en otra vez, y por esto no te había contestado. Me han asegurado que habiendo puesto la renuncia el diputado electo por Santa Bárbara para esta Asamblea, piensan elegirte a tí, y sólo temen que seas electo en Tegucigalpa, en donde también deberán hacerse elecciones; yo creo que no dejarás de admitir, pues de lo contrario nada irá bien si se excusan los que tienen amor al sistema. Esta Asamblea Constituyente dió una cosa que llamó Constitución y no hizo Reglamento, para. el Poder Ejecutivo, para el Senado, para Jefes de Departamento, para la Corte de Justicia, Juez de II Instancia, etc. Si éstos no obran es un mal grande, si obran deben hacerlo a veces con arbitrariedad, y este es otro mal. Hay aquí ya cinco diputados y aún no han querido principiar las Juntas preparatorias.

Adiós. Te deseo bien y que no vuelvas a besarme las manos. Usa este frío e insignificante lenguaje cuando escribas a Pavón, Asturias, etc. y no cuando escribas a tu amigo,

DIONISIO DE HERRERA.

XXXIV

Comayagua, enero 24 de 1826.

En nada puedo pasar mejor el tiempo que en escribirte. Este día lo doy todo a mis amigos, pues una fuerte indisposición que tengo, no me permite dedicarlo a los negocios públicos.

El 15 del corriente se celebró en Aguanqueterique la elección de diputado al Congreso Federal, en lugar de Irías, a quien se admitió la renuncia por el Congreso pasado, fué electo el Doctor Matías Quiñónez. ¿Cómo puede éste conocer las necesidades e intereses de Honduras? ¿Cómo puede saber ni defender los grandes negocios que este Estado tiene pendientes en la Federación? ¡Pobres pueblos! ¡Sus más caros intereses eluden de hombres que tienen los suyos en oposición con los de aquéllos! La misma junta electoral eligió de Senador al Presidente Alcántara; pero esta elección es nula, pues esta Junta se compuso de dos juntas que separadamente debieron elegir su Senador. Es muy pequeño el número de hombres que en Honduras conoce el sistema. Cada día me confirmo más en esta verdad, y el resultado es desalentarme.

Por los correos anteriores se han escrito cartas por hijos de este Estado y por otros que no lo son para que se eligiese de Diputado a Arrivillaga y otro de las familias de Guatemala. También escriben para que no elijan a Valle, diciendo que es partidario de Cleto Ordóñez y que éste tiene grande ascendiente y puede causar un trastorno.

De Guatemala me escriben que las elecciones departamentales han resultado muy buenas, y que piensan en ti para diputado en esta Asamblea, porque el que salió primeramente electo no tiene obligación de admitir y seguramente no admite. En ambos puntos eres útil al público, y a mí en particular. Tú verás lo que más te conviene, pero yo quisiera saberlo antes.

He escrito particularmente al Jefe del Estado de El Salvador, y de oficio al Jefe de Nicaragua, manifestándoles cuán necesario y conveniente es a la Independencia, al sistema y a la felicidad de los Estados, la traslación de las autoridades federales a otro punto. El segundo de estos Jefes aprueba el pensamiento. El primero no sólo aprueba, si no que me escribe que por aquel correo escribía largo sobre el particular a Nicaragua y Costa Rica. Es de parecer que a ningún Estado le conviene tener en su seno las autoridades federales, porque oprimen las del Estado en que residen; pueden echar mano, en necesidad, de sus fondos, pero que conviene que salgan, lo menos a 40 leguas de Guatemala; que para lograrlo deben las Asambleas de los Estados hacer sus solicitudes al Congreso Federal. Las autoridades federales nada pueden quitar a Honduras, y más estando en su seno.

Yo propongo tres arbitrios para esta decisión: uno la suerte, otro la variación cada dos años, como se hace en la Suecia, y otro, finalmente, el pensar las razones de conveniencia o desconveniencia. Hay muchas a favor de Honduras: I ser el centro de la República; II confinar con tres Estados; III tener los puertos más concurridos; IV confinar con varias naciones; V ser su población compuesta de partes más heterogéneas; VI ser más extensas sus fronteras y más abiertas; VII tener mayor número de ríos navegables; VIII necesitar de más fuerza federal para impedir el contrabando, y así otras mil razones.

Te incluyo esa carta de don José Francisco Zelaya para doña María Luisa. Interésate en que se concilien estas cosas. Pronto escribiré y mandaré el poder para la entrega y recibo del Ingenio. No puedo más. El dolor me apura. Soy tuyo.

DIONISIO DE HERRERA.

Cuando dejé de escribir esta carta fué para irme a la cama oprimido de un fuerte cólico. Cedió éste a mi robusta naturaleza y dieta más bien que a los medicamentos. De entones acá han variado las cosas. Valle ha sido electo diputado por Guatemala, como habrán visto en el Centro—Americano.

Después de escrita ésta, supe que te hallabas fuera de Tegucigalpa, y por eso remito las cartas de que te hablo por otro conducto.

Hasta la fecha no se ha instalado la Asamblea de este Estado. No hay país en el mundo donde haya más apatía, más pereza en los negocios y menos espíritu público que en Honduras. Yo rabio; he hecho el sacrificio de mi salud, de mi reposo, de mis inclinaciones y de mis intereses; pero Honduras necesita de muchas palancas para moverse.

Adiós. Luego de instalada la Asamblea pienso poner mi renuncia. Soy tuyo.

DIONISIO DE HERRERA.

XXXV

Comayagua, abril 19 de 1826.

Acabo de saber que te hallas en Tegucigalpa, y a pesar de mis quehaceres te escribo dos palabras.

Valle me dice que te diga que apresures tu marcha porque las votaciones en el Senado se empaten y se decidan siempre a favor de los serviles por el Vice—Presidente. En el caso de que no admitas, desearía yo muchísimo que fueses. Diputado de esta Asamblea.

Se dice que se reúnen tropas en La Habana para reconquistar el septentrión de América. Mucho temen también que México se eche sobre Guatemala, y con este motivo, dijo Castejón el otro día: "Vamos pasando poco a poco el tiempo mientras lleguen las tropas mexicanas". Vigil te dirá los sucesos de esta ciudad. Adiós. Micaela y yo saludamos a toda tu familia.

Soy tuyo.

DIONISIO DE HERRERA.

XXXVI

Comayagua, abril 28 de 1826.

He visto la tuya de 23 del corriente. El Senado de la República, en concepto de todos, es el que la ha salvado en el Congreso pasado, cuya mayoría era de serviles. El del Estado de Guatemala parece que no era muy bueno, pero se ha mudado en virtud de la ley omnipotente que dirige todas las cosas a la libertad. Completamente han ganado los liberales en todas las elecciones. Se temen agresiones de México, y con este motivo he dictado varias providencias políticas y militares, que mando se comuniquen a ese Jefe; las verás y merecerán tu aprobación. También he mandado se establezcan tertulias patrióticas, y que en cada sesión, después de la lectura del acta anterior, lo primero que se trate sea la justicia de nuestra independencia y la obligación que todos tenemos de defenderla del modo que la ley nos llame.

El 1° del corriente acordó el Congreso Federal, entre otras muchas cosas, que la Comisión de Legislación presente un proyecto de ley que dé forma a la policía que debe establecerse según el artículo 170 de la Constitución, para que la República se purgue de los enemigos interiores que tiene.

He visto varias cartas en que se asegura que los electores del Partido de Santa Bárbara quieren elegirte Diputado para esta Asamblea, sin embargo que saben que has sido nombrado Senador de la Federación.

El nombramiento o nueva elección de Jefe ha causado aquí bastante calor en el partido que quiere que se nombre otro y en el partido que quiere que subsista el mismo.

Ya sabrás que los diputados no quisieron reunirse en Asamblea hasta no tener completo el número de ocho, pues un artículo de la Constitución del Estado, exige dos tercios de diputados, por lo menos, para que haya Asamblea. Con este motivo admitieron a Vigil, a pesar de que él mismo, por escrito y de palabra, manifestó la nulidad de su elección.

Al fin declararon ésta, y han dejado otros· diputados cuya elección es tan nula como la de Vigil.

Al día siguiente hizo proposición Pablo Irías, manifestando: que conforme al artículo No 7 de la ley de 5 de mayo de 824, debía procederse a nueva elección de Jefe, pues el actual era interino como la Asamblea Constituyente. Fué aprobada en el momento dicha proposición, salvando su voto y protestando el Diputado Milla. Dos órdenes salieron el mismo día para elecciones. La del Vice—Jefe porque se le ha admitido la renuncia y la del Jefe porque era interino como la Asamblea Constituyente. Se pasó la orden al Gobierno, y éste, mirando que la Asamblea no había observado para darla las lecturas y trámites que previene el Reglamento Interior; que dicha orden derogaba la ley de 16 de septiembre de 24 de la A. C.; que la Constitución del Estado dice que para derogar una ley se necesitan los mismos trámites con que se dió: que la orden no venía anunciada por el Consejo como si fuera una calificación de elecciones, púes aquí no se trata de saber si estuvo bien o mal elegido el Jefe, sino del tiempo que debe durar; que la duración de cuatro años se la da la Constitución de la República, las bases de la misma Constitución y la del Estado; el Gobierno acordó pasarla al Consejo y éste le consultó suspendiese su cumplimiento hasta que la Asamblea determinase en vista del reclamo que iba a hacer el mismo Consejo. Lo hizo en efecto, y la

Asamblea mandó se le contestase que no debía aconsejarla ni interpretar las leyes. El Consejo hizo nueva exposición, manifestando a la Asamblea que no aconsejaba ni interpretaba leyes, sino que reclamaba el cumplimiento de ellas y de la Constitución. porque la misma Constitución se lo prevenía. Entre tanto leyó su voto particular Milla, que llama la atención sobre quererse mudar Jefe, nunca que sostiene la independencia y el sistema en Honduras, a tiempo que se reúnen tropas españolas en La Habana y se teme una agresión por parte de México. En seguida presentó una retractación el diputado de Tegucigalpa, manifestando que había sido sorprendido, etc. No permitió Castejón en la Asamblea que se leyese, y parece que hoy saldrá nueva orden para que se hagan las elecciones, sin darse la ley que he reclamado cuando se dió la orden para elegir Vice—Jefe, pues las leyes que hay sobre elecciones son provisionales.

Yo he hecho una exposición muy sencilla de todo el Congreso Federal, comprobada con los documentos: No es más que una relación del caso, y concluyo manifestando: que careciendo este Gobierno de autoridad, de hacienda y de fuerza; que viéndose en la necesidad de trabajar más que ningún otro funcionario de la República, de gastar hasta el papel que no le suple la Tesorería, y tener por enemigos a todos lo que lo son del orden, de la independencia y del sistema, no tiene ningún atractivo el mando, y que por consiguiente no es la ambición de mandar la que la ha dictado.

Milla dicen que ha hecho una explosión muy fuerte al Congreso Federal. El Consejo hizo la lista documentada al Senado de la Federación. Las primeras autoridades y algunos vecinos conocidos se han dirigido también al Senado, y dicen que obran.do la Asamblea como obra, ha llegado el caso de una insurrección. Ya veremos en que para esto. No hay sacrificio que yo no esté dispuesto a hacer para evitar un mal a los pueblos de Honduras.

La Asamblea continúa procediendo de un modo raro. Ella tiene comunicación directa con Lagos y Bustillo, ambos presos por revolucionarios y por otros delitos. ¿Creerías tú que Castejón fuese el que protegía a estos pillos? Ella ha nombrado al Consejo un acompañado en un asunto particular, que es don Juan José Díaz, que no tuvo siquiera votos para Consejero, y lo más célebre es que quiso

Castejón, y consta en la nota que lo propuso que se le avisase a Díaz su nombramiento por un recau.do.

Los electores de aquí son todos apasionados a Irías. Se ha mandado que elijan suplente por enfermedad del propietario, suponiendo renuncia que no ha hecho el suplente, y habiendo reclamo por no haberse citado a Opoteca y a otras poblaciones para la elección.

Castejón ha mandado quitar la guardia al Consejo, diciendo al cabo que la tropa sólo él la manda. De éstas podía contarte mil anécdotas muy célebres; pero basta lo dicho para que formes idea de cómo andan las cosas por acá. ¡Desgraciado pueblo! Pero ellos al fin han de conocer sus intereses y mejorarán seguramente las cosas. Yo pienso como tú que hemos de ser libres porque este es el espíritu del siglo, y el curso del tiempo.

Saludo a nana Antonia y a Carmelita, a quien le tengo buscado un galán novio. Micaela las saluda y a tí también. Soy tuyo.

DIONISIO DE HERRERA.

XXXVII

Mayo 1°

He recibido el Robinson y los cinco cuadernos que antes me habías remitido. Todos ellos contienen cosas interesantes. Te lo agradezco.

Ha comenzado a entregarse el empréstito. Se cree que el interés sea muy favorable habiendo ya reconocido Inglaterra la independencia de Colombia y México.

No habiendo otro arbitrio para tu dinero tratamos de coger una o más deudas buenas que pueden cedérsete.

Yo cuidaré de su cobro. Morazán y yo no dejamos este asunto de la mano. En ningún caso dejaré de suministrar a tu casa los cincuenta pesos. Tú no mandas mi bolsa.

Soy todo tuyo.

DIONISIO DE HERRERA.

XXXVIII

APÉNDICE

En la sala Capitular de Tegucigalpa, a los diez días del mes de marzo del año de mil ochocientos veinte y dos.

Juntos los señores electores del Partido, por el de Olancho, el Capitán de Milicias Nacionales D. Juan Antonio Urmeneta, y por el de Tegucigalpa, el Padre Cura y Vicario D. José Francisco Pineda, el Teniente Coronel don Francisco Xavier de Aguirre y los Capitanes de las mismas milicias nacionales don Miguel Eusebio Bustamante, don Felipe Santiago Reyes y don Francisco Juárez, presididos por el señor Jefe Político don Dionisio de Herrera, habiéndose leído los informes sobre las certificaciones dadas por el Secretario y Escrutadores, que se nombraron en la Junta de ayer, y los que dió la Comisión sobre las certificaciones de éstos, hallándose todos conformes a lo que previene la Constitución Política de la Monarquía Española, dicha la misa de Espíritu Santo y practicado lo demás que se manda en la expresada Constitución, se procedió por los señores electores a la elección de los diputados que corresponden a esta. Provincia, según la tabla remitida por el superior Gobierno de Guatemala para el Congreso del Imperio Mexicano, y hecha la regulación de los votos los reunió en primer lugar todos para tal Diputado a Cortes al señor Auditor de Guerra don José del: Valle.

Enseguida se procedió a la elección del otro Diputado y reunió para tal todos los votos, el señor Tte. de Cura de Texiguat D. Francisco Antonio Márquez. Concluida ésta, se hizo la elección en los mismos términos del Diputado Suplente que, corresponde, según la tabla expresada, y hecha la regulación de los votos salió electo para tal Diputado Suplente el Capitán don Próspero de Herrera. Hecha la publicación de estas elecciones, concurriendo en los señores elegidos las circunstancias necesarias, se extendió para su constancia, la presente acta por ante mí, por el infrascrito Secretario, que firmaron los señores Presidente y electores. Dionisio de Herrera, Presidente. Felipe Santiago Reyes, Escrutar don. Juan Antonio Urmeneta, Escrutador. José Francisco Pineda. Francisco Xavier de Aguirre. Francisco Juárez. Miguel Bustamante. Secretario.

Es copia de la acta que original obra en el Libro de ellas y te hizo sacar para remitir al señor Diputado don Francisco Antonio Márquez. Tegucigalpa, marzo doce de mil ochocientos veintidós. Dionisio de Herrera. Juan: Antonio Urmeneta, escrutador. Felipe Santiago Reyes, escrutador. Miguel Bustamante, Secretario.

XXXIX

Corregido. En la ciudad de Tegucigalpa, a los once días del mes de marzo de mil ochocientos veintidós, en la sala Consistorial de ella, hallándose congregados los señores Presidente don Dionisio de Herrera; el elector por el partido de Olancho, don Juan Antonio Urmeneta; los de esta de Tegucigalpa, el señor Cura y Vicario don José Francisco Pineda; el Teniente—Coronel de estas Milicias Nacionales don Francisco Xavier de Aguirre, y los Capitanes de las mismas, don Felipe Santiago Reyes, don Francisco Juárez y don Miguel Eusebio Bustamante, dijeron, ante mí, el infrascrito Escribano y testigos al efecto convocados, que habiéndose procedido con arreglo a la Constitución Política de la Monarquía Española, al nombramiento de los electores Parroquiales y de Partido con todas las solemnidades prescriptas por la misma Constitución como constaba de las certificaciones que originales obraban en el expediente, reunidos los expresados electores de los Partidos de la Provincia de Tegucigalpa en el día diez del corriente del presente año, habían hecho el nombramiento de los diputados que en nombre y representación de esta Provincia, han de concurrir a las Cortes, y fueron electos diputados para ellos, por esta Provincia, el señor Auditor de Guerra don José Cecilio del Valle y el señor Teniente de Cura de Texíguat don Francisco Antonio Márquez, y para Suplente el señor Capitán de Milicias Nacionales don Próspero Herrera, como resulta de la acta extendida y firmada por los señores expresados don Dionisio de Herrera, don José Francisco Pineda, don Francisco Xavier de Aguirre, don. Felipe Santiago Reyes, don Francisco Juárez, don Miguel Eusebio Bustamante y don Juan Antonio Urmeneta; que en su consecuencia les otorgan poderes cumplidos a todos juntos y a cada uno de por sí para cumplir y desempeñar las augustas funciones de su encargo; y para que con los demás Diputados de Cortes, como representantes de la Nación Mexicana, puedan acordar y sancionar la Constitución del Imperio, y cuanto entendiesen al bien general, y que los otorgantes se obligan por sí mismos, y a nombre de todos los vecinos de esta Provincia en virtud de las facultades que les son concedidas, como Electores nombrados, para este acto, a tener por válidos y obedecer y cumplir cuanto como tales diputados hicieren y se resolviere por éstas. Así lo expresaron y otorgaron hallándose presentes como testigos los Regidores de este Noble y Patriótico Ayuntamiento don Liberato Moncada y don José Antonio Márquez, que con los señores otorgantes firman, de que doy fe. Dionisio de Herrera, Presidente. José Francisco Pineda. Juan Antonio Urmeneta, Escrutador. Felipe Santiago Reyes, Escrutador. Francisco Xavier de Aguirre. Francisco Juárez. Miguel Bustamante, Secretario. Liberato Moncada. José Antonio Márquez. León Vásquez, Escribano Público.

Es copia del original que obra en mi protocolo de este corriente año, y teniéndose noticia, debe ser sacado en el sello mayor, por no haber de aquél lo hice en éste; Tegucigalpa, marzo doce de mil ochocientos veintidós.

León Vásquez.

XL

Agotando este Ayuntamiento los arbitrios que han estado en su alcance, ha podido conseguir cuatro mil pesos en barras de los que entregará el Regidor don Francisco Juárez a cada uno dos mil. Activará sus providencias para remitirlas por medio de libranzas los cuatro mil restantes con que se completa la cantidad asignada.

Dios guarde a V. S. muchos años. Sala Capitular de Tegucigalpa. Agosto 19 de 1822. Juan Antonio Garay. Juan Estrada. Manuel Ugarte. Carlos Reyes. Miguel Laínez. Roque Bustillos. José Antonio Márquez. Francisco Morazán. Juan Antonio Ugarte, Secretario.

Señores Diputados del Congreso Mexicano don Francisco Márquez y don Próspero Herrera.

XLI

Queda impuesta esta Municipalidad del último oficio de Ud. datada a 15 del próximo pasado octubre, e igualmente con la satisfacción de estar los Altos Poderes obrando en libertad, por haber llegado a esa ciudad las tropas protectoras de San Salvador y Chiquimula.

Es buena la oferta hecha por Comayagua a esa Asamblea y nos alegramos que estos hermanos tengan tan buenos sentimientos. Cuando se supo la noticia del 14 de septiembre (14), en este pueblo, sin excepción, con sus personas, con sus dineros y con sus armas a caminar a esa capital a vengar los agravios que el desnaturalizado de Ariza cometió contra la soberanía. Si esta Municipalidad no lo ha hecho presente fué porque inmediatamente variaron las circunstancias de esa Capital, y porque este Jefe Político había dicho lo conveniente, Sin embargo, creo que hemos obrado morosos, y esperamos que Ud. se sirva disculparnos en la Asamblea, expresándoles nuestros sentimientos, y que a la primera voz sacrificaremos nuestras vidas e intereses en su favor.

Ha sido moralmente imposible glosar como corresponde las instrucciones que esta Provincia debía haber mandado a Ud. Sin embargo remitimos por ahora un extracto de las que el ciudadano Dionisio de Herrera hizo para las Cortes de México, que tienen los artículos más esenciales, tanto generales como particulares.

Dios, Unión, Libertad. Sala Capitular de Tegucigalpa, noviembre 7 de 1823. Andrés Lozano. Francisco Lozano. José Ramón Medina. Roque Bustillos. Miguel Laínez. Carlos Selva. Mauricio Contreras. Francisco Lazo. José Díaz del Valle. Liberato Moncada, Secretario.

Ciudadano Diputado Francisco Antonio Márquez.

XLI

La Diputación Presidencial de San Salvador pasó oficio a este Gobierno y Municipalidad con objeto de que representemos a la Asamblea Nacional Constituyente para que con el Supremo Poder Ejecutivo se trasladara a aquella ciudad.

Siempre fuímos de opinión de que los Altos Poderes debían residir en San Salvador, pero como para esta medida hay inconvenientes, como no tenemos a la vista todos los datos que pueden servir para ilustrar la materia y decidirla; como una determinación poco meditada o equivocada por la exaltación de los partidos puede acarrear consecuencias funestas; hemos acordado dirigir a Ud. copia de la contestación dada a la diputación de San Salvador para que Ud. con conocimiento de las actuales circunstancias haga en esta parte las proposiciones que le parezcan conducentes al bien general.

Dios, Unión, Libertad. Sala Capitular de Tegucigalpa, noviembre 17 de 1823.

Dionisio de Herrera. Joaquín Espinoza. Francisco Lozano. Carlos Selva. Nicolás Bustillos. Roque Bustillos. Francisco Lazo. José Santos del Valle. Liberato Moncada, Secretario.

Ciudadano Diputado a Cortes Francisco Antonio Márquez.

XLIII

Por extraordinario que acabo de recibir, me dice el Excelentísimo señor Secretario de Estado y del Despacho de la Gobernación, lo que sigue:

Primera Secretaría de Estado, Sección: de Estado. El ser ñor Secretario de S. M., me ha dirigido en esta fecha el oficio que a la letra dice, así: "Exmo. Sr.: Impuesto el Emperador del informe que con fecha de 28 del anterior, le presentó la sección de la Comisión que mandó al ejército y regresó con el objeto de dar cuenta del encargo que se le confiara; impuesto igualmente de la exposición que con fecha 19 del corriente elevó a sus manos por el conducto de V. E. la Excelentísima Diputación Provincial de esa Corte, enterado de la consulta que sobre los documentos le hace en Consejo de Estado, y del parecer de V. E., manifestado en representación de ayer, se ha dignado oír el voto de estas corporaciones, y así como para la reforma del Congreso obró persuadido de que tal era la voluntad general, conforme a datos inequívocos que al efecto tenía, así ahora se persuade también que la voluntad de la Nación es que el Congreso se restablezca, y como el Emperador está siempre conforme con esta ley suprema, de la que nunca quiere ni quiso separarse, acordado y decreta: que inmediatamente circule V. E. las órdenes convenientes para la reunión en la Corte de todos los Diputados, señalando el día que más propiamente pueda ser, para que, reunido el número que exige la convocatoria porque fueron llamados, vuelvan a continuar sus sesiones; que por el Ministerio de Hacienda se den las órdenes oportunas para los que se hallan ya en sus provincias sean auxiliados con las cantidades que el Reglamento señala, supliéndose de los fondos públicos hasta que puedan reintegrarse de los destinados al efecto; que por el de Guerra circule este decreto a todos los cuerpos del ejército para su conocimiento, y que por los jefes se presten a los diputados los auxilios que necesiten en su marcha; que V. E. lo comunique a la sección de la Comisión que se halla en Puebla, para que ésta lo haga a los Generales y Jefes que suscribieron el Acta de Casa Mata.

XLIV

En contestación del oficio de V.S., de 26 del próximo anterior, debo decir: que la opinión pública no va de acuerdo con la de V. E. sobre si es a propósito o no para diputado; que la Constitución no requiere otras cualidades que la de ser mayor de 25 años y estar en el ejercicio de los derechos de ciudadanos; que la misma Constitución previene que nadie puede excusarse de estos encargos: que habiendo causa, al Congreso mismo toca graduarla y aclarar si debe ir el Suplente. Finalmente, los votos de todos: el interés de la Provincia y el de la Nación exigen la pronta marcha de V. S., y reclaman su asistencia en el Congreso, a pesar de los sacrificios que sea necesario hacer para verificarlo.

Dios guarde a V.S. muchos años.

Tegucigalpa, junio 3 de 1823.

DIONISIO DE HERRERA

Señor Diputado don Francisco Antonio Márquez.

TESTAMENTO

391

TESTAMENTO DE DON DIONISIO DE HERRERA

En nombre de Dios todo Poderoso. Amén. Notorio sea a los que la presente carta de mi testamento vieren, como yo Dionisio de Herrera, hijo legítimo de don Jacinto Herrera y Paula Valle, natural de Honduras, estando enfermo de accidente que Dios Nuestro Señor se ha servido darme, por su infinita misericordia en mi entero y cabal juicio, memoria y entendimiento natural, creyendo como firmemente creo en el alto misterio de la Santísima Trinidad, en cuya fe y creencia he vivido y protesto vivir y morir: temeroso de la muerte como natural y su hora incierta, he determinado hacer esta mi disposición para declarar en ella los descargos de mi conciencia y para su mejor acierto invoco por mi intercesora y Abogada a María Santísima, Madre de Dios y Señora Nuestra, a su castísimo esposo Señor San José; el Santo Ángel de mi Guarda y de mi nombre y a todos los demás de la Corte del Cielo, con cuyos divinos auxilios los establezco en la forma siguiente:

Primeramente encomiendo mi alma a Dios, que la crió y la redimió con el infinito precio de su sangre, y el cuerpo a la tierra de que fuí formado, el cual hecho cadáver es mi voluntad sea amortajado con hábito de nuestro Padre San Francisco y "Sepultado en el Panteón de esta Capital" lo más humilde que se pueda.

Segundo. —Y ten declaro: que soy casado y velado en facie eclecie; en primeras nupcias con la Señorita Micaela Quezada, en cuyo matrimonio hemos tenido nueve hijos llamados, Julián, María Manuela, José Dionisio, Mariano, Esteban, Miguel, José María, Dolores y José Antonio y el mayor de edad murió intestato.

Tercero. —Y ten declaro: que cuando contraje el expresado matrimonio aporté a él ocho mil pesos en dinero, efectos mercantiles y plata copela, y mi esposa diez onzas de oro acuñado que le dí en arras y cuatrocientos pesos de moneda cobre que le tocaron de la herencia de una casa.

Cuarto. — Y ten declaro: que durante la sociedad conyugal adquirí las haciendas "Hato Nuevo" y "El Guayabo" por vía de compra en el Estado de Honduras, pero fueron destruidas en las revoluciones; y mi citada esposa nada ha adquirido.

Quinto. —Y ten declaro: que actualmente poseo por mis bienes la mitad de las tierras de la hacienda "Pavana", compuesta de diez y siete y media caballerías de medida muy antigua, las cuales heredé de mi finada madre Paula Valle.

Sexto. —Y ten declaro: que el Gobierno de Honduras me es en deber cantidades considerables, y suplico a mis albaceas liquiden este crédito y lo que alcance a mi favor lo agreguen al cúmulo de mis bienes.

Séptimo. —Y ten declaro: que la testamentaria del finado Ramón Vigil me es en deber más de mil pesos, mando a mis albaceas los cobren y se agreguen a mis bienes; y aunque don Ramón Vigil quedó de pagarlos por mí, ignoro si lo verificó y suplico se tenga presente.

Octavo. —Y ten declaro: que cobrado, lo que alcance en mi favor de lo que el Gobierno de Honduras me es en deber, se entreguen al "Gobierno Nacional" cuando se instale para sus primeras erogaciones "Mil Doscientos pesos" pues es así mi voluntad.

Noveno. —Y ten declaro: que lego al colegio de esta capital en beneficio de la instrucción pública tres pesos.

Diez. —Y ten declaro: que he tenido cuentas con mi hermano Próspero e ignoro cuánto le debo, mando se pague éste y pase por lo que él diga.

Once. —Y ten declaro: que nombro por únicos y universales herederos a mis expresados hijos para que tan luego que yo fallezca, los hayan y gocen con la bendición de Dios y la mía.

Doce. —Y para cumplir este mi testamento y todo lo que en él ha contenido, nombro por mi única albacea a mi citada esposa Micaela Quezada, para que después de mi fallecimiento entre en posesión de mis bienes y los administre todo el tiempo que fuere necesario, pues yo le prorrogo el que necesite, aunque haya pasado el año fatal.

Trece. —Y por el presente revoco y anulo todos los testamentos y demás disposiciones testamentales, que antes de éste haya hecho, por escrito, de palabras o en otra forma para que no valga por mi testamento o en la forma que más haya lugar en derecho, es este que ahora otorgo y que en contesto se cumpla en todas sus partes. Y yo, el Escribano que presente soy, doy fe de conocer al otorgante y de que está en su entero y sano juicio según contesta... y dispone, y de que así lo digo, otorgo y firmo a presencia de los testigos señores

Licenciados Victoriano Rodríguez, Manuel Muñoz y el General Domingo Asturias, vecinos y presentes, doy fe. En este estado, añadió: que dejaba a su hija Micaela Manuela, un crucifijo con la mesa y flores que hay en ella o le pertenezca a dicha imagen, en remuneración de sus servicios en su actual enfermedad.

San Salvador, mayo 30 de 1850.

Dionisio de Herrera.

Victoriano Rodríguez, Manuel Muñoz, Domingo Asturias.
Ante mí, Juan Sanabria, Así está en mi Protocolo.

LA MUERTE DE DIONISIO DE HERRERA

Por Jorge Lardé y Larín,

Director del Museo Nacional "David J. Guzmán", Secretario del Ateneo de El Salvador y Socio Correspondiente de la Sociedad de Geografía e Historia de Honduras.

Por desgracia Centro América va olvidando cada vez más, a pesar de todo lo que se dice y se escribe, a los grandes patricios que estructuraron sobre las pavesas del régimen colonial el majestuoso edificio de la República.

El "provincialismo", que el prócer don Manuel José Arce puntualizara en su Memoria como causa determinante de la guerra civil o contienda armada que asoló a los pueblos istmeños en les trágicos años de 1827 a 1829 y que acabó, en definitiva; con el pacto de unidad nacional una década más tarde, se ha convertido, andados los años, en un raquítico "nacionalismo", torpe, infecundo y traidor.

Las glorias de Centro América se las adjudica el Estado donde nació un hombre ilustre o se gestó una epopeya inmortal, e inconscientes y miopes, escritores y pueblos, excluyen de su culto laico a héroes epónimos y altos valores representativos de la cultura, cuando éstos son nativos del suelo de otra de las minúsculas Repúblicas que, como obra disociadora del partido retrógrado o conservador, han contemplado los últimos lustros.

Don Dionisio de Herrera es una de las más puras glorias de Centro América, y su recuerdo debe perpetuarse, no en la blancura del mármol ni en la sonoridad del bronce, sino en la conciencia cívica de la centroamericanidad, porque con sus hechos, afanes y pasiones agitó la historia de estos pueblos en épocas de violentas convulsiones sociales, políticas y económicas, y fue caballero Bayardo de una democracia herida.....

El primer centenario de su fallecimiento, que tendrá efecto el 13 de junio de este año, no debe pasar inadvertido; debe ser motivo de conmemoración nacional y estímulo para enseñar a las generaciones actuales y venideras que, como decía Marco Aurelio Soto, hace más de un siglo que no tenemos Patria.

Su recia personalidad de ciudadano integérrimo, sin manchas ni sombras; su brillante papel como mandatario de Honduras en horas de angustias, de renovación y de grandes ideales; su gobierno benéfico para Nicaragua cuando conservadores y liberales ensangrentaban campos y playas de aquella hermosa sección de Centro América; y su renuncia irrevocable y patriótica, pletórica de majestad republicana, de la primera magistratura de El Salvador, unido al calvario de sus postreros años de vida, hacen de don Dionisio Herrera un personaje simpático e interesante, digno de una biografía filosófica.

Quien naciera en la villa de Choluteca, el 9 de octubre de 1781 no sólo fué un político prominente; fué también un escritor pulcro y brillante, y hombre de sólida cultura humanista. La literatura colonial abrió sus inquietudes—pese a la densa niebla del ambiente aldeano—; pero fueron los filósofos y economistas franceses del siglo XVIII quienes pusieron la tónica revolucionaria en su espíritu; Honduras le brindó la magnificencia de su suelo pródigo, hospitalario y dadivoso; y Centro América, su Patria, el concepto preciso de la nacionalidad.

Su mensaje al Congreso hondureño, en 1826, es una pieza literaria brillantísima, de la que cualquier excelente escritor y político de esta época podría ufanarse con muy legítimo orgullo.

La catástrofe de 1839—réplica del cachurequismo a la reforma liberal morazánica—, envolvió con sus brazos exterminadores al perínclito don Dionisio de Herrera y le señaló el camino al Gólgota, pues pronto se encendió la guerra que Honduras y Nicaragua hicieron en aquel año a El Salvador. "Y Herrera—dice en magnífico boceto biográfico el Dr. Victoriano Rodríguez —, cuyo estandarte había sido siempre el de la nacionalidad, fué en su país víctima de las facciones".

"La persecución y la desgracia—agrega—se agravaron sobre su persona, la devastación destruyó sus bienes y sus ricas haciendas. Emigró para este Estado (El Salvador) en la miseria, y el hombre opulento y de alta posición social; el que con sus rostros talentos había servido al país, se vió careciendo de su vida fué consagrada a la Patria, su muerte a la piedad   la religión; falleció en San Vicente el 13 de junio de 1850."

Otro historiógrafo salvadoreño, contemporáneo a los sucesos como el anteriormente citado, el doctor José Antonio Cevallos, asevera lo siguiente:

"El ex—Jefe de Estado de Honduras, falleció en esta República, (El Salvador) en estado de pobreza y su posteridad no fue inmediatamente afortunada".

"El ilustre hondureño se dedicó a la pedagogía para remediar sus escaseces en la vida emigrante que hacía en El Salvador, y en este sentido abrió humildemente una escuela de primeras letras en la ciudad de San Vicente, que le sirvió de un alivio a su penosa existencia".

"También Luis Felipe de Orleans enseno Geografía y las Matemáticas en Reichenon, hallándose emigrado en Suiza el año de 1793".

"Todo esto explica—agrega finalmente—que aquel afortunado república, bajó al sepulcro sin manchar su reputación con los medros tentadores del Poder Supremo, ejercido por el ex—Jefe de los Estados de Centro América".

El historiador nicaragüense doctor José Dolores Gámez, relata así la muerte del prócer hondureño:

"El que se negó a servir la Jefatura del Estado de El Salvador, se vió un día careciendo de pan y reducido a dirigir en la capital salvadoreña una triste y pobre escuela de primeras letras, con cuyo escaso sueldo se mantuvo en sus últimos años".

"Un día amaneció cerrada la escuela. El alma del maestro había volado a la eternidad, y su nombre acababa de ser recogido por la historia, ufana de adornar con él la brillante página que le reservaba'".

"Don Dionisio Herrera murió en suma pobreza y rodeado de numerosa familia, el 13 de junio de 1850. Su entierro fue humilde y a su sepulcro llegó a acompañarlo, diez días después, su esposa, que no pudo resistir el pesar de aquella cruel separación".

Dos ciudades, pues, se señalan como lugar donde falleció don Dionisio de Herrera; pero es indudable que fué en San Salvador y no en San Vicente donde aquél exhaló el último suspiro.

En esta ciudad, en efecto, con fecha 30 de mayo de 1850, a la avanzada edad de sesenta y ocho años cumplidos, dispuso de sus bienes en perfecto estado de razón. Autorizó el testamento el escribano público don Juan Sanabria ante los testigos licenciado Victoriano Rodríguez (su biógrafo), don Manuel Muñoz y general Domingo Asturias.

En ese testamento manifiesta "que el gobierno de Honduras me es en deber cantidades considerables y luego, colocado su pensamiento en la obra de reconstruir la Patria Grande, ordena que, una vez cobrada y cancelada esa deuda, "se le entreguen al Gobierno Nacional cuando se instale para sus primeras erogaciones, mil doscientos pesos".

Por otra parte, en los archivos de la curia vicentina, cuyos libros de defunciones están completos, no se encuentra la partida de defunción de don Dionisio de Herrera; tampoco se encuentra en los archivos eclesiásticos metropolitanos, pues los libros correspondientes a ese año fueron destruidos por el terremoto de abril de 1854.

Sin embargo, no cabe la menor duda de que el prócer Herrera falleció en San Salvador, pues en declaraciones que me hiciera una descendiente suya, doña Nella Aplícano Herrera de Sequeira —declaraciones que, firmadas, obran en mi poder—, consta lo siguiente:

"Por tradición de familia sabemos que don Dionisio de Herrera falleció en San Salvador y no en San Vicente, como se afirma en sus biografías, y que fué auxiliado antes de morir por el señor Obispo monseñor Pineda y Zuldañu. Al morir mi madre, por 1896, mi padre don. Ezequiel Aplícano. que era coronel, me hizo entrega de una cajita de madera conteniendo los restos mortales de don Dionisio de Herrera, que fueron enterrados en el ataúd que conducía los de la autora de mis días".

"A raíz de un movimiento unionista —agrega la señora de Sequeira—, yo desenterré esos restos, en la esperanza de que el gobierno de Honduras quisiera repatriarlos. pues por intermedio de Augusto C. Coello me los habían solicitado. Después hice entrega de dichos restos al padre Moreno de la Iglesia de San Francisco y mucho tiempo después, a iniciativa de éste, los entregué al padre Prior del Convento de Santo Domingo, fray Manuel Diez. quien los inhumó en la iglesia del Rosario, previa autorización de monseñor Belloso y Sánchez".

El Prior de los domínicos, don Manuel Diez Toscón, por su parte, me ha hecho la siguiente relación escrita sobre la inhumación de los restos de don Dionisio de Herrera en la iglesia del Rosario.

"El año de 1927 y 28 dice haciendo unas reformas en la iglesia del Rosario se me presentó una señora pidiéndome que le hiciera el favor de colocar unos restos (huesos humanos) que ella guardaba en una cajita de hierro o de latón fuerte, la que tenía en su casa.

"Esta señora vivía en Santa Ana, N. A. de Sequeira. Que aquellos huesos—los que yo vi con mis ojos—eran, de sus difuntos padres. Dionisio de Herrera. Presidente de El Salvador, Honduras y Nicaragua. Murió 1850, y de otra persona Dolores Herrera de Aplícano. Murió 1896.

"Estos restos están en la Capilla que hoy se dice maculada. Y sobre ellos hay una lápida de mármol, que ñora mandó colocar".

Ciertamente, una lápida pobrísima señala en la iglesia del Rosario el lugar donde reposan los restos de don Dionisio de Herrera, y ostenta esa lacónica como errada leyenda:

"DIONISIO HERRERA, E. P. D. FUÉ PRESIDENTE DE HONDURAS, EL SALVADOR Y NICARAGUA. 1850".

Centro América tiene el deber ineludible de conmemorar el primer centenario del fallecimiento de este prócer de la independencia y patriarca de sus libertades, porque don Dionisio de Herrera es, en el agitado drama de la historia centroamericana, uno de los auténticos fundadores de la nacionalidad y uno de los genios tutelares que, desde ultratumba, está clamando porque se revise el proceso histórico y se construya, sobre bases inamovibles, lo que fué grandeza, y hoy es sólo un recuerdo heroico.

San Salvador, 30 de mayo de 1950.

FRAGMENTO DE UNA CARTA

Interesantes Informaciones sobre la Familia del Prócer

NELLY DE SEQUEIRA, San Salvador, C. A., 6 de junio de 1950.

Srita. María Trinidad del Cid, Miembro de la Sociedad de Geografía e Historia de Honduras, Tegucigalpa.

Muy apreciable señorita:

"...En el libro HONDURAS LITERARIA, del Doctor Durón habrá encontrado Ud. algunos datos de la historia de mi abuelito, lo mismo que en la RESEÑA HISTÓRICA DE CENTROAMÉRICA, del Dr. Montúfar.

En algunas otras historias hay datos errados: dicen en unas que Dionisio de Herrera fué masón, lo cual no es cierto. En aquel tiempo creo que aún no había Logias Masónicas en Centro América. Además, él mantuvo relaciones de gran amistad con importantes miembros del Clero, entre ellos Monseñor Zaldaña, Obispo de esta

Iglesia de El Rosario de San Salvador.

En este templo salvadoreño reposan eternamente los restos del gran repúblico don Dionisio de Herrera.

Diócesis, quien lo asistió espiritualmente hasta su último momento, y a quien hizo padrino de uno de sus hijos, mi tío Mariano, papá de Cayita Herrera, mi prima.

Vivió un tiempo en San Vicente; allí fundó un Colegio, donde se formaron hombres de alta talla moral e intelectual, como el señor don Nicolás Angulo, cuyos hijos son hoy personas importantes en esta sociedad. Después, vino a vivir a esta capital, donde murió. Su esposa, doña Micaela Quesada, tía carnal del general Morazán, murió el último día del Novenario de él. Dejaron siete hijos. Miguel, que fué general y lo fusilaron en Costa Rica, cuando cayó Morazán. Dionisio, Nela, Mariano, Próspero, Esteban y Lolita, quien tenía menos de 4 años cuando sus padres murieron. Esta última fué mi madre; casó con un hondureno, el coronel Ezequiel Aplícano, y tuvieron una hija, Nela Aplícano—Herrera, servidora de Ud. que casó con el Dr. Bernardo Sequeira, médico nicaragüense, quien murió hace quince años, dejándome dos hijos, que siguieron la misma profesión de su padre. El mayor, Francisco Sequeira Aplícano es actualmente Jefe Sanitario de la Cooperativa Interamericana, en esta República; y el otro, José Sequeira, que desde antes de recibirse ejerce con éxito, a Dios gracias, la especialidad de ojos, oídos, nariz y garganta.

Mi prima Cayita no se casó; fué hermana de Dionisio, Próspero, Mercedes, Mariano, Gerardo, Juan y Carlos. Los tres últimos, menores que ella. Cayita vive aquí, en San Salvador con una sobrina, hija de Próspero, que se llama Rosita Herrera.

Mi abuelita, doña Micaela Quesada de Herrera. era prima hermana del general Morazán Quesada, y él, mi abuelo, fue primo hermano de don José Cecilio del Valle, pues doña Paula Díaz del Valle, fué hermana de don José Antonio Díaz del Valle, padre de don José Cecilio......

Nela Aplícano Herrera de Sequeira.

PRESENCIA ESPIRITUAL DE DON DIONISIO DE HERRERA

Distinguido auditorio:

Represento en este momento solemne en que rendimos un justo y merecido homenaje patriótico al fundador de la democracia hondureña, don Dionisio de Herrera, a la Universidad Nacional de Honduras, a la Sociedad de Abogados y a la Sociedad de Geografía e Historia de Honduras. Ningún homenaje es más merecido que el que la Patria rinde hoy al prócer Herrera, pues él, con Morazán y Valle forman la trilogía fundamental de la nacionalidad hondureña. Congréguense los pueblos ante el altar de la Patria a tributar honores a los que todo lo dieron para que gozáramos nosotros de patria y libertad.

Dionisio de Herrera es sol de libertad, gonfalón de victoria y resplandor revolucionario en las luchas sociales en pro del bienestar de la nación hondureña. Conciliación y progreso es su consigna, respeto a la ley su divisa; probidad y desinterés patriótico, su credo; instrucción y bienestar de los pueblos, su gran anhelo, la unión de Centroamérica, su magno ideal.

Dionisio de Herrera nació en la Villa de Jerez de la Frontera de Choluteca, el 9 de octubre de 1781; aunque el historiador Durón y otros afirman que nació en Tegucigalpa, el 8 de abril de 1783. Sus padres fueron don Juan Jacinto Herrera, Teniente de Milicias y del Alcalde Mayor, y doña Paula Díaz del Valle, ambos de la mejor sociedad colonial. Contrajo matrimonio en Tegucigalpa, el 9 de abril de 1820 con doña Micaela Quesada. Estando emparentado, por consiguiente, con José Cecilio del Valle y con Francisco Morazán. Murió en San Salvador, el 13 de junio de 1850: aunque uno de los testigos de su testamento, don Victoriano Rodríguez, dice que murió en San Vicente.

Dionisio de Herrera es una estrella inextinguible, de redención y democracia en el firmamento histórico de Centroamérica.

SUS PRIMEROS AÑOS

Sus primeros años se deslizaron en su lugar natal, en un ambiente religioso, de trabajo y de sanas, austeras y patriarcales costumbres. En valles acariciados por este río Grande, poblados de jícaros y morros, las "higüeras" que recuerdan uno de los primitivos nombres de nuestra Honduras; con sueños de lejanías y contemplación de las alegres faenas de las haciendas se deslizó la infancia de Dionisio de Herrera. Aunque Rafael Heliodoro Valle afirma que en la escuela del maestro Felipe Santiago Reyes, en Tegucigalpa, aprendió Herrera a leer, escribir y contar.

A Choluteca la describe el Obispo Fernando de Cadiñanos, en 1791, así: "Los frutos de este curato son maíz, azúcar y sal, pero en corta abundancia por no dedicarse al trabajo sus moradores". Ya en 1801, según datos del Ing. Ramón de Anguiano, la Villa de Choluteca tenía 28 familias españolas; 293 de ladinos y 114 solteros".

SUS ESTUDIOS

En la Universidad de San Carlos Borromeo de Guatemala hizo sus estudios. Se consagró con ahínco al estudio de Filosofía, Historia y, muy especialmente, a las doctrinas de los filósofos franceses. Recibió las sabias enseñanzas del reformador de la instrucción pública y civilizador de los indios de Agalta, el santo sacerdote costarricense Fray Antonio de Liendo y Goicoechea. De éste se ha dicho: "Cerca de treinta años de lecciones dadas como catedrático de Filosofía y Moral, fueron una comunicación continua de ideas útiles. Su alma franca no cesó de difundir luces y variar el aspecto de los estudios. Rompió el yugo pesado que había impuesto el escolasticismo. Sostuvo con entereza los derechos de la razón. Enseñó una lógica sensata: dió lecciones de Física experimental; leyó un curso de Aritmética, Algebra y Geometría; fué el primero en sustituir la filosofía de palabras por la de la razón y la experiencia". Era respetado de la juventud, representada entonces por Pedro Molina, José Francisco Barrundia, José Cecilio del Valle, Dionisio de Herrera y otros próceres que lucharon más tarde por el progreso y la unión de Centroamérica.

Otro consejero de Herrera fué el sabio José Cecilio del Valle.

Con un acopio de doctrinas de los enciclopedistas franceses, muchos conocimientos filosóficos e históricos regresa a Tegucigalpa en 1820. No sabemos si se doctoró, pero tenemos la plena convicción de que era un docto.

SUS IDEAS

Estaba imbuido en las ideas de Rousseau, Montesquieu, Diderot, Voltaire, d'Alembert y demás sabios que hace dos siglos iniciaron la publicación de la "Enciclopedia o Diccionario razonado de las ciencias, artes y oficios". Sabios que con excepción de Rousseau coincidían en la confianza en el poder de la razón libre, en el optimismo del progreso por la cultura, en la lucha contra la autoridad omnipotente de la Iglesia, en el interés por los problemas sociales, en la tendencia naturalista. Obra que influyó decisivamente en la revolución francesa.

Con Montesquieu pensaba Herrera que en los Estados Republicanos es de rigor ajustarse a la letra de la ley. No se le puede buscar interpretaciones cuando se trata del honor, de la vida o de la hacienda de un ciudadano.

Siguiendo a Montesquieu, decía Herrera: "Hay dos clases de pueblos pobres: los empobrecidos por la dureza del gobierno y los que nunca han tenido aspiraciones por no conocer o por desdeñar las comodidades de la vida. Los primeros no son capaces de ninguna virtud, porque su empobrecimiento es efecto de su servilismo; los segundos pueden hacer cosas grandes, porque su pobreza es una parte de su libertad".

Herrera tenía fe en la buena inmigración y desdeñaba a los aventureros y retrógrados. "La población debe ser el primer objeto de la política", le decía a Márquez el 17 de enero de 1824.

SU INMORTAL LEGADO

En la vida de don Dionisio de Herrera hay que admirar su vasta cultura, sus ideas revolucionarias, su amplio sentido democrático, su anhelo de conciliación y de progreso, su desinterés patriótico, su alma de maestro y su fe unionista. ¡Con qué admiración contemplamos hoy la figura grandiosa del prócer Herrera, cuando en su testamento, aquel noble espíritu que vive en honrada pobreza, declara que deja mil doscientos pesos para que los entreguen al "Gobierno Nacional" de Centroamérica, cuando se instale, ¡para atender a sus primeras erogaciones! ¡Alma grande y sublime que abona siempre con su fervor unionista el roble sacrosanto de la unión de la América Central! ¡Maestro inigualado que sueña con un pueblo culto y respetado! Hombre magnánimo que en la mayor pobreza se acuerda del Colegio de San Salvador y le hace un legado de tres pesos, pequeña cantidad que significa para el patriota enfermo una valiosa suma, pues está empapada con el sublime amor a la instrucción popular. Con los ojos del alma lo contemplamos angustiado y quejumbroso, en el lecho de agonía, decir, ¿por qué seré tan pobre y no puedo dejar más bienes de fortuna a la civilización de los pueblos centroamericanos? Es que Herrera como todos los hombres grandes de América comprendía que sólo la ilustración hará libres a los pueblos.

HERRERA EN TEGUCIGALPA. LA INDEPENDENCIA

En 1821, en el Censo de Tegucigalpa, aparecen los datos siguientes: Dionisio de Herrera vivía en la calle San Francisco que pasa por la plaza grande, 4 casas más acá de dicho convento, entre las casas de Calixto Reconco y de doña Martina Castejón. Era Secretario del Ayuntamiento y comerciante; tenía 38 años, casado con doña Micaela Quesada, de 26 años. Los domésticos eran Dorotea Arrazola y María Santos Alonzo y la niña Leonarda Arrazola. Esta, según versión del historiador Durón, era bisabuela de la madre del actual Rector de la Universidad, Lic. Jorge Fidel Durón, y se sabe que Dorotea Arrazola era hija natural de don Dionisio de Herrera.

Como Secretario del Ayuntamiento de Tegucigalpa, Herrera redactó el Acta de Independencia de la Alcaldía Mayor de Tegucigalpa, el 28 de septiembre de 1821, la que está encabezada por esta frase inmortal que a pulmón pleno expresa todos sus anhelos y luchas: "¡Viva la Independencia!... manifestaron todos unánimemente la mayor alegría y dijeron: que están prontos a jurar la Independencia, a contribuir a ella por cuantos medios sean a su alcance hasta sacrificar sus vidas y haciendas...".

¡Con qué fervor patriótico aquellos ilustres hondureños hacían declaración de fe republicana! Cuánta satisfacción y entusiasmo se reflejan en la mente y corazón de Dionisio de Herrera. Y cuán exactas fueron para el prócer Herrera estas solemnes declaraciones, pues murió en la mayor pobreza. Todo lo sacrificó por la Patria grande. Esta celebración, este homenaje a Herrera debe ser una congregación de centroamericanos; pues Herrera fué ciudadano de la América Central, originario de Honduras. Su gran maestro fué Liendo y Goicoechea originario de Costa Rica. Sus profundos conocimientos los abrevó en la Universidad de Guatemala; fué Jefe de los Estados de Honduras y Nicaragua y pudo haberlo sido de El Salvador, pero a este pueblo, en el que como Morazán tenía gran fe como guía de los destinos de la América Central, por su dedicación al trabajo, por su valor y patriotismo, le consagró lo más grande y sublime de su existencia, la enseñanza de su juventud.

HERRERA JEFE DE LA PROVINCIA DE TEGUCIGALPA

El 3 de febrero de 1822 se hizo cargo del puesto de Jefe Político de la Provincia de Tegucigalpa. El 16 de septiembre de 1824 pasó a ejercer la Jefatura del Estado de Honduras, puesto que desempeñó hasta el 9 de mayo de 1827, en que por la traición del español Antonio Fernández fué vencido y enviado preso a Guatemala.

ADQUISICIÓN DE LIBROS
Su sed de conocimientos lo hacían enriquecer su biblioteca. En carta de 22 de octubre de 1823 le decía al Padre Márquez, quien estaba en Guatemala: "Dime qué libros buenos hay en ésa; por mano de Barrundia y otros pueden conseguirse algunas obras raras que compraré a cualquier precio ..."

El 17 de enero de 1824, le decía al Padre Márquez: "Han venido muchas gramáticas francesas, diccionarios y algunas obras de literatura. Se han venido publicando algunos ejemplares de las "Ruinas de Palmira", del "Campo Mateo", del "Citadoi", etc. Hay en Trujillo algunas "Chef d'oeuvre" destinadas a Tegucigalpa

El 27 del mismo mes y año le decía al Padre Márquez: "....Próspero (Herrera, su hermano) me ha dicho que hay muy buenas obras de Geografía y excelentes mapas. Deseo poseer una buena colección de éstas y la mejor obra que pueda conseguirse de Geografía. Si no estuviesen muy caras mándame una, cuyo importe remitiré inmediatamente con tu aviso. Te encargo también la Constitución religiosa de Llorente…"

El 19 de marzo de 1826, Herrera le decía a Márquez: ".... He recibido "El Robinson" y los 5 cuadernos que antes me habías remitido...."

Por todo lo expuesto y más datos que permanecen ignorados podemos comprobar la magnífica biblioteca que poseía el prócer Herrera, la que fué incendiada en 1827, en Comayagua, por las tropas de Milla.

SU PLAN DE GOBIERNO

El 5 de abril de 1826, en el discurso leído en la instalación de la primera asamblea ordinaria del Estado, Herrera expresa sus anhelos, así: "La Asamblea Constituyente abrió sus sesiones en Cedros, las continuó en Tegucigalpa y las cerró en Comayagua en diciembre del año anterior.

Desde este momento sus tareas pertenecen sólo al tribunal de la opinión pública, y en él van a ser juzgadas con la severidad de la razón fría y tranquila. No tienen las pasiones, no tienen los partidos, no tienen los intereses privados influjo alguno en los decretos de este tribunal irrefragable. En su justa balanza se pesan el bien o el mal que hayan hecho, el esmero o descuido con que hayan llenado sus deberes los Diputados y la suma de felicidad o desgracia que hayan causado o preparado a los pueblos, sus comitentes".

En ese documento memorable, que lo define como un gran estadista y un profundo pensador, habla de la bondad de los hondureños, de la riqueza de nuestras tierras, de sus producciones, vegetales y minerales, de "los grandes ríos que fertilizan los campos y pueden dar impulso grandioso al comercio de toda la República". Se refiere a nuestros puertos. Pide buenas leyes. "La ley que forma los vínculos de la sociedad". Habla de las necesidades y atraso del Estado. Habla de la necesidad de la Hacienda Pública para la vida del Estado, y del imperioso deber de manejar los fondos públicos con honradez. Habla del establecimiento de la Casa de Moneda como una necesidad vital para el Estado. De sus esfuerzos para la prosperidad de la Nación. De la limitación de poderes y de la organización interior. Habla de la importancia de la función judicial, de la organización municipal; de la función conciliatoria de los jueces de paz. El cuadro que él presenta, "es melancólico y funesto; pero es cierto en toda su perspectiva".

Y termina: "El Jefe del Estado que ha hecho el juramento más solemne de cumplir sus deberes en toda su latitud; que al hacer este juramento no hizo otra cosa que satisfacer los votos de su corazón; que nada desea con más ansia que ver felices a los pueblos a quienes ha debido la mayor confianza y las pruebas menos equívocas de su amor, ofrece de nuevo consagrar todos sus pensamientos al bien de la patria y coadyuvar a las miras benéficas de la Asamblea".

He aquí su frase magistral: "Yo me gozo con ellas, (las esperanzas lisonjeras). La perspectiva risueña que se me presenta, penetra mi alma de la más dulce emoción. Yo siento la del Ministro del Altar en el fomento y conservación del culto de nuestros mayores; siento la del labrador que va a aumentar sus cosechas, porque se cree seguro de que con ellas aumenta la subsistencia de su numerosa familia; siento la del comerciante que calcula nuevas empresas, porque no teme que la revolución ni un Gobierno destructor le priven del fruto de sus afanes; siento la del padre, que ve en sus hijos el báculo de su vejez y la columna del Estado; la del ciudadano que conoce todo el precio de la libertad y el valor de los deberes que le hacen gozar; siento finalmente y me glorío en los bienes inmensos que las futuras generaciones van a disfrutar en el suelo de Honduras......". Este es el testamento político de Dionisio de Herrera. ¡Con qué fervor patriótico pronunció sus palabras, que pueden figurar en el plan de gobierno de cualquier gobernante contemporáneo! ¡Cuánto bien pensaba hacerle a la patria! ¡Qué amarga desilusión y tristeza experimentó cuando vió que esta asamblea maquinaba su caída, el desquiciamiento de las instituciones republicanas y la ruina de la Patria!

¡Fué una lástima que los enemigos de la paz y de la libertad en Honduras, no dejaran que Herrera realizara sus grandes ideales! ¡Las tinieblas impidieron al Sol que brillara con todo su esplendor y que contribuyera al crecimiento espiritual de la Patria! La intolerancia política y el fanatismo religioso se aliaron en contra de la República.

El legado patriótico de Dionisio de Herrera, que la juventud debe aceptar y transformarlo en la Universidad Popular, o en una campaña efectiva de extensión universitaria, lo constituyen las Tertulias Patrióticas.

En carta de 28 de abril de 1826, le dice al Padre Márquez: "Se temen agresiones de Méjico, y con este motivo he dictado varias providencias políticas y militares, que mando se comuniquen a ese jefe (de Tegucigalpa); las verás y merecerán tu aprobación. También he mandado se establezcan tertulias patrióticas, y que en cada sesión (municipal), después de la lectura del acta anterior, lo primero que se trate sea la justicia de nuestra independencia y la obligación que todos tenemos de defenderla del modo que la ley nos llame.

Esta es la presencia actual de Herrera. Los hondureños debemos luchar siempre por la grandeza de la patria y por defender su integridad y su independencia económica y política.

Por decreto del 15 de abril de 1826, el Jefe Herrera mandó a abrir tertulias patrióticas en todo el país. Asistirían a ellas las autoridades y las personas capaces de dirigir la opinión. Se procuraría atraer al mayor número de ciudadanos, y en ellas se dedicaría un rato a la lectura y explicación de la Constitución de la República y del Estado. Se cuidaría de comunicarles las leyes y órdenes.

Ya el 7 de agosto de 1823 la Asamblea Nacional Constituyente de las Provincias Unidas del Centro de América, "deseando proporcionar los medios más oportunos para que la ilustración se extienda y generalice a todas las clases del Estado, que los pueblos conozcan sus derechos, que la opinión se uniforme y consolide, y que los ciudadanos adquieran la aptitud necesaria para el desempeño de los deberes que la sociedad les impone, había creado las tertulias patrióticas. Estaban bajo la inspección de las municipalidades.

"Las tertulias patrióticas son asociaciones de ciudadanos, decía el decreto, que se reúnen para tratar todo género de materias políticas; conferenciar sobre las medidas de interés general, manifestar la insuficiencia o inconvenientes de las que se hayan adoptado; indicar las reformas necesarias en todos los ramos, y discutir en consecuencia acerca de los principios reconocidos de los políticos y legisladores de las naciones cultas". En el Código de Instrucción Pública de 1923 se establecía la Academia Nacional con parecidas funciones. En Cuba existen los Liceos con idéntico objeto. Este es el legado magnífico de don Dionisio de Herrera que debemos hacer florecer en variadas espigas; porque la fuerza de los gobiernos está en la opinión pública, y sólo la crítica sana de sus errores puede dar la enmienda a los funcionarios honrados.

HERRERA POLÍTICO Y SOCIÓLOGO

Como político y sociólogo, podemos apreciarlo en las cartas dirigidas a Márquez. El 10 de agosto de 1823, refiriéndose a las disensiones de Nicaragua, le decía: "Los hombres, decía un filósofo, caminan primero por todas las sendas del error, antes de entrar en el camino de la razón. La mayor parte de los pueblos no están en estado de conocer ni de desearlo que les conviene. Yo tengo muy presente aquella expresión de Carlos III, hablando de los habitantes de Madrid, cuando mandó asear y empedrar las calles de aquella Corte, "son, decía, como los niños, que lloran cuando los limpian". Pero no por esto deben desanimarse los amigos del bien. Es necesario trabajar. Bastante se ha conseguido hasta ahora. Los progresos de la razón aumentan siempre en progresión creciente.

EL PODER DE LA IMPRENTA

Fundaba el poderío de los gobiernos en la fuerza que le brinda la opinión pública. Con fecha 15 de abril de 1826, le decía a Márquez: "Para sostenerse en la Asamblea y en el Gobierno no hay más fuerza que la de la opinión. Esta sólo se consolida por medio de la imprenta. Yo sacaría del fondo más sagrado lo necesario para establecer dos imprentas más, al lado del Gobierno, y otras tres, lo menos repartiría en las Provincias, confiándolas y aun regalándolas, si era necesario, a personas de luces y prudentes, que escribiesen con moderación o con energía, según conviniere." El 27 de diciembre de 1823, le dice a Márquez: "Haré esfuerzos para tener cuando llegue el caso, una imprenta para dar a conocer por medio de ella, a los buenos y a los malos".

SU GRAN AMBICIÓN

"A mí se me ha nombrado con acuerdo del Senado Enviado Extraordinario y Ministro Plenipotenciario cerca del Gobierno Británico y otros de Europa. Los liberales, sé de positivo que me han nombrado de buena fe. Este nombramiento es honrosísimo, es utilísimo y conforme a mis deseos y única ambición. Pero hay acusación hecha contra mí, y yo he hecho otra y el honor me dicta que no debo salir de la República. Ya veré loque hago," le dice al Padre Márquez, en carta de 6 de agosto de 1825.

"La Independencia de Cuba es necesaria a esta América; pero creo que los sucesos de España la apresurarán o la retardarán más que el influjo de sus logias", le dice a Márquez, con visión profética, en carta del 17 de enero 1824.

SUS ENEMIGOS POLITICOS

Sus enemigos decían que quería perpetuarse en el poder. ¡A Herrera que era modelo de virtudes republicanas! Que desobedecía la Asamblea, que violaba la ley. Todavía se oyen los gritos de despecho de sus adversarios. ¡Han pasado cien años de su muerte, y aun se escuchan en el espacio gritos de odio, de error y de ignominia!

LOS PARDOS CONTRA LOS BLANCOS

Guadalupe Lagos y otros hacen una revolución de los pardos contra los blancos, aquí en Tegucigalpa. Herrera, dice en carta de 20 de julio de 1825, a Márquez: "De resultas de la mala versación de Lagos en la Hacienda Pública, dicté algunas providencias. El, Córdova, Juárez y otros que llegan al número de doce han tratado de hacer revolución contra mí y contra los blancos". No pudieron hacer partido, se valieron del miserable recurso de escribir al Presidente de la República, diciendo que yo, Rojas y todos los hombres de bien tratábamos de hacer revolución contra Arce, para quitarle la Presidencia. Por supuesto que nada hay de verdad en esto.... Sin embargo Arce se ha creído de estos animales inmundos y dió parte al Congreso Federal.

En carta de 6 de agosto de 1825, Herrera le dice a Marquez: "Yo he hecho una acusación formal contra el Presidente de la Republica por infracción de la Constitución y de la ley en las providencias que ha tomado".

Nicolas Irías, Provisor de la Diócesis de Honduras, representaba las ideas reaccionarias y los anhelos españolistas: Contra él tuvo que luchar Herrera. El fanatismo y la ignorancia ayudaban a los enemigos de Herrera, quienes trataron de asesinarlo. El Provisor Irías llegó a excomulgar a Herrera por hereje y masón. En la Asamblea del Estado, el diputado Pablo Irías, hermano del Provisor, expresó: "El ciudadano Dionisio Herrera es un usurpador del Poder'. Herrera interpuso su renuncia. Pablo Irías era hijo de Gregorio Irías y hermano del Provisor. Era un hombre duro, impetuoso, vulgar y sin conocimientos literarios; pero un ciego adorador de las viejas instituciones.

El 28 de abril de 1826, en carta a Márquez Herrera le dice: "Al día siguiente: (de instalada la Asamblea) hizo proposición Pablo Irías, manifestando que conforme al art. 7º de la ley de 5 de mayo de 1824, debía procederse a nueva elección de Jefe, pues el actual era interino como la Asamblea Constituyente. No se le dispensaron las lecturas de ley. La orden de elección no venía sancionada por el Consejo como si fuera una calificación de elecciones, pues aquí no se trata de saber si estuvo bien o mal elegido el Jefe, sino del tiempo que debe durar; que la duración de 4 años se la da la Constitución de la República, las bases de la misma Constitución y la del Estado. El Consejo se opuso, pues reclamaba el cumplimiento de las leyes y de la Constitución"...

Milla leyó un voto particular… "En seguida presentó una retractación el diputado de Tegucigalpa, manifestando que había sido sorprendido, etc. No permitió Castejón en la Asamblea que se leyese". "Yo he hecho una exposición muy sencilla de todo al Congreso Federal, comprobada con 10 documentos. No es más que una relación del caso, y concluyo manifestando: que careciendo este gobierno de autoridad, de Hacienda y de fuerza; que viéndose en la necesidad de trabajar más que ningún otro funcionario de la República; de gastar el papel que no le suple la Tesorería, y tener por enemigos a todos los que lo son del orden de la independencia y del sistema no tiene ningún atractivo el mando, y que por consiguiente no es la ambición de mando la que la ha dictado. Ni hay sacrificio que yo no esté dispuesto a hacer para evitar un mal a los pueblos de Honduras.

¡Desgraciados pueblos! Pero ellos al fin han de conocer sus intereses y mejorarán seguramente las cosas. Yo pienso como tú que hemos de ser libres porque este es el espíritu del siglo, y el curso del tiempo".

Las intrigas locales no fueron suficientes para derrocar a Herrera.

Los rebeldes fueron vencidos en Erandique.

Fué necesario que vinieran tropas federales encabezadas por Justo Milla, para derrocarlo. Herrera era el Jefe legítimo de Honduras, cuya elección la hizo la Asamblea Constituyente de Estado. ¡La Asamblea Ordinaria que después se reunió no podía deshacer lo dispuesto por la Asamblea Constituyente que lo había elegido por cuatro años ¡Cuánto puede la pasión política!

Herrera era el baluarte inexpugnable de la democracia hondureña, que con El Salvador y Nicaragua defendían la autonomía de los Estados y el régimen federal, pero se oponía al centralismo, era el obstáculo más firme para el triunfo de las ideas absolutistas y reaccionarias en Honduras.

En 1829, triunfa la revolución liberal que acaudillara Morazán. Entonces se proclamó la verdadera independencia de Centroamérica, mejor dicho se hizo carne y realidad.

CODIFICACIÓN Y ESCUELAS

Herrera vino a ser Presidente de la Asamblea Ordinaria de Honduras en 1830. Entonces se preocupó por el establecimiento de escuelas de primeras letras y porque se emitiera la codificación civil y criminal. La Asamblea acogió con entusiasmo la proposición de Herrera y se designó a Santos Bardales para que en el término de tres meses redactara los proyectos de Código Civil y Penal. Este ciudadano cumplió su cometido y redactó los proyectos de Códigos, calcándolos en la legislación española.

HERRERA PACIFICADOR DE NICARAGUA

Nuestra hermana Nicaragua necesitaba un pacificador, pues era víctima de las luchas intestinas. José Francisco Barrundia, designa a Herrera. En la sesión del 8 de febrero de 1830, hizo moción Herrera: "que con motivo de estar nombrado Jefe del Estado de León (Nicaragua) y tener comisión especial del Gobierno Federal para ir a pacificar aquel Estado, era de absoluta necesidad dejar el asiento que ocupaba y por esta causa debían suspenderse las sesiones de la Asamblea, hasta que concurrieran los diputados que se habían llamado'".

Con qué tristeza Herrera abandona su tierra natal. En la que estaba procurando su organización jurídica y su cultura popular; pero era ciudadano de Centroamérica, y la patria grande necesitaba sus servicios.

Así ascendió Herrera a la Jefatura del Estado de Nicaragua. Su gobierno fué conciliador y progresista. Herrera fué el artífice de la paz jurídica en la Tierca de los lagos. Su nombre brillará siempre en la Historia de Nicaragua como el Pacificador del Estado. Su huella de prudencia y patriotismo será faro de luz espiritual para las generaciones centroamericanas. Herrera no odiaba a sus adversarios. Grandiosa y eterna es su hazaña imborrable al quemar los papeles en que se encontraban los nombres y los planes odiosos de sus enemigos. Pocos hombres en la Historia han tenido el valor moral suficiente para acción semejante como la de Herrera en Nicaragua. después de haber obtenido un triunfo militar decisivo.

Herrera dice a los sublevados: "En el nombre de la religión de paz y de amor; en el nombre de la humanidad doliente; en el nombre de la patria afligida, y finalmente por Uds. y sus hijos, los excita el Gobierno al restablecimiento del orden y al respecto de las leyes. Un denso velo cubrirá lo que ha pasado. Podrán enjugarse las lágrimas vertidas; se harán las reformas en medio de la paz, y por hombres de luces, y se evitará una inmensa responsabilidad ante Dios y los hombres. El Jefe podrá separarse más pronto del Gobierno: Nicaragua será regida por quien elijan los pueblos libremente".

Era el padre que le hablaba a sus hijos. Era el estadista en función democrática.

Barrundia dijo: "¡Felíz Honduras! Sus hijos han dado victorias a la ley. ¡Loor a Nicaragua! De ella renace el orden nacional". Acción únicamente emulada por la victoria ganada por Francisco Morazán en las Vueltas del Ocote, al conseguir por medios pacíficos que los rebeldes de Olancho depusieran las armas.

NO ACEPTA LA JEFATURA DE EL SALVADOR

En octubre de 1834, la Asamblea Legislativa del Estado de El Salvador eligió a Herrera Jefe de dicho Estado, pero Herrera no aceptó, porque consideró que había irregularidades en su elección. Hombre apegado al derecho, quería que las normas jurídicas se aplicaran efectivamente en la realidad centroamericana. Más tarde regresó a Honduras. Fué Vicepresidente de la Asamblea Constituyente hondureña de 1839. Después el fanatismo político lo persiguió cruelmente. No se le pagaron las cantidades que el Estado le adeudaba por sus dilatados servicios y por los daños que había sufrido en sus propiedades. No se podía tolerar la presencia de un hombre que encarnaba la democracia y la Patria grande. En la mayor pobreza emigró a El Salvador, al Estado en el que siempre tuvo fe de su progreso. Y maestro de pueblos, se consagró a formar juventudes libres, como única forma de afianzar la democracia. Y como Director de una escuela de primeras letras lo sorprendió la muerte.

HORAS DE PRUEBA, DE ANGUSTIA, DE RESIGNACIÓN Y DE ESPERANZA

"Mi salud quebrantada, le dice Herrera a Márquez, en carta de 22 de octubre de 1823, mis negocios y todo, no me permiten seguir en este empleo: llevo puestas siete u ocho renuncias. Interésate en que me lo quiten o que siquiera me dejen descansar".

Y el 15 de noviembre del mismo año, le dice a Márquez: "Por este correo hago al Ministro de Estado, para que dé cuenta al Gobierno, dimisión formal de mi empleo. Mi salud, mi inclinación, mis intereses, y estoy en decirte, que hasta mis principios, se oponen diametralmente a que yo continúe en él. Todo lo he sacrificado por la Patria, pero he creído que son ya inútiles mis servicios, y aun me hallo con fuertes tentaciones dé irme a vivir a otra parte. No sé qué presagios funestos, no sé qué porvenir desgraciado cubren mi alma de luto y de tedio. Si no te interesas a que a vuelta de correo me venga admitida mi renuncia, yo creeré que no eres mi amigo".

Había momentos en que se reanimaba. El 27 de diciembre de 1823, le dice a Márquez: "Venceremos dificultades para la formación de los Estados. Si cuando estos se formen están desocupados algunos sujetos de esa, de los que más pruebas han dado de buenos cristianos podrán ser elegidos en algunos partidos, tal como en el de Choluteca". No olvidaba nunca su terruño natal…

El 7 de enero de 1824, le dice a Márquez: "Mi sistema en esta parte ha sido, como sabes, no tomar parte en las contiendas de los pueblos, ni invitar a nadie a que se me una. El agravio que se hace a un diputado, es un delito de lesa nación que ofende a todos".

El 27 del mismo mes y año le dice a Márquez: "Avanza la Asamblea. La Ley de asilo, la de libertad de los esclavos y otras, consuelan a la humanidad y hacen honor a sus autores. Su lectura ha sido para mí el motivo mayor de regocijo que he tenido en mucho tiempo."

El 17 de febrero de 1824, le dice a Márquez: "El 13 en la noche, vino Serra a contarme con mucha reserva, que al día siguiente iba a haber revolución y comenzaba por deponerme, y que debía yo ocultarme. Le contesté que jamás me ocultaría: que me harían gran favor en deponerme, pues deseaba dejar el empleo, y estaba cierto de que mi opinión no padecería; que lo único que sentía era que comenzando la voz contra mí, concluiría, tal vez, contra los europeos.

El 24 de enero de 1826, le dice a Márquez: "P. D. Hasta la fecha no se ha instalado la Asamblea del Estado. No hay país en el mundo en donde haya más apatía, más pereza en los negocios y menos espíritu público que en Honduras. Yo rabio, he hecho el sacrificio de mi salud, de mi reposo, de mis inclinaciones y de mis intereses: pero Honduras necesita de muchas palancas para moverse. Adiós. Luego de instalada la Asamblea pienso poner mi renuncia."

Refiriéndose al cumplimiento de la Constitución Federal, en circular de 12 de agosto de 1826, le decía a los Jefes políticos: "Estudiarla de día y meditarla de noche, es el deber primero de todo funcionario público, que está obligado a cumplirla religiosamente por su parte y hacerla cumplir a los demás ciudadanos. Estos deben, por la suya, saber cuáles son los deberes que la Ley les impone, con respecto a la sociedad y a todos sus miembros para practicarlos, y los derechos que les concede para saberlos gozar y defender".

OPINIONES SOBRE HERRERA

En el mundo reina actualmente una terrible duda. En Honduras soplan ligeras brisas de libertad y de justicia no exentas de amenazas. Y la presencia espiritual de Herrera debe vibrar en los corazones patriotas.

La personalidad política de don Dionisio Herrera, dice el historiador nicaragüense Gámez, es muy simpática y hermosa para el pueblo de Nicaragua. La radiante figura de aquel eminente repúblico se destaca resplandeciente y pura del sangriento cuadro de nuestros primeros años de vida política, como una gloriosa reivindicación de nuestro pueblo y de nuestras instituciones".

El salvadoreño, Lic. Victoriano Rodríguez, dijo de Herrera lo siguiente: "Después de la caída del Jefe (del Estado de El Salvador) ciudadano Joaquín de Sanmartín, acaecido el 23 de junio de 1834, fué elegido Herrera para Jefe de este Estado, pero renunció por dos veces y resistió a las repetidas instancias que se le hicieron para que aceptase su destino". Rodríguez sienta este principio fundamental: "La verdadera causa de la lucha de 1826 al 82 fué que ni Arce, ni tampoco sus adversarios, reflexionaron seriamente que ningún pueblo tiene que esperar reposo hasta que se haya acostumbrado a sacrificar los intereses individuales, al interés general. Hasta que las leyes se miren por los ciudadanos como corazón y principio vital del Estado y no como gravámenes que cada cual debe procurar eludir por su parte, no esperen felicidad pública".

Cuando murió Herrera, el gran patriota centroamericano, el guatemalteco José Francisco Barrundia, escribió: "Y el hombre opulento y de una alta posición social; el hombre que empleara su importancia política y sus caros talentos en el servicio del país; el que había regido los pueblos y establecido la ley y la justicia, se vió careciendo de un pan, y cual otro Dion siracusano, sin haber sido como él tirano, sino antes bien un gran caudillo de la libertad, se halló reducido a dirigir una pobre escuela de primeras letras. Herrera había sido el oráculo de los patriotas. En medio de la enfermedad y la pobreza, su espíritu se reanimaba en los conflictos públicos. Sus consejos eran entonces de una sabia prudencia, pero sus planes eran siempre de decisión y energía. Su alma era reservada, fuerte y llena de recursos para los negocios públicos; ora dulce, sociable, animada y diáfana para sus amigos.

Y agrega: "Aún permanecía en la tierra de los libres este veterano de la libertad, este gran recuerdo de las primitivas glorias del país y de los primeros vuelos del patriotismo: esta venerable columna del espíritu público. Ya desapareció. Pendiente está aún el decreto de la fa Asamblea Constituyente de Honduras acerca de ornar el salón de sesiones con los retratos de Bolívar, Washington, Barrundia y Molina.

Herrera fué la ciencia hecha espíritu. El patriotismo hecho hombre. Este homenaje es un tributo al fundador de la democracia hondureña, justo, merecido y sincero. Un Esteban Guardiola fué amigo de Herrera. Otro Esteban Guardiola, como Presidente de la Sociedad de Geografía e Historia de Honduras, dirige este homenaje de glorificación al noble patricio hondureño.

La juventud debe honrar a los patriotas genuinos. La patria debe grabar su nombre en el libro de los inmortales.

PRESENCIA ESPIRITUAL DE DON DIONISIO DE HERRERA

Un pensador ha dicho algo que puede aplicarse al patricio. Herrera. Fué hombre de su tiempo y de todos los tiempos, caminante y sembrador, desatador de hombres y de simientes. Para comprenderlo en toda su magnitud, para estudiarlo en su profundidad, para derivar de su conocimiento las enseñanzas aplicables al presente, es necesario situarlo en su tiempo, en las peculiares condiciones en que se formó en liderato revolucionario, en el escenario, en el medio y el objeto de sus luchas y sus acciones.

En su labor de estadista al preparar a los pueblos para el goce de sus derechos; en su tenaz defensa de las instituciones civiles; en su respeto a las leyes, en su visión política, atemperado por el concepto claro de las realidades...

Hondureños: "Levantemos el corazón por encima de las mezquindades e impurezas de la vida. Apaguemos la tea incendiaria de los recelos y los odios, y juremos detener la gangrena que ya amenaza con llegar al corazón de la patria. Demostremos que aun somos capaces del honor, que aun vivimos para algo más que para los bienes materiales; que aun amamos la libertad más que el bienestar y la riqueza; que aún nos inyecta y nos guía el hombre para quien la patria fué pena y deber".

Los pueblos de nuestra América nacieron a la vida de la independencia iluminados por la proclamación de los derechos del hombre y enamorados de las doctrinas políticas, contenidas en el "'Contrato social" y "El Espíritu de las Leyes". ¡Qué en el Picacho se organice la "¡Plaza América", con los bustos de los grandes patricios de nuestro continente!

Juremos imitar el ejemplo magnífico del patricio Herrera; juremos rectificar errores y acallar egoísmos, para mantener incólume la obra magna de los libertadores, hasta el sacrificio.

Y ante el espíritu inmortal de don Dionisio de Herrera, juremos luchar por la unión de los pueblos de la América del Centro.

¡Muchas gracias!

Tegucigalpa, D. C., 12 de junio de 1950.

Ernesto Alvarado García.

DISCURSO DEL LIC. CÉLEO MURILLO SOTO EN EL HOMENAJE AL PRÓCER HERRERA

Señoras y Señores:

Vengo en nombre de la Asociación de Prensa Hondureña a depositar sobre la urna sagrada que guarda el recuerdo del Prócer cuyo centenario conmemoramos hoy, llenos de la más profunda reverencia, las palabras de sinceridad y de acendrado afecto hacia uno de los más límpidos varones de nuestra historia.

Pareciera que el hombre de en 1826, avizorando el futuro y con la mano puesta sobre su conciencia de patricio, aun leyera a los hondureños aquel magno, mensaje en que trazara con mano maestra a los legisladores del primer Congreso ordinario de la patriá, los lineamientos generales de la organización política, jurídica y económica de la Nación.

Del mármol que se alza sobre augusto pedestal en un metro cuadrado de tierra hondureña, no habrá de surgir jamás su figura invicta y soberana, porque, para desgracia de la patria, los varones como él, llenos de pensamientos sublimes y de profundas lucubraciones, pasan por el erial solitario como esos grandes sacrificados de la historia a quien la jauría muerde y la indiferencia aniquila. Y no ha de surgir jamás, porque de esos mármoles y de esos soberbios troncos, ya no produce nuestra tierra porque las grandes energías de la naturaleza se la llevaron ellos.

Don Dionisio de Herrera no es como Morazán el héroe relampagueante que en una mano lleva la idea refulgente y en la otra la espada vencedora, que cuando no ciega con su fulgor, aniquila con el tajo glorioso.

No es como José Cecilio del Valle, el profundo inspirado de aquella época que ora concibe la magna anfictionía americana adelantándose o poniéndose de acuerdo con Bolívar a través del océano y de las montañas, o ya en tierras mexicanas, deslumbrando por su sabiduría o su don caballeresco, lucha para que la tierra de sus mayores quede por siempre libre, soberana e independiente, como nació al sol de 1821.

Tampoco es como Cabañas, el dolorido Quijote de la Unión Centroamericana, en cuya barba nevada y en cuya figura aquilina, se escondía el hierro del brazo justiciero y la bravura del caballero que volvía de la muerte.

No. El Prócer era el organizador. Era el hombre de los conocimientos concretos sobre los problemas de su país. Era el talento que sistematizaba los conocimientos y los organizaba para ponerlos al servicio de la patria.

Sin el genio del héroe de Perulapán y del Espíritu Santo; sin el brillo cegador de su acero: de él tenía la convicción patriótica y la visión futura de la Patria digna y grande.

Sin las profundas concepciones de Valle; sin el laurel de su cabeza genial y sin la volubilidad de su carácter, de él llevaba sobre la frente pensadora la lumbre de la idea que encadena las conciencias y sublima el alma de los hombres.

Sin el valor temerario del Trino legendario, de él llevaba la dignidad que hace mártires y la hidalguía que como un olivo lleva la paz y la seguridad a las conciencias.

Por ello, los iluminados de la acción y del pensamiento en Centroamérica, lo han llamado el Prócer Herrera, porque como los varones que encarnan el alma de las grandes épocas, don Dionisio encarnó el alma de Honduras y quiso hacer perdurables en su tierra las ideas recogidas en el diálogo que había entablado con los mejores pensadores de la historia.

Cierro el libro que contiene el maravilloso mensaje leído por el Prócer Herrera, Primer Jefe de Estado de Honduras, ante el Primer Congreso Ordinario, y a mis ojos viene, enternecedora y simbólica, la imagen del niño que hace más de 20 años, al terminar de leer en un examen párrafos de este mismo discurso, por sus suaves mejillas rodaban dulces lágrimas.

No era el recuerdo de su madre el que lo atormentaba, porque su madre estaba cerca; tampoco la corrección del maestro porque la sonrisa del maestro era evangélica; era algo más grave y profundo lo que se operaba en el alma de aquel niño de 10 años. Era algo insondable, algo enternecedor y sagrado lo que surgía de lo más delicado de su alma: era el sentimiento de la Patria, de la tierra querida y amada que aún no conocía, pero que la había oído nombrar en los labios de sus maestros y en las pocas páginas de los libros que en la escuela había leído.

Y ahora, ante breves párrafos de un mensaje que un hombre llamado Don Dionisio de Herrera había escrito hacía mucho tiempo, su alma párvula y asombrada, nos hacía el obsequio de sus maravillosas y cristalinas lágrimas.

Señores: es que el poder de las palabras cuando encarnan el sentido de una época; cuando encierran el numen de la tierra donde el día nos acarició por vez primera los caireles; cuando por ellas habla el alma de un hombre puro que no conoce la maldad ni el encono y, por el contrario, es el iluminado de la acción y el vidente al servicio de su patria, tienen la virtud de conmover los resortes más profundos del ánimo y de dejar en suspenso al párvulo que llega en su alborada a las maravillas de la tierra que le ha dado el ser.

Entremos en la historia patria, y hablemos del varón egregio. Quien es ese ciudadano, sin espada y sin laureles que llega el 16 de septiembre de 1824 a la primera magistratura del Estado de Honduras. Ese es don Dionisio de Herrera. Los pueblos han votado por él y por otros, pero como no ha habido mayoría. lo han designado a él para que dirija los destinos de su país. Y a fe que ha tomado a conciencia su cargo.

Largo quedan en el pasado de su juventud las lecciones de Filosofía y de otras ciencias sociales, aprendidas bajo la sombra benemérita del sabio Valle y del profundo Goicoechea. Largo quedan los laberintos de la Economía. Está ante las realidades esperanzadas de su pueblo y lo esperan embravecidas luchas y grandes desazones. Pero él tiene una conciencia ciega y una fe que sublima el ideal.

Con mano maestra traza los lineamientos de la organización política, jurídica y económica de su Patria para que los legisladores del Primer Congreso Ordinario sepan el camino que han de seguir en los grandes problemas que tienen que regular.

Hijo de una generación de patriotas y de iluminados, Herrera no sabe de otros ideales que no sean los de la grandeza de la Patria y los de la grandeza de las ideas. Y en un medio hostil, de fanatismo y de clericalismo, estas ideas y estos ideales chocan contra el valladar de los intereses creados. Y la tormenta se cierne.

Sus mandatos y sus disposiciones hieren los intereses del Provisor José Nicolás Irías y éste, sospechando el peligro que se cierne sobre el Estado que antes ha manejado y ha influído mediante los poderes de la religión y del fanatismo, se dispone a la lucha y pone en práctica todas las argucias y todos los medios de que en aquel tiempo podía disponer un hombre de su condición y de su rango.

Las maniobras se suceden y las acusaciones contra Herrera andan en los pueblos de boca en boca. La Nación se divide. Unos lo apoyan y ven en él al organizador del Estado. Otros lo acusan y se hacen eco de las palabras con que el genio feraz, y demoníaco de Irías lo ha calificado de masón, de hereje y enemigo de la Iglesia.

Masón a quien había comulgado con las más altas filosofías de su época; hereje a quien no había cometido herejía; enemigo de la iglesia a quien, frente a la gran verdad de la vida, cuando va a entrar en el gran silencio, redacta uno de los testamentos más cristianos de una de las almas más puras que han pasado por los predios de Honduras.

Hombre justo, no puede tolerar las injusticias y ante una de tamaño relieve, ampara al Presbítero Pedro Brito a quien perseguía el Provisor Irías. Y la furia no se hace esperar y el Gobernador Eclesiástico lo excomulga para honra y gloria de Dios, según sus palabras.

Organizador del Estado y necesitado de recursos para obrar, dicta decreto el 13 de noviembre de 1826, reglamentando el cobro de la renta decimal que hasta entonces había pertenecido a la Iglesia.

Y el odio alimentado por el fanatismo, ahonda en grandes surcos la distancia entre estos dos Gobernantes. El uno sobre las conciencias de los creyentes. El otro sobre las conciencias ciudadanas.

Como las excomuniones no son suficientes para controlar la actividad del estadista y reformador, se arma el brazo del ases sino para segar la vida del Prócer. Y una noche, a la sombra de los aleros bienhechores de la antañona Comayagua, se oyen disparos por los balcones de la casa en que habitaba el patricio.

Pero nada ha pasado. El crimen no se consuma porque Herrera ha sido previsor.

Entonces, el Gobernante vuelve por los fueros de la ley y considerando sin duda a Irías culpable de este atentado, el Jefe de Estado y la Asamblea Extraordinaria a la sazón reunida, decretan la persecución de Trías el 22 de diciembre de 1826 y lo ponen fuera de la ley.

Entretanto, Manuel José Arce ha sido declarado en Guatemala Presidente de la Federación Centroamericana en 1825 por una mala jugada del destino. El egregio Jasé Cecilio del Valle a quien le había sonreído la voluntad popular en la lucha, es desposeído de la victoria. Y aunque éste lucha en la prensa y demuestra con razonamientos irrebatibles que es él el victorioso, Arce asume el mando y comienzan para Centroamérica, especialmente para Honduras, una serie de desgracias inesperadas.

El Prócer Herrera habría de ser la víctima propiciatoria, y Honduras, la tierra iluminada por sus luces, el ámbito donde habrían de consumarse los más grandes ultrajes a su soberanía y a los más elevados principios morales.

426

En efecto, Manuel José Arce traicionando al Partido Liberal que había luchado por él en las justas eleccionarias, se sustrajo a su influjo y entregó su suerte al reaccionarismo político que en aquella fecha representaba el Partido Conservador y el clericalismo fanático. Y en estas circunstancias, y en presencia del duelo que en Honduras se libraba entre las ideas liberales del avanzado Herrera y el clericalismo fanático y autoritario del Vicario Capitular de la Diócesis—José Nicolás Irías—, decidió intervenir fomentado en sus caprichos y en sus planes por el Arzobispo Casaus y Torres y de acuerdo con el Canónigo Irías.

Y el ejecutor de los planes habría de ser un hondureño. La historia lo conoce con el nombre de traidor y se llama José Justo Milla. Hay quienes lo defiendan y agregan que era una figura en el relieve político y militar de la época. Pero la misma historia lo coloca en el triste papel de traidor a su Patria y lo que es más grave, de traidor a sus instituciones que dentro de una democracia insipiente ya empezaban a perfilarse bajo la acción bienhechora y liberal de don Dionisio.

Sean cuales fueren los valores de Justo Milla, la verdad es que este militar, comandando una división de la fuerza guatemalteca que Arce había puesto en sus manos, se encaminó a Honduras bajo el pretexto de proteger los tabacos de la federación que se encontraban en la Villa de los Llanos —hoy Santa Rosa de Copán— porque el Jefe Herrera quería apoderarse de ellos.

Con tal motivo se avecinan para Honduras sucesos cruentos y van a cubrirse de sangre sus praderas y de miseria y deshonor muchos hogares respetables.

Pero la gloria no faltará también para consolar en la derrota al más respetable y austero de los Próceres hondureños y al más amado de los héroes.

Herrera se apresta a la defensa. Su condición de hombre civil no es obstáculo para que enfrente la lucha unido a militares que entendían el oficio. Y para observar el rumbo del patricida, una avanzada sale a su encuentro hacia el hoy departamento de Intibucá.

Yamaranguila es teatro de una lucha cruenta. Con diez soldados heroicos, el que mañana habría de fatigar la memoria de los historiadores con sus hazañas separatistas y antimorazánicas, en aquella ocasión se cubre de gloria, deteniendo por algún tiempo la vanguardia del ejército de Milla.

¿Quién es este soldado que de pronto se improvisa héroe? Es nada menos que Francisco Ferrera, un pobre sacristán del pueblo de San Juan de Flores a quien el Dr. Ramón Rosa habría de llamar el Sacristán Sublime.

Mas la suerte está echada y las fuerzas de Milla golpean las puertas de Comayagua y se instalan en el barrio de San Sebastián a principios de abril de 1827.

El Prócer no se amilana y como en el recinto de sus cuarteles también fulge la coraza de muchos héroes, él, héroe también, lucha con la bravura de los hidalgos, que rota la lanza y destruido el acero, aún tienen voluntad para el sacrificio.

Herrera resiste con bravura y con bravura impar luchan también Morazán y Remigio Díaz; pero la falta de víveres y la traición del Comandante de la Plaza—Antonio Fernández—, entregan a quien había soñado organizar su Patria y hacerla florecer por las escuelas y por la agricultura, por la inmigración y por la industria.

Los detalles de esta lucha cruenta no vale la pena referirlos porque son muy conocidos. Pero es bueno decir que Herrera fue conducido a Guatemala bajo custodia de 60 hombres y encarcelado en la peor de las cárceles que se le habrían podido ofrecer: la casa de su agresor, el Presidente Arce.

Pero la lucha ha continuado en Honduras y después de victorias y derrotas, de cárceles y de incontables caminatas, el Capitán Francisco Morazán reverdece los laureles en su patria, derrotando totalmente en los campos de La Trinidad a quien meses antes humillara la bandera nacional y el escudo del Prócer. De ahí en adelante son muchas las coronas y muchos los gajos de laurel que habrán de exornar la frente del más grande de los héroes centroamericanos,

Derrocado Arce en Guatemala y restituido el egregio Barrundia, el prócer hondureño vuelve de nuevo a ser puesto en acción. El que había nacido para la acción y el pensamiento, no podía ser relegado al olvido porque aquella época de héroes no los tenía a montones de la talla y de la madera de don Dionisio.

La tierra que después sería madre del más grande de los poetas centroamericanos, hervía en odios y en sangre porque dos contemporáneos, unidos por la sangre y separados por las ideas, habían entrado en desacuerdo y eran tan profundas las diferencias, que la muerte, el incendio, la anarquía, elevaban ahí alturas humeantes a la destrucción.

Manuel Antonio de la Cerda y Juan Argüello eran los victimarios. Quienes en 1811 habían formado parte de los rebeldes precursores de las ideas libertarias del istmo, debatíanse ahora en la consumación de los más espantosos crímenes.

Era Nicaragua, según el decir de los historiadores más autorizados, el campo dantesco donde una tragedia la restaba a la actividad de la Federación Centroamericana.

Pero ahí, más que en su Patria, probaría Herrera las fuerzas de su alma, los dones de su espíritu convincente, su hidalguía y su generosidad al par que el valor con que Dios había armado su brazo para la acción.

Llega y convence. Plantea los problemas de Nicaragua y los problemas de sus gentes. Habla y por la palabra le salen las soluciones. Gesticula y en el gesto va la convicción de su pensamiento.

Es tal la fuerza de sus convicciones y la sagacidad de que hace gala, que los ánimos se apaciguan, cesa la tragedia, deponen las armas los fratricidas y vuelve la paz, la actividad y el trabajo a enseñorearse de Nicaragua.

Y la corona de laureles no se hace esperar. Esta vez es el pueblo quien la coloca en sus sienes y lo eleva a la categoría de Jefe de Estado el 2 de noviembre de 1829. Pero entra a ejercer el mando por ausencia, hasta el 12 de mayo de 1830.

Ya es Jefe nuevamente de otro Estado centroamericano. Ya su brazo y su pensamiento están armados para la acción.

Piensa, organiza y mueve la maquinaria estatal. Pero otra vez vuelve de nuevo el verbo de los trastornadores de la paz de Centroamérica a agitar las conciencias en Nicaragua contra el Prócer Hondureño.

Algunas municipalidades protestan en cabildo abierto contra Herrera; muchos se insubordinan y blanden las armas y entonces el Prócer interpone su renuncia y después de algunas instancias la Asamblea la admite.

Pero medio pueblo de Nicaragua se levanta airado y amenaza por el retiro de Herrera de la Jefatura del Estado; y nuevamente la Asamblea se ve obligada a ratificar los poderes del Patricio para que vuelva al mando.

Herrera accede y su bondad, su generosidad y su irreprochable sagacidad obran milagros en los disidentes. Por medio de cartas, de pláticas amistosas y convincentes y de ofrecimiento de garantías, los insubordinados vuelven a la labor tranquila y pacífica.

Pero esta tregua no duraría mucho tiempo. Luego se insubordinan Managua, Masaya y Matagalpa, y el pavor cunde en el país nuevamente.

Herrera se ve obligado a hacerse sentir por la fuerza de las armas y comienza la tarea. Se hace obedecer de los militares preparados para la acción. Lo secundan León y Granada y varios encuentros rubrican la victoria del Jefe del Estado.

Y el triunfa llega sin vacilaciones y Herrera lo dignifica extendiendo la mano amiga a los vencidos, ofreciéndoles las garantías necesarias, concediendo indultos y decretando amnistía.

De esta manera el forjador de pueblos ha entrado en la historia con el nombre de pacificador de Nicaragua.

Y así, al terminar su período se retira al Estado de El Salvador donde la simpatía general del pueblo, alentada por los triunfos de este egregio ciudadano en Nicaragua, lo unge con sus votos para Jefe de aquella Nación. Pero Herrera no acepta. Quien sabe qué profundas desazones amargaban su espíritu y renuncia el puesto para el cual había sido electo de la manera más espontánea. La Asamblea no admite la renuncia y nuevamente se le insta para que ocupe el poder. Y nuevamente Herrera torna con instancias e interpone su renuncia que al fin le es admitida por decreto de 2 de marzo de 1835

De regreso a su patria, aun toma parte en la política, siendo electo diputado por Nacaome y Vice—Presidente de la Asamblea que redactara la Constitución de 11 de enero de 1839.

Mas la guerra vuelve a sembrar la tragedia en Centroamérica y aunque el General Morazán gana batallas y se cubre de laureles en los campos del Espíritu Santo y San Pedro Perulapán, Centroamérica se fracciona, se desintegra y con el Carrerismo en el poder, el Prócer es perseguido y desposeído de todos sus bienes.

En esta forma, la miseria y la desventura llegan a su casa y a su familia y el grande hombre muere el 13 de junio de 1850, en el pueblo de San Vicente, sirviendo una pobre y humilde escuela de primeras letras.

Su esposa, compañera inseparable de su vida, no ha soportado la tragedia y 10 días después lo sigue hasta la tumba.

***

EPÍLOGO

Don Dionisio de Herrera nació en un hogar honorable. Fueron sus padres don Juan Jacinto Herrera y doña Paula Díaz del Valle. No se conoce con seguridad ni el lugar niel año en que nació. Algunos de sus biógrafos afirman que nació en Tegucigalpa; otros que nació en Choluteca; y con certeza sólo se sabe que en 1794 estudiaba en Guatemala y que en 31 de julio del propio año se presentó su señora madre ante el Alcalde Ordinario de primer voto, don Mariano Urmeneta, solicitando la información "sobre que tanto la peticionaria como su esposo eran tenidos y reputados en la provincia de Honduras como "españoles de primera distinción, limpios de toda mala raza, de mulato, zambo, indio y hereje, sobre que ninguno de la familia fué castigado por el Santo Oficio y sobre que muchos de los ascendientes de don Juan Jacinto Herrera tuvieron empleos honoríficos, así en lo secular como en lo eclesiástico". Tal afirma el Padre Vallejo en su Historia Social y Política de Honduras y comenta el Dr. Rómulo E. Durón.

"Estudió en Guatemala, pero él formó su espíritu al lado de un Goicoechea, de un Valle. Desde muy joven leía los filósofos más profundos, los genios de la Francia, la Historia Antigua. Su corazón noble se había incendiado en las emociones de la gloria y de la libertad. Su cabeza activa y fecunda combinaba los grandes problemas de la legislación y la política. Su estudio privado, su trato íntimo con los dos grandes literatos, honor de su país, habían desarrollado en él un carácter de empresa, un talento de gobernar, un tacto y conocimiento de los hombres y de los negocios".

"Herrera fué en su país víctima de las facciones. Su estandarte fué siempre el de la nacionalidad. Defendió con el mayor civismo la libertad política y la integridad de la República, pero sucumbió al torrente desolador que trastornó las instituciones y fraccionó la nación. La persecución y la desgracia se agravaron sobre su persona; la devastación destruyó sus bienes y sus ricas haciendas. Emigró y abandonó su país casi en la miseria; y el hombre que empleara su importancia política y sus raros talentos en el servicio del país, el que había regido los pueblos y establecido la ley y la justicia, se vió careciendo de un pan y cual otro Dionisio Siracusano, sin haber sido como él tirano, sino antes bien un gran caudillo de la libertad, se vió reducido a dirigir una pobre escuela de primeras letras".

"Herrera había sido el oráculo de los patriotas. En medio de la enfermedad y la pobreza, su espíritu se reanimaba en los

conflictos públicos. Sus consejos eran entonces de una sabia prudencia; pero sus planes eran siempre de decisión y de energía. Su alma llena de recursos era reservada, fuerte para los negocios públicos, era dulce y sensible, aromada y diáfana para sus amigos".

Así consagra su memoria en 1850, precisamente el año de su muerte, el periódico "El Progreso" de El Salvador, al escribir: en forma sentida su Necrología.

Alguien ha dicho que ser grande implica ser incomprendido y el Prócer don Dionisio de Herrera fué un grande hombre.

Pasó por la vida al lado de la fama y aunque le hizo sus misteriosas señas, él no era un mimado de la gloria. Era sólo un luchador, un hombre de gran talento, acaso dueño de genio, pero su estrella no fulguraba siempre.

Dice Heliodoro Valle, haciendo un retrato de su persona: "Yo creo que está en vuestra memoria su imagen con aquella sonrisa del Salón de Retratos del Palacio Nacional, en la que don Dionisio mantiene el desdén que tuvo a la fama y la dignidad que tuvo en la muerte. Semblante lleno de la anticipada melancolía que nunca lo abandonó; la cabeza para el busto aislado y suficiente infinito para la luz intelectual; la frente amplia y blanca a la manera de un ala de la meditación; la boca desdeñosa y selecta; la nariz igual a la de Morazán; los ojos siempre escrutando entrañas de infinito o lejanías de ideal; el mentón de mujer; el pelo negro y con las patillas que usaban entonces; rasurado el bigote; el óvalo fino, como que era de prócer, y prócer hubiera sido fatalmente en cualquier tiempo o país; manos de gran señor; porte que denunciaba al que había nacido para mandar; la complexión robusta, según propia confesión; ha de haber sido la suya una voz suave porque así es la de todos los fuertes y suaves los ademanes, porque los generales le obedecían con dulzura; y su frugalidad tanta como su elegancia mundana".

"Ningún héroe, ningún santo, ningún Dios de nuestra historia, me ha cautivado lo que este hombre altivo y extraordinario a quien todavía no comprendemos y quien no necesita las palpitaciones del mármol para reincorporarse dominador y resplandeciente sobre la piedra de ara de nuestro corazón".

La pasión por la libertad fué su escudo y la sabiduría fué el emblema de su juventud.

El amor por su tierra natal lo hizo esclavo de las pasiones miserables de su época y por sus ideas avanzadas fue el blanco de la ignorancia y de la ingratitud.

El valor universal del Prócer no radica en sus grandes conocimientos ni en sus luchas por la paz y por la grandeza de los pueblos en que vivió. Radica en la conciencia de la libertad y del orden, de la hidalguía y de la generosidad que tan ampliamente orlaban la frente del bienaventurado.

Y para los hondureños, Herrera es la conciencia nacional, es la voz que habla con timbre sonoro de las excelencias de la tierra hondureña y con la seguridad profunda de que con brazos y mentes bien dispuestos, nuestra tierra podría ser tan grande como cualquier otro pueblo de la tierra.

He ahí hondureños las tablas de la ley. He ahí a vuestro salvador y a vuestro guía. He ahí al iluminado de la acción y del pensamiento que aun desde la eternidad, a través de más de 100 años, nos está dando una lección de sapiencia ciudadana un camino que seguir, una tarea que cumplir.

Si Honduras es el territorio que se alza entre dos océanos y si la surcan ríos que fecunda con oro y limo los valles y collados; si es la tierra de las maderas preciosas, de las minas prodigiosas y de los campos feraces, ¿qué más le falta para ser uno de los pueblos más civilizados y organizados de la América?

Así como hemos construido un templo en nuestro corazón para albergar el recuerdo y la veneración hacia el Héroe de la Trinidad; así levantemos otro, sobre el ara sagrada de nuestra alma, para que reine en él, sereno, magnánimo y omnisapiente, el pacificador de pueblos, el varón egregio de la libertad, el santo de la conciencia nacional.

Junio de 1950.

DIONISIO DE HERRERA, HEROE DE LA PAZ
DISCURSO DEL PROF. MARTÍN ALVARADO R.

Centro América pudiera decirse que surgió a la vida independiente bajo un signo fatal.

Tan pronto como fué libertada del tutelaje español, cayó en las redes de Iturbide para ir a formar parte del imperio mexicano, pasando en seguida a ser la víctima propiciatoria de las pasiones inmoderadas de sus propios hijos.

Luego que fué concertado el pacto federal y sancionada la Constitución que debía regular la vida institucional de la República, aparecieron en mala hora las fuerzas antagónicas de los partidos históricos que habían de hundirla en los antros tenebrosos de la discordia y del desorden.

Guatemala, El Salvador y Honduras, debido a los desaciertos del Gobierno Nacional, cayeron bien pronto en la desorientación y anarquía más desconsoladoras, mientras la bella tierra de Miguel Larreynaga se debatía en implacable guerra civil.

El año de 1824 fué el año terrible para Nicaragua, con el agravante de que no hubo entonces un Robespierre que con su muerte aplacara el desenfreno de las iras y los odios de las turbas obcecadas, sino que por el contrario, con el tiempo aumentaba la saña y la crueldad de los contendientes.

Encendida la hoguera fratricida, el paréntesis de paz realizado por altos exponentes de la familia centroamericana fué tan efímero que de muy poco sirvió. La guerra se desató después con mayor crueldad.

Mas, cuando menos se esperaba, quizá; cuando se había perdido tal vez toda esperanza, apareció en el escenario de la lucha Dionisio de Herrera, el hombre providencial que destinado estaba a dar orden y quietud a Nicaragua.

Por ser de oportunidad, debido a la proximidad del primer centenario de la muerte del prócer, y para que se pueda apreciar su actuación en la contienda nicaragüense, referimos a continuación algunos de los hechos más notables de tal estado de cosas, de conformidad, principalmente, con lo expuesto por el ilustre historiador nicaragüense, José Dolores Gámez.

Los granadinos Manuel Antonio de la Cerda y Juan Argüello, parientes cercanos y amigos íntimos desde su infancia, pertenecían a familias de la nobleza criolla, y habían figurado siempre juntos de manera destacada en la vida pública de su país, al grado de ser ambos caudillos y de los principales animadores del movimiento libertario producido en Granada en el año de 1811. Sin embargo, a pesar de su noble linaje, dieron pruebas más tarde, de poseer un carácter muy duro, despótico y sanguinario.

Al ser practicadas las elecciones para Jefe y Vicejefe de Estado, en 1825, fueron favorecidos, respectivamente, con tales cargos, los señores Cerda y Argüello, quienes tomaron posesión el 22 de abril del propio año.

Una de las primeras medidas de Cerda fué mandar a publicar un bando verdaderamente inquisitorio, atentando contra todo lo que no estaba estrictamente ceñido a los preceptos católicos, coartando la libertad en todas sus manifestaciones, al grado de prohibir que se diese hospedaje a los desconocidos, no permitir los bailes y paseadas tarde de la noche ni transitar por el país sin pasaporte, y otras cosas más.

Por tales procedimientos, y porque Argüello acusó a Cerda, ante la Asamblea del Estado, de cometer muchos abusos, el Jefe Cerda fué suspendido en sus funciones, entrando a sucederle el Vice—Jefe Argüello.

A principios de 1827 debía terminar el período de gobierno de estos señores, por lo que de conformidad con la Constitución del Estado, era necesario practicar elecciones para el nuevo personal, a fines del año anterior; pero esto no se llevó a efecto debido a que sobrevinieron los sucesos de Guatemala que culminaron con la convocatoria al Congreso extraordinario que había de reunirse en Cojutepeque.

De esta manera siguió Argüello en el poder; pero siete diputados huyeron de la capital, que era León, a Granada, en donde se constituyeron en Asamblea del Estado, en forma ilegal por falta de quórum, el que lograron aparentar con la presencia de diputados suplentes; por esta razón los liberales la llamaron "Asamblea chochoroca", vulgarismo con que se designaba una cosa mal formada o inservible.

Este Cuerpo, desconociendo a Argüello, encomendó el man.do a Pedro B. Pineda, en su calidad de Consejero.

En vista de ésto, Argüello persiguió a los miembros de la Asamblea en referencia, a quienes hizo prisioneros en la ciudad de Rivas, a donde habían huido, y mandó asesinar a Pineda, a su ministro general, Miguel de la Cuadra y a otros personajes de importancia.

Las municipalidades de Managua y Rivas declararon que Argüello era un usurpador porque ya había expirado su período, y al estar en acefalía la Jefatura del Estado, pidieron a Cerda que reasumiese el Poder, mientras la legislatura renovaba el personal del Ejecutivo.

Tanto por la petición aludida, como por las súplicas de sus amigos, y porque había entrado en franca enemistad con Argüello, Cerda aceptó el ofrecimiento, quedando así establecidos dos gobiernos en el país.

A Argüello lo seguían León, Granada, Masaya y otras poblaciones, y a Cerda las ciudades de Managua, Jinotepe, Rivas, Juigalpa, Metapa y otras.

Cerda intimó inmediatamente de tomar el mando a Argüello para que se separara del poder; pero éste, como era de esperarse, se negó a ello, y fué de esta manera como se reanudó la guerra cruel y violenta que ensangrentó de modo inmisericorde el suelo nicaragüense.

Esta guerra fué en realidad de caracteres dantescos. Uno de los hechos más escalofriantes fué el asesinato en masa efectuado en la isla de La Pelona, mandado a ejecutar en forma artera por el propio Argüello; y para mayor muestra, van estos dos botones:

Sebastián Goyena, guatemalteco, hijo del magnífico fabulista Rafael García Goyena, llegó a Nicaragua con la división que comandó el General Manuel José Arce en su campaña pacificadora. En oposición a su padre que era de carácter dulce y poseedor de una cultura exquisita, Sebastián Goyena era impúdico, inmoral y sanguinario. Se agregó a las fuerzas de Argüello, presentándosele la oportunidad para saciar sus instintos de perversidad.

Un día entró Goyena en Jinotepe en donde a la fuerza quitó sus bestias a los particulares. Un pobre hombre que defendía la única que tenía, fué llevado preso a presencia de Goyena, quien sin oír al infeliz lo tomó de ambas manos y ordenó que lo fusilaran inmediatamente. A continuación se puso muy fresco a jugar malilla en casa del cura de la ciudad, doctor Cuadra, casa en donde permanecía pasando una temporada el anciano don Diego Cuadra, primo hermano del sacerdote. En tales momentos llegaron varios liberales de Masaya contando que un oficial de Cerda había entrado con fuerzas en esta ciudad. Voló Goyena y ordenó la marcha inmediata para atacar a los enemigos, llevando consigo al valetudinario don Diego, quien había caído en desgracia con Argüello. Al entrar a la plaza mayor de Masaya, de donde se habían retirado, sin hacer nada malo, los siete hombres que habían provocado las iras del desalmado, al ver al infortunado don Diego sacó sus pistolas y se las disparó, hiriéndolo de muerte; mandó después que terminaran con él, y al verlo en el suelo acribillado a balazos, mando que la caballería se pasa sobre el cadáver, haciendo ostentación de semejante barbarie.

Un espécimen semejante a Goyena, en las filas de Cerda, fué Francisco Espinosa, a quien llamaban *"el desorejador"*, porque con gran alarde cortaba las orejas a los contrarios, ensartándolas en su espada, para presentarlas como trofeo cuando regresaba de sus incursiones por los pueblos.

En los días más álgidos de la contienda, el Gobierno salvadoreño, apesarado con semejante estado de cosas, envió en carácter de comisionado a Mariano Vidaurre, con el objeto de conciliar los bandos en pugna; pero los trabajos del señor Vidaurre, inspirados en los más sanos propósitos, fracasaron ante la ferocidad desenfrenada. Regresó Vidaurre a su tierra, decepcionado de tan obstinada como absurda intransigencia.

Cerda, por fin, fué mandado a fusilar por Argüello, en compañía de otros de sus partidarios.

En 1829, el Presidente provisional de la República, José Francisco Barrundia, de acuerdo con el General Morazán, mandó a pacificar a Nicaragua al ilustre hondureño Dionisio de Herrera, quien pronto fué reconocido por los pueblos. Juan Argüello poco después murió, preso de la mayor amargura, en un asilo de indigentes de la ciudad de Guatemala.

Para dar cumplimiento a su noble cometido hizo uso Herrera de una política de sabia conciliación; los muchos obstáculos que se le presentaron supo vencerlos, gracias a su sagacidad y a su tino verdaderamente admirables. De esta manera pronto apaciguó los ánimos y la calma volvió a reinar en los corazones. En mayo de 1830, la Asamblea reunida en Rivas lo nombró Jefe del Estado.

Pero el espíritu del mal no duerme, y pronto la paz fué nuevamente alterada. No se habían restañado todavía las heridas producidas por el odio, cuando el monstruo apocalíptico clavó de nuevo en el pecho adolorido de la Patria, su garra fatídica.

A pesar de las bondades del proceder de Herrera, la reacción no se hizo esperar.

En toda Centro América, y especialmente en Nicaragua se generalizó y tuvo muchos adeptos la idea de una reforma a la Constitución Federal, prohijada por el Toro Amarillo, famoso folleto que por entonces publicara e hiciera circular con profusión don Juan José de Aycinena de Guatemala; pero el Congreso Nacional no quiso convocar a una Constituyente para tal fin, lo que dió pretexto para que los descontentos de Nicaragua levantaran bandera de rebelión.

Herrera, por su condición de hombre civil, tuvo que valerse de los servicios de los Coroneles José Zepeda, jefe de armas de León y Cándido Flores Comandante de Granada.

Varias municipalidades se manifestaron en contra del Jefe de Estado y le pidieron que renunciara. Herrera, para acceder a esta petición convocó a sesiones extraordinarias a la Asamblea del Estado y ante ella interpuso su renuncia.

Ya por este tiempo, (1833) era Presidente de la República el General Morazán, a quien tenían muchos como el causante de que no se llevara a efecto la reforma de la Constitución Federal, lo que como antes hemos dicho era considerado, por lo general, como el único medio capaz de hacer que desaparecieran las desgracias políticas que agobiaban al país. Y como bien se sabía que Herrera era íntimo amigo de Morazán, ésto le afectaba en su prestigio y aumentaba el malestar popular.

Pero a pesar de todo, cuando la Asamblea, que estaba integrada por representantes de todos los sectores políticos, aceptó la renuncia del Jefe Herrera, el pueblo de la capital se levantó airado y amenazó con un nuevo levantamiento si Herrera se retiraba de su cargo. La Asamblea reconsiderando el asunto, consiguió que Herrera volviera a su puesto, revistiéndolo entonces de facultades extraordinarias para la consecución del orden público.

Mientras esto sucedía en León; las municipalidades de otras poblaciones no estuvieron de acuerdo con este paso y se levantaron en armas contra el Gobierno, siendo Managua el foco de la insurrección.

Herrera no quería que siguiera el derramamiento de sangre entre hermanos, por lo que se propuso atraer a los descontentos por medios de persuasión; pero éstos consideraron tal, actitud como un signo de debilidad y resolvieron no desistir de la lucha.

A Herrera, por lo tanto, no le quedaba otro camino que enfrentarse al enemigo con las armas, el que fué derrotado en Masaya, por tropas que comandaba el Coronel Flores.

Después de este triunfo volvió Herrera a sus prácticas de atracción benévola, publicando manifiestos, decretando indultos, haciendo ver el engaño de que eran víctimas los revolucionarios, escribiendo cartas a los caudillos rebeldes y desarrollando otras muchas actividades, tendientes todas a la conciliación de la familia nicaragüense por buenas maneras; pero todo fué por el momento inútil. De esta manera las fuerzas del Gobierno marcharon sobre Managua, la que fué atacada y tomada después de reñido combate.

Nuevamente el Jefe bondadoso repitió sus actos humanitarios y de conciliación sincera. Expidió un decreto de amnistía general, dió libertad a los prisioneros de guerra, ordenó la curación de los heridos enemigos en igualdad de condiciones con sus propios soldados, e hizo otras muchas cosas de nobleza ejemplar.

Sin embargo, los cabecillas de la reacción se trasladaron a la ciudad, de Rivas, y volvieron a la carga.

Pero es indudable que toda acción generosa lleva consigo la recompensa, y en el caso de Dionisio de Herrera el premio no tardó.

Sus manifiestos y proclamas, el decreto de amnistía y su magnífico comportamiento con los vencidos, trajeron la confianza al ánimo de los desafectos; los ofrecimientos de paz que constantemente se les hiciera, obraron el milagro de que fuesen deponiendo con toda espontaneidad las armas, y como lógica consecuencia, la tranquilidad y el orden públicos fueron siendo una bella realidad.

Dionisio de Herrera había triunfado, con la rama de olivo en la mano y la generosidad sin dobleces en el corazón.

Antes de la actuación de Herrera, los que ejercieron el mando en Nicaragua vieron siempre en los descontentos con sus regímenes, a individuos a quienes de cualquier manera había que exterminar.

Herrera, por el contrario, fué tolerante con sus enemigos políticos, les concedió en todo momento el derecho de insurrección; y vió en ellos siempre a hermanos extraviados por influencias perversas, y por lo mismo los consideraba dignos del perdón.

Conseguida la paz en el hermano país, Herrera se dirigió a la capital, a León, ciudad en donde entró en medio del entusiasmo delirante de todo un pueblo agradecido.

La Asamblea del Estado aprobó, reconocida, la actitud magnánima de Herrera, y en todas partes se levantaron actas populares y se efectuaron manifestaciones públicas de espontánea simpatía, elogiando las virtudes cívicas del héroe de la paz.

Renacieron en Nicaragua el comercio, la industria y el libre tránsito, que trajeron consigo, como era natural, el progreso y la prosperidad de la Nación.

José Francisco Barrundia, prócer de la independencia centroamericana, refiriéndose a la actuación de Herrera en Nicaragua, dice: "Su administración afianzó, el orden que su sabio patriotismo había organizado" "Nunca la. República había cantado con Nicaragua. —Herrera restableció la vida a aquella gran Sección amenazada, y la República recobró, con uno de sus principales miembros, sus fuerzas y su integridad".

Dionisio de Herrera, prócer de la libertad, Jefe de los Estados de Honduras y. Nicaragua y electo para el mismo cargo en El Salvador; hombre cultivado, de ideas políticas y sociales muy avanzadas; columna inconmovible de las instituciones republicanas, lleva en sus sienes como una gloria inmarcesible, como la más alta expresión de su grandeza, la corona del laurel inmortal, por la pacificación y verdadera organización de Nicaragua.

¡Honor y gloria a DIONISIO DE HERRERA!

¡Honor y gloria a nuestra noble HONDURAS, que sabe dar hijos tan esclarecidos….!

Tegucigalpa, D. C., junio de 1950.

ELOGIOS A LA MEMORIA DEL PRÓCER

ELOGIO A DON DIONISIO DE HERRERA COMO EDUCADOR

PALABRAS PRONUNCIADAS POR LA SENORITA
PROFESORA
MARÍA TRINIDAD DEL CID

EN EL MOMENTO DE COLOCAR LAS OFRENDAS
FLORALES EN EL BUSTO DE
DIONISIO DE HERRERA
EN EL PRIMER CENTENARIO DE SU FALLECIMIENTO

Excmo. Cuerpo Diplomático y Honorable Cuerpo Consular.
Señoras, señoritas, señores, pueblo de Tegucigalpa:
El Comité Femenino Hondureño, en su Sesión Pro Estudios Históricos, ha querido unirse a la Sociedad de Geografía e Historia de Honduras que en acción conjunta con la Universidad Nacional, la Asociación de Prensa Hondureña, Sociedad Magisterio Nacional, Comité Unionista Centroamericano y otras Instituciones culturales con un acto cívico como éste, conmemoran la muerte hace una centuria del Secretario de la Villa, del Jefe de la Provincia de Tegucigalpa, del Jefe de Estado de Honduras en 1824, del pacificador de Nicaragua y Jefe de Estado de aquel país hermano, y hubiera sido también el Jefe de la República de El Salvador y del que como Aristóteles le tocó en suerte ser maestro de un grande hombre, así él guio al Paladín de la Unión Centroamericana al Gral. Francisco Morazán, del Gran Maestro de niños de primeras letras en San Vicente en El Salvador en cuyo país muere desempeñando el noble apostolado para dormir su sueño en la inmortalidad del mármol en torno del cual nos congregamos hoy, y, toca a las mujeres tejer las coronas que han de ornar las sienes del héroe, del mártir, del maestro y quisiéramos en esta mañana deshojar como dice el poeta guirnaldas de roble joven al paso del cadáver que vuelve del olvido envuelto en el día sin nubes de la inmortalidad.
Me toca llevar la palabra en nombre de un grupo de damas que entre sus quehaceres diarios, dedican una parte de su tiempo a la

investigación de la vida, pensamiento y obra de los grandes hombres y de las grandes mujeres del ayer.

Es bien sabido por todos los que me escuchan que el culto a los grandes hombres ha estado presente en todos los tiempos y si hacemos un recorrido por la historia de todas las civilizaciones encontraremos que en aquellas lejanas culturas como la egipcia se preocuparon por los muertos y así en cuenta que, al lado de cada momia, colocaban un libro, con el objeto de que le sirviera de defensa ante el Juez Supremo de las almas. Han pasado muchos siglos y muchas han sido las transformaciones en los hábitos del hombre, pero el culto a los muertos ha sobrevivido y el recuerdo de los bienamados es lo que nos señala el grado de adelanto a que ha llegado una nación, y las sociedades de cualquier índole que ellas sean con una forma distinta fomentan el viejo culto de aquellos pueblos orientales, poniendo ante la vista del conglomerado social todo lo bueno que los seres que han merecido el recuerdo de sus conciudadanos pusieron al servicio de la humanidad.

Muy bien han hecho las sociedades que hoy se congregan junto al grande hombre, junto al maestro ejemplar para dedicarle a su memoria este solemne y público acto cívico en conmemoración del Primer Centenario de su fallecimiento.

Don Dionisio de Herrera es una de las figuras más sobresalientes de nuestra Historia Nacional y por ende de la Centro—americana. No quiero repetir todos los detalles biográficos del esclarecido hondureño porque ya lo hicieron los distinguidos representantes de otras entidades y, además, porque nos encontramos con la dificultad de la carencia de nuevos datos que den más luz sobre aspectos de la vida de los ilustres desaparecidos para enfocarlos en un ensayo completo como el que exige la época actual. Ya no podemos conformarnos con lo que se dice en la conseja, en el relato sin fundamento, sino en la investigación, en el estudio fuerte y perseverante en los documentos verídicos que por desgracia han desaparecido en la mayor parte de los archivos en los países centroamericanos.

No cabe la menor duda que, nació en Honduras, rico y distinguido, de la estirpe de don José Cecilio del Valle y de Francisco Morazán, estudió en Guatemala, porque en el tiempo de la colonia era como el Atica de Centro—América. Fué alumno de Villaurrutia, Ramírez,

Goycoechea y Cañas, quienes abrieron nuevos horizontes a la juventud centroamericana. Se dice de él, que hablaba y escribía en francés como en su propia lengua. Su biblioteca tan nutrida como la de don José del Valle. En los variados y costosos volúmenes se abrevó Francisco Morazán, allí fué donde adquirió aquella tan vasta ilustración nuestro Héroe Máximo, que quiso llenar de luz la media noche centroamericana de que hablara aquel otro visionario.

Dionisio de Herrera se manifiesta como verdadero literato en su mensaje al Congreso de Honduras en 1826. Mensaje que debiera divulgarse por todos los rumbos para conocimiento de esta juventud tan menesterosa de ejemplos que nos legaron aquellos varones ilustres del ayer.

Fué amigo de hombres de la talla de Barrundia, de Mariano Gálvez, de José Antonio Márquez, de Diego Vijil. Unionista como Morazán y Cabañas, admirador de Voltare y de Rousseau.

Cuando dedica años preciosos de su vida a la enseñanza, no lo hace como humilde maestro de escuela. (ese vocablo de humilde aplicado a quienes se dedican a la más noble de las profesiones, debemos los maestros borrarlo de una vez para siempre porque de él se han valido para humillarnos). Fué Maestro del Grupo de los Sarmiento, Alberdi, Luz y Caballero, Sierra, Rodó y de otros grandes maestros de esta América nuestra. Como ellos, sintió los anhelos de transformar el orden social, pero también comprendió que necesitaba empezar su labor por enseñar al niño, adiestrar a la juventud y transformar al hombre.

Muchas veces el aguijón de la miseria tocó medrosa las puertas donde pensaba el sabio, donde oficiaba el Maestro, el repúblico sin mancha. Y, no es raro que, la aurora de algún día le sorprendió sin un pan para mitigar el hambre, compañera de los peregrinos por los desiertos de la incomprensión.

De lo mucho que le adeuda el Estado deja en su testamento, una parte para la reconstrucción de la Patria Grande. No olvida que lo más importante es la instrucción popular y deja en su favor su último haber.

El recuerdo de la vida limpia de Don Dionisio de Herrera da alientos para seguir por la senda del bien y de la honradez, y a poner el basamento para una cátedra de pública y perenne lección sobre los grandes hombres de América.

CENTENARIO DE LA MUERTE DEL PROCER DON DIONISIO DE HERRERA

Por JUSTO PEREZ

(13 DE JUNIO DE 1850)

El esfuerzo integral de los grandes hombres que consagraron todas sus energías y entusiasmos al servicio de la Patria; de los ilustres Patricios que añoraron el surgimiento de una Nacionalidad Grande y Feliz; que eran honradamente idealistas y soñadores, según el decir del criterio—sanchopancista y práctico de los hombres que exaltan el materialismo sobre todas las cosas; y que ignoran o pretenden ignorar, que no solamente se vive para satisfacer los deseos materialistas, sino también para darle expansión al espíritu y animar nobles ideales y realizar así aquella fúlgida expresión del Apóstol José Martí, cuando exclamaba: "La Patria necesita sacrificios. Es Ara y no pedestal. Se la sirve, pero no se la toma para servirse de ella".

***

Si estudiamos atentamente la vida de nuestros Próceres, a través de sus inmensas pugnas por estructurar una Patria mejor, en aquellos aciagos años en que ellos sostuvieron sus luchas redentoras, bien pudiera creerse que, parodiando la frase del Libertador Simón Bolívar, "habían arado en el mar', y que la tierra en que habían sembrado las semillas de sus doctrinas y principios de Libertad, de Progreso y de Grandeza de la Patria, no han fructificado aún en las parcelas del Istmo Centroamericano, pues más parece que cayeron en terrenos estériles y baldíos, de una infecundidad de páramo de muerte y de dolor.

***

Desde antes de proclamarse la Independencia de Centro América, ya figuraban en Tegucigalpa, por sus ideas avanzadas y por su patriotismo, entre otros ciudadanos, don Dionisio de Herrera, don Diego Vijil y su hermano don Ramón Vijil, don Francisco Morazán, don José Antonio Márquez y su hermano el Presbítero don Francisco Antonio Márquez, don Justo José Herrera, don Esteban Travieso, el Presbítero don José Francisco Pineda, don Juan Antonio Ugarte, don Francisco Juárez, don Remigio Díaz, don Liberato Moncada y otros distinguidos patriotas.

Ya sabemos hasta donde llegaron a figurar muchos de ellos, y cual fué su destino en la carrera de la Revolución, en la que se enrolaron, con los más nobles y desinteresados propósitos; con abnegación y heroísmo, disponiendo muchos de ellos de considerables recursos para luchar en la vida, y terminando su existencia, casi todos ellos, en la miseria y en el ostracismo, tal como le sucedió a don Diego Vijil, que murió emigrado en Nicaragua, y a don Dionisio de Herrera que falleció en El Salvador, dando clases en una humilde escuela de primera enseñanza.

¡Heroico destino el de nuestros Próceres, que por su idealismo y divino quijotismo, para legarnos una Patria Grande y Respetable, se sacrificaron noblemente, y por ello alcanzaron el Reino de la Inmortalidad!

**

El 13 de junio de este año, se cumplirá un siglo de haber fallecido en San Salvador el PROCER DON DIONISIO de HERRERA, el Primer Jefe de Estado de Honduras, y de cuya Magistratura, previa elección del primer Congreso ordinario, reinstalado en Tegucigalpa, el 16 de septiembre de 1824, se hizo cargo de ella, hasta el 10 de mayo de 1827,en que fué depuesto por las fuerzas del Presidente Manuel José Arce, mandadas por el Coronel hondureño José Justo Milla, que había sido electo Vice—Jefe al mismo tiempo que el señor Herrera.

La personalidad intelectual y política de éste, es lo suficientemente conocida a través de las páginas de nuestra Historia; pero no creemos demás consignar aquí los siguientes datos acerca de aquel ilustre hombre centroamericano, a quien, hasta ahora, no se le ha hecho una verdadera glorificación digna de su diáfana memoria.

* * *

DON DIONISIO de HERRERA nació en Choluteca, perteneciente, durante la Colonia, a la jurisdicción de la Alcaldía Mayor de Tegucigalpa, aun cuando el Dr. Vallejo asegura que nació en esta capital, el año de 1783, y fueron sus padres legítimos don JUAN JACINTO HERRERA y doña PAULA DIAZ del VALLE.

—Don José Herrera fué casado con doña María Leocadia Rivera y tuvieron los siguientes hijos: Don JUAN JACINTO, doña María, doña Francisca, don José Antonio y doña María Manuela Herrera Rivera.

—DON JUAN JACINTO fue el padre legítimo del Prócer don DIONISIO de HERRERA, de don Próspero y de don José Justo Herrera, y de si esposa Doña PAULA DIAZ del VALLE. Esta era hermana legítima de don José Antonio Díaz del Valle, el padre legítimo del Sabio don José Cecilio del Valle y de su esposa doña Gertrudis de Díaz del Valle.

—De modo, pues, que Don Dionisio de Herrera y sus hermanos Próspero y José Justo Herrera, eran primos hermanos de don José Cecilio del Valle.

—Del matrimonio de don Juan Bautista Quesada, con doña María Borjas, nacieron: don Manuel de Jesús (que fué sacerdote), doña Juana María, doña GUADALUPE (la madre del General Morazán) y don José María Quesada Borjas.

—Don José María Quesada Borjas, fué casado con doña María Manuela Borjas, hija legítima de don Juan Antonio Borjas y de doña María Antonia Uriarte y tuvieron varios hijos, entre ellos, dona MICAELA QUESADA BORJAS, la esposa que fué de Don Dionisio de Herrera.

Doña Micaela Quesada Borjas, fué, pues, prima hermana del General Francisco Morazán, puesto que don José María

Quesada Borjas, fué hermano legítimo de doña GUADALUPE QUESADA BORJAS, la madre legítima del General, y esposa de don Eusebio Morazán.

***

En el mes de julio de 1794, se siguió una información en Tegucigalpa, ante el Alcalde ordinario de primer voto, a solicitud de doña Paula Díaz del Valle, con el fin de comprobar que su hijo "primogénito" don Dionisio de Herrera, que entonces estudiaba en Guatemala, era hijo legítimo de ella y de su esposo don Juan Jacinto Herrera, que eran tenidos en la Provincia como españoles de reconocida distinción y limpios de toda mala raza, y que muchos de sus ascendientes ocuparon puestos de importancia en el Gobierno de estas tierras, tanto en lo civil, en lo militar, como en lo eclesiástico.

El señor Herrera, al decir de uno de sus biógrafos, hizo sus estudios en Guatemala al lado de Goicoechea y de Valle, consagrándose especialmente a las disciplinas de la filosofía y de la Historia Antigua; y, como dice el Lic. Victoriano Rodríguez, uno de sus biógrafos, "desde muy joven leía los filósofos y escritores franceses más profundos, por manera que cuando rayó en la Antigua Capitanía General, la dulce aurora de la Libertad, ya Herrera era un literato y un hombre de Estado, de pensamiento y de acción".

A principios de 1820 se estableció en Tegucigalpa, y fue nombrado, por su honorabilidad y preparación, como Secretario del Noble Ayuntamiento, y, en tal puesto le tocó redactar el Acta del 28 de septiembre de 1821, en la cual se adhería la Municipalidad y el vecindario a la Independencia proclamada en Guatemala el 15 de septiembre de 1821.

Estando en la Secretaría Municipal, se suscitaron serias dificultades a principios del mes de enero de 1821, entre él y el Alcalde Mayor Lie. Narciso Mallol, quien, con fecha 19 del expresado mes de enero, envió una comunicación al Capitán General don Carlos Urrutia y Montoya, quejándose de la conducta del señor Herrera, "de quien, aseguraba, que en menos de un año que hacía se había avecindado en Tegucigalpa, sólo se había empleado en mover partidos, contra la autoridad, porque su espíritu sólo caminaba al plan de Independencia absoluta".

De la Secretaría del Ayuntamiento, a la cual había llegado el 7 de agosto de 1820, pasó a ejercer las funciones de Jefe Político de la Provincia de Tegucigalpa, el día 3 de febrero de 1822, de cuyo puesto ascendió el día 16 de septiembre de 1824, por elección del Congreso, a la Primera Magistratura del Estado hondureño, en donde puso el mayor interés en la organización rándose, con justicia, como el Fundador, jurídicamente hablando, de la Patria Hondureña, por la que él tanto luchó en el campo de las ideas libertarias, que todavía en pleno siglo veinte, se bambolean y se desfiguran por las ambiciones y las intemperancias de muchos de sus hijos.

***

Ya en 1823 gozaba el señor Herrera de justo prestigio en Guatemala, puesto que, al proponerse en la Asamblea Nacional Constituyente la elección del personal del Primer Poder Ejecutivo de Centro América, figuró su nombre para integrarlo, en lugar de don Juan Vicente Villacorta, y, aunque no fué posible su elección, pues quedó formado dicho Ejecutivo, por el Dr. Pedro Molina, don Juan Vicente Villacorta y el Lic. Antonio Rivera Cabezas, pero se hizo notar que era persona de grandes merecimientos en el desarrollo de aquellos sucesos históricos, y por eso fué que, de acuerdo con la convocatoria del 5 de mayo de 1824, del Congreso Constituyente, para que se hiciera la reunión de los Congresos Constituyentes y se practicaran las elecciones de los Jefes y Vice—Jefes de los nuevos Estados, de conformidad con las Bases aprobadas con tal fin, y fueron electos el señor Herrera y el Coronel Milla, para Jefe y Vice—Jefe de Honduras, como ya dijimos, para el período de cuatro años, según el decreto del Congreso Constituyente del Estado, de fecha 16 de septiembre de 1824.

El Congreso facultó al Poder Ejecutivo para que hiciera el nombramiento de un Secretario General, y así se hizo el 25 de septiembre del expresado año, recayendo tal designación en el ciudadano don Francisco Morazán, pariente político del señor Herrera; y en cuyo importante cargo estuvo hasta que ascendió a la Presidencia del Consejo Representativo, que se instaló en Comayagua el día 6 de abril de 1826, y del cual formaron parte, igualmente, don Juan Miguel Fiallos y don Ciriaco Velásquez.

En lugar del ciudadano don Francisco Morazán, fué nombrado don Liberato Moncada, como Secretario General.

***

Como consecuencia de las intrigas políticas desarrolladas en Guatemala por los elementos reaccionarios contra la Libertad de los pueblos, se presentó el caso, en el Congreso Nacional, reunido en Comayagua, en la sesión celebrada el 17 de abril de 1826, de que el Diputado Pablo Irías, hermano del Canónigo José Nicolás Irías, hiciera moción para que se practicaran elecciones de Jefe y Vice—Jefe del Estado, afirmando que el Jefe había sido electo interinamente, y también porque el Vice—Jefe había renunciado su cargo desde el 7 de enero de aquel año.

Tal proposición vino a marcar una honda división entre el Poder Ejecutivo, el Congreso y la autoridad eclesiástica, hasta llegar a darse el caso de intentar los descontentos de asesinar al Jefe Herrera, excomulgándolo el Provisor Irías, y tener que dictar el Gobierno orden de captura contra el rebelde tonsurado, quien, con otros sacerdotes capitaneados por el Pbro. José María Donaire, se lanzaron francamente a la revuelta en la cual fueron vencidos por la fuerzas del Gobierno en una escaramuza que tuvo lugar en el pueblo de Erandique.

Todo esto venía como preparación de los sucesos que tuvieron efecto en Honduras el aciago año de 1827, y que dieron por resultado la deposición del Jefe Herrera, como consecuencia de los odios y errores cometidos en la Presidencia de Centro América por el General Manuel José Arce, que se había entregado en cuerpo y alma a los hombres y a las tendencias políticas que había combatido bizarramente en su juventud, desde el glorioso 5 de noviembre de 1811, al lado del Prócer José Matías Delgado, los hermanos Aguilar, don Juan Manuel Rodríguez, y demás héroes de la epopeya libertaria de El Salvador.

¡Pobre don Manuel José Arce! No conforme con sus desaciertos cometidos en Guatemala, deponiendo y encarcelando al Jefe de aquel Estado don Juan Barrundia; violando las leyes particulares y generales de Centro América, que culminaron con el asesinato del Vice Jefe de aquel Estado, Dr. Cirilo Flores, en Quezaltenango, el 13 de octubre de 1826, se propuso hacer de El Salvador, su tierra nativa, de Honduras, Nicaragua y Costa Rica, verdaderas factorías que obedecieran ciegamente a sus caprichos y ensimasmientos de hombre soberbio y lleno de orgullo por su falso encumbramiento, pues bien sabemos cómo fué electo por la Asamblea Constituyente de un modo fraudulento, ilegal, significando esto el principio de las desgracias políticas que ha sufrido y aún sufre Centro América desde la Independencia.

Pero el Prócer Herrera era hombre de firmes convicciones y de honrados propósitos, prefiriendo afrontar las consecuencias de su patriótica actitud de oponerse a las desmedidas pretensiones del General Arce, y por eso se enfrentó gloriosamente con un puñado de valientes en el sitio de Comayagua, durante treinta y cinco días con sus noches, contra las armas dictatoriales del Coronel hondureño José Justo Milla, que traicionaba así a su tierra de nacimiento, sólo por satisfacer las ambiciones de la casta españolista que imperaba en Guatemala, lo mismo que la egolatría del Presidente Arce.

El Jefe Sr. Herrera permaneció en calidad de prisionero en Guatemala, después de la rendición de Comayagua, el día 10 de mayo de 1827, como resultado de una traición, dirigida por el Español Antonio Fernández, hasta el día del triunfo del" Ejército Aliado Protector de la Ley", que, bajo el mando del General Morazán, entró triunfante a la capital de la antigua Capitanía General, el memorable 13 de abril de 1829.

Ya en el nuevo orden de cosas establecido en Centro América, y después de haberse hecho cargo de la Presidencia, por elección popular, el General Morazán, fué encargado el señor Herrera de la pacificación de Nicaragua, en donde los partidos antagónicos se hacían una guerra a muerte, y, habiendo realiza.do tan elevada finalidad de 1830 a 1833, volvió a su condición de simple ciudadano; pero, con motivo de la caída del Jefe del Estado de El Salvador, en 1835, don Joaquín San Martín, fue propuesto para Jefe de aquella Sección, pero no aceptó, renunciando dos veces ante el Congreso.

Años después, y a la muerte del patriota Don Joaquín Rivera, que fué fusilado en Comayagua el 6 de febrero de 1845, siendo Presidente don Coronado Chávez y Ministro de la Guerra el General Francisco Ferrera, se puso al frente de la insurrección de Texíguat, y habiendo fracasado en sus intentos de libertar a Honduras de los desmanes de una camarilla intransigente, se asiló en El Salvador, estableciéndose en la ciudad de San Vicente, en donde se consagró a la enseñanza pública de la juventud.

***

En el Testamento que otorgó el Prócer don Dionisio de Herrera, en San Salvador, ante el Notario Público don Juan Sanabria, el día 30 de mayo de 1850, y ante los testigos Lic. Victoriano Rodríguez, don Manuel Muñoz y General Domingo Asturias, y compuesto de trece claúsulas, aparecen, entre otras disposiciones interesantes, las que siguen:

—"Noveno: Y en declaro, que lo que del Gobierno de Honduras me es en deber, se le entreguen al GOBIERNO NACIONAL, cuando se instale, para sus primeras erogaciones, MIL DOSCIENTOS PESOS, que es así mi voluntad".

"Diez: Y ten declaro: que lego al Colegio de esta capital (San Salvador), en beneficio de la Instrucción Pública, TRES PESOS".

Siempre era el Prócer que, a pesar de la miseria en que se encontraba, rodeado de tantos sinsabores y dolores materiales, pensaba intensamente en el resurgimiento de la Nacionalidad Centroamericana, lo mismo que en la enseñanza pública del pueblo, como un medio eficaz para su liberación y su grandeza, y con tales ensoñaciones de patriotismo y de honradez, falleció en la ciudad de San Salvador, el día 13 de Junio de 1850, a los sesenta y siete años de edad, y, diez días después, lo siguió en su viaje a la eternidad su fiel esposa doña MICAELA.

Para terminar estos Apuntamientos alrededor de uno de los grandes hombres que tuvo Honduras en el pasado, consignaremos esta información:

—Del matrimonio de don Dionisio de Herrera con doña Micaela Quesada Borjas, vinieron a la vida nueve hijos, llamados: Julián, que falleció intestado, Micaela Manuela, José Dionisio, Mariano, Esteban, Miguel, José María, Dolores y José Antonio.

—En San Salvador residen dos nietas del señor Herrera, llamadas Arcadia Herrera, señorita de más de 85 años de edad, que es hija legítima de don Mariano Herrera, y doña Manuela Herrera de Sequiera, que es también hija legítima de doña Dolores Herrera.

—Los restos del Prócer don Dionisio de Herrera y su esposa doña Micaela Quesada Borjas, descansan en una misma tumba, a inmediaciones del Altar del Corazón de Jesús, en la Iglesia del Rosario, de San Salvador, por una licencia especial que fué concedida a las nietas y familiares de los extintos, por el recordado Arzobispo de El Salvador, el Ilustrísimo Dr. don Alfonso Belloso y Sánchez.

∗

TODO lo que se haga por honrar la memoria de nuestros Próceres, es poco, demasiado poco, en los actuales tiempos de un mercantilismo desconcertante, si tomamos en consideración que por ellos tenemos estas parcelas de tierra que, aunque mediatizadas, ha de llegar un día en que volverán sus hijos a conquistar en el mundo de las ideas y de la libertad, el puesto que les señalaron aquellos divinos Quijotes que se llamaron los Próceres de la Independencia de Centro América.

2 de abril de 1950.

EL CENTENARIO DE DON DIONISIO HERRERA

Por el Licenciado Teodoro Picado.

La prensa de Tegucigalpa nos informa que en Honduras se hacen preparativos para conmemorar el centenario de don Dionisio Herrera, fallecido en San Salvador el 13 de junio de 1850. En la preciosa selección de don Rafael Heliodoro Valle, titulada SEMBLANZA DE HONDURAS, el exquisito escritor insertó una corta pero emocionante página de Germán Berdiales. El día mencionado los niños de una pobre escuela de la capital cuzcatleca se hallaron con la puerta cerrada. Ese día había muerto su viejo maestro. "Era—dice Berdiales, el triste fin de una vida ejemplar: aquel hombre a quien la vida sorprendiera en la proscripción y en la miseria había venido al mundo en cuna opulenta; aquel hombre que dedicara los últimos días de los sesenta y siete años que vivió a enseñar las primeras letras, había ejercido los poderes más altos, pues no sólo fué el primer Jefe de Honduras, y también el primer Jefe de Nicaragua sino que en cierta oportunidad pudo ser y no lo quiso el primer Jefe de El Salvador".

Esta figura prócer asocia, pues, a tres países del Istmo en su recuerdo pleno de serenidad y de espíritu civil. Llegó a ejercer el mando a Nicaragua en condiciones sumamente difíciles. El país había pasado una de las peores crisis de su historia con la guerra civil de Cerda y Argüello. Don Dionisio fué enviado por el gobierno federal en calidad de mediador entre los dos partidos, y fué electo jefe de Estado en 1829, habiendo asumido el mando en marzo del año siguiente. Su gestión fué apaciguadora y en momentos en que se necesitaba un espíritu de conciliación que apagara odios y malos recuerdos él hizo su papel con grandeza.

Se necesita haber padecido las consecuencias de las pasiones políticas vindicativas y desbordadas para darse cuenta del gran bien que le hacen a un pueblo los hombres que restauran la armonía y la convivencia fraternal alterada por una conmoción revolucionaria.

No tuvo, sin embargo, su gestión gubernativa el ambiente sereno que merecía y que buscaba: tuvo que autorizar, él, hombre civil muchas veces el uso de la fuerza para doblegar a los que sólo por la fuerza se someten. Pero lo hizo sin crueldad y sin ensañamiento, propendiendo más a la magnanimidad y al perdón que a la represión violenta. Su tragedia es la del ciudadano honesto y bondadoso a quien le toca actuar en un medio agitado por las tempestades políticas. Las municipalidades de varias localidades le pidieron que renunciase. Renunció y su renuncia fué aceptada por la Asamblea. Poco después, ante las amenazas de la guerra civil este mismo cuerpo lo excitó a continuar en el ejercicio del mando. Se sublevaron contra él varias poblaciones de importancia entre ellas Rivas. Masaya, Matagalpa y Managua. Sometido el movimiento, Herrera tuvo la generosidad humana y la penetración del estadista que sabe que el perdón es en situaciones semejantes la mejor política. En marzo de 1834, al terminarse su período, Herrera entregó el poder al Consejero don Benito Morales.

Herrera, a quien el historiador Salvatierra califica como uno de los mejores hombres con que contaba Centroamérica en aquellos días, era de una familia verdaderamente privilegiada. Era hermano de don

José Justo quien ejerció la jefatura de Estado en Honduras y de don Próspero, quien fuera Ministro de Centro—américa en Londres. Pertenecía, pues, a uno de esos troncos familiares realmente selectos, que se formaron en los días de la colonia en disciplinas rigurosas de rectitud y de sentido del deber, y que dieron a Costa Rica ciudadanos como don Juan Mora Fernández, quien como maestro que fué y como hombre conciliador y bondadoso tiene más de una analogía con don Dionisio. Ellos simbolizaron, en momentos convulsivos y difíciles, los principios vivos del derecho y de la existencia cívica que se coordina bajo los imperativos de la ley de la armonía.

Don Dionisio tuvo por padres a don Juan Herrera y a doña Paula Díaz del Valle. Era conocedor del latín y del griego y se había ilustrado en la lectura de los escritores franceses de la época. Honduras produjo varones excepcionales en esta época de su historia: asombran la preparación, la inquietud, la visión de un José Cecilio del Valle. La biblioteca de éste podía rivalizar con la de cualquier estadista británico de su época. Se anticipó a la consideración de problemas que no surgieron en el istmo sino pasado casi un siglo después de su muerte, como el del capitalismo y el trabajo. A esta élite pertenecía también Herrera.

Don Dionisio era tío político de Morazán, quien fué su secretario de gobierno. Es indudable que bajo su consejo y su dirección se formó en gran parte la personalidad del caudillo unionista. La jefatura de Honduras fué para Herrera mucho más agitada que la de Nicaragua. El Gobierno federal envió contra él (19 de enero de 1827), al Teniente Coronel José Justo Milla quien después de haber sitiado a Comayagua, cuyas fuerzas defensoras capitularon, lo redujo a prisión remitiéndolo a Guatemala donde permaneció hasta que en 1829, lo libertaron las fuerzas victoriosas de Morazán.

La expedición de Milla contra Herrera tenía por objeto verdadero deponerlo del mando y someter a Honduras a la órbita nel partido servil que imperaba en Guatemala. Su envío se justificó dando como razón que tenía por objeto custodiar los depósitos de tabaco de los Llanos de Copán, que eran dé propiedad federal, e impedir que el gobierno del Estado se apoderase de ellos. Mencos da otra razón: citando palabras de Marure expone que a mediados de 1826; el Congreso hondureño decretó la cesación de Herrera en el mando y ordenó que se Hiciesen nuevas elecciones para primer jefe constitucional; cosa que aquel no realizó, asumiendo dictatorialmente todos los poderes.

Lo cierto es que, por una u otra razón, el cordera enturbiaba el arroyo en que debía, aguas arriba, el león:

Managua, 24 de febrero de 1950.

DISCURSO EN MEMORIA DE DIONISIO DE HERRERA

Palabras del profesor Eufemiano Claros, en la clausura de una serie de pláticas en la Escuela de Adultas "Ricarda de Guardiola".

Señoras, Señoritas, Señores:

Con este acto significativo, la Escuela de Adultas "Ricarda de Guardiola", clausura una interesante serie de conferencias que han estado a cargo de intelectuales hondureños, en torno de la figura del prócer hondureño Dionisio de Herrera, con ocasión del primer centenario de su muerte. Y ha querido la suerte que sea yo quien diga la última plática, ante un auditorio selecto como el que me brinda su atención en esta noche. Anticipamente expreso mi gratitud por la bondad con que me escucharán tan buenos y cultos oyentes.

En un cuadro del célebre pintor Rafael, aparecen juntos los filósofos Platón y Aristóteles, las dos más excelsas mentalidades de la filosofía griega, maestros de los que saben. El primero, que además de pensador era poeta, tiene la mirada puesta en las alturas, el segundo considerado como el sabio más completo de todos los tiempos, señala a la tierra con ademán austero como queriéndonos decir que ella es madre de todos y a ella volvemos cuando nos acoge en sus brazos con dulzura de hermana. Viendo este cuadro, se ocurre pensar que los hombres, como los árboles gigantes, hunden sus raigambres en el suelo y elevan sus ramazones a las nubes en busca de luz. O como dice una leyenda puesta en la entrada de una universidad argentina "pedes in terra ad sidera visus", esto es que los pies se afirman en la tierra para que los ojos se remonten a los cielos.

Si quisiéramos aplicar estos conceptos a la vida gloriosa de Herrera, porque antes que todo era un pensador con alma de religioso, que quiso hacer a los hombres la mayor suma de bienes y el menor daño, digamos que era un filósofo que intentó hallar la unión entre la tierra y los cielos, aun sabiendo que la vida es tan corta. Sin embargo, cuando la vida se consagra a las faenas del pensamiento, se prolonga más allá de la muerte porque el pensamiento expresado se hace sustancia del pueblo que lo vive y completa o renueva. Los que vivieron una intensa ocupación de trabajar con las ideas quedan perdurablemente en los hombres que les siguen, como la esencia de la vida del espíritu.

Tuvimos la dicha de poder llamar nuestro a un hombre ejemplar, digno de ser elevado a la condición de los privilegiados. Si todavía es pequeño y desconocido, somos nosotros los responsables, como no se miran de lejos las colinas cuando hay alturas mayores que ellas. Si logramos a fuerza de trabajo continuado hacernos a la manera que él nos quiso modelar, este país llegará a ser rico, poderoso y sabio. Tenía la serenidad majestuosa de las cumbres bañadas de sol, como una de esas pirámides legendarias que han durado por siglos como trasunto de la sabiduría y del arte de los hombres mejores del universo. ¿Quién de nosotros no ha tenido una sensación de grandeza cuando sube a una montaña y le parece que con la punta de los dedos puede tocar el cielo? ¿Qué alma no siente que le nacen alas cuando mira a las inmensas estrellas dando luz incansablemente?

Nuestro grande hombre tiene para el corazón y para el alma esa misma impresión de luz y de firmeza. Y por ello es que un pueblo agradecido le rinde culto a su memoria y le ha hecho vida de su vida.

Cuando vino al mundo estábamos bajo esclavitud. No le interesaba al gobierno español que los niños criollos se educaron porque no sentía el dolor de ellos, ni le preocupaba la suerte de los jóvenes. Por eso los padres de Herrera le enviaron a Guatemala, que era como la Atenas de entonces. Allá, al lado de maestros distinguidos como Villaurrutia, Ramírez, Goycoechea, Cañas, y otros cuyos nombres ha olvidado la historia, siendo un niño empezó a sentir, como Andrés Chenier, que dentro de su cabeza había algo. Por lazos de parentesco estaba vinculado con José Cecilio del Valle. Era de origen noble por la sangre, pero un hombre del pueblo por sus pensamientos llenos de humana dulzura y su acción en bien de todos.

Puestas en movimiento las potencias interiores con que la providencia le había dotado, de la cual fué un instrumento para el bien y la virtud, era al proclamarse la independencia no de los hombres más respetados y queridos por el pueblo. De manera que en octubre, al llegar a Tegucigalpa los pliegos que contenían el Acta de Independencia, era el Secretario del Ayuntamiento. Recibió los memorables folios y leyó con emoción su declaración que bien pronto pasó al conocimiento de los demás hondureños que celebraron el acontecimiento con entusiasmo y pidieron que se escribiera el acta de adhesión a la independencia, como lo hizo Herrera. En aquel documento se expresó que sus firmantes ofrecían sus vidas y sus haciendas para no permitir que la patria volviera a ser sometida al yugo del opresor, porque las cadenas, aun de rosas son cadenas, o como dice el poeta, la jaula siempre es prisión por más que sus barras sean de oro. Ofreciendo sus vida y sus bienes vivió siempre Herrera sirviendo al ideal de vida libre. Pudo, como quería el poeta español, armonizar el pensamiento con la vida.

Dotado de talento pudo dedicarse al estudio reposado en su gabinete, sin bajar de sus alturas a la vida del pueblo. Pero no había nacido para ese supremo deleite de filosofar o recoger esencias de las flores del talento y buscó el dolor ajeno para sentirlo en su propia carne. Asimilando las formas más exquisitas de la sabiduría, sorbiendo en los eternos manantiales, sentó su nombre de sabio y de bueno. Se identificó de tal suerte con la patria que ella era su deidad más alta y más pura.

Por el año de 1823. en los albores de la patria pura, como dijo al elogiarle un poeta nuestro, la Asamblea Nacional Constituyente, que iba a dar las primeras leyes de Centroamérica, en aquellos días unida, no contó con la presencia de Herrera, por esa extraña fuerza de las elecciones populares donde no siempre se escogen los más aptos. Quedó excluido de participar en la organización de un sistema jurídico que era el principio de una nación. Esta Asamblea, en 1824, dispuso que los Estados componentes de la gran patria de los mayores eligieran sus congresos legislativos y sus jefes de Estado. En consecuencia, el primer gobernante hondureño, por el voto del pueblo, fué Dionisio de Herrera, que en 1824 tomó posesión de su elevado cargo, conduciendo "el barco", con la maestría de un experto piloto. Por mandato de los pueblos también fué electo Presidente

Federal el salvadoreño Manuel José Arce, uno de los precursores de la independencia.

Circunstancias de variedad naturaleza, que no queremos analizar, pero no por incapacidad en el gobierno, pusieron en desacuerdo a Herrera con el Presidente Arce, aunque la justicia y el fallo de la historia han depurado los conceptos y resulta nuestro patriota sin mancha y sin castigo. La verdad es que Arce no podía someter el criterio y las acciones de Herrera con la docilidad con que se doblan los hombres blandos hacia arriba. En el cumplimiento de sus deberes se había ceñido a la ley, había puesto en práctica los sanos principios de la democracia, siguiendo el sentimiento de su pueblo soberano. Pero un congreso creado allá en Guatemala, a fuerza de las armas, y con las maquinaciones de una política saturada de ambiciones personales, declaró que las acciones de Hérrera no estaban enmarcadas dentro del campo de la justicia y la equidad. Y, sobre todo, que el Jefe del Estado de Honduras no acataba lo mandado por el Presidente Federal. Había en aquel tiempo unas plantaciones de tabaco en la región de Gracias, que eran patrimonio del gobierno y con pretexto de cuidarlas fué destacado un batallón capitaneado por el Coronel hondureño Justo Milla. Como el ciudadano Herrera comprendió que la maniobra tenía por objeto estorbarle su plan de gobierno, viendo que la tropa avanzaba sobre Comayagua, se preparó para la defensa, contando con la ayuda de su Secretario General Francisco Morazán. El sitio fué largo hasta que la traición consumó el crimen de incendio, saqueo y destrucción, de 10 de mayo de 1927. Hecho prisionero fué remitido a Guatemala y allá no se le pudo condenar porque no había cometido ningún delito y porque hombres como él inspiran respeto aun cargados de cadenas. No está de más recordar que los partidarios de Arce habían intentado asesinarle en Comayagua, y que el Jefe de la iglesia, el párraco Irías, se puso en contra y le excluyó de la comunidad religiosa.

Sacar del seno de, la iglesia a un hombre que tenía alma de arcángel, era como un atentado a la esencia del cristianismo. Decimos esto porque en su testamento, pudo escribir estas palabras: estando enfermo de accidente que Dios Nuestro Señor se ha servido enviarme, por su infinita misericordia, en mi entero y cabal juicio, creyendo como firmemente creo en el alto misterio de la Santísima Trinidad en cuya fe y creencia he vivido, y protesto vivir y morir; temeroso de la muerte como natural y su hora incierta, he determinado hacer esta mi disposición para declarar en ella los descargos de mi conciencia y para mejor acierto invoco por mi intercesora y abogada a María Santísima, Madre de Dios y Señora Nuestra, a su castísimo esposo Señor San José, al Santo Angel de mi Guarda y a todos los demás de la Corte del Cielo, cuyos divinos auxilios los establezco, etc."

Un hombre que ha podido durante su actuación de gobernante tener en sus manos los nombres de sus agresores y ha preferido quemar los papeles e ignorar sus nombres antes de hacerles daño, un hombre que aun en los días amargos de la prisión no deja de amar a los semejantes, debió tener espíritu de mártir.

Reanudando el hilo de la historia, una vez con las armas de la victoria, nuestro gran soldado de la ley, Francisco Morazán, confió a Herrera la delicada misión de trasladarse a Nicaragua para apaciguar los ánimos alborotados y lo hizo tan acertadamente que los enemigos se reconciliaron y el país recobró la armonía y la concordia. Hubo hechos que pusieron en peligro la vida del hombre al servicio de la justicia, pero todo era pequeño ante la grandeza de su alma. ¿Quién pudiera negarse a mantener la paz de los hombres unidos por la fe y la esperanza, en la hermandad del bien que es la idea para hacer de la tierra un reinado de los cielos? Quien entienda esto, que en la tierra está el cielo, cuando los hombres vivan como hermanos, sabrá sacarle a la vida su contenido maravillado, antes que esperar en los cielos las recompensas por haber vivido bien. Vivir bien, porque sí, es lo que constituye el más alto grado de moralidad. Y recuérdese el cuento de la anciana que llevaba en una mano un poco de agua y en la otra un poco de fuego, y al preguntarle qué finalidad buscaba, contestó: "con este fuego le daré fuego al cielo, y con esta agua apagaré el infierno, para que los hombres hagan las cosas bien, sin miedo del infierno y sin esperanzas de ir al cielo." Con esta conciencia clara de su deber vivió siempre Herrera. Por eso, ya anciano, pobre sin lo necesario para vivir, olvidado de todos, se decidió por ser maestros de una escuela de niños de un pueblo salvadoreño y así como una llama que no se cansa de dar lumbre y calor le encontró la muerte el 13 de junio de 1850.

Se le ha comparado con un ciudadano romano. ¿Qué demás tenían los romanos que no lo hay en nosotros? De ellos se ha dicho que fueron los más orgullosos y más valientes, los más ordenados en sus consejos, los más constantes en sus máximas, los más hábiles y los más trabajadores. Pues entre aquel pueblo privilegiado, Herrera hubiera sido uno de los grandes. El fondo de un romano era el amor a la patria y a la libertad, una de las dos cosas hacía amar a la otra. Como una segunda madre la patria nutrió sus sentimientos generosos y libres y las leyes fueron más poderosas que los hombres. Por eso ha dejado el gran hondureño Augusto C. Coello estos versos dedicados a Herrera:

Con rasgos de repúblico de Roma,
era tu alma una límpida paloma
con alientos pujantes de león.

En igualdad de aprecio, el poeta e historiador Rafael Heliodoro Valle, ha dicho de tan excelso varón, que es un patriarca: su conducta fué, íntegra pureza: la vida, la de quien sirve con un afán de servir sin recompensa y que pasó por el escenario en que le tocó actuar sin hacer ostentación de su talento y se incorporó al grupo heroico de los que trabajan con el duro material de las ideas para hacer marchar al unísono con ese mundo nuevo en que se mezclan júbilo y llanto, sudor y lágrimas, sangre y amor.

Ante una existencia como la suya, nos sentimos ser menos pequeños, al ver lo infinito, como si se entrara en nuestra alma y la levantara. Es una sensación de grandeza que se adentra en la reducida extensión de nuestra vida y la engrandece.

Por lo que he tenido la suerte de decir en esta noche, cumpliendo con mi deber, no merezco felicitaciones. Felicitación cordial para todos, que han contribuido a este homenaje a Dionisio de Herrera.

Tegucigalpa, 7 de junio de 1950.

***

464

DIONISIO DE HERRERA: MAESTRO

Por Martín Alvarado R.

En verdad que resulta muy interesante y simpática la vida de Maestro de Dionisio de Herrera.

Lejos del solar nativo, en tierras fraternas de El Salvador, ejerció el apostolado del Magisterio.

El hombre que había descollado en la política, prestando a los Estados Centroamericanos grandes servicios; el prócer de la libertad y del derecho; el que rigiera el destino de los pueblos y estableciera la ley y la justicia, había de actuar también en el ancho y fecundo campo de la educación, porque era inevitable que se cumpliese en él el dictado de que "el maestro es el primer servidor de la Patria".

Es de imaginarse al varón austero y magnánimo rodeado de pequeñuelos, impartiendo sus enseñanzas, con el amor y la dulzura de su temperamento generoso, formado en el seno de un hogar modelo, abonado con el amor de una esposa magnífica y animado por la maravillosa sonrisa de sus hijos. Padre amante y bondadoso, tenía que ser Herrera un buen maestro.

Y niños de San Vicente habían de ser los privilegiados que recibieran las últimas enseñanzas del apóstol; porque cerca de los 69 años de edad, agobiado por cruel enfermedad, rindió la jornada de su existencia, el 13 de junio de 1850.

"Un día amaneció cerrada la escuela. El alma del maestro había volado a la eternidad y su nombre acababa de ser recogido por la Historia, ufana de adornar con él la brillante página que le reservaba".

La vida de Dionisio de Herrera es una serie ininterrumpida de nobles enseñanzas.

La Historia ha recogido muchas hazañas de este hombre extraordinario que constituye para la juventud un paradigma de inestimable valor.

Repúblico incorruptible, cuando cayó en poder de sus enemigos, en Comayagua, y fué conducido prisionero a Guatemala, se quiso sacar ventaja de él, en relación con el movimiento revolucionario avasallador del General Morazán, pero todo fué inútil; la zalamería artera de la nobleza criolla se estrelló ante la muralla espiritual inexpugnable de Dionisio de Herrera.

Con alma de maestro vió siempre en sus enemigos a hermanos extraviados por la pasión, susceptibles de rectificar, y por eso sus procedimientos de atracción fueron las armas que empleó siempre en sus luchas políticas.

Es indudable que uno de los hechos que más elevan la personalidad de Herrera es la pacificación de Nicaragua, de esta parcela centroamericana que por más de tres años se empeñó en una lucha intestina, cruel y despiada.

"Concluida la guerra se presentó una ocasión que puso de manifiesto la magnanimidad del señor Herrera: Habiéndosele presentado varios documentos en que constaban las maniobras y tendencias de sus enemigos, los mandó quemar sin haberlos visto".

En la Historia de Centro América no ha habido otro ciudadano que como Dionisio de Herrera haya sido electo popularmente jefe de tres Estados.

Y se asegura que no aceptó desempeñar la jefatura de El Salvador, debido en parte a ciertas irregularidades observa las en la elección.

Uno de sus más altos galardones es el de haber muerto en la mayor pobreza, pudiendo haberse enriquecido.

Estos y otros muchos hechos de Herrera constituyen enseñanzas perennes para las nuevas generaciones, que ojalá sean aprovechadas con la mayor amplitud.

Tegucigalpa, D.C., marzo de 1950.

LOS 3 PESOS DE DON DIONISIO

POR JULIÁN R. CÁCERES.

"Noveno. Item declaro: que lego al colegio de esta capital, en beneficio de la Instrucción Pública, tres pesos".

Testamento de don Dionisio de Herrera.

Fué Dionisio de Herrera el primer Jefe del Estado de Honduras; y, con la misma austeridad y nobleza, con que arribó al solio presidencial subió también a los humildes bancos de una escuela. El, que había sido mentor de Morazán; que había arengado y dirigido multitudes, bien pudo en una hora de suprema diafanidad espiritual decir, como el Divino Maestro, que dejaran llegar a los niños a él; y así después de destrozado el ideal de la Federación, de que fué uno de los más fervientes sostenedores, cuando ya la inevitable escarcha de la vida se cuajaba en sus cabellos, pero el alma se encendía en el propio fulgor de la conciencia, lo vemos dedicarse, no como el Cónsul romano a cultivar la tierra, que es pródiga y fecunda, sino a esclarecer espíritus e iluminar corazones, que como humanos, son a veces ingratos y estériles para las prédicas del bien.

El canónigo Nicolás Irías puso en un tiempo a subasta pública las joyas eclesiásticas para derrocar al gobernante que bogaba por la libertad de su Patria. Dionisio de Herrera, ya para descender del trono excelso de su vida preclara, se desprende de sus bienes terrenos y lega tres pesos, tres rutilantes monedas argentinas como su corazón, no para quitar a un hombre de las cumbres del mando público "cosa efímera, ondeante y deleznable" sino para guillotinar el monstro insaciable de la ignorancia y la estulticia; para fundar escuelas, para fomentar la Instrucción Pública de Honduras.

La suma os parecerá tal vez insignificante, pero si tomáis en cuenta que de esto hace como ochenta años; que los granos alimenticios valían en aquel entonces de dos a tres centavos la medida, os formareis idea de lo respetable de la suma legada. Y que importaría lo pequeño de la cantidad referida si ella significa, dentro de la voluntad que la legó y del fin a que se destinaba, una alta lección dé efectividad patriótica, un exponente real de solidaridad del destino de los suyos; de sus conciudadanos; de la tierra en que nació.

Esos tres humildes pesos blancos están diciendo a las claras que las patrias se forman y engrandecen por el sucesivo y continuado esfuerzo de sus hijos; que la obrá del progreso social debe ser obra de todos; de los que fueron y de los que son, nunca interrumpida y como encadenada a las iniciativas laudables, a los impulsos magníficos que nuestros antecesores hayan venido verificando en pro de la comunidad.

Esos tres silenciosos pesos significan, fuera de la belleza moral del desprendimiento que los dió; que uno, antes que todo, se debe a la patria; se debe a los demás; que algo de lo que tomó en forma de conocimiento, de medios de subsistencia; de garantía social, de aptitud, del acervo común, debe devolverse a ese mismos haber de todos, por el que viven y subsisten los conglomerados políticos.

El artesano que se enaltece por su herramienta limpia y su labor cotidiana; el profesor que se distingue; el comerciante que prospera; el capitalista que se afirma cada vez más; el sabio ante quien se descubren todas las cabezas, no son obra exclusiva de ellos mismos, algo de lo que los amerita, de lo que. los ha hecho triunfar, lo han recogido del ambiente en que viven; de los ciudadanos a quienes tratan, de lo que ven, de lo que palpan, de lo que sienten cada día. Entonces, cuando llega el día de las liquidaciones finales, debemos devolver a la comunidad en que hemos vivido algo de eso que indirectamente tomamos de ella misma, y por lo cual nos distinguimos en este o aquel ramo de la actividad humana, para que así las generaciones venideras cuenten, si no con mejores, con iguales o idénticos medios con que nosotros contamos para instruirnos, para cultivarnos, para enaltecernos Tal los tres legendarios pesos de don Dionisio.

Ese legado es la solidaridad del ciudadano con la patria; el eslabón magnífico que une el presente con lo futuro; el esfuerzo de ayer con el de hoy; el alerta de la conciencia colectiva por la suerte de los hijos que vendrán.

Esas tres monedas destinadas, no para comprar conciencias sino para redimir espíritus, que a manera de discóbolo blanco arrojan unas manos limpias para las llanuras inclementes de la patria, como para despertar las conciencias ciudadanas, nos pesan aún en una amarga y cruel ironía. El maestro de la escuela aun no surge con el esplendor de su misión; aún vive en buhardillas y se a alimenta mal; y lo que es desconcertante, como que ya quiere chapotear en el limo miserable de nuestras contiendas políticas; y como que la túnica blanca del Apóstol está salpicada ya; y los tres rutilantes pesos de don Dionisio no tienen émulo todavía porque este prócer de nuestra historia, a vice—versa del Rey Galo no dijo: "después de mí el diluvio", vino la lluvia benéfica de la instrucción sobre los núbiles predios de la patria.

BIBLIOGRAFÍA DE DIONISIO DE HERRERA

POR RAFAEL HELIODORO VALLE

Estos apuntes forman parte del fruto de una indagación (1821— 1850) que propende a esclarecer los acontecimientos y las vidas de los centroamericanos que tomaron parte activa en la política de Centro—América después de su separación de México.

Su publicación anticipada se une al homenaje a Dionisio de Herrera en el primer centenario de su muerte.

Siglas ACAM: "La anexión de Centro—América a México", por Rafael Heliodoro Valle; ARV; "Compendio de la historia social y política de Honduras (Tegucigalpa, 1926); RABN: "Revista del Archivo y Biblioteca Nacionales de Honduras"; y RU: "Revista de la Universidad" (Tegucigalpa).

1821.—El capitán general de Guatemala, brigadier don Gabino Gaínza, comunica al ayuntamiento de Comayagüela, Honduras, la resolución de la Junta Consultiva sobre las medidas de gobierno propuestas por don Dionisio de Herrera, secretario del ayuntamiento de Tegucigalpa (22 noviembre 1821). En: "ACAM",1936, III: 18—19.   (1)

1822.— El ayuntamiento de Tegucigalpa, Honduras, dispone que el comandante general de la provincia, coronel don Simón Gutiérrez, tome providencias para defenderla de los ataques del gobierno de Comayagua, en el Imperio Mexicano (26 enero 1822). En "ACAM", 1936, III: 155—56.   (2)

—El ayuntamiento de Tegucigalpa, Honduras, sugiere al comandante general de la provincia, coronel don Simón Gutiérrez, que para la entrevista con el gobernador de Comayagua, en el Imperio Mexicano, tome debidas precauciones (28 enero 1822). En "ACAM", 1936, III: 157.   (3)

—El ayuntamiento de Tegucigalpa, Honduras, se dirige al comandante general de la provincia, coronel don Simón Gutiérrez, definiendo cargos contra las autoridades de la provincia de Comayagua, en el Imperio Mexicano, y augurando que será infructuosa la entrevista con el gobernador de ella, coronel don José Gregorio Tinoco de Contreras (31 enero 1822). En "ACAM", 1936, III:163 165. (4)

Actas en la sala capitular de Tegucigalpa (10 y 11 marzo 1822). En "RU", 1912, IV (7): 412—413.

1823.—Peticiones formuladas por Dionisio de Herrera, por encargo de la Municipalidad de Tegucigalpa, para el Congreso Constituyente de México y que son testimonio de la mentalidad renovadora del autor (1823). En "ACAM", 1946 V:247—250.

(5)

1823—1826.—Cartas de don Dionisio de Herrera al Padre Márquez (1823—1826). En "RU", 1912, IV (6):353—373; (7): 405—416. (6)

1824. Proclama (a los habitantes de Tegucigalpa) (Comayagua, 9 septiembre 1824). En "'ARV", I: 400—401. (7)

—Decreto del Congreso Constituyente del Estado de Honduras nombrando Jefe de éste a Herrera. (Tegucigalpa,16 septiembre 1824). En "ARV, I: 385. (8)

1826. —Discurso del primer jefe supremo de Honduras en la instalación de la primera asamblea ordinaria del Estado (Comayagua, 5 abril 1826). En "Honduras Literaria" por R. E. Durón, 1896, I: 79—86; y en "RABN", I (1): 9—17 (9)

—Circular del jefe supremo del Estado a los jefes intendentes del departamento (Comayagua 12 agosto 1826) En "RABN",1928, VI (8): 264—265. (10)

1830.—(Decreto de la Asamblea Ordinaria del Estado de Honduras sobre la forma para pagar la deuda a la División Expedicionaria de Olancho). Tegucigalpa, 9 febrero 1830). En RABN", 1937, XV (10—11): 523—524. (11)

(Lo firma Herrera como diputado Presidente. Es el documento número 169 de "Documentos justificativos" del tomo segundo de "ARV").

SOBRE HERRERA

Alonzo, Agustín. —Nuestro benemérito Dionisio de Herrera. "El Día", 1° junio 1950. (12)

ANALES PARLAMENTARIOS. Asamblea Ordinaria del Estado de Honduras. Año de 1830 "RABN", 1941, XIX (9): 618—19;(10): 583—585;(11): 647   (13)

Alvarado García, Ernesto. —Historia de Centro—América, Tegucigalpa, pp. 175 y 229.   (14)

Presencia espiritual de don Dionisio de Herrera. "El Pueblo", Tegucigalpa, 17 junio 1950.   (15)

Alvarado R., Martin. —Dionisio de Herrera, pacificador. "Diario Comercial", San Pedro Sula, 21 marzo 1950; y "Boletín Mensual de Información", Tegucigalpa, 1950, I (8): —6.   (16)

Arce, Manuel José. —Memoria... San Salvador, 1947, pp. (13), 33, 54, 84, 90, 92 y 124.   (17)

Aplicano Herrera de Sequeira, Manuela. —Carta de la nieta de Dionisio de Herrera. "El Día", Tegucigalpa, 13 junio 1950.
                                          (18)

Bancroft H. H.—History of Central America. San Francisco, 1886—87, pp. 70 y 111.   (19)

Barrundia, José Francisco. (Elogio de Herrera). "El Progreso", Cojutepeque (El Salvador), junio 1850. (Cita de J—D. Gámez, p. 436).   (20)

Barrios, Roberto. —Dionisio de Herrera. "Centro—América". Guatemala, 1912, IV (2): 209 211; y "El Día ,13 junio 1950.
                                          (21)

Berdiales, Germán. —Dionisio de Herrera. En "Semblanza de Honduras, Tegucigalpa, 1947, pp. 208 9.   (22)

Bones Quinónez, Antonio. —Dionisio de Herrera. En "Geografía e Historia de Honduras', Choluteca, 1927, pp. 50—59. (23)

Castellón, H. A.—Historia patria elemental para las escuelas de Nicaragua. Managua, 1940, p. 55.   (24)

Coello, Augusto C.—Dionisio de Herrera (Soneto). "El Día", 13 junio 1950.   (25)

Chamorro. Pedro Joaquín. — Parte que correspondió a don Dionisio de Herrera. "La Prensa", Managua, 10 julio 1950; y "Nuestro Criterio", Tegucigalpa, 22 abril 19".   (26)

Chamorro, Pedro Joaquín. Dionisio de Herrera ante la historia. "Nuestro Criterio", Tegucigalpa, mayo 1950.   (27)

De Witt, Charles G.— (Charles De Witt, United States Chargé d'Affairs in Central America, to John Forsyth, Secretary of State of the United States of America) (24 octubre 1834). En "Diplomatic correspondence of the United States", por W.R. Manning, 1933, III: 81.   (28)

(En un párrafo anuncia que Herrera fué electo gobernador de El Salvador y que era uno de los decididos partidarios de Morazán).

DECRETO EN QUE se declara electo jefe y vice—jefe de Estado (16 septiembre 1824). "RABN", 1904, I (3): 67.   (29)

Durón, Rómulo E.—Biografía del presbítero don Francisco Antonio Márquez. "RU", 1916, VIII (2): 95—97.   (30)

—Bosquejo histórico de Honduras. San Pedro Sula, 1927, pp.130—31,136,138,140,148—50.   (31)

—Dionisio de Herrera. En "Honduras Literaria", 1896, II 73—77.
(32)

—Don Dionisio de Herrera y Dr. José Trinidad Reyes. "RU", 1912, IV (2): 88—92; y "RABN", 1950, XXVIII (7—8): 330—334.
(33)

—Efemérides de Honduras. Año de 1821. "RU", 1911: III (8): 229 y 235.   (34)

—Efemérides de Honduras, Año de 1822, "RU", 1911, III (5): 289—90 y 294.   (35)

—Efemérides de Honduras. Año de 1827. "RU", 1913, V (1—2):76—80.   (36)

—Efemérides de Honduras. Año de 1842. "RABN", 1935, XIV (5): 275—76.   (37)

Efemérides de Honduras. (1844) "RABN'", 1937, XV (8—9): 431—2.   (38)

(Firma el acta de la municipalidad de Danlí apoyando a Texíguat y Nicaragua),

—Efemérides de Honduras. Año de 1845. "RABN", 1937, XV (12): 623.   (39)

(El 28 de marzo de 1845 al aproximarse Guardiola a Yuscarán se retiró Herrera de Texíguat).

—Efemérides de Honduras. (13 junio 1850). "RABN", 1942, XXI (5): 344.   (40)

—José Nicolás Irías. "RABN", 1936, XIV (8): 476—79;(9): 541—45   (41)

—Oradores sagrados, parlamentarios y forenses de Honduras.: "RU", 1920, X (1):44.   (42)

—Efemérides de los hechos notables acaecidos en la República de Centro América desde el año de 1821 hasta el de 1842.Guatemala, 1895, pp. 23—4, 39, 41 y 47.   (43)

Echeverría, María Antonia. —Francisco Morazán. "RABN",1942, XXI (5): 328—380.   (44)

Fernández Lindo, Juan N.—La Junta de Gobierno de la provincia de Comayagua intima la entrega de los caudillos de Tegucigalpa que se oponen al Imperio Mexicano (4 diciembre 1821). En "ACAM", 1936, III: 36—39.   (45)

Fields, Harold Bond. —The Central American Federation,1826—39; a political study. Chicago, University of Chicago Libraries, Department of Photographic Reproduction, 1945, II,184 pp.
                                                                    (46)

Figeac, José F.—Recordando a don Dionisio de Herrera. "Tribuna Libre", San Salvador, 13 junio 1950.   (47)

Ferrera, Fausta. — Himno al eminente patriota don Dionisio de Herrera, en el primer centenario de su muerte. "Diario Comercial", San Pedro Sula, 12 junio 1950.   (48)

—Gobernantes de Honduras. Historia anecdótica. "RABN",1905, I (19):581; 1906, II (18): 581; y "RU", 1911, III (2):108.
                                                                    (49)

"GACETA FEDERAL", Guatemala 30 enero,7 febrero y 1º mayo 1827.   (50)

(En el primero se dice que Herrera era "'gobernador absoluto". Hasta fines de 1826 no se había podido instalar la Corte Superior de Justicia de Honduras).

Galindo, Juan. — (Informe confidencial para el Secretario de Estado de los Estados Unidos). En "Central America. Guatemala and Salvador. Department of State', Vol. I:131,   (51)

(Al parecer fué enviado desde Guatemala, con carta del 26 de junio de 1835, y trata de la ruta interoceánica. Sin embargo, dice: "El ciudadano Dionicio (sic) Errera (sic), ex—jefe de Honduras, ha sido electo jefe del Estado de Nicaragua, y ha entrado en funciones. Su imparcialidad y neutralidad con respecto a los diversos partidos que anteriormente han perturbado aquél Estado infortunado, unidas a sus habilidades y carácter distinguido, le han capacitado para restaurar la tranquilidad perfecta en toda Nicaragua, y ha establecido el orden, la libertad, la tranquilidad y la felicidad en Centro América, esta región favorecida del globo". Galindo era irlandés).

Gámez, José Dolores. Historia de Nicaragua. Managua,1839, pp. 373, 404—5 y 421—436.   (52)

Administración de Herrera y de Núñez. En "Catecismo de Historia patria". Managua, 1889, pp. 62—3.   (53)

Gómez Carrillo, Agustín. —Compendio de historia de la América Central. Madrid, 1892, pp. 184, 186,189 y 197; y en "RU", 1920, X (8): 495—8, 501 y 503   (54)

González Saravia, Miguel. —Compendio de la historia de Centro—América. Guatemala, 1881.   (55)

HERRERA, Dionisio.—En "Diccionario enciclopédico de las Américas". Buenos Aires, 1947, p. 335.   (56)

HERRERA, Dionisio.—En "Diccionario enciclopédico hispano americano". Barcelona, Montaner y Simón, XI:247. (57)

(Nótese que aunque él se firmaba "Dionisio de Herrera", en las firmas de su padre Juan Jacinto y de sus hermanos Próspero y Justo José no aparece el "de". Arce en sus "Memorias" le llama "Dionisio Herrera" y el historiador Marure "José Dionisio Herrera", En la Audiencia de los Confines figuró el Oidor Lic. don Diego de Herrera y entiendo que es el mismo que fué gobernador y alcalde mayor de Honduras (1573—1577), y antes hubo un Vasco de Herrera, que fué gobernador con Oereceda y asesinado después (1531). Es curioso que no haya usado el "de" don Gonzalo Herrera y Berrio, cuarto marqués de Villalta, quien hacia 1710 se trasladó a Cuba después de haber sido gobernador de Cartagena de Indias).

"EL INDICADOR". Guatemala, 1827, números 85,115,126 y 128.   (58)
(Señalan a Herrera como un "gobernador absoluto").

Irías, José Nicolás. (Declaratoria de suspensión de los Pbros. Brizo y González y Fray Gii, por haberse comunicado con Herrera) (1826). En "Monografía histórica de la batalla de la Trínidad", por Pedro Rivas, 1927, p. 221. (59)

Martínez López, Eduardo. Biografía del general Francisco Morazán, 1931, pp. 14, 17,21, 26 y 28. (60)

Marure, Alejandro. Bosquejo histórico de las revoluciones de Centro América. Guatemala, 1878, II:17, 27—32, 127, XXV—XXVIII. (61)

Milla, Justo José. —Documentos relativos a la guerra da 1827, que el Presidente D. Manuel José Arce hace a Honduras para deponer al Jefe D. Dionisio de Herrera. "RABN", 1935, XIV (1):9—11;(2):73—4:(3):136 38.

(62)

(Son comunicaciones de Milla como comandante general de las Armas del Estado de Honduras, enviadas al Secretario del general en jefe del Ejército (Tegucigalpa, 30 septiembre 1827). En el "Bosquejo histórico" de Marure, los documentos 4 y 5 son la Capitulación celebrada entre el jefe de las tropas federales que sitiaban a Comayagua y el comandante de dicha plaza" (9 mayo 1827), firmada por Antonio Fernández; y la nota de Milla al comandante de la plaza de Comayagua, en la misma fecha).

Moncada, Liberato. — (Narración de sucesos del 5 de octubre al 3 de noviembre de 1826. "RU", 1912, IV (4):297—299. (63)

Montalván, José H.—Apuntes para la historia de la Universidad de León. León (Nicaragua), p. 33. (64)

(Afirma que Herrera fundó en Nicaragua la Escuela Lancasteriana).

Monterrey, Francisco J.—Historia de El Salvador. San Salvador, 1943, pp. 135. 148, 150, 151, 170, 184,186,192,203,205, 215, 216, 218, 235 y 301. (65)

Morazán, Francisco. Memorias de David. En "Honduras Literaria", por R E. Durón, Tegucigalpa, pp. 103—109. (76)

Montúfar, Lorenzo. —Causas de la guerra de Guatemala con El Salvador y Honduras. En "Reseña histórica de Centro América". Guatemala, 1878, I: 9—10, 200, 201 y 338.   (67)
Montúfar, Manuel. —Memorias para la historia de la Revolución de Centro América. Jalapa (México), 1832, pp. 22, 32, 44 y 61.
                                                                                         (68)

Medina,   Alberto.   Efemérides   nicaragüenses.   F1502—1941.Managua,1945, pp. 240—42.   (69)
Moreno, Laudelino, Historia de las relaciones interesales de Centro—América Madrid, 1928, pp. 66, 67, 70 y 71.   (70)
Murillo Soto. Céleo. —El prócer Dionisio de Herrera. "EI Día", 15 junio 1950.   (71)

(En la página 575 de ese número el Dr. R. E. Durón reproduce lo que el último alcalde mayor de Tegucigalpa, Lic. Narciso Mallol, decía del "agitador insurgente" Herrera el 19 de enero de 1821).
—Paralelo entre los generales Manuel José Arce y Francisco Morazán y entre José Francisco Barrundia y Antonio José Cañas. "RU", 1922, XII (12): 744.   (72)
Ortega, Francisco. Nicaragua en los primeros años de su emancipación política. París, 1894, p. 168.   (73)
Picado, Teodoro. —El centenario de don Dionisio de Herrera. "Novedades", Managua, 24 febrero 1950.   (74)
Portas, S. J. Bernardo. —Compendio de la historia de Nicaragua. Managua, 1918, pp: 112—114.   (75)
Reyes, Rafael.—Nociones de historia de El Salvador. Barcelona,1910 p. 176.   (76)
Ríos, José León. —(Nota al Ministro General del Gobierno Supremo Federal ·e Centro América. "Gaceta del Gobierno", Guatemala, 12 enero 1828.   (77)

(Dirigida desde Comayagua el 22 de octubre de 1827, como Ministro General del Estado de Honduras. Dice que el de El Salvador 'si antes había mandado tropas había sido por pedimento de Herrera, y clamores de sus habitantes que gemían bajo un gobierno militar".)

Rivas, Pedro. —Monografía histórica de la batalla de la Trinidad. Tegucigalpa, 1927, pp.53_72,101—111,172 y 221.   (78)

Rodas M., Joaquín—De jefe de Estado a maestro de escuela. En "Alma Patria", Barcelona, (s. f.), pp. 117—125.   (79)

Rodríguez, Victoriano. —Biografía de don Dionisio de Herrera. "RU", 1909, I (9): 544—550.   (80)

Reina Valenzuela, José. Herrera y Mallol. Proclamación de la independencia de Centro América. Tegucigalpa el 28 de septiembre de 1821. "El Día"', Tegucigalpa, 13 junio 1950.   (81)

Salgado, Félix. —Compendio elemental de historia de Honduras. "RABN", 1906, II (9): 278—79; (11 :342—3.   (82)

Sánchez, Francisco. —Monografía del municipio de Morolica. "RABN", 1945, XXIII (7—8: 425.   (83)

(Dicho municipio fué fundado (1824) siendo Herrera el Jefe del Estado).

Soto Hall, Máximo. —Independencia de Centro América. En "Historia de América", Buenos Aires, 1940, VII: 203, 218—221, 234 y 242.   (84)

PROBIDAD del prócer. Actas del Consejo Representativo del Estado de Honduras. Acta del 15 de diciembre de 1838. "El Pueblo", Tegucigalpa, 14 junio 1950.

Sanfel. Galería de rivenses notables. Lic. don Laureano Pineda. "Díario de Granada", 14 noviembre 1907.   (85)

Valladares R., Juan B.—Nacimiento, matrimonio y muerte de don Dionisio de Herrera. "RABN", 1950, XXVIII (7—8): 334—338.   (86)

Valle, Rafael Heliodoro. —Dionisio Herrera. "Latino América", Washington, D. C., 18 marzo 1950.   (87)

—Ilustres profesores de Centro América. "Centro América", Guatemala, octubre diciembre 1917. p. 498.   (88)

Vallejo, Antonio R.—Compendio de la historia social y política de Honduras. Tegucigalpa, 1926, I:111—293.   (89)

—Apéndice. Documentos justificativos del tomo primero de la historia social y política de Honduras. Tegucigalpa, 1883, pp.21,22,106, 107,128,129,165—167.   (90)

(El documento número 6 es la nota de Gaínza, capitán general de Guatemala (22 noviembre 1821, al ayuntamiento de Tegucigalpa, sobre las medidas propuestas por Herrera (Dionisio José (sic) a la Junta Consultiva, en relación con Tegucigalpa y Comayagua. Siguiendo la declaratoria del Congreso Constituyente del Estado de Honduras sobre la elección de Herrera como Jefe del Estado; la proclama de el te dirigida a los habitantes de Tegucigalpa (9 septiembre 1825); y la nota de la Asamblea Ordinaria 15 septiembre 1827) sobre haber cesado Herrera como Jefe del Estado desde el 18 de agosto).

—Algunos capítulos inéditos del II tomo del compendio de la historia social y política de Honduras. "RABN", 1935, XIV (2):76 77.

(91)

Vidal, Manuel. —Nociones de historia de Centro América. San Salvador, 1944, pp. 120, 136, 160 y 161. (92)

Vijil, José Antonio. Datos sobre la vida pública del General Francisco Morazán, tomados literalmente die las memorias de......"RABN", 1942, XXI (4): 246. (93)

Villacorta C., José Antonio...—Historia de la América Central. Guatemala, 1928, pp. 164 y 177.

Wilgus, Alva Curtis. —The development of Hispanic America. New York, 1941, p. 548. (94)

Valle, Rafael Heliodoro. Don Dionisio de Herrera (Soneto). "RABN", 19?3, XII (3):179. El prócer Herrera. (Discurso en la Casa Municipal de Comayagüela, el 15 de septiembre de 1914). "RABN", 1934, XII (11):686—91;(12):765—68; y "Pan América", Tegucigalpa, 1950, V (73): 5—11. (95)

Washington, D. C., 9 junio 1950.

IMPORTANTES DISPOSICIONES

DECRETO No. 69

EL CONGRESO NACIONAL.

CONSIDERANDO: que el 13 de junio de 1950 se cumplirá el centenario de la muerte del Jefe de Estado de Honduras, ciudadano Dionisio de Herrera. —CONSIDERANDO: que el prócer Herrera es uno de los más destacados fundadores de nuestra nacionalidad, que en su vida pública y privada acreditó siempre su amor a las instituciones republicanas y al engrandecimiento de Centroamérica. POR TANTO. —DECRETA: Artículo PRIMERO. Se declara día feriado el martes 13 de junio de 1950. en conmemoración del primer centenario de la muerte del ciudadano Dionisio de Herrera. Artº 2º— El Poder Ejecutivo dispondrá que se hagan al prócer Herrera todos los honores que tenga a bien siendo el principal de ellos la designación con el nombre de Dionisio de Herrera a una de las escuelas públicas del Distrito Central, quedando facultado para erogar las cantidades que sean necesarias. Artº 3º—El presente decreto comenzará a regir desde la fecha de su sanción. — Dado en Tegucigalpa, D. C., en el Salón de Sesiones, a los catorce días del mes de febrero de mil novecientos cincuenta. —José Máximo Gálvez, Presidente. Manuel Luna Mejía, Secretario. —Abel Fonseca Flores, Secretario. —AL PODER EJECUTIVO. —POR TANTO: EJECÚTESE. — Tegucigalpa, D. C., 14 de febrero de 1950. —JUAN MANUEL GÁLVEZ. —El Secretario de Estado en los Despachos de Gobernación, Justicia, Sanidad y Beneficencia, —JULIO LOZANO h."

***

CIRCULAR

DEL JEFE SUPREMO DEL ESTADO, A LOS JEFES INTENDENTES DEL DEPARTAMENTO

La Constitución de la República Federal de Centro—América, es la obra maestra de la Sabiduría y el esfuerzo mayor del Genio que preside siempre a la Ciencia Social. Forma los vínculos que unen a los Estados entre sí: cría un Poder grande de todos ellos, y mantiene la Soberanía de cada uno: divide las funciones del que dicta las leyes, del que las ejecuta, y del que las aplica: prescribe los deberes y obligaciones del hombre público: asegura los derechos del Ciudadano; da garantías contra los ataques del Poder y de la Fuerza: mantiene la igualdad y la participación de todos a la supremacía, y al arreglo común de los negocios: conserva la libertad, la seguridad y la propiedad, quita las trabas al pensamiento o la palabra, y a la escritura: allana los obstáculos que se oponen a la prosperidad pública; y al interés personal; y rompiendo para siempre las cadenas del despotismo, opone el más fuerte Baluarte a la dependencia extranjera y a la arbitrariedad de la tiranía.

Tales, y mayores son, los bienes que debe producir el cumplimiento de la Constitución; pero para cumplirla, es necesario saberla: para amarla, es necesario conocerla: para defenderla, es preciso haberse penetrado de sus ventajas; y sólo la aplicación y el estudio pueden hacer que se conozca; y que se perciban los inmensos bienes que su práctica debe asegurar.

Estudiarla de día, y meditarla de noche, es el deber primero de todo funcionario Público, que está obligado a cumplirla religiosamente por su parte; y hacerla cumplir a los demás ciudadanos. Estos deben, por la suya, saber cuáles son los deberes que la Ley les impone, con respecto a la sociedad y a todos sus miembros para practicarlos; y los derechos que les concede, para saberlos gozar y defender.

Penetrado el Congreso Federal de estas verdades, mandó en la Ley de 30 de Septiembre del año anterior: que la Constitución fuera materia de primera y precisa enseñanza en las Universidades, Colegios y Escuelas de primeras letras. Iguales motivos ha tenido el

Gobierno del Estado, para recomendar repetidas veces el estudio de la Constitución: para mandar que se explique, en las tertulias patrióticas: y que exista en los Archivos de los Jefes, Municipalidad, Jueces y demás funcionarios.

Los Jefes intendentes habrán logrado llenar el primer objeto de su creación; y poner el primero y más sólido fundamento del Orden, de la ilustración, de la felicidad y de la seguridad pública en sus respectivos departamentos, cuando se haya hecho común el estudio de la Carta Fundamental: cuando les ciudadanes la conozcan, la amen, y se hallen en disposición de defenderla contra los ataques de toda especie, que dirigen contra ella sus enemigos, enemigos también de los pueblos de Centro—América.

El esmero y eficacia de los Jefes Intendentes, de propagar en sus respectivos Departamentos los principios de la Constitución, de procurar su perfecto, estable y exacta observancia, serán mirados por el Gobierno como la prueba menos equívoca de su amor a la independencia y a nuestras instituciones; y de que están animados de los mejores deseos de la felicidad de los pueblos, que el mismo Gobierno les ha encargado. Sus servicios. en esta parte, serán reputados por los más útil en y relevantes: serán tenidos en consideración para sus ascensos, al mismo tiempo que les proporcionarán la dulce satisfacción de haber llenado su primer deber, de haber desempeñado la más augusta de sus funciones; y de haber proporcionado a los pueblos el medio mejor de ilustrarse y de ser felices.

Este es el grande y único que el Gobierno se propone en el nombramiento de los Jefes Intendentes. Ellos, sin duda, sabían corresponder a esta confianza; y al sacrificio que hacen los pueblos para sostenerlos: ellos sabrán justificar la elección del Gobierno y acreditar su gratitud a sus conciudadanos, difundiendo en ellos los conocimientos más útiles, y haciéndolos contraer el hábito. de practicar constantemente la Ley Fundamental; de que pende toda su prosperidad.

Dado en Comayagua a 12 de Agosto de 1926.

DIONISIO DE HERRERA.

481

CAMBIO DE NOMBRE

26 de Mayo de 1950.

Señor Presidente de la Sociedad de Geografía e Historia de Honduras.

Doctor Esteban Guardiola.—Presente.

Para su conocimiento y para que si lo tiene a bien disponga su publicación en la Revista, Órgano de la Sociedad de Geografía e Historia que Ud. dignamente preside, tengo a mucha honra trascribirle el importante oficio que literalmente dice:

"Secretaría de Estado en el Despacho de Educación Pública; República de Honduras, C. A.—Oficio N° 2.880.—Palacio Nacional, Tegucigalpa, D. C., 25 de mayo de 1950.—Señor Director Local de Educación Primaria, Presente.—Esta Secretaría, tomando en cuenta la oportuna sugerencia de usted, ha dispuesto que partir del 19 del mes de junio próximo, la Escuela de Ensayo No 1, se denominará ESCUELA DE ENSAYO DIONISIO DE HERRERA.—Agradezco a usted su valiosa iniciativa y aprovecho la oportunidad para suscribirme como su muy atento y seguro servidor.—(f)—CARLOS M. GÁLVEZ."

De Ud. atento y S.S.

Agustín Alonzo,
Colaborador Técnico de la Dirección Local de
Educación Primaria.

CATEDRA DIONISIO DE HERRERA

La Señorita Profesora María Trinidad del Cid, Directora de la Escuela de Adultas Ricarda de Guardiola, que patrocina el Comité Femenino Hondureño del cual es Presidenta, estableció una cátedra de cultura popular denominada "Dionisio de Herrera", con motivo del Primer Centenario del fallecimiento de tan esclarecido hondureño.

Fué inaugurada el día 19 de junio del corriente año. Tomaron parte distinguidos intelectuales, quienes disertaron sobre la vida y obra del Prócer.

***

DIONISIO DE HERRERA

Por Augusto C. Coello.

Perfil augusto y prócer: tu figura,
que reclama en la Historia insigne marco
es como concreción de la lectura
de una página austera de Piutareo.

En los albores de la patria pura
cruzaste la onda conduciendo el barco
y resalta tu límpida armadura
sin pringue alguno del lodoso charco.

Con rasgos de repúblico de Roma.
era tu alma una plácida paloma
con alientos pujantes de león:

Padre nuestro, en las célicas alturas
ruega al Padre de todos por Honduras,
que fué la amada de tu corazón.

RAMÓN OQUELÍ

EL SOÑADOR HERRERA, VETERANO DE LA LIBERTAD

EL SOÑADOR HERRERA, VETERANO DE LA LIBERTAD

Ramón Oquelí

Cuando José Dionisio Herrera se queja de la abulia e incomprensión de sus contemporáneos, recurre a la expresión de Carlos III de España: el pueblo es como un niño que llora cuando se le asea. En otro país, tal vez hubiera podido hacer más, —dice—pero aquí, es casi de todo punto imposible.

A pesar de esta concepción aristocráticamente pesimista, Herrera—que gustó anteponer a su apellido la preposición "de", significa el primer intento de constituir a Honduras como nación progresista. Las contradicciones entre sus deseos y la realidad, no acaban siquiera con su muerte; el drama de la vida política de Dionisio Herrera no ha perdido actualidad, amén de que faltan todavía por aclararse algunos aspectos de la misma.

Según el expediente de información de limpieza que se le siguió cuando contaba 13 años de edad, su linaje se encontraba limpio de toda clase de mezcla. No había en su familia, nadie que fuese mulato, zambo ni indio; ni herejes ni quien hubiera tenido que ver con la inquisición. Antes bien, algunos de sus antecesores desempeñaron funciones de cierta importancia en la provincia, y a sus padres (Juan Jacinto y Paula), se les consideraba como españoles de primera distinción.

Nacido el 9 de octubre de 1781, en la villa de Jerez de la Choluteca, inició sus estudios probablemente en Tegucigalpa y los prosiguió en Guatemala, donde según sus propias palabras, "se acabó de criar". Su lectura predilecta fue la historia y el pensamiento político. Aunque no tan rico e ilustrado como su primo José del Valle, sí era hombre acomodado, dueño de haciendas y de algunos miles de pesos, destruidos en las revueltas internas.

Después de su regreso a la provincia natal, se dedicó al comercio y otras diligencias, pasando a desempeñar la secretaría del ayuntamiento de Tegucigalpa, poco antes de proclamarse la independencia, de la cual fue uno de los más activos propagandistas.

Imágenes de Honduras
SIETE AÑOS FUNCIONARIO EN HONDURAS

Desde el 7 de agosto de 1820, es secretario del alcalde Narciso Mallol, trabajando por la declaración y fortalecimiento de la independencia del dominio español. Cuando se organiza el primer poder ejecutivo provisional de Centroamérica, por la Asamblea Nacional Constituyente, Herrera obtuvo votos pero no resultó electo miembro del mismo. Quienes lo propusieron, aducían entre otras razones, el que no debían existir dos salvadoreños en el triunvirato (Manuel José Arce y Juan Vicente Villacorta), sino un guatemalteco (Pedro Molina), el mismo Arce y el hondureño Herrera. Este demostró alegría por haber sido preferido: "Me hace honor que se hayan acordado de mí y me alegro de no haber salido yo. Fue fortuna que no hubiese ningún Diputado de esta provincia, de la de Comayagua y de León, que acaso habrían sufragado por mí. Creeme: Deseo positivamente que haya por mi patria muchos hombres que deben preferírseme".

Manuel Montúfar y Coronado, diez años menor que Herrera, le dió más importancia a este hecho que el presunto interesado: "El partido moderado quiso elegir en lugar de éste (Villacorta) a D. José Dionisio Herrera, hijo de la provincia de Honduras, para evitar la preponderancia que debían ejercer decididamente dos salvadoreños en el gobierno, y porque también era superior a Villacorta en capacidad; pero los exaltados lograron triunfar, y esta fue una de las concurrencias que dejó más marcados a ambos partidos".

El Ejecutivo provisional nombrado demostró debilidad frente a la primera sublevación militar: la dirigida en la propia capital guatemalteca por el sargento mayor Rafael Ariza Torres, el 14 de septiembre de 1823. El 4 de octubre la asamblea admitió la renuncia de los miembros del ejecutivo y nombró nuevamente a Arce, que se encontraba en Estados Unidos, a Valle, que no había regresado de México y a Tomás O' Horan, quien no había nacido en Centroamérica, pero sí se había nacionalizado y prestado servicios a la república. Herrera comentó: "Valle y Arce hacen falta bastante, el uno para ayudar a pensar, y el otro para ejecutar. Dios nos los traiga pronto". En cambio, cuando en el mes de abril anterior, el Jefe Político de

Comayagua, Juan Fernández Lindo, trató de convocar una junta de individuos de los ayuntamientos para que apoyaran al emperador Iturbide, utilizando como pretexto el ministerio de Valle en el imperio mexicano, Herrera se opuso: "aunque se desean los adelantamientos de Valle, Tegucigalpa, si éste fuese Emperador no contestaría de otro modo, ni antepondría jamás intereses individuales ni de ningún pueblo al bien general".

Era consciente de la falta de visión y patriotismo de muchos de los hombres públicos de la etapa inicia de la república, a la vez que no tenía mucha fe en el sistema federal escogido: "Se dice en apoyo de la federación, que basta un hombre en cada estado para poder legislar; se nos cita a Solón en Atenas, a Licurgo en Lacedemonia, a Locke en la Carolina; pero ¿en dónde están nuestros Solones, nuestros Licurgos, ¿nuestros Lockes?".

"Chocan las opiniones de los unos, con las de los otros en el congreso, y este es un mal muy grave, no digo que todos piensen de un mismo modo: esto es imposible, pero sí quisiera que todos fueran a un fin y que la elección de los sujetos se hiciere por razón y conveniencia, y no por espíritu de partido. Parece que todos nos distraemos y entretenemos en ver solamente a nuestros intereses y adelantamiento, y nos olvidamos delo principal. El riesgo es urgente en mi concepto"; "sólo veo hombres que quieren elevarse, y que sin títulos bastantes se creen capaces de gobernar el mundo".

El mismo Herrera cometió el error de querer perpetuar la división administrativa que durante la colonia existió entre las provincias de Tegucigalpa y Comayagua. El 9 de agosto proponía a su amigo, el diputado Márquez: "La Provincia de Honduras debe comprender lo que comprendía la Alcaldía Mayor de este nombre, y agregársele el partido de Segovia, por su inmediación y sus minas. El partido de Olancho debe también pertenecer a Tegucigalpa, por su inmediación, por sus relaciones íntimas de comercio y por haberse separado de Comayagua para nunca volverse a unir, como consta en sus actas".

"Trujillo y Olanchito son también necesarios a Tegucigalpa: en primer lugar, porque esta provincia debe tener un puerto y no hay otro sino Trujillo; en segundo, porque este puerto está más inmediato a Tegucigalpa que a Comayagua; en tercero, porque voluntariamente se separó de aquella ciudad; en cuarto, porque Tegucigalpa puede sostener con toda clase de auxilios, principalmente en dinero, a Trujillo y Comayagua no puede; y en quinto, porque dependiendo Trujillo de Tegucigalpa, dependerá de un pueblo más liberal, y en esto gana el Gobierno y gana la Nación, y no estará expuesta o lo estará menos a las empresas que pueden formarse en un punto tan a propósito como Trujillo". Pero cuando Márquez le comunicó que se había tomado en Guatemala, la decisión de hacer de las dos provincias (Comayagua y Tegucigalpa) un sólo estado, y dicho acuerdo fue refrendado en Honduras, Herrera acabó aceptándolo, muy a su pesar.

El 3 de febrero de 1824, se convirtió en Jefe Político de la Provincia de Tegucigalpa, sustituyendo al coronel Simón Gutiérrez, a quien el Jefe Político de la nación centroamericana, Gabino Gaínza, destinó comandante de Trujillo, y desde el 16 de septiembre del mismo año al 10 de mayo de 1827, fue el primer jefe de Estado de Honduras.

EL FRACASO DE UN ESTADISTA

Para el cargo de jefe de estado, Herrera no obtuvo mayoría absoluta, sino que compartió sufragios con otros cinco ciudadanos: Lindo, Antonio Tranquilino de la Rosa, José Justo Milla, José Santiago Milla y Jerónimo Zelaya. La asamblea constituyente lo declaró electo como jefe y a Milla como vicejefe.

Herrera trató de romper la inercia ambiental, abría a sus expensas clases para que los niños se ilustrasen, pedía libros al extranjero, organizaba tertulias patrióticas. Con frecuencia se quejaba de la escasa respuesta a sus solicitudes: "No hay país en el mundo donde haya más apatía, más pereza en los negocios y menos espíritu público que en Honduras. Yo rabio; he hecho el sacrificio de mi salud, de mi reposo, de mis inclinaciones y de mis intereses; pero Honduras necesita de muchas palancas para moverse".

El 5 de abril de 1826 pronunció ante la primera asamblea ordinaria del estado, que había tardado mucho en reunirse, su magistral discurso con ocasión de la instalación de la misma. En él reconocía que el espíritu público no había llegado al grado de perfección necesaria "para que la independencia y las instituciones que hemos adoptado produzcan todos los bienes que deben producir y que columbramos aún a distancia harto remota".

"La fuerza de Honduras se halla enteramente desorganizada". La circulación de malas monedas, "de que se ha hecho un tráfico vergonzoso, en que sólo la Hacienda pública ha perdido, se verá la multitud de causas que han influido en su decadencia y que tiene gravadas las rentas de los años siguientes y no presenta otra cosa con claridad a los ojos del espectador, que un déficit espantoso en medio de un caos que todo lo oscurece".

La hacienda pública, "después de la dilapidación vergonzosa en que estuvo por muchos años, entregada a manos muy impuras, tuvo que hacer frente a los gastos que causó la división de las dos provincias que forman hoy el Estado. Cuatrocientos mil pesos se gastaron, por lo menos, en saber si la provincia de Tegucigalpa debía estar sujeta a la Junta Provincial de Comayagua, y al que entonces gobernaba a nombre del rey de España, o si tenía derecho para adoptar el acta de 15 de septiembre proclamada en Guatemala".

Al enfocar este grave problema, Herrera afirma que este desorden no fue de los pueblos, "como se ha querido decir, sino obra de intereses particulares, siguió la centralización de las rentas más productivas, la arbitrariedad y dilapidación de los que quedaron al Estado, la ley que decretaba nuevas erogaciones, los obstáculos que se oponían a los nuevos impuestos, la resistencia de los pueblos, la apatía de los funcionarios y el temor de la Asamblea Constituyente en arreglar este ramo".

Además de presentar este cuadro "melancólico y funesto" de los males de la administración pública, el jefe de estado indicó las posibles medidas para remediarlos. Optimistamente expresaba que era ya pasado el tiempo de la anarquía y del desorden, que los recursos naturales tendían a multiplicarse; "siento finalmente y me glorío en los bienes inmensos que las futuras generaciones van a disfrutar en el suelo de Honduras".

Las disensiones internas (levantamiento del provisor del obispado José Nicolás Irías, el propósito de algunos diputados en desconocer la autoridad de Herrera) y la arbitrariedad del presidente de la Federación, Arce, hicieron fracasar los propósitos de Herrera. Tropas federales, al mando del teniente coronel José Justo Milla, a quien los sufragios hondureños habían favorecido en 1824, invadieron territorio con el pretexto de custodiar los tabacos que se encontraban en los llanos de Santa Rosa de Copán, y sitiando la capital Comayagua a principios de abril de 1827. Después de ocho días de asedio, según el propio Milla, los sitiados colocaron un cañón sobre la catedral, con el que empezaron a batir a los invasores: "... en el instante dispuse que se incendiara la ciudad por tres rumbos, atacándola al mismo tiempo".

Por la traición del jefe militar de la plaza, Antonio Fernández, ésta se rindió y Herrera fue arrestado y trasladado a Guatemala. Rómulo E. Durón indica que el presidente Arce lo retuvo prisionero en su casa de habitación. Su pariente Valle lo defendió de los ataques que se le hicieron desde el periódico mexicano El Sol: "El Jefe de Estado de Honduras es hombre de bien, observador de la ley, y amigo de la especie humana. Si ha habido derecho a agraviarle en El Sol a la faz del mundo, él lo tendrá también para defenderse con igual publicidad. Tiene honor, familia y propiedad".

Se había cumplido lo que había vaticinado: "Todo lo he sacrificado por la Patria; pero he creído que son ya inútiles mis servicios, y aún me hallo con fuertes tentaciones de irme a vivir a otra parte. No sé qué presagios funestos, no sé qué porvenir desgraciado cubren mi alma de luto y tedio". Haekfens asegura que Herrera permaneció preso en Guatemala, cerca de un año, permitiéndosele después vivir en ella, bajo la condición de no abandonarla.

Concluida la primera etapa de la guerra civil centroamericana, Herrera regresa a Tegucigalpa ("en todo el septentrión no hay pueblo más quieto que el de Tegucigalpa"). Habiendo sido nombrado por la asamblea centroamericana, comisionado para la pacificación de Nicaragua, sumida en la disensión, se dirigió a aquel estado. Juan Ángel Arias, encargado del poder ejecutivo de Honduras, celebró la elección recaída en "una persona que por sus conocimientos e ilustración, por su acreditado patriotismo y su deferencia al sistema de instituciones libres, hace honor a su patria".

Montúfar y Coronado, que no desdeñó críticas a Valle y Morazán, elogió en 1832 a Herrera por su actuación en Nicaragua: "No es conocido el pormenor de estos acontecimientos, ni tampoco los medios empleados por Herrera para obtener un resultado tan satisfactorio: sean cuales fueran estos medios, Herrera hizo a la humanidad y al orden social un señalado servicio, y reparó los perjuicios ocasionados por haberse impedido y disuelto la división que el presidente Arce preparaba en Honduras para terminar la anarquía, que tanto progresó después en Nicaragua".

José D. Gámez juzgó la administración de Herrera como de "verdadera reparación para Nicaragua. Su política conciliadora, al par que digna, su sagacidad para resolver las mayores dificultades y el tino admirable con que siempre se condujo, a pesar de los muchos obstáculos con que tropezó, fueron muy notables y hace que todavía se le recuerde entre nosotros como un modelo de un buen gobierno".

Electo jefe de estado de Nicaragua, al terminar su mandato pasó a El Salvador, donde también fue favorecido con la mayoría de los votos para ser gobernante de aquel estado, pero Herrera no quiso aceptar esta nueva responsabilidad, dirigiendo al Consejo Representativo, notas de renuncia, hasta que el 2 de marzo de 1835, se le relevó de ejercer el cargo de Jefe Supremo de El Salvador.

Diez años después de haber sido derribado del gobierno de Honduras, resultaron electos jefe y vicejefe del estado, su hermano Justo José y José Trinidad Cabañas, iniciado en la vida pública cuando Herrera había sido gobernante de Honduras (es el tiempo en que se habla en plural de ciertas figuras políticas: los Herrera, los Márquez, los Vijiles). Dionisio regresó a Honduras y en su calidad de diputado por Nacaome y vicepresidente de la asamblea constituyente (el presidente de la misma fue Juan Lindo), firma la segunda constitución de Honduras, el 11 de enero de 1839 (había puesto también el ejecútese a la primera de 1825).

Este año de 1839 es de ajetreo diplomático entre los partidarios de mantener el pacto federal y los separatistas. Aunque Morazán logró derrotar a Francisco Ferrera en las acciones de El Espíritu Santo (el 5 de abril) y de San Pedro Perulapán (el 25 de septiembre) ambas en territorio salvadoreño, Ferrera, con el apoyo de Carrera y los aliados de éste, logró imponer en Honduras su punto de vista: el fraccionamiento de la unión centroamericana. Herrera optó por retirarse a El Salvador, radicándose en San Vicente al lado de su familia, según José Reina Valenzuela. Sus propiedades en Honduras fueron devastadas y su biblioteca incendiada por estar abastecida de libros "heréticos". Vallejo relata que don Francisco Botelo comentó ante esta señal de barbarie, que "no había cosa más hereje que la ignorancia".

¿Qué hace Herrera durante los años 1840a 1843?, ¿Cuál fue su reacción ante el fusilamiento de Morazán?, Su hijo Miguel fue también eliminado en la campaña antimorazanista?. Estos son algunos puntos no esclarecidos en su trayectoria vital.

En 1844, los morazanistas deciden recuperar Honduras e inician su acción desde Texiguat.

El 25 de marzo es incendiada la población rebelde y el ganado que la abastecía es llevado a Choluteca para ser vendido en pública subasta. Joaquín Rivera, a quien se consideraba inspirador del movimiento fue capturado y fusilado en Comayagua el 6 de febrero de 1845. El sexagenario Herrera y algunos de sus compañeros—según el relato de Reina Valenzuela—lograron salvarse, pasando a nado los ríos Guayape y Guayambre, y socorridos por los payas, pudieron llegar a la frontera de Nicaragua.

"Cuán difícil me parece que lleguemos a constituirnos" pronosticó Herrera en 1823. En marzo de 1845, el cívico Herrera, el organizador de las tertulias patrióticas, jefe a un movimiento guerrillero para derrocar al tremendo Ferrera. Desde Choluteca, parte Santos Guardiola, el fiero Guardiola, a combatirlo y el viejo Herrera, no sintiéndose con suficiente fuerza para luchar (el Redactor Oficial lo había llamado "nuevo jefe de vándalos), se dirige a San Miguel, en El Salvador, entregando las armas de que disponía su gente. Los derrotados "coquimbos", no volverán a acercarse al poder en Honduras hasta en 1852 (un año después de la muerte de Herrera) en que toma posesión de la presidencia Trinidad Cabañas.

Nuevo silencio en torno a Herrera desde abril de 1845 al 30 de mayo de 1850, en que otorga testamento. Se dice que fue maestro de enseñanza primaria en San Vicente y San Salvador en los últimos cinco años de su vida. ¿Y el político, qué hace?

En su testamento recuerda a sus nueve hijos: Julián, María Manuela, José Dionisio, Mariano Esteban, Miguel, José María, Dolores y José Antonio, a las haciendas perdidas en las revueltas hondureñas: Hato Nuevo y El Guayabo. Lo único que posee es la mitad de las tierras de "La Pavana", compuesta de 17 1/2 caballerías de medida muy antigua, que heredó de su madre Paula Valle (hermana de José Antonio Díaz del Valle, padre de José Cecilio) y los créditos que espera hacer efectivos del gobierno de Honduras "por cantidades considerables, y suplico a mis albaceas liquiden este crédito y lo que alcance a mi favor lo agreguen al cúmulo de mis bienes". De este fondo, esperaba se entregara al gobierno centroamericano, cuando volviera a organizarse, mil doscientos pesos. Al colegio de San Salvador, le legó tres pesos en beneficio de la instrucción pública y a su hija Manuela, un crucifijo con la mesa y flores que hay en ella, en remuneración de sus servicios en su última enfermedad.

EL VETERANO DE LA LIBERTAD

Dionisio de Herrera falleció el 15 de junio de 1850, asistido espiritualmente por Tomás Miguel Pineda y Saldaña, obispo de Antígona (in partibus infidelium) y gobernador del obispado de San Salvador. Concluido el novenario del hombre tachado de hereje, masón y enemigo de la iglesia, muere su esposa, doña Micaela Quezada, prima hermana de Francisco Morazán. En la Necrología que publica el número 12 de "El Progreso" de San Salvador, José Francisco Barrundia lamenta la muerte de su amigo. Ya desapareció, dice, el oráculo de los patriotas, el veterano de la libertad. "En medio de la enfermedad y la pobreza, su espíritu se reanimaba en los conflictos públicos. Sus consejos eran entonces de una sabia prudencia, pero sus planes eran siempre de decisión y energía".

Cuando en 1883, Soto y Rosa establecen el culto a los héroes, piden a Durini una estatua ecuestre de Morazán para la plaza principal de Tegucigalpa, una de pie de Valle (frente al convento—plaza militar de San Francisco) y busto de Reyes y Cabañas, para colocarlas frente a la iglesia de La Merced. Es hasta 1915, que Bertrand ordena levantar un busto de Herrera en el parque que lleva su nombre, aledaño a la Iglesia El Calvario.

También durante el gobierno de Francisco Bertrand, Augusto C. Coello gestionó ante los descendientes de Herrera el traslado de sus restos a Honduras. Estos, según la versión de su nieta Nelita Aplícano de Herrera, se encontraban en 1896 en una cajita de madera que se depositó en el ataúd de su hija Dolores. Volvieron a ser exhumados para trasladarlos a Honduras, pero como este proyecto se frustró, en

1928 fueron depositados en la capilla de la Inmaculada de la Iglesia del Rosario en San Salvador.

La lápida dice sencillamente: DIONISIO HERRERA/E.P.D./FUE PRESIDENTE DE HONDURAS, EL SALVADOR Y NICARAGUA.1850.

Remodelada la escuela que llevaba su nombre cerca del propio parque Herrera en Tegucigalpa, fue bautizada con el nombre de "Estados Unidos de América". Este grave error e injusticia se trató de rectificar en las proximidades de la celebración del primer centenario de su fallecimiento, al disponerse que la Escuela de Ensayo N°. 1 se llamase "Dionisio de Herrera".

Sin conocer el elogio de Francisco Umbral que llamó a Quevedo "el más raro y grande y hermoso español de cualquier tiempo", Rafael Heliodoro Valle escribió: "Ningún héroe, ningún santo, ningún Dios de nuestra historia, me ha cautivado lo que este hombre altivo y extraordinario a quien todavía no comprendemos y quien no necesita las palpitaciones del mármol para reincorporarse dominador y resplandeciente sobre la piedra de ara de nuestro corazón". Sin la espalda de Morazán, sin los laureles de Valle, Herrera es—en la frase del orador Céleo Murillo Soto—"el pacificador de pueblos, el varón egregio de la libertad, el santo de la conciencia nacional".

Pese a sus errores, a sus dramáticos fracasos, que siguen siendo también los nuestros, merece que su nombre —como lo resaltó Rómulo E. Durón—sea "pronunciado en Centroamérica con cariño y respeto, mientras rindamos culto a la inteligencia y a las virtudes republicanas".

DISCURSO DEL PRIMER JEFE SUPREMO DE HONDURAS EN LA INSTALACIÓN DE LA PRIMERA ASAMBLEA ORDINARIA DE ESTADO

ASAMBLEA ORDINARIA:

La Asamblea Constituyente abrió sus sesiones en Cedros, las continuó en Tegucigalpa y las cerró en Comayagua en diciembre del año anterior.

Desde este momento sus tareas pertenecen sólo al tribunal de la opinión pública, y en él van a ser juzgadas con la severidad de la razón fría y tranquila. No tienen las pasiones, no tienen los partidos, no tienen los intereses privados influjo alguno en los decretos de este tribunal irrefragable. En su justa balanza sólo se pesan el bien o el mal que hayan hecho, el esmero o descuido con que hayan llenado sus deberes los Diputados y la suma de felicidad o desgracia que hayan causado o preparado a los pueblos, sus comitentes.

La Asamblea ordinaria abre sus sesiones después de un receso que pudo sumir a los pueblos en un abismo de males y que es consecuencia natural de que el espíritu público aún no ha llegado al grado de perfección a que debe llegar, para que la independencia y las instituciones que hemos adoptado produzcan todos los bienes que deben producir y que columbramos aún a distancia harto remota.

Es dado a los legisladores de un gran pueblo abreviar el camino y llegar al término de la carrera en un tiempo más corto que el que parecen demandar los obstáculos que se presentan por todas partes y las combinaciones de espíritus pequeños, apáticos, e intereses que causan tantos atrasos a la prosperidad pública como los enemigos de ésta.

¿Y por qué Honduras ha de caminar con tanta lentitud, teniendo elementos para marchar a par de los primeros Estados? Volved la vista, ciudadanos legisladores, a esa área inmensa comprendida desde el Atlántico al Pacífico. Ella es habitada por hombres que conservan en la mayor parte su inocencia primitiva y que se hallan dispuestos a recibir las mejores impresiones. No han sido corrompidos por vicios destructores ni por revoluciones desastrosas. Se han hecho siempre distinguir por sus talentos, por su carácter y por sus virtudes. Nada más les falta, para no ser inferiores a los habitantes de la Atica y del Lacio, que los medios de ilustrarse y de desarrollar toda la energía de su genio.

Ved esos campos en que parece que la naturaleza ha querido ostentar su poder ya en la variedad de producciones, ya en la fuerza y vigor de su vegetación. No necesitaríamos que los dominadores de las orillas del Indostán nos trajesen el té, la canela y la pimienta, arrancándola allá por la fuerza, y dándola a nosotros por el engaño. Nuestros campos bastan para surtir al África de aromas y perfumes, al Asia de plantas medicinales, a la Europa de tintes y de frutos que no deben temer la concurrencia de ningunos otros. Nada nos falta más que abrazos y fomento; lo uno y lo otro puede proporcionar la Legislatura.

Ved nuestras montañas, que parecen creadas para mitigar los ardores del sol. Ellas son el depósito de todos los minerales. El oro y la plata son, respectivamente, entre nosotros, más abundantes que en el Perú y en México. Nuestras inmensas masas de hierro harán buscar al sueco y al vizcaíno otra clase de industria. Nuestras minas de cobre son abundantes, y nuestro cobre tiene mayor precio en los mercados por la mucha cantidad de oro con que está mezclado. Hay muchas minas de estaño y de plomo. Se han descubierto de azogue. Son conocidas algunas de varios semi—metales; y llegará el tiempo en que el sexo hermoso de Europa se adorne con nuestros diamantes y piedras preciosas. El amianto y tierra sellada de nuestros minerales, que sirven, el uno para el lujo de opinión, y la otra para aliviar a la humanidad, no serán la posesión exclusiva de los poderosos porque Honduras los producirá en tanta abundancia que perderán el prestigio de la rareza. Brazos, conocimientos y caudales son los agentes que sacarán de las entrañas de la tierra tan grandes e inmensos tesoros. La Europa nos ofrece en abundancia estos poderosos agentes; el Gobierno ha indicado diversos medios; hay en la Secretaría de la Asamblea, propuestas de varias casas extranjeras, y ella puede hacer que estos bienes sean perdidos para los hijos de Honduras o que puedan muy pronto gozar de ellos.

Nuestros grandes ríos fertilizan los campos y pueden dar impulso grandioso al comercio de toda la República. la navegación del Ulúa ahorra tiempo, fletes y riesgos; el Aguán facilita la comunicación y socorros de Olanchito y Trujillo, puntos que interesan a la República por su seguridad: el Guayape y el Guayambre, regando a un tiempo, por los campos, el oro y el limo, más precioso que el oro, facilitan los transportes en lo interior del Estado, la conducción de máquinas a varios minerales y la exportación de los departamentos más distantes de los puertos del Norte. Hay otros ríos de menos nombradía; pero que todos ellos facilitan al traficante y al viajero sus empresas y le compensan los grandes obstáculos que lo quebrado del terreno les oponía. Pero sólo la mano del legislador puede allanar las dificultades que la naturaleza y el Gobierno antiguo opusieron a esta parte de nuestra felicidad. Dictar las providencias que quepan en sus atribuciones; solicitar de la Federación las que la ley ha reservado a esta parte de nuestra soberanía, es un deber de la Legislatura de Honduras.

Nuestros hermosos puertos del Norte, las seguras ensenadas del Sur, que pueden dar abrigo a muchos buques... pero no trato de hacer la enumeración de todas las fuentes de riqueza que posee este Estado privilegiado por la Providencia y por la naturaleza. En cuanto vio Colón, en todos los países que pisaron los inhumanos Pizarro, Almagro, Cortés y Alvarado, por nuestro mal, no se da un Estado que reúna todas las ventajas y proporciones que el de Honduras.

¿Qué falta, pues, a éste para ser el primero de los de América? Nada absolutamente, nada le falta más que lo que puede darle esta Asamblea: buenas leyes, y esto es todo lo que demandan y esperan doscientos mil habitantes, que la han reunido, la sostienen, la respetan y han depositado en ella su poder; poder soberano, el mayor y más precioso de todos los poderes.

La ley que forma los vínculos de la sociedad, que señala los derechos y prescribe los deberes, que cría los diversos poderes que la gobiernan que, teniendo un origen divino, es la fuente de donde emana toda justicia y toda felicidad en el orden social, será obra de la Asamblea que con este fin ha sido reunida.

Son muchos los objetos que reclaman su atención. El Gobierno que ha meditado los atrasos del Estado, que ve sus necesidades y desea ardientemente su remedio, indicará los más precisos.

Todos los departamentos de la administración pública demandan leyes organizadoras. Se ha creado un Gobierno que la Constitución de la República prescribe; se ha fijado la base de sus atribuciones; pero debe vacilar en su aplicación y en la inmensa ramificación de su poder.

Los Gobiernos de los Estados están muy distantes de haber sido instituidos para decretar por rutina el cumplimiento de las leyes, comunicarlas a los funcionarios a quienes corresponda y dar y quitar los empleos. Tienen otros deberes, son otras sus atribuciones, grandes en su extensión y de un influjo decidido en el orden, en la paz, en la seguridad, en la prosperidad de los pueblos, en la respetabilidad del Estado, en sus relaciones y atingencias con los otros Estados, en su propia administración y en la administración de los demás funcionarios; pero el Gobierno de Honduras, carece de norma, de los reglamentos tan necesarios para saber la senda que debe seguir en cada ramo y hasta qué punto debe dirigir su inspección, su celo y sus providencias; carece, sobre todo, de conocimiento de los puntos de contacto en que se tocan todos los poderes, en dónde acaban las facultades del uno y comienzan las del otro, que aseguran la independencia de todos, mantienen el equilibrio y la armonía y los estrecha para provecho de la sociedad.

A esta falta se añade la de los demás elementos que constituyen un Gobierno; elementos precisos, y sin los cuales, las leyes más benéficas serían tan poco provechosas como las de la República de Platón.

Organizado el Ejecutivo, fijados sus deberes y señalados los medios y facultades con que debe llenarlos, su primer elemento es la fuerza, elemento terrible que ha producido tantos bienes como males; pero que es menos peligroso en la clase de gobierno que se ha adoptado, que en ninguna otra; pero necesario mientras los hombres no sean todos justos y los Gobiernos todos razonables.

La fuerza de Honduras se halla enteramente desorganizada. El Gobierno ha indicado repetidas veces este mal y el remedio que ha creído conveniente. Si se quiere que existan los poderes, autoridades y funcionarios; que éstos puedan obrar con arreglo a las leyes; que éstas sean cumplidas; que los jueces no teman dar una sentencia; y no se vean en la necesidad de contemporizar a un tiempo con el que reclama el castigo del delito, como con el delincuente, es necesario que haya una fuerza.

Pero no basta que la ley la críe. La Asamblea Constituyente conoció la necesidad de su existencia. Es necesario que el Estado sostenga esta fuerza; y para su existencia como igualmente para la de todos los demás empleados y funcionarios, debe haber Hacienda Pública.

La Hacienda en un Estado independiente y soberano es el elemento más necesario, porque es el que da vida a los otros. La de Honduras, después de la dilapidación vergonzosa en que estuvo por muchos años, entregada a manos muy impuras, tuvo que hacer frente a los gastos que causó la división de las dos provincias que forman hoy el Estado. Cuatrocientos mil pesos se gastaron, por lo menos, en saber si la provincia de Tegucigalpa debía estar sujeta a la Junta provincial de Comayagua, y al que entonces gobernaba a nombre del rey de España, o si tenía derecho para adoptar el acta de 15 de septiembre proclamada en Guatemala. A este desorden que no fue de los pueblos, como se ha querido decir, sino obra de intereses particulares, siguió la centralización de las rentas más productivas, la arbitrariedad y dilapidación de las que quedaron al Estado, la ley que decretaba nuevas erogaciones, los obstáculos que se oponían a los nuevos impuestos, la resistencia de los pueblos, la apatía de los funcionarios y el temor de la Asamblea Constituyente en arreglar este ramo.

Si se añade a todo esto la circulación de las malas monedas de que se ha hecho un tráfico vergonzoso, en que sólo la Hacienda pública ha perdido, se verá la multitud de causas que han influido en su decadencia y que tiene gravadas las rentas de los años siguientes y no presenta otra cosa con claridad a los ojos del espectador, que un déficit espantoso en medio de un caos que todo lo oscurece.

Ha manifestado el Gobierno diversas veces la necesidad del arreglo de esta parte de la administración pública. Ha querido que se reduzca a un sistema, como debe serlo, y no a una máquina tan complicada cuyos resortes enmohecidos por el tiempo y debilitados por la violencia de su acción, no es compatible en ningún aspecto con el nuevo orden de cosas, ni con los principios de la ciencia económica. Ha trabajado incesantemente por el establecimiento de la Casa de

Moneda, o por perfeccionar siquiera la acuñación provisional. Hizo cuanto dependía de sus facultades para la acuñación de un millón y medio de pesos decretada por la Asamblea Constituyente, necesaria para el arreglo del Estado, para dar impulso y fomento a todos los ramos de prosperidad de que abunda el mismo Estado, y precisa para sostener el sistema, no ya porque sea el mejor, sino porque es necesario para sostener la independencia.

Documentos de todo encontrará la Asamblea en su Secretaría. La Memoria del Ministro dará una idea de los trabajos del Gobierno en esta parte; y las nuevas comunicaciones que se hagan, manifestarán todos los datos sobre que deben recaer las resoluciones de la Legislatura.

Tiene esta materia un estrecho enlace con el arreglo que debe hacerse sobre las obligaciones y facultades de los Jefes Intendentes de los Departamentos. Ellos son los ejes principales del Gobierno, ya en la recaudación y manejo de las rentas del Estado, ya en la economía interior de los pueblos. Son nombrados algunos de los que deben desempeñar estas altas funciones; pero ni la escasez del Erario permite, por ahora, el nombramiento de los demás, ni ellos pueden conocer la órbita de sus facultades, pues no se han designado, y se ven en la necesidad de tocar en uno de dos extremos ambos perjudiciales, o el de la arbitrariedad, o el de la inacción; y esta materia demanda con preferencia la atención de la Legislatura.

El Consejo de Estado, este cuerpo conservador, que vigila sobre el cumplimiento de la Constitución, que participa a un tiempo del Poder Legislativo y del Ejecutivo, tiene en lo general demarcadas sus facultades, mandado a instalar un día después de instalada la Legislatura; pero mientras carezca de un reglamento, sus funciones deben ser embarazosas y carecen de la precisión y del orden con que deben ser llenadas.

Pero si en esta parte se halla incompleta la Administración del Estado, en la del Poder Judicial, de este poder tan necesario a los otros poderes para su conservación, que teniendo tan inmediata trascendencia en el orden, en la seguridad y en la prosperidad de los ciudadanos, es la más firme garantía de sus derechos, que aplicando la ley a los hechos particulares y públicos de los individuos, decide

502

de su suerte y de su vida, puede decirse que es enteramente nula, la más desarreglada y la más incompleta.

Todo el Poder Judicial está comprendido desde las funciones del Alcalde que concilia hasta las de la Corte de Justicia que decide en última instancia. Algunas leyes antiguas que no han sido derogadas pero que se resienten de los efectos del tiempo, del lugar y del sistema en que fueron dictadas; la de 9 de octubre del año de 12 dada por las Cortes de España, poco compatible con nuestra situación y Gobierno, y algunas providencias parciales dictadas por la Asamblea Constituyente, es cuanto existe entre nosotros para arreglar el Poder Judicial conforme a los principios sancionados en la Carta Federal y en la particular del Estado.

Como no han sido fijados hasta ahora los dotes que deben tener los Alcaldes conciliadores, se ha creído que por la pequeña cuantía de los asuntos en que deciden, cualquiera puede ejercer sus funciones; sin acordarse que es grande el número de los asuntos en que lo ejercen; que la conciliación (este acto que recuerda el origen de las sociedades, y que comenzó en donde concluyó el furor del hombre insocial), recae sobre el máximo o el mínimo de los intereses; que la cuantía en la decisiones es siempre relativa y no absoluta, y que siéndolo tan grave y funesto, puede ser el mal de la ignorancia y de la injusticia del juez conciliador como la del tribunal superior; y se ha mirado con el más alto descuido el primer paso que decide de la paz y de la suerte de las familias, y se ha creído que sin propiedad y sin ilustración pueden ejercer tan importantes funciones.

Concluida la conciliación, el ciudadano ignora quién es el juez ante quien debe ir a reclamar su derecho, y si lo sabe, tiene para hacerlo, que caminar muchas leguas, que sujetarse a un juez hecho por elección, pero en la que él no tuvo parte ninguna, que ignora casi siempre las fórmulas y trámites de un proceso, que no tiene a quien consultar aunque desee el acierto, y que teniendo otros funcionarios lucro en el ejercicio de sus funciones, el Juez de la Instancia, al trabajo y odiosidad que trae siempre consigo el desempeño de las suyas, tiene que hacer gastos que el Estado no hace por él. De aquí es que en las causas civiles casi siempre se arruinan las partes, y hace muchos años que no se ha castigado en Honduras a un criminal. Al asesino, al revolucionario y al ladrón, se le ve muchas veces sentarse al lado de sus jueces.

Se halla nombrado el de 2ª. Instancia; pero él mismo no sabe a qué atenerse, porque no se han detallado sus facultades.

Se mandó instalar la Corte Suprema de Justicia; pero recayó la elección de sus individuos en personas que, o no han querido admitir, o si han admitido, no han venido a ejercer sus funciones en ninguno de los diversos términos que se han fijado, y por decirlo de una vez, no existe ninguna de las partes que deben componer el Poder Judicial.

Tal es en compendio el cuadro que el Gobierno ha creído un deber presentar a la primera Legislatura ordinaria. Él es melancólico y funesto; pero es cierto en toda su perspectiva. La Legislatura debe volver a él la vista con toda preferencia; debe organizar en todas sus partes un poder, que partiendo de principios más generales que ningún otro, necesita de detalles más extensos, más demarcados y fijos.

He dado una ojeada a los diversos ramos de la administración pública y que constituyen un Gobierno en su más alta acepción. He manifestado los males de que adolece el de Honduras; he procurado indicar su remedio. La Secretaría de la Asamblea abunda en datos que ha pasado el Gobierno; yo veo esta misma Asamblea compuesta de hombres que han merecido la confianza de los pueblos, que se hallan animados de los sentimientos que hacen nacer el celo, la gratitud, el honor, el amor a la patria y a la humanidad.

El Jefe del Estado que ha hecho el juramento más solemne de cumplir sus deberes en toda su latitud; que al hacer este juramento no hizo otra cosa que satisfacer los votos de su corazón; que nada desea con más ansia que ver felices a los pueblos a quienes ha debido la mayor confianza y las pruebas menos equivocadas de su amor, ofrece de nuevo consagrar todos sus pensamientos al bien de la patria y coadyuvar a las miras benéficas de la Asamblea.

En ella ve el Gobierno la salvación del Estado; en ella ve uno de los primeros baluartes del sistema y de la independencia; en ella ve la fuente primera de donde van a fluir y derramarse, hasta los últimos pueblos, la paz, la ilustración, la riqueza y la felicidad.

Las circunstancias son felices. Es ya pasado el tiempo de la anarquía y del desorden; se aumentan cada día en Honduras los amigos del orden; se multiplican los recursos naturales; los demás

Estados se hallan perfectamente constituidos; el Gobierno puede ofrecer a la Asamblea poderosos auxilios de los Estados de El Salvador y Guatemala, que volarán al momento de la necesidad como lo han ofrecido; y a pesar de la situación de Nicaragua y de la distancia del de Costa Rica, puede contarse con los suyos cuando la urgencia lo demande. Nada tiene que temer la Asamblea al emprender su marcha. Todo convida a ejecutarla con utilidad y decoro.

Yo felicito a la Asamblea por el bien que se promete hacer y que todos esperan con ansia; la felicito porque supo allanar los obstáculos de toda especie que estorbaban su reunión; la felicito a nombre de todos los pueblos del Estado. Si el recelo de la Legislatura hizo temer la anarquía, el desorden y todos los males, la instalación de la Asamblea ordinaria hace desaparecer aquellos temores y conservar las esperanzas más lisonjeras.

Yo me gozo con ellas la perspectiva risueña que se me presenta, penetra mi alma de la más dulce emoción. Yo siento la del Ministro del Altar en el fomento y conservación del culto de nuestros mayores; siento la del labrador que ve aumentar sus cosechas, porque se cree seguro de que con ella aumenta la subsistencia de su numerosa familia; siento la del comerciante que calcula nuevas empresas, porque no teme que la revolución ni un Gobierno destructor le priven del fruto de sus afanes; siento la del padre, que ve en sus hijos el báculo de su vejez y la columna del Estado; la del ciudadano que conoce todo el precio de la libertad y el valor de los deberes que le hacen gozar; siento finalmente, y me glorío en los bienes inmensos que las futuras generaciones van a disfrutar en el suelo de Honduras.

El día 5 de abril de 1826 es en el que comienza la época de la felicidad del Estado, y este día lo consagraré siempre a los recuerdos más dulces. Los hijos de mis hijos lo celebrarán penetrados de júbilo.

Comayagua, 5 de abril de 1826.

CIRCULAR DEL JEFE SUPREMO DEL ESTADO, A LOS JEFES INTENDENTES DEL DEPARTAMENTO

La Constitución de la República Federal de Centro América, es la obra maestra de la Sabiduría y el esfuerzo mayor del Genio que preside siempre a la Ciencia Social. Forma los vínculos que unen a los Estados entre sí: cría un Poder grande de todos ellos, y mantiene la Soberanía de cada uno: divide las funciones del que dicta las leyes, del que las ejecuta, y del que las aplica; prescribe los deberes y obligaciones del hombre público: asegura los derechos del Ciudadano; da garantías contra los ataques del Poder y de la Fuerza: mantiene la igualdad y la participación de todos a la supremacía, y al arreglo común de los negocios: conservala libertad, la seguridad y la propiedad, quita las trabas al pensamiento o la palabra, y a la escritura: allana los obstáculos que se oponen a la prosperidad pública; y al interés personal; y rompiendo para siempre las cadenas del despotismo, opone el más fuerte Baluarte a la dependencia extranjera y a la arbitrariedad de la tiranía.

Tales, y mayores son, los bienes que debe producir el cumplimiento de la Constitución; pero para cumplirla, es necesario saberla; para amarla, es necesario conocerla; para defenderla, es preciso haberse penetrado de sus ventajas; y sólo la aplicación y el estudio pueden hacer que se conozca; y que se perciban los inmensos bienes que su práctica debe asegurar.

Estudiarla de día, y meditarla de noche, es el deber primero de todo funcionario Público, que está obligado a cumplirla religiosamente por su parte; y hacerla cumplir a los demás ciudadanos. Estos deben, por la suya, saber cuáles son los deberes que la Ley les impone, con respecto a la sociedad y a todos sus miembros para practicarlos; y los derechos que les concede para saberlos gozar y defender.

Penetrado el Congreso Federal de estas verdades, mandó en la Ley de 30 de Septiembre del año anterior; que la Constitución fuera materia de primera y precisa enseñanza en las Universidades, Colegios y Escuelas de primeras letras. Iguales motivos ha tenido el Gobierno del Estado, para recomendar repetidas veces el estudio de la Constitución; para mandar que se explique, en las tertulias patrióticas; y que exista en los Archivos de los Jefes, Municipalidades, Jueces y demás funcionarios.

Los Jefes intendentes habrán logrado llenar el primer objeto de su creación; y poner el primero y más sólido fundamento del Orden, de la ilustración, de la felicidad y de la seguridad pública en sus respectivos departamentos, cuando se haya hecho común el estudio de la Carta Fundamental; cuando los ciudadanos la conozcan, la amen, y se hallen en disposición de defenderla contra los ataques de toda especie, que dirigen contra ella sus enemigos, enemigos también de los pueblos de Centro América.

El esmero y eficacia de los Jefes Intendentes de propagar en sus respectivos Departamentos los principios de la Constitución, de procurar su perfecto, estable y exacta observancia, serán mirados por el Gobierno como la prueba menos equívoca de su amor a la independencia y a nuestras instituciones; y de que están animados de los mejores deseos de la felicidad de los pueblos, que el mismo Gobierno les ha encargado. Sus servicios, en esta parte, serán reputados por los más útiles y relevantes; serán tenidos en consideración para sus ascensos, al mismo tiempo que les proporcionarán la dulce satisfacción de haber llenado su primer deber, de haber desempeñado la más augusta de sus funciones; y de haber proporcionado a los pueblos el medio mejor de ilustrarse y de ser felices.

Este es el grande y único que el Gobierno se propone en el nombramiento de los Jefes Intendentes. Ellos, sin duda, sabrán corresponder a esta confianza; y al sacrificio que hacen los pueblos para sostenerlos; ellos sabrán justificar la elección del Gobierno y acreditar su gratitud a sus conciudadanos, difundiendo en ellos los conocimientos más útiles, y haciéndolos contraer el hábito de practicar constantemente la Ley Fundamental; de que pende toda su prosperidad.

Dado en Comayagua a 12 de Agosto de 1926.

Dionisio de Herrera

EPISTOLARIO

Se publican dos cartas de don José Dionisio de Herrera al presbítero Francisco Antonio Márquez, su amigo, y una a su primo don José Cecilio del Valle, ya que en ellas se reflejan el estadista y el hombre.

CARTAS A FRANCISCO ANTONIO MÁRQUEZ

Comayagua, abril 28 de 1826

He visto la tuya de 23 del corriente. El Senado de la República, en concepto de todos, es el que la ha salvado en el Congreso pasado, cuya mayoría era de serviles. El del Estado de Guatemala parece que no era muy bueno, pero se ha mudado en virtud de la ley omnipotente que dirige todas las cosas a la libertad. Completamente han ganado los liberales en todas las elecciones. Se temen agresiones de México, y con este motivo he dictado varias providencias políticas y militares, que mando se comuniquen a ese Jefe; las verás y merecerán tu aprobación. También he mandado se establezcan tertulias patrióticas, y que en cada sesión, después de la lectura del acta anterior, lo primero que se trate sea la justicia de nuestra independencia y la obligación que todos tenemos de defenderla del modo que la ley nos llame.

El 1º. del corriente acordó el Congreso Federal, entre otras muchas cosas, que la Comisión de Legislación presente un proyecto de ley que dé forma a la policía que debe establecerse según el artículo 170 de la Constitución, para que la República se purgue de los enemigos interiores que tiene.

He visto varias cartas en que se asegura que los electores del Partido de Santa Bárbara quieren elegirte Diputado para esta Asamblea, sin embargo que saben que has sido nombrado Senador de la Federación.

El nombramiento o nueva elección de Jefe ha causado aquí bastante calor en el partido que quiere que se nombre otro y en el partido que quiere que subsista el mismo.

Ya sabrás que los diputados no quisieron reunirse en Asamblea hasta no tener completo el número de ocho, pues un artículo de la

Constitución del Estado, exige dos tercios de diputados, por lo menos, para que haya Asamblea. Con este motivo admitieron a Vigil, a pesar de que él mismo, por escrito y de palabra, manifestó la nulidad de su elección.

Al fin declararon ésta, y han dejado otros diputados cuya elección es tan nula como la de Vigil.

Al día siguiente hizo proposición Pablo Irías, manifestando; que conforme al artículo N°. 7 de la ley de 5 de mayo de 824, debía procederse a nueva elección de Jefe, pues el actual era interino como la Asamblea Constituyente. Fue aprobada en el momento dicha proposición, salvando su voto y protestando el Diputado Milla. Dos órdenes salieron el mismo día para elecciones. La del Vice—Jefe porque se le ha admitido la renuncia y la del Jefe porque era interino como la Asamblea Constituyente. Se pasó la orden al Gobierno, y éste, mirando que la Asamblea no había observado para darla las lecturas y trámites que previene el Reglamento Interior; que dicha orden derogaba la ley de 16 de septiembre de 24 de la A.C.; que la Constitución del Estado dice que para derogar una ley se necesitan los mismos trámites con que se dió: que la orden no venía anunciada por el Consejo como si fuera una calificación de elecciones, pues aquí no se trata de saber si estuvo bien o mal elegido el Jefe, sino del tiempo que debe durar, que la duración de cuatro años se la da la Constitución de la República, las bases de la misma Constitución y la del Estado; el Gobierno acordó pasarla al Consejo y éste le consultó suspendiese su cumplimiento hasta que la Asamblea determinase en vista del reclamo que iba a hacer el mismo Consejo. Lo hizo en efecto, y la Asamblea mandó se le contestase que no debía aconsejarla ni interpretar las leyes.

El Consejo hizo nueva exposición, manifestando a la Asamblea que no aconsejaba ni interpretaba leyes sino que reclamaba el cumplimiento de ellas y de la Constitución, porque la misma Constitución se lo prevenía. Entre tanto leyó su voto particular Milla, que llama la atención sobre quererse mudar Jefe, nunca que sostiene la independencia y el sistema en Honduras, a tiempo que se reunen tropas españolas en La Habana y se teme una agresión por parte de México. En seguida presentó una retractación el diputado de Tegucigalpa, manifestando que había sido sorprendido, etc. No permitió Castejón en la Asamblea que se leyese, y parece que hoy saldrá nueva orden para que se hagan las elecciones, sin darse la ley que he reclamado cuando se dió la orden para elegir Vice—Jefe, pues las leyes que hay sobre elecciones son provisionales.

Yo he hecho una exposición muy sencilla de todo el Congreso Federal, comprobada con los documentos. No es más que una relación del caso, y concluyo manifestando: que careciendo este Gobierno de autoridad, de hacienda y de fuerza; que viéndose en la necesidad de trabajar más que ningún otro funcionario de la República, de gastar hasta el papel que no le suple la Tesorería, y tener por enemigos a todos los que lo son del orden, de la independencia y del sistema, no tiene ningún atractivo el mando, y que por consiguiente no es la ambición de mandar la que la ha dictado.

Milla dicen que ha hecho una exposición muy fuerte al Congreso Federal. El Consejo hizo la lista documentada al Senado de la Federación. Las primeras autoridades y algunos vecinos conocidos se han dirigido también al Senado, y dicen que obrando la Asamblea como obra, ha llegado el caso de una insurrección. Ya veremos en qué para esto. No hay sacrificio que yo no esté dispuesto a hacer para evitar un mal a los pueblos de Honduras.

La Asamblea continúa procediendo de un modo raro. Ella tiene comunicación directa con Lagos y Bustillo, ambos presos por revolucionarios y por otros delitos. ¿Creerías tú que Castejón fuese el que protegía a estos pillos? Ella ha nombrado al Consejo un acompañado en un asunto particular, que es don Juan José Díaz, que no tuvo siquiera votos para Consejero, y lo más célebre es que quiso Castejón, y consta en la nota que lo propuso que se le avisase a Díaz su nombramiento por un recaudo. Los electores de aquí son todos apasionados a Irías. Se ha mandado que elijan suplente por enfermedad del propietario, suponiendo renuncia que no ha hecho el suplente, y habiendo reclamo por no haberse citado a Opoteca y a otras poblaciones para la elección.

Castejón ha mandado quitar la guardia al Consejo, diciendo al cabo que la tropa sólo él la manda. De éstas podía contarte mil anécdotas muy célebres; pero basta lo dicho para que formes idea de cómo andan las cosas por acá. Desgraciado pueblo! Pero ellos al fin han de conocer sus intereses y mejorarán seguramente las cosas. Yo pienso como tú que hemos de ser libres porque este es el espíritu del siglo, y el curso del tiempo.

Saludo a nana Antonia y a Carmelita, a quien le tengo buscado un galán novio. Micaela las saluda y a ti también. Soy tuyo.

Dionisio de Herrera

Tegucigalpa, enero 17 de 1824

Es en mi poder tu carta del 5 del que rige. No va bien mi salud.

Yo mismo dirigí la representación de los segovianos, y te hablé sobre ella para que la apoyaras, manifestándote cuán conveniente era esta unión a los intereses de ambos pueblos. Creo que es de justicia concederla, ya por la inmediación, ya por el fomento de las minas, ya por la voluntad decidida de ellos. Sin embargo, el mayor interés de esta Provincia no es aumentar en extensión, sino en población. La de Tegucigalpa se aumenta sensiblemente. Es duplicado el valor de las casas, y no se halla en que vivir. La población debe ser el primer objeto de la política.

Han venido muchas gramáticas francesas, diccionarios y algunas obras de literatura. Se han vendido públicamente algunos ejemplares de las Ruinas de Palmira, del Compo, Mateo, del Citador, etc. Hay en Trujillo algunas Chaf d'octubre, destinadas a Tegucigalpa.

No es necesario hacer invitaciones para que traigan azogue los extranjeros. Hay algunos quintales en estos minerales; vienen otros de camino; hay depósitos de este fluido en La Habana, y de Guayaquil han ofrecido traer 400 quintales. Insensiblemente va bajando el precio de él y, con haberse abolido los derechos de las platas y de él será grande la suma que se extraiga de estos metales. Sin embargo, más quisiera que se compusieran los caminos y que hubiese un par de ríos navegables, y no que se sacase mucha plata. Es ya establecida la Federación en México; se establecerá entre nosotros; sea enhorabuena; pero no quiera Dios que haya un retroceso que nos haga desandar lo que hemos andado.

Ha sido celebrada con júbilo la noticia de estar abolidos todos los derechos de las platas y el oro, y lo mismo la introducción de estos metales a nuestros puertos.

La ley de Asilo fue la primera que debió dictarse en el Congreso. Ella sola podrá proporcionarnos los elementos que nos faltan. Nosotros podremos aprovechar el resultado de las guerras y de las disputas de los europeos, sobre si la cartas dan los derechos, o los derechos a las cartas. Es creíble el suceso del hermano de Barrundia. Haz a mi nombre una visita a éste. Linda gracia, por cierto, la de estar reventando bombas a los diputados. Mientras no se respete a esos como debe serlo, los pueblos no son libres. La ofensa que se hace a un Diputado se hace a todos los ciudadanos, y la poca impresión de esos hechos sirve de termómetro para graduar la poca ilustración de los pueblos.

Supongo a Próspero muy inmediato a esa, pues hace días que tuve noticia que pasó por San Vicente. Valle puede haber llegado o llegará el 20, según se dice. Siento que a su llegada haya partido, que serán obstáculos que impedirán al Gobierno y a la Asamblea obrar con energía.

Parece que los sucesos de La Habana irán tomando cuerpo, según puede traslucirse de los papeles publicados. La independencia de la Isla de Cuba es necesaria a esta América; pero creo que los sucesos de España la apresurarán o la retardarán más que el influjo de sus logias.

Adiós. No hay novedad en tu casa. Te saluda Micaela.

Dionisio de Herrera

CARTA A JOSÉ CECILIO DEL VALLE

Comayagua,10 noviembre 1826

Mi amado José: es en mi poder tu apreciable fechada a 22 de junio sin duda por equivocación, pues me hablas en ella de sucesos muy recientes.

Quedo entendido de todo.

Vas a horrorizarte. E13 de este, a las 2 de la mañana me tiraron 5 balazos por las ventanas de mi casa. Por una de ellas escaparon de matar a un soldado. En la otra erraron la puntería y no entró la bala; y en la otra en frente la cual estaba la cama de mi mujer y la mía tiraron

3 tiros, de los cuales, uno rompió mi catre, y los otros rompieron el pabellón de la cama de mi mujer, escapando ella como por milagro, pues hacía medio minuto que se había quitado del lugar por donde había estado sentada con un hijito de pecho. En el momento se dictaron providencias activas, se han puesto presos algunos, se han fugado otros, entre ellos el Provisor Irías. Van descubriéndose planes sanguinarios, que hacen estremecer a la humanidad. No sólo se debían deponer las autoridades, sino que debían matarse a muchos. Se dice también en la causa, de saqueo, estupros, etc., etc. He aquí los efectos de los planes de variar el Gobierno—Irías tenía hasta cañones de palo. Como el Presidente de la República (Arce) ha mantenido correspondencia con mis enemigos, y con los hombres más inmorales de Honduras, se dice generalmente aquí que estos sucesos son efecto de sus planes.

Yo he puesto tropa sobre las armas, y voy a poner más no sólo para conservar el orden interior, sino para impedir cualquier ataque exterior, pues el Presidente ha dado orden a San Salvador para que marche a Honduras una división respetable. Ya se dice lo conveniente sobre esto al Gobierno de la Federación, y al de San Salvador.

Tú verás la Relación que el ministro ha hecho, de los sucesos ocurridos en esta para conocimiento de las municipalidades. Verás también el parte que doy a los Jefes de los Estados.

Los pueblos inmediatos han venido a manifestarme sus sentimientos y a ofrecérseme a pesar de los esfuerzos que ha hecho el infame, indecente y malvado Irías, por mano de los curas y de otros emisarios.

Antes, con los primeros anuncios de la revolución que se tramaba contra mí y desde el momento que los pueblos conocieron que se trataba de atacar la constitución, se han levantado algunos en masa; pero principalmente el impertérrito pueblo de Texiguat, que juró también defenderla y defender al Jefe hasta derramar la última gota de su sangre, y ha levantado de pronto 400 hombres. La municipalidad de Tegucigalpa y el pueblo reunido, han mandado a ofrecerse al Gobierno y han tenido acuerdos, que se celebrarán en la historia de los libres, entre ellos, según se me dice en una carta que acabo de recibir, el de hacer exequías solemnes al Vice Jefe Cirilo Flores.

Se me ha hecho invitación por el Gobierno de San Salvador para proceder de acuerdo a sostener, dice, la Constitución. Me remite 40 ejemplares del dictamen de una comisión del seno de la Asamblea, y copia de la contestación que dio al Gobierno de la Federación con motivo del decreto de 10 de octubre. En él me dice que el Congreso a que han convocado tiene inconvenientes; que pueden reunirse los dos partidos y deponerlo; y que lo que conviene es, que el mismo Presidente convoque nueva Asamblea y haga elegir nuevo Jefe en el Estado de Guatemala. Ya verás los términos en que se contesta al Jefe del Salvador.

Me hallo en estrechas relaciones con los Jefes de Nicaragua y Costa Rica. El último me ha remitido un decreto de su Asamblea en que no deba reconocerse ninguna providencia de las autoridades federales, hasta que no se trasladen a otro punto fuera de Guatemala. Yo le contesto que he sido el primero en opinar por la traslación; pero que en el serio está peligrosa, porque ningún Estado tiene los elementos que el de Guatemala para sostener la independencia y la Constitución.

Se ha leído con gusto el Redactor, y el acta de la Junta Preparatoria; pero mientras el Presidente y los de su partido circulan a todos los pueblos 100 ejemplares de cada papel, los del contrario mandan uno.

Se escribe a tu esposa por una Señora de aquí, y yo te recomiendo este negocio.

Soy tuyo

Dionisio de Herrera

BIBLIOGRAFÍA

Bumgartner, Louis E.: El asesinato frustrado del presidente hondureño Dionisio de Herrera, el 3 de noviembre de 1826 (Yahkin, Teg. junio 1980).

Reina Valenzuela, José: El prócer Dionisio de Herrera (Imp. La República, Teg.1965)

Revista Extra: Imágenes de Honduras, septiembre 1971 (No. 74)

Sociedad de Geografía e Historia de Honduras: Vida y escritos de don Dionisio de Herrera (Tip. Nac., Teg. 1950).

BIBLIOGRAFÍA

www.ingramcontent.com/pod-product-compliance
Lightning Source LLC
Chambersburg PA
CBHW061544120626
46550CB00004B/1362